本书的出版得到
国家重点文物保护专项补助经费资助

余杭小横山东晋南朝墓

上

杭州市文物考古研究所
余杭博物馆 编著

文物出版社

封面设计　张希广

责任印制　陆　联

责任编辑　杨冠华

图书在版编目（CIP）数据

余杭小横山东晋南朝墓／杭州市文物考古研究所，
余杭博物馆编著．—北京：文物出版社，2013.5
ISBN 978 − 7 − 5010 − 3702 − 5

Ⅰ.①余…　Ⅱ.①杭…②余…　Ⅲ.①墓葬（考古）−
发掘报告−杭州市−东晋时代～南朝时代　Ⅳ.①K878.85

中国版本图书馆CIP数据核字（2013）第069386号

余杭小横山东晋南朝墓

杭州市文物考古研究所
　　　　　　　　　　　　编著
余　杭　博　物　馆

*

文 物 出 版 社 出 版 发 行

（北京市东城区东直门内北小街2号楼）

http：//www.wenwu.com

E-mail：web@wenwu.com

北京盛天行健艺术印刷有限公司印刷

新 华 书 店 经 销

889×1194　1/16　印张：44.75　插页：3

2013年5月第1版　2013年5月第1次印刷

ISBN 978 − 7 − 5010 − 3702 − 5　定价（全二册）：680.00元

Xiaohengshan Cemetery of the Eastern Jin and Southern Dynasties in Yuhang

(With an English Abstract)

Vol. I

by

Hangzhou Municipal Institute of Cultural Relics and Archaeology

Yuhang District Museum

Cultural Relics Press

Beijing · 2013

目　　录

插图目录

插表目录

第一章　背景及概况

第一节　地理位置及环境

　　杭州市余杭区位于浙江省北部、钱塘江口的北岸，地处北纬30°09′～30°34′和东经119°40′～120°23′之间，东接海宁、桐乡，北邻德清，西毗安吉、临安，南连杭州市区和富阳市，东西长约63、南北宽约30千米，面积1400.83平方千米。余杭区大地构造属钱塘江凹陷的北端，处于杭嘉湖平原和浙西山地丘陵的过渡地带，兼有两种地形，以平原为主。整个地势自西向东倾斜，以东苕溪为界，大致可分为两大地形区。东苕溪以西，地形较高，西北与临安交界的窑头山，海拔1094米，为全区最高山峰。其他如鸬鸟山、王位山、白鹤山、径山、娘娘山等，都比较高峻。朝东南地势逐渐下降，坡度平缓，谷地开阔，形成一连串的山间盆地和小型的河谷平原。东苕溪以东，地势低平，除了皋亭山、超山、临平山等几座低矮的孤立山丘零星分布外，绝大部分海拔高度在3.5～6.5米之间，位于素有"鱼米之乡"美称的杭嘉湖平原（图1）。属亚热带季风性湿润气候区，四季分明，雨量充沛，河网密布。由于地形的

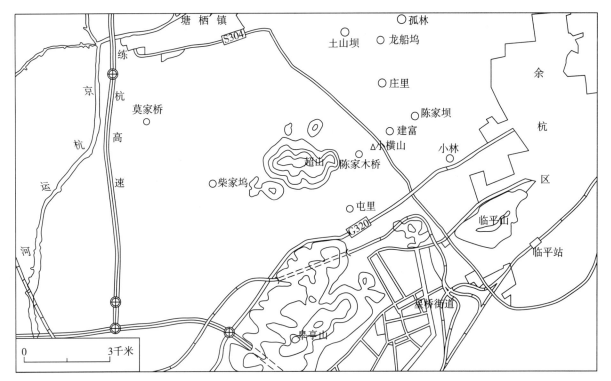

图1　小横山墓地位置示意图

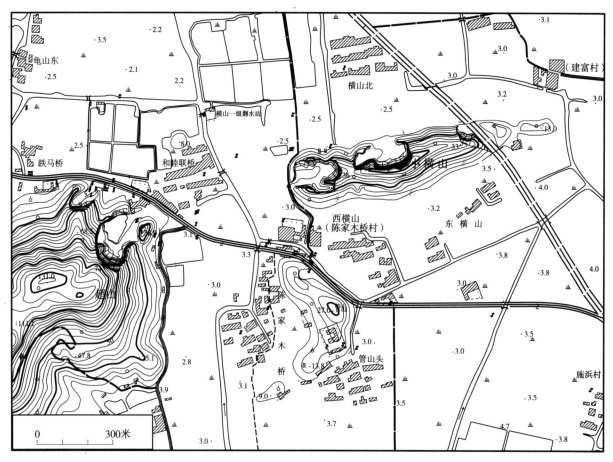

图2　小横山地形图

差异，河流形成两个不同的水系，西部为以东苕溪为主的天然河流；东部属人工开凿的河流，它以大运河和上塘河为主干，形成纵横交错的密集河网，又因所处地势的不同，形成自为系统而又互相沟通的水系①。小横山即位于东部河网密集区域（图2）。

第二节　历史沿革

余杭历史悠久，新石器时代的马家浜文化、崧泽文化、良渚文化遗址在境内多处地点发现，而良渚文化的发展达到了这一时期的一个高峰。夏商周三代，余杭属扬州之域。春秋时，初属越，后属吴；战国时，复属越，再属楚。

秦平定江南，于故吴地置会稽郡，下属有余杭、钱塘等县。

汉沿秦制，余杭、钱塘两县属会稽郡。钱塘为会稽郡西部都尉治。元封五年（前106年）置十三州刺史部，会稽郡隶属扬州刺史部。

新莽时，改余杭县为进睦，钱塘县为泉亭。

东汉建武元年（25年），复名余杭、钱塘。其后略有变化。

---

① 《浙江分县简志》（内部发行），浙江人民出版社，1984年。

三国时，余杭、钱塘属于吴的版图，仍属吴郡，隶扬州，钱塘县并为吴郡都尉治。吴宝鼎元年（266年），于乌程（今湖州）置吴兴郡，余杭县改属吴兴郡；钱塘县仍属吴郡，均隶属扬州。

两晋，余杭、钱塘两县隶属不变①。

南朝梁太清三年（549年），侯景以钱塘为临江郡，寻废。陈祯明元年（587年），于钱塘县置钱塘郡，余杭属吴兴郡。

隋开皇九年（589年），废钱塘郡，改置杭州，州治初设余杭。大业三年（607年），又改杭州为余杭郡，钱塘、余杭属焉。

唐武德四年（621年）平李子通，置杭州，领钱塘、富阳、余杭三县。贞观四年（630年）分钱塘置盐官县。天宝元年（742年）改为余杭郡。乾元元年（758年），复为杭州，余杭郡从此不再设置。

北宋太平兴国三年（978年），改钱江县为仁和县。仁和县"本钱塘、盐官之地，唐麟德二年析二县之地置钱江县于州郭。国朝太平兴国三年平江东，改为仁和县"②。据《淳祐临安志》、《咸淳临安志》，南宋时仁和县郭外分11乡，隶44里，今超山、小林一带属永和乡，隶华严、保林、平湖、义和四里③。元明因之。中华民国元年（1912年）1月22日，并钱塘、仁和县为杭县。民国35年（1946年）杭县设立的44个乡中就有小林、超山二乡。民国37年杭县辖4区、7镇、42乡，其中小林乡属临乔区，超山乡属五西区。1951年，小林乡隶属临平区。

小横山位于浙江省杭州市余杭区小林镇陈家木桥村东侧，是一座低矮的东西向小山，海拔47米，现存东西长约800、南北宽150米。山的南面坡度较为平缓，北面稍微陡峭。其东侧紧邻09省道，省道的东面属于余杭经济开发区，厂房林立。西侧600多米处是著名的超山；西南300米处为南北向的管山，南面为一片平坦开阔的田地，山的北面基本被采石场挖空至地平面，并在其西面形成一个人工湖。东、北、南三面地势平坦，河网纵横。西部地势增高，同超山相接。超山曾名超然山，"其山超出皋亭、黄鹤之上，故名"。由泥盆系石英砂岩构成，周长9千米，面积约3平方千米，海拔265米。两宋以来其地遍种梅树，有"十里梅花香雪海"之称，今尚存唐梅、宋梅各一株，楼堂亭阁遍布，山麓有近代画家吴昌硕墓④。从地理位置观察，小横山可能属超山东部的一支余脉，山体为紫红色泥岩和粉砂岩，质地疏松，易于开凿。山上原来种植有毛竹，后被砍伐，发掘前山体上遍布藤蔓及低矮的树木。据赵世安《仁和县志》，小横山"在管山北，高十丈，周二里。有乔松茂竹，其麓则樱桃梅李杂植焉，初夏时万颗圆红，红润可爱"⑤。又《乾隆志》云："临平、唐栖间有丁山凡四，此其一也。一在小林村茅山之西，县志已录，今已凌替，但有僧庵曰丁山庵；一在五云星桥东北，其下亦有小湖一，在塘栖镇南，因丁养浩父筑读书庄等得名，高只寻长，而里皆专，丁山之名于

---

① 余杭文物志编纂委员会编：《余杭文物志》，中华书局，2000年。
② （宋）乐史撰：《太平寰宇记》第1866页，中华书局，2007年。
③ 杭州市地方志编纂委员会：《杭州市志》第一卷，中华书局，1995年。
④ 陈桥驿主编：《浙江古今地名词典》，浙江教育出版社，1991年。
⑤ （清）王同纂：《唐栖志》第32页，浙江摄影出版社，2006年。

彼，呼此为小丁山焉。诸山俱渺小，土阜可不登载，特以地近名同，易致混淆，因连及之。"①根据《乾隆志》所载，星桥北部、塘栖南部的小丁山可能就是现在的小横山，"横"可能为"丁"之讹音，现小横山西北有一小湖。小横山原名"横山"，因其南三四千米处南星桥村附近的一座山也叫横山，山体比其稍大，位置又靠前，故被称为"小横山"。

第三节　发掘和整理过程

2011 年 4 月，群众举报小横山顶部有古墓被破坏，余杭区文广新局及博物馆随即派人对现场进行了勘察和处理，并上报杭州市文物考古研究所进行抢救性发掘。2011 年 6 月 22 日，杭州市文物考古研究所工作人员开始进驻现场进行发掘，一直持续到 2012 年 1 月份，其间经历夏日的高温酷暑和冬季的湿冷严寒，发掘工作未曾停息。工作人员克服种种困难，放弃了节假日的休息，坚持奋战，尽最大努力对山上有可能发现墓葬的区域进行全面发掘，抢救出了大量珍贵资料。

小横山墓葬基本位于山顶及山的南坡，分布较有规律。具体的发掘过程如下：首先对整个小横山进行全面调查，以期尽快掌握墓葬的分布和排列情况，同时对山顶上已经暴露的墓葬进行发掘和清理。经过一个多星期的调查和发掘，我们发现小横山墓地墓葬排列比较密集，山南坡主体部分墓葬从山顶一直延伸至山下，大致有四五排，当时估计墓葬数量可能在 100 座左右。开始发掘的结果表明该墓地是南朝时期一处较大的墓群，墓葬规模较大，墓砖种类繁多，有的墓葬发现有画像砖，尤其是 M1 发现的残存的大幅龙虎图案，预示着葱郁的表面下可能隐藏着更多的惊喜，墓葬里蕴含着重要价值。发掘工作开始全部采用人工从山顶朝下发掘，主要采用开设探沟的方法。经过一段时间的发掘，基本掌握了小横山墓葬的特征。由于山体表面长满了植物和藤蔓，人工开沟和清表费工又费时，为了加快进度，从 2011 年 8 月开始采用挖掘机清理表层、人工发掘墓室的方法，至 10 月底，大部分墓葬已经发掘完毕（彩版一；图 3）。2011 年 11 月至 2012 年 1 月，主要对发掘的墓葬进行绘图、拓片以及解剖，同时在山上及山下平坦地带又发掘墓葬 20 多座。期间，浙江大学文化遗产研究院考古与艺术博物馆将部分画像砖及墓葬单元进行切割和搬迁，并对部分墓葬进行了三维测绘。2012 年 2 月和 4 月，浙江大学文化遗产研究院计算机考古中心的刁常宇、欧阳盼、黄硕、任泉桦、汪斌对小横山墓地进行了航空拍照。

发掘人员及参与单位：小横山墓地由杭州市文物考古研究所联合余杭博物馆共同发掘，发掘领队为刘卫鹏，同时也是现场主持发掘者。余杭博物馆的陈益女，吉林大学硕士研究生曹军、李西东、胡品于 2011 年 6 ~ 8 月参与并主持了部分墓葬的发掘。小横山墓葬平、剖面图主要由刘勋涛和彭颂恩两人绘制，吉林大学的曹军和李西东也绘制了个别墓葬平、剖面图。拓片均由骆放放制作。墓葬现场照片均由刘卫鹏拍摄。

南京大学历史学系的张学锋教授，浙江大学文化遗产研究院的曹锦炎常务副院长、浙江大学艺术与考古博物馆楼可程馆长、谢振发研究员、缪哲教授等多次亲临现场考察并进行指

---

① 《中国地方志集成·民国杭州府志—》，江苏古籍出版社、上海书店、巴蜀书社，1993 年。

导。余杭区文广新局、余杭博物馆也曾分别到现场慰问工作人员。

　　小横山东晋南朝墓群的整理于 2012 年 3 月开始，由刘卫鹏负责。骆放放、刘卫鹏修复了部分随葬器物，骆放放补拓了部分墓砖文字及画像。器物图主要由赵一杰和刘勋涛绘制；随葬器物照片由萧山区博物馆的蒋巍拍摄。何国伟、刘勋涛、骆放放、赵一杰对墓葬平、剖面图进行了电脑绘图。刘卫鹏对器物进行了描述并分型分式，并对墓葬拓片进行了整理。报告附录部分由陈益女整理编写。

第二章　墓葬分类叙述

　　小横山东晋南朝墓绝大多数为南北向的单室砖券墓，为了便于叙述，墓室四壁根据方位直接称之为东壁、西壁、南壁和北壁。个别券顶保存完好的根据前后关系称之为前顶、后顶，墓室中间的拱券顶称为主券顶。大型墓的封门中间砌成拱券形顶的券门，同甬道连为一体，券门内以青砖封砌门洞；券门两侧以青砖垒砌至券顶高度，然后在上面连通平砌几层砖，使整个封门形成一个完整的墙面结构，本报告将封门中间同甬道相连的拱券结构称之为券门，券门门洞内的砌砖称为封墙，券门两侧的平砌砖称为翼墙。墓室北壁一般呈外凸较大的圆弧形，报告中的垂线长度指北壁圆弧中心到北壁水平线的距离。中小型墓的封门一般比较简单，直接称为封门。小横山东晋南朝墓群出土盘口壶和小碗的数量最多，盘口壶一般肩部对称附有两组系，每组系为两个并列纵向的半环形，本报告称之为"纵向双排系"。小碗以往的报告或简报中有的称"碗"，有的称"盏"，有的称"盅"，本报告一概称之为"小碗"。由于客观原因，个别墓砖文字未能录入墓砖统计表。部分墓葬平面图主要反映墓壁结构，并未完全按照保存现状描绘。

　　根据墓葬规模，我们将小横山东晋南朝墓分为大型墓、中型墓和小型墓三类分别叙述。

第一节　大型墓

　　共42座（画像砖墓、墓壁装饰莲花的墓包括在内）。

一　M1

　　M1位于小横山顶端第一排中部，其东为M2，西为M4。室内砖壁大多被破坏。方向153°（图4-1~4-28；彩版二~一三；表1-1~1-5）。

　　M1砖室由封门、甬道及墓室三部分组成。通长6.65米。砖室外有开凿于岩石内的墓圹，墓圹的形制同砖室基本相同，围绕着砖室（图4-1；彩版二）。

　　封门砌于甬道口内外，以长方砖、小梯形砖等混砌而成，有两重，外重残存13层，内重仅存5层。宽2.16、厚0.4、残高0.3~0.7米。

　　甬道东壁似为墓室东壁的延续，基本被毁；西壁平直，至墓室口外折，宽1.1、进深0.91米，铺地砖呈纵横的席纹，砖长35~36.5、宽16.5~17.5、厚4.5厘米，面饰细绳纹。

　　墓室东、西壁微凸，南壁平直；北壁砌砖被毁无存，不过从其外部墓圹来看，北壁应该外凸较甚；平面略呈椭圆形。南壁宽1.51、中部最宽1.72米，北壁垂直宽1.51米，西壁现长4.63米。东、西壁砌砖仅保留下面一部分直壁，西壁最高0.66、东壁最高0.42米。砌法：三顺一丁。东西二壁现存顺砖2组，下面一组素面，上面一组中部模

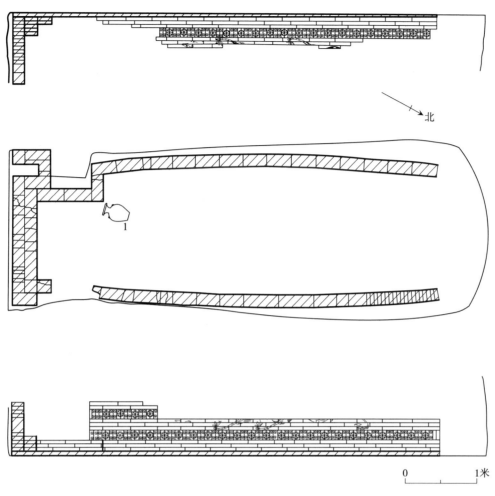

图 4 - 1　M1 平、剖面图
1. 青瓷盘口壶

印拼镶的大幅龙虎图案，现仅存龙、虎的下肢部分，其余被毁。东壁图像为龙，残长 1.5、高 0.15 米；西壁图像为虎，残长 1.8、高 0.15 米。龙、虎的前面各残存一人的下肢部分，龙前的下肢图案长 0.47、高 0.14 米，虎前的长 0.41、高 0.07 米；参照南京地区六朝墓发现的龙虎拼镶砖画，小横山 M1 墓室东西两壁前面的图案应为导引的羽人的下肢部分（见图 4 - 5；彩版三、四）。经过对两壁画像砖的拆除和解剖，发现模印图案的砖正面均刻有文字，东壁的有"龙下三第七"、"龙下中第五"、"龙下第四后二帖空"、"龙下第七后脚"等文字，其中画像空白处有四块砖上刻"虎上建第一"、"虎下三第三"等文字，当为剩余的画像砖补白之用。西壁的大部分刻字同"虎"有关系，如"虎下三第七"、"虎下三第五"、"虎下中第八无"、"虎下中第一"、"虎下中第五前来后一帖空"、"虎下第六后脚无"等，还发现有 7 块"化生"类砖，如"化生上第一"、"化生上第二无"、"化生中第一无"、"化生下第二"等。另外，在墓室的乱砖中还发现有以下几种砖，第一是刻有"玄武下三第四无"、"玄武建第二"等长梯形砖，砖侧面模印有蛇身图案，应该是砌于墓室北壁的玄武。第二是"建"字类小方砖，上面刻有"虎上建第卅八"、"虎下建第卅四"、"虎上建第卅三前空十帖"、"龙下建第廿八"、"龙上建第七"等文字，

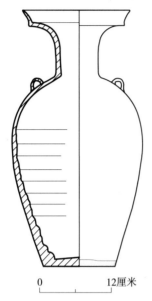

图4-2　M1出土青瓷盘口壶（M1∶1）

侧面均模印有图案，应属于墓壁丁砖上模印的龙虎图案。第三是小幅画像砖，有朱雀、化生、宝珠、莲花等图案（图4-3～4-24；图4-28；彩版九～一三）。现分类叙述。（1）朱雀，2块，图像模印于小梯形砖的正面，朱雀呈回首展翅欲飞状，细颈尖喙，头顶翎毛随风飘动，双爪斜向并列。一块画像线条纤细（见彩版一二，1），一块线条较粗，砖一短侧面模印半莲花图案。（2）万岁，1块，图像模印于小方形砖的正面，兽首鸟身，双翼展开，站立。（3）日轮，残砖1块，圆形日轮内一三足鸟展翅站立，长尾上翘，圆轮外饰一周半圆形花边（见彩版一二，4）。（4）双人，1块，图像模印于长方砖上，仅存一半，画面上两人并列站立，头饰双高髻，上身穿宽袖开领衣，

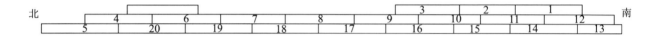

图4-3　M1东壁画像砖位置示意图

1. 龙下三第七　2. 龙下三第一　3. 龙下三第二　4. 化生中第一无　5. 龙下第七后脚　6. 龙下中第六后空一帖　7. 龙下中第五　8. 龙下中第四　9. 龙下中第三　10. 龙下中第一　11. 龙下中第一　12. 虎建上第一　13. 空白　14. 虎下三第二八　15. 龙下第一　16. 龙下第二前脚　17. 龙下第三　18. 龙下第四后二帖空　19. 虎下三第八无　20. 虎下三第三

图4-4　M1西壁画像砖位置示意图

1. 虎下第六后脚无　2. 虎下三第七　3. 虎下中第四　4. 虎下三第八无　5. 虎下三第七　6. 虎下三第六　7. 虎下三第五　8. 虎下三第四　9. 虎下三第三　10. 虎下三第三　11. 虎下三第一　12. 虎下中第八无　13. 虎下中第七　14. 虎下第三前来下后二帖空　15. 虎下中第五前来后一帖空　16. 虎下中第八无　17. 虎下中第七　18. 化生下第二　19. 虎下中第五前来后一帖空　20. 虎下中第三　21. 虎下中第二　22. 虎下中第一　23. 化生中第一无　24. 化生中第一无　25. 虎下第六后脚无　26. 化生上第二无　27. 化生上第一　28. 虎下第三前来后二帖空　29. 化生下第二无　29. 化生下第二无　31. 化生上第一

腰系带，下穿裤，足蹬翻头履。前面一人手持一上粗下细的管状物，后面一人仅存一半，手执一细长柄羽扇（见彩版七，5）。（5）莲花化生，2块，一块模印于小方砖上，画面下为共生一根、四面向上伸展的枝条，中间一茎蜿蜒而上，上端生出一朵花瓣层叠的莲花，莲花中心有一颗人头。另外一块为长方形砖，仅余残块，中间一朵莲花从枝叶中扶摇而出，莲花上的人物缺失。砖一短侧面模印"大泉五十"双钱纹（见彩版七，6）。（6）宝瓶莲，1块，图像模印于小梯形砖上，中心为一细颈盘口壶（瓶），肩部圆鼓，下腹急收，安放于覆莲座上，莲座两侧有向上生长的枝条，瓶内插三朵莲花，中间一朵花瓣盛开，两侧的莲花为侧面形象，于宽大的莲叶上生出四片花瓣（见彩版一二，3）。（7）宝珠，1块，图像模印于小梯形砖上，砖一侧面模印"四"字，一短侧面模印半莲花（见彩版一二，2）。（8）宝轮，1块，图像模印于小梯形砖上，轮内两条S形曲线相交于中心。（9）宝轮人物，1块，图像模印于长方砖上，仅存一半，后面印一圆轮，轮内两条S形曲线相交于中心；圆轮前面残存部分飘动的衣纹图案（见彩版一二，4）。（10）莲花人物，1块，图像模印于小长方砖上，一端为一八瓣莲花，一端为一宽袖人物局部，人物服饰同双人画像砖（见彩版一二，5）。（11）对鸟，1块，图像模印于小梯形砖上，为两只相向站立的长尾鸟。（12）莲花，1块，图像模印于小梯形砖上，为一八瓣莲花图案，花瓣较肥硕。砖的一短侧面模印半莲花（图4-3~4-28；彩版五~一二；表1-1~1-4）。

M1墓砖装饰主要有莲花、钱纹、单钱胜纹等，现分类叙述。（1）莲花，墓壁装饰两砖竖拼的十瓣莲花，莲花直径8.8~9.2厘米。还有一种小莲花，模印于小梯形砖的侧面，为六瓣莲。（2）双钱纹，模印于长方砖的短侧面，圆形方孔，正面四出，"大泉五十"钱文顺读。钱径3.8厘米，双钱间距0.8厘米。（3）单钱胜纹，模印于梯形砖或楔形砖的短侧面，长8.5厘米，中间钱纹为"大泉五十"（见图4-27）。

另外，在一块长方砖的短侧面刻有一颗并根三株莲，中间为一朵盛开的莲花，花瓣下垂，中心为莲蓬；两侧莲花一株朝下，一株朝向外侧。

M1墓砖的种类有长方砖、梯形砖、楔形砖等，砖上模印的文字有"一"、"三"、"四"、"五"、"六"等数字，有"大后斧"、"中斧"、"建斧"、"后斧"、"大宽"、"中宽"、"薄方"、"建"、"急"、"副"等文字。有的墓砖侧面刻有"七十"、"八十"、"二百"、"三百"、"五百足"、"二人十"、"走"等计数类文字，此类文字多见于小梯形砖的长侧面（图4-28；彩版一三；表1~5）。

随葬品共2件。青瓷盘口壶和碗各1件，其中盘口壶出土于甬道及墓室南部；青瓷碗出土于墓室西部。

盘口壶 1件。M1:1，浅盘口外侈，盘口外面内收，束颈细长，圆肩，肩部对称附两组纵向双排系，鼓腹修长，平底，底不施釉。通体施青釉，紫灰胎。口径17.8、腹径21.8、底径11.9、高40.6厘米（图4-2；彩版二三四，1）。

碗 1件。M1:2，侈口，斜直腹，圈足，施褐色釉。为后期扰动混入。

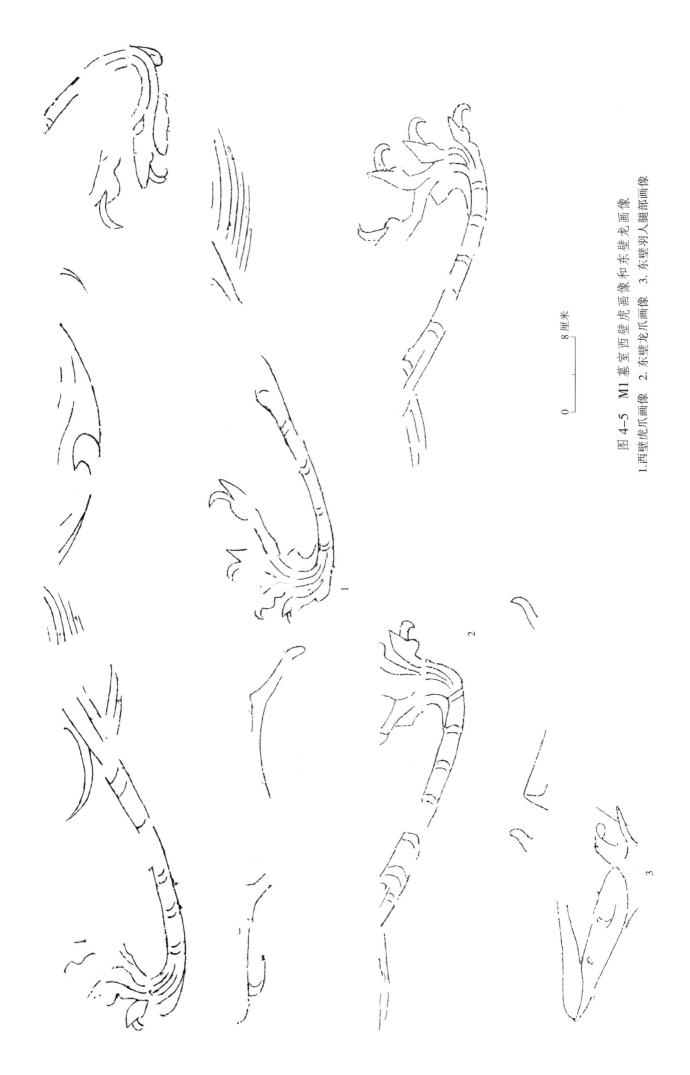

图 4-5　M1 墓室西壁虎画像和东壁龙画像

1.西壁虎爪画像　2.东壁龙爪画像　3.东壁羽人腿部画像

0   8 厘米

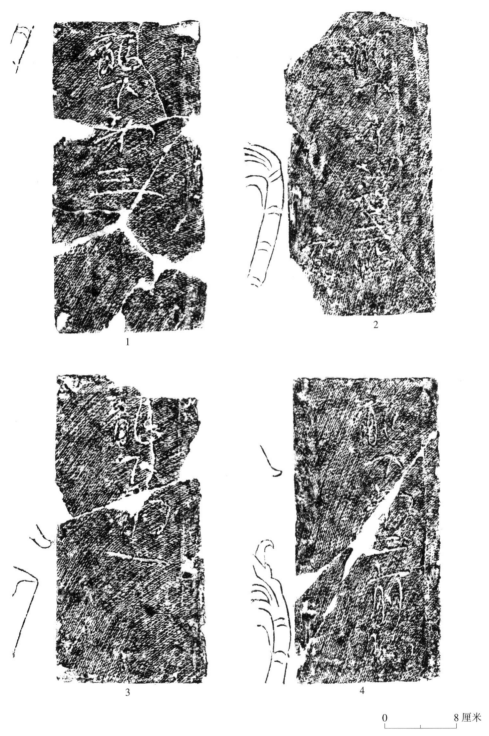

图 4-6　M1 龙画像砖刻文及侧面纹饰

1. 龙下第三　2. 龙下第四后二帖空　3. 龙下第一　4. 龙下第二前脚

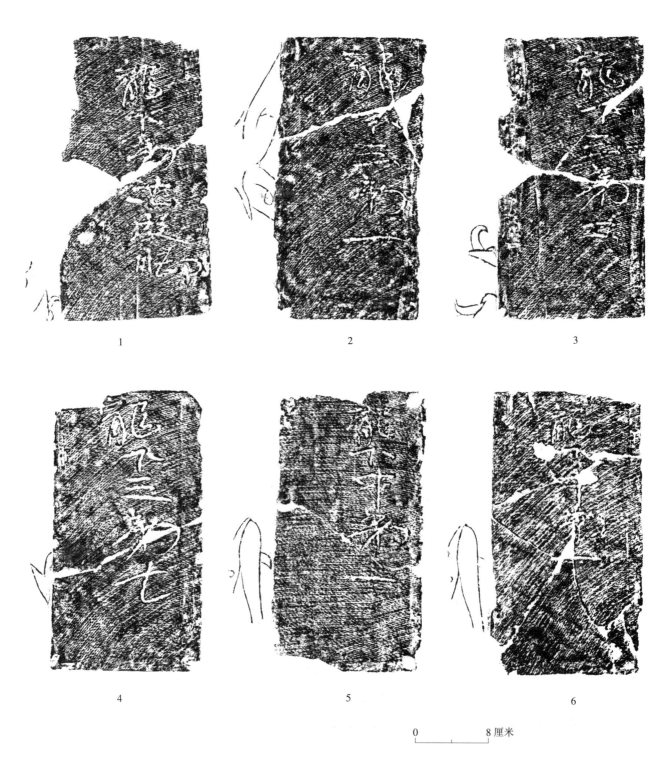

1　　　　　　　　　　　2　　　　　　　　　　　3

4　　　　　　　　　　　5　　　　　　　　　　　6

0　　　　　8厘米

图4-7　M1龙画像砖刻文及侧面纹饰

1. 龙下第七后脚　2. 龙下三第一　3. 龙下三第二　4. 龙下三第七　5、6. 龙下中第一

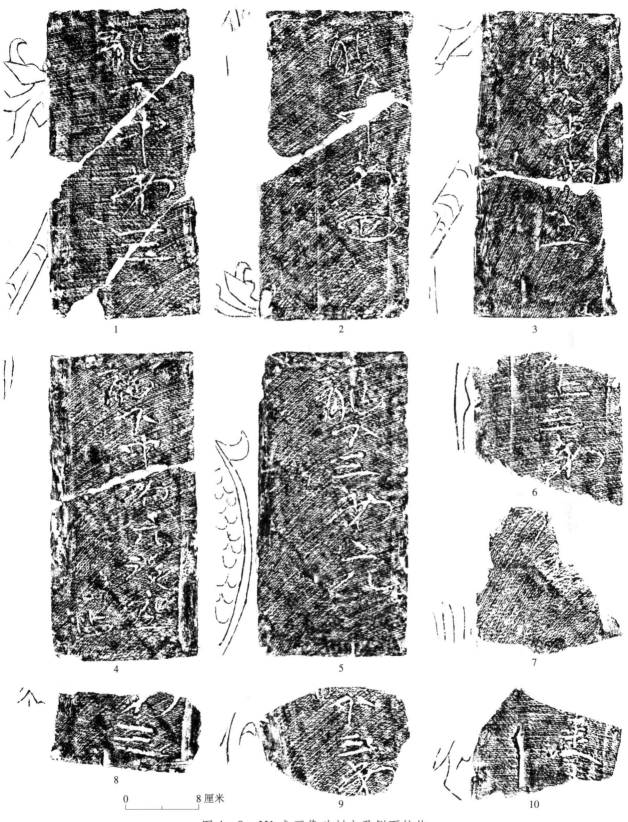

图4-8　M1龙画像砖刻文及侧面纹饰

1. 龙下中第三　2. 龙下中第四　3. 龙下中第五　4. 龙下中第六后空一帖　5. 龙下三第六　6. □上三第　7. 第五

8. 第三　9. 下三第　10. 建□

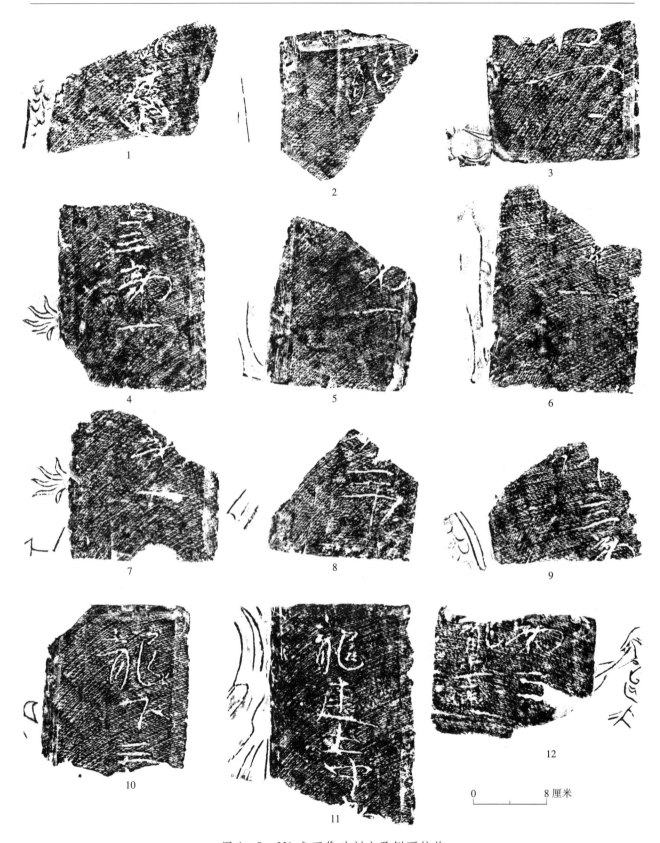

图 4 - 9　M1 龙画像砖刻文及侧面纹饰

1. 龙建上　2. 龙口　3. 第一　4. 上三第一　5、6、7. 第一　8. 第三　9. 下三第　10. 龙下三　11. 龙建上中第
12. 龙上建第三

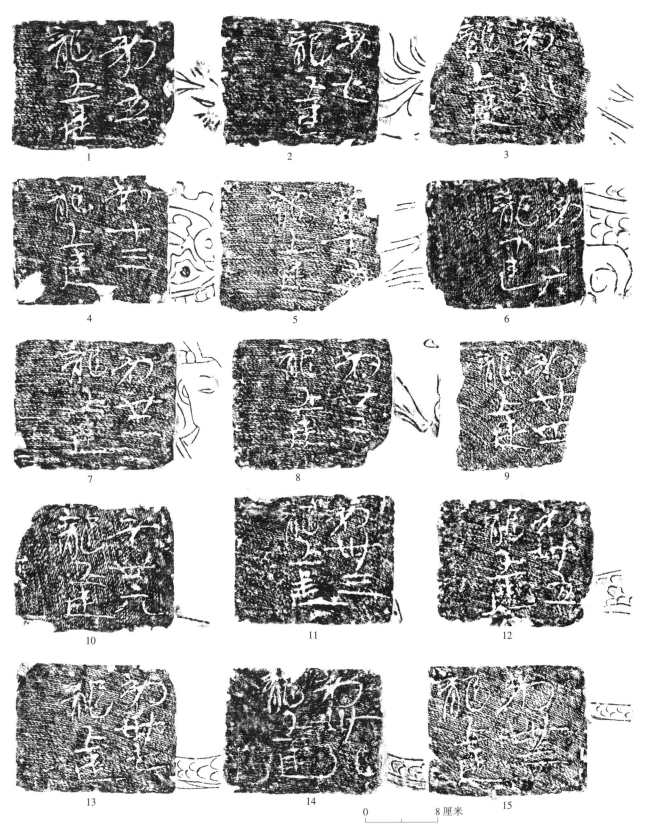

图 4 - 10　M1 龙画像砖刻文及侧面纹饰

1. 龙上建第五　2. 龙上建第七　3. 龙上建第八　4. 龙上建第十三　5. 龙上建第十五　6. 龙上建第十六　7. 龙上建第
廿一　8. 龙上建第廿二　9. 龙上建第廿四　10. 龙上建第廿六　11. 龙上建第卅三　12. 龙上建第卅五　13. 龙上建第卅
七　14. 龙上建第卅八　15. 龙上建第卌二

图4-11　M1 龙画像砖刻文及侧面纹饰

1. 龙下建第一　2. 龙下建第四　3. 龙下建第廿六　4. 龙下建第廿八　5. 龙下建第卅□　6. 第十四（五）　7. 第廿八
8. □建　9. 龙　10. 龙下□　11. 龙下三　12. 龙下三第　13. 龙建上□　14. 龙建上第

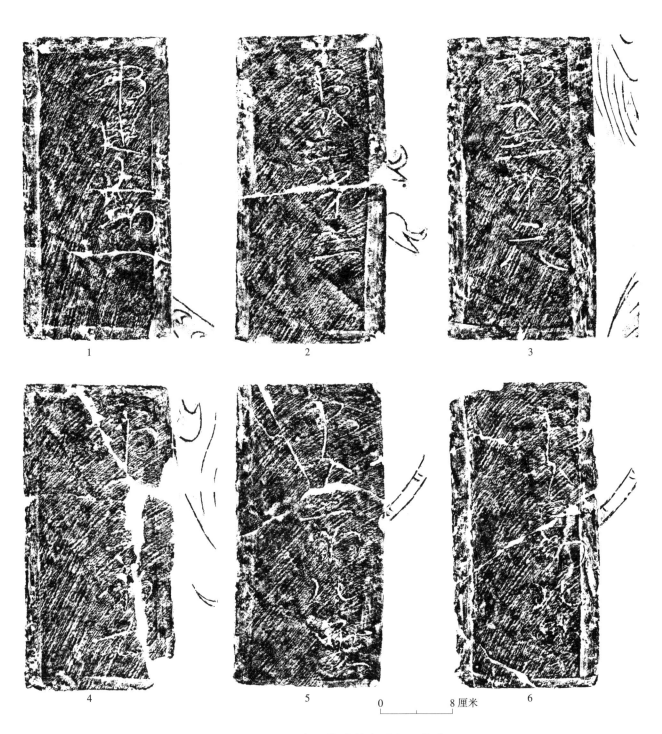

图 4 – 12　M1 虎画像砖刻文及侧面纹饰

1. 虎建上第一　2. 虎下三第三　3. 虎下三第六　4. 虎下三第七　5. 虎下三第八无　6. 虎下三第八无

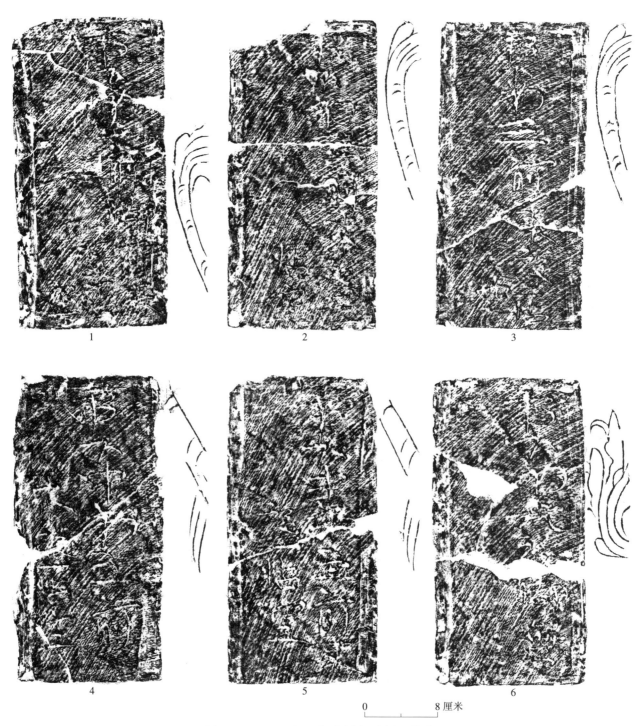

0 ⊢——⊣ 8 厘米

图 4 - 13　M1 虎画像砖刻文及侧面纹饰

1. 虎下第一前脚前来后一帖空　2、3. 虎下第三前来后二帖空　4、5. 虎下中第五前来后一帖空　6. 虎下第六后脚无

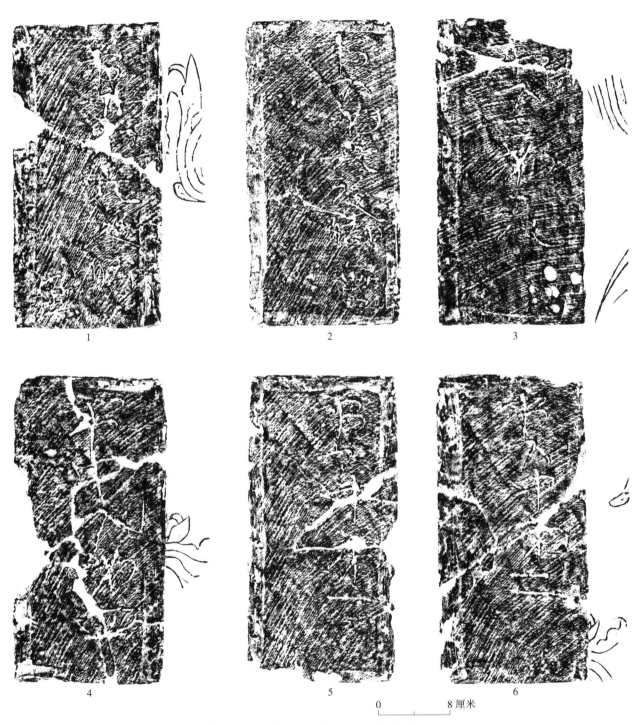

图 4 - 14　M1 虎画像砖刻文及侧面纹饰

1、2. 虎下第六后脚无　3. 虎下二第六　4. 虎中下第四　5. 虎下中第一　6. 虎下中第二

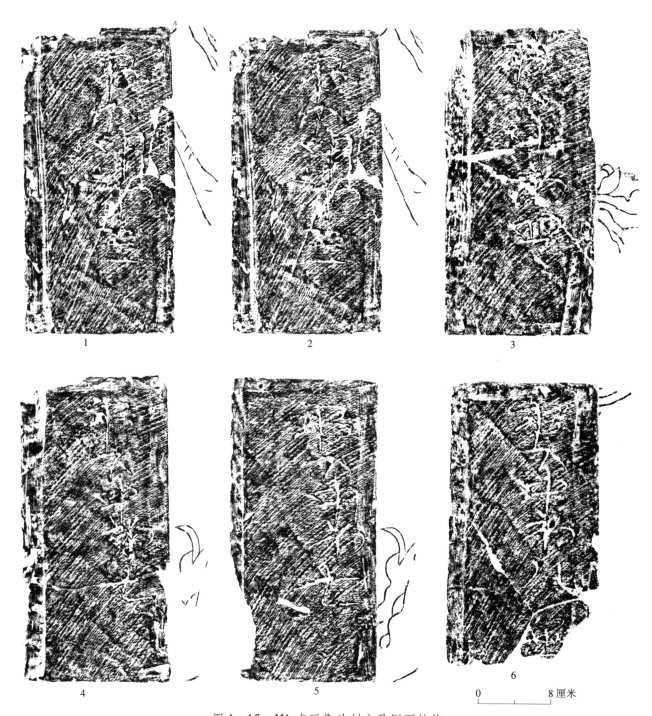

图 4 – 15　M1 虎画像砖刻文及侧面纹饰

1、2. 虎下中第三　3. 虎下中第四　4、5. 虎下中第七　6. 虎下中第八无

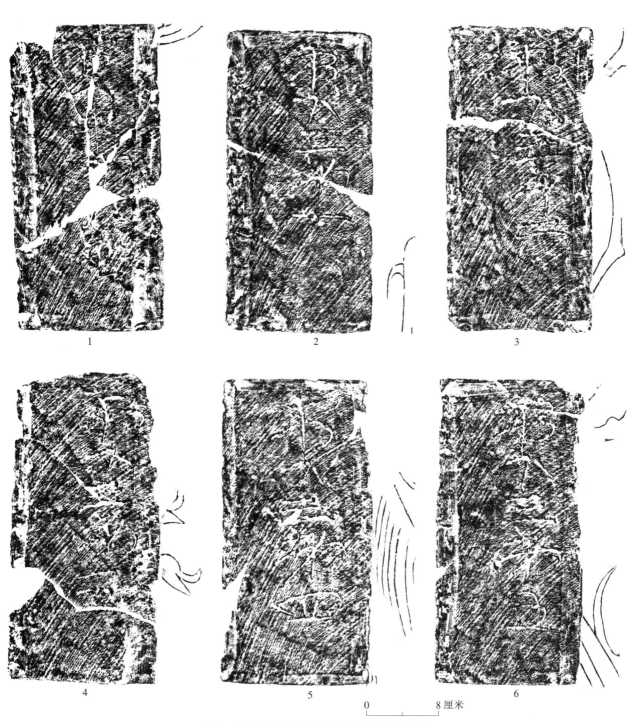

图 4 - 16　M1 虎画像砖刻文及侧面纹饰

1. 虎下中第八无　2. 虎下三第一　3. 虎下三第二　4. 虎下三第三　5. 虎下三第四　6. 虎下三第五

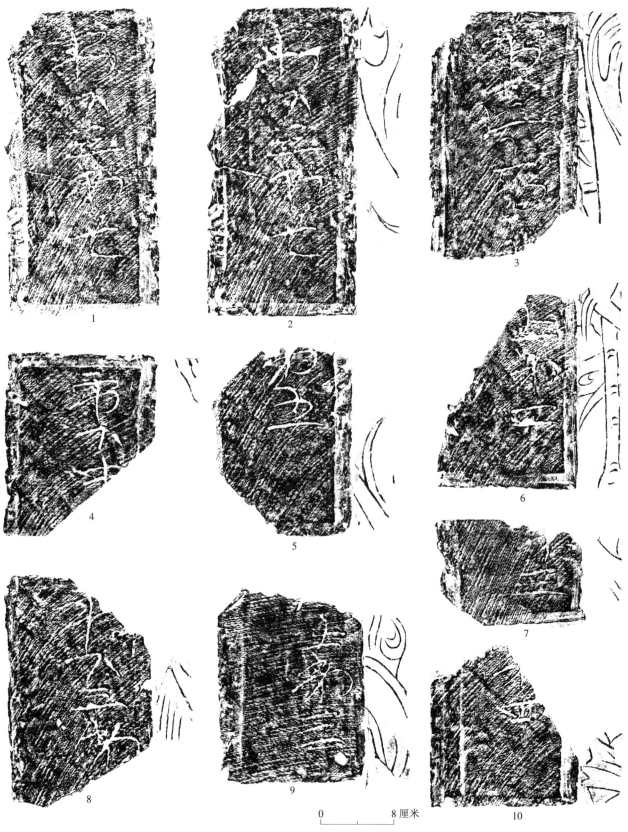

0 —————— 8 厘米

图 4 - 17 M1 虎画像砖刻文及侧面纹饰

1、2. 虎下三第七 3. 虎建上第□ 4. 虎下中 5. 第五 6. 上第四 7. 第三 8. 虎下三第 9. □上第三 10. 第四

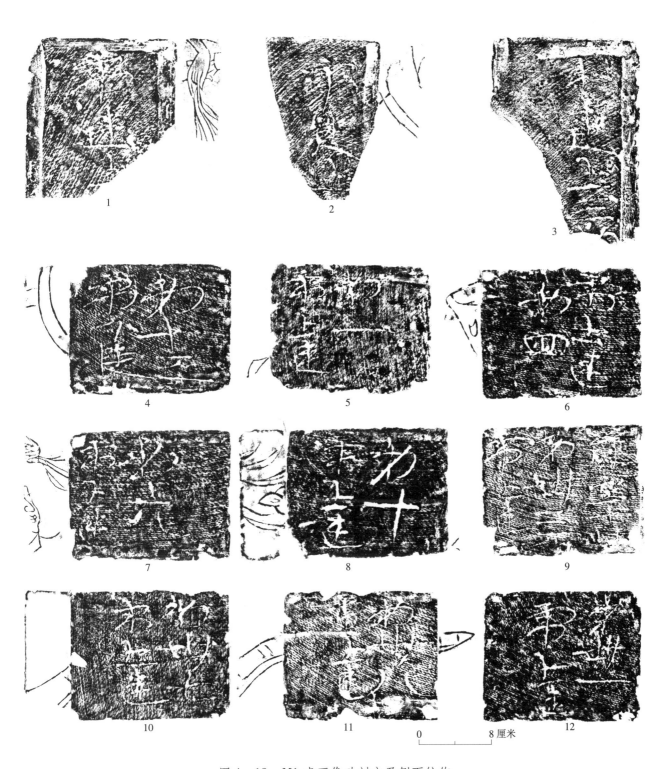

图 4 – 18　M1 虎画像砖刻文及侧面纹饰

1. 虎建上　2. 虎建上　3. 虎建上三第　4. 虎下建第十三　5. 虎上建第一　6. 虎上建第四　7. 虎上建第六　8. 虎上建第十　9. 虎上建第卅三前空十帖　10. 虎上建第卅七　11. 虎上建第卅八　12. 虎上建第卌一

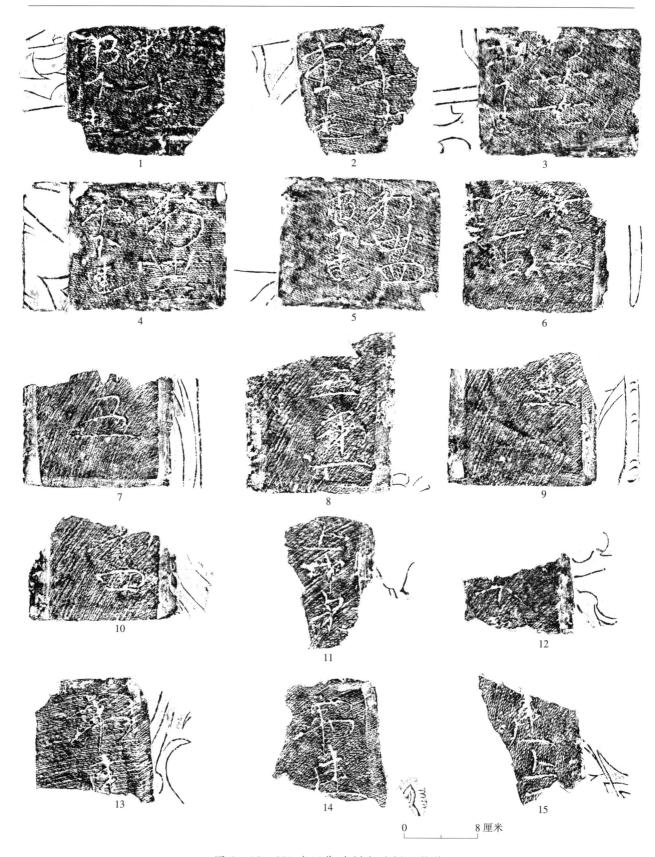

图 4 - 19　M1 虎画像砖刻文及侧面纹饰

1. 虎下建第十三　2. 虎下建第十五　3. 虎下建第廿七　4. 虎下建第卅二　5. 虎下建第卅四　6. 第五空一帖　7. □五
8. 三第一　9. 第二　10. 第四　11. 上中第　12. 下　13、14. 虎建　15. 建上

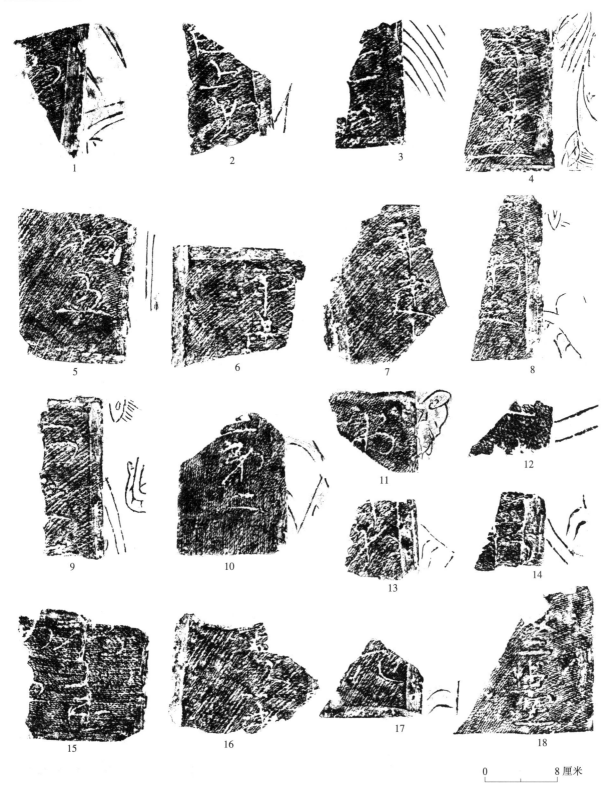

图4-20 M1 虎画像砖残块刻文及侧面纹饰

1. 虎 2. 建上第 3. □无 4. □中第二 5. □第五 6. 虎建 7. 虎建上 8. □第三 9. 虎建 10. □第二 11. 虎 12. □ 13. 第 14. 虎 15. 虎上建第五 16. 虎上建 17. 六 18. □二怗空

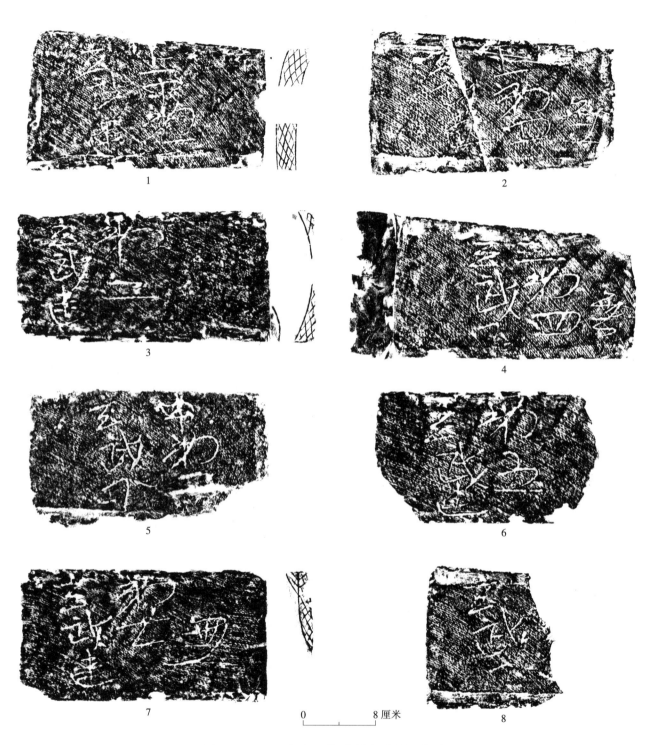

图 4 - 21　M1 玄武画像砖刻文及侧面纹饰

1. 玄武建上中第二　2. 玄武建上第四无　3. 玄武建第二　4. 玄武下三第四无　5. 玄武下中第二　6. 玄武建第五　7. 玄武建第七无　8. 玄武下

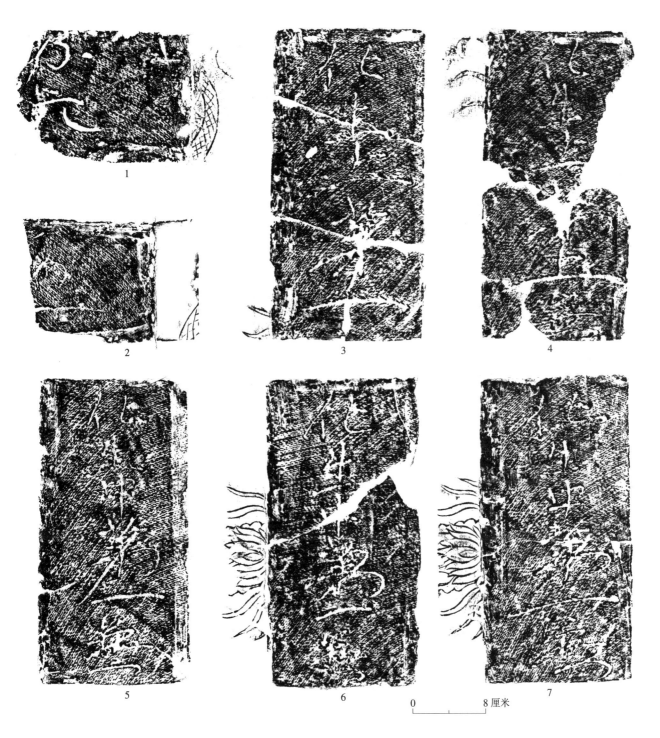

图 4－22　M1 玄武、化生画像砖刻文及侧面纹饰

1.□□第六　2.□□第一　3.化生上第一　4.化生上第二无　5、6、7.化生中第一无

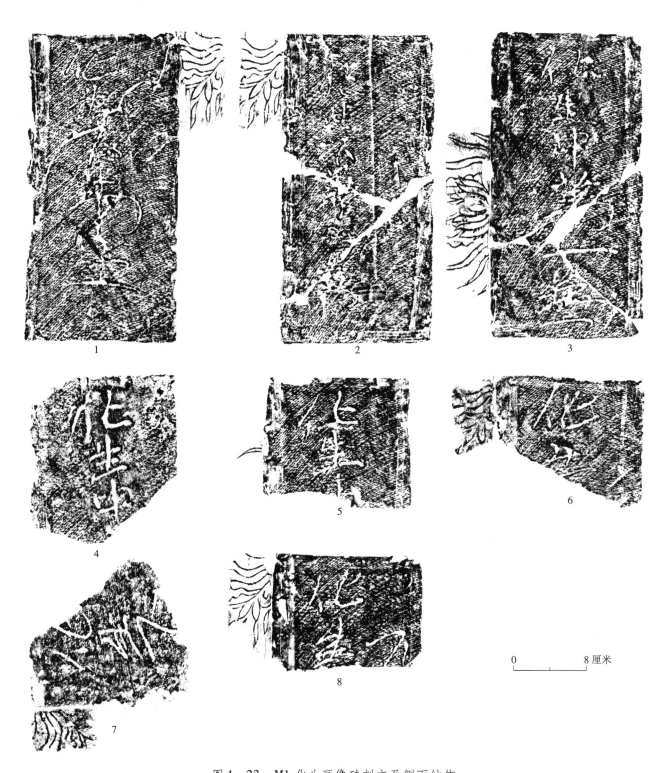

图 4-23 M1 化生画像砖刻文及侧面纹饰

1. 化生下第二　2. 化生下第二无　3. 化生中第一无　4. 化生中　5. 化生 上　6. 化生　7. 化生下　8. 化生 下

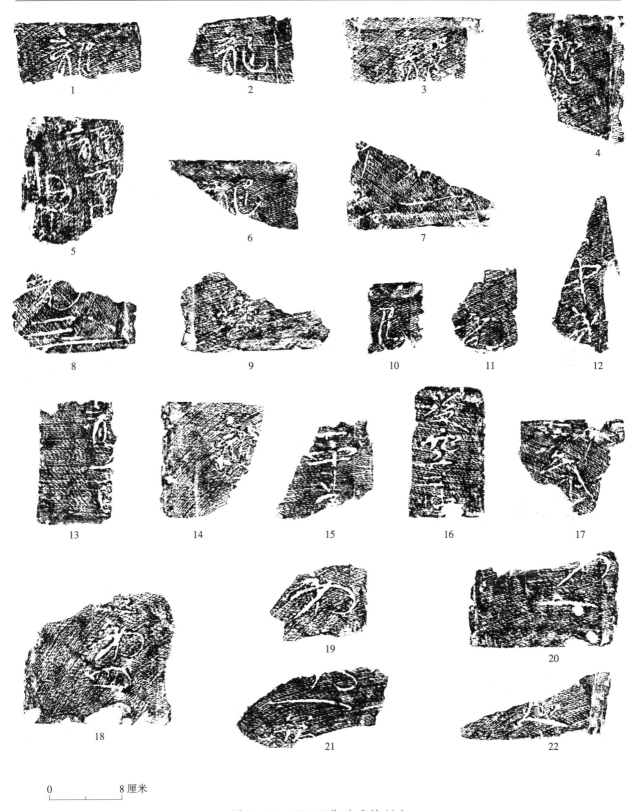

图 4 - 24 M1 画像砖残块刻文

1～3. 龙 4. 龙建 5. 龙下□五 6. 龙 7. 武建第一 8. 第三 9. 无 10. 龙 11. 第 12. 中第 13. 龙上建 14. 龙□ 15. 一中□ 16. 后空二帖 17. 玄武□□ 18. □第四 19. 第 20. 第一 21. 第一无 22. 建

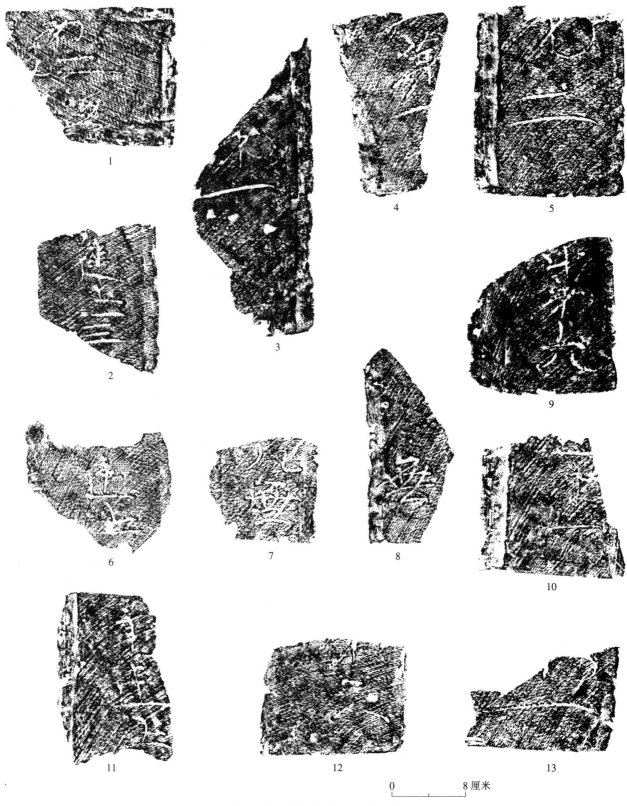

图 4-25　M1 画像砖残块刻文

1. □第二无　2. 建上三　3. 第一　4. □第一□　5. 第二　6. 建上　7. 八无　8. 无　9. 中第六　10. □第一　11. 虎建
上　12. 第六　13. 第一

图 4 - 26　M1 画像砖及侧面纹饰

1、2. 朱雀画像砖及侧面纹饰　3. 日轮画像砖　4. "万岁" 画像　5. 双人画像

图 4-27　M1 画像砖及侧面纹饰

1. 莲花化生画像砖　2. 莲花化生画像砖及侧面双钱纹　3. 莲花画像砖及侧面纹饰　4. 宝瓶莲画像砖　5. 砖侧面所刻单株莲花　6. 小梯形砖侧面纹饰（文字）　7. 双砖竖拼莲花　8. 长方砖侧面双钱纹　9. 宝轮化生画像砖　10. 砖侧面单钱胜纹　11. 宝珠画像砖及两侧纹饰

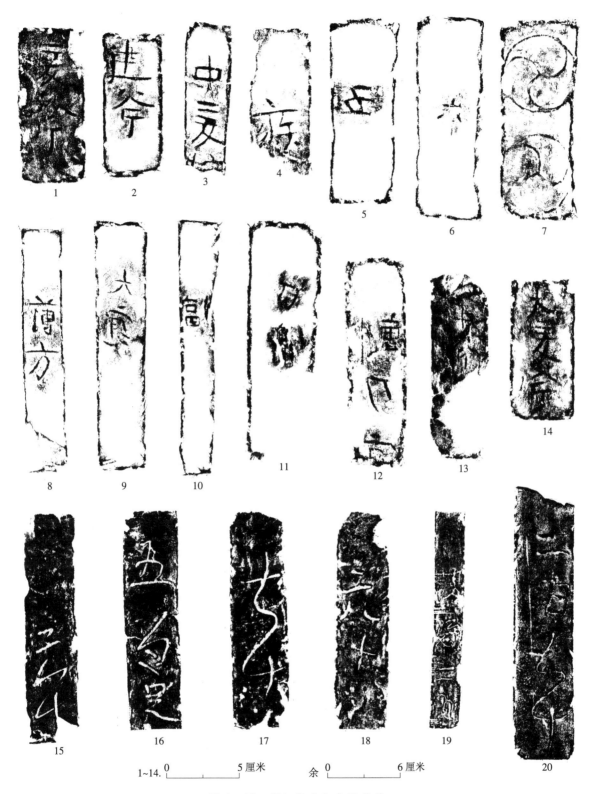

图 4-28　M1 墓砖文字及纹饰

1. 后斧　2. 建斧　3. 中后柠　4. 疾□　5. 五　6. 六　7. 宝轮纹　8. 薄方　9. 大宽　10. 副　11. 刀□　12. 副
刀宽　13. 中斧　14. 大后斧　15. 二人十　16. 五百足　17. 七十　18. 六十　19. □□二百　20. 二百七十

表1-1　M1"龙"刻字砖统计表（含个别东壁"虎"）

类别	文字内容（行数）	侧面图像	备注
龙 （现存东壁出）	龙下第一（1行）	线雕图像	整砖
	龙下第二前脚（1行）	线雕腿部	整砖
	龙下第三（1行）	线雕图像	整砖
	龙下第四后二帖空（2行）	线雕腿爪	整砖
	龙下第七后脚（1行）	线雕图像	整砖
	龙下三第一（1行）	线雕图像	整砖
	龙下三第二（1行）	线雕图像	整砖
	龙下三第七（1行）	线雕图像	整砖
	龙下中第一（1行）	线雕腿部	整砖
	龙下中第一（1行）	线雕腿部	整砖
	龙下中第三（1行）	线雕腿部	整砖
	龙下中第四（1行）	线雕图像	整砖
	龙下中第五（1行）	线雕腿部	整砖
	龙下中第六后空一帖（2行）	线雕图像	整砖
龙 （零星发现）	龙下三第六（1行）	线雕龙鳞	整砖
	□上三第（残1行）	线雕两根曲线	残砖
	第五（残1行）	线雕五根曲线	残砖
	第三（残1行）	线雕曲线	残砖
	下三第（残1行）	线雕图像	残砖
	建□（残1行）	线雕图像	残砖
	龙建上（残1行）	线雕图像	残砖
	龙□（残1行）	线雕二线	残砖
	第一（残1行）	线雕纹饰	残砖
	上三第一（残1行）	线雕一爪	残砖
	第一（残1行）	线雕腿部	残砖
	第一（残1行）	线雕腿部	残砖
	第一（残1行）	线雕龙爪	残砖
	第三（残1行）	线雕纹饰	残砖
	下三第（残1行）	线雕龙鳞	残砖
	龙下三（残1行）	线雕纹饰	残砖
	龙建上中第（残1行）	线雕纹饰	残砖
	龙上建第三（2行）	线雕图像	小方砖
	龙上建第五（2行）	线雕纹饰	小方砖
	龙上建第七（2行）	线雕纹饰	小方砖

*个别画像砖残存过少，未收录表中。

续表 1 - 1

类别	文字内容（行数）	侧面图像	备注
龙 （零星发现）	龙上建第八（2 行）	线雕纹饰	小方砖
	龙上建第十三（2 行）	线雕纹饰	小方砖
	龙上建第十五（2 行）	线雕纹饰	小方砖
	龙上建第十六（2 行）	线雕纹饰	小方砖
	龙上建第廿一（2 行）	线雕一人头部	小方砖
	龙上建第廿二（2 行）	线雕纹饰	小方砖
	龙上建第廿四（2 行）		小方砖
	龙上建第廿六（2 行）	线雕纹饰	小方砖
	龙上建第卅三（2 行）	线雕纹饰	小方砖
	龙上建第卅五（2 行）	线雕龙鳞	小方砖
	龙上建第卅七（2 行）	线雕龙鳞	小方砖
	龙上建第卅八（2 行）	线雕龙鳞	小方砖
	龙上建第卌二（2 行）	线雕身躯	小方砖
	龙下建第一（2 行）	线雕纹饰	小方砖
	龙下建第四（2 行）	线雕纹饰	小方砖
	龙下建第廿六（2 行）	线雕纹饰	小方砖
	龙下建第廿八（2 行）	线雕纹饰	小方砖
	龙下建第卌□（2 行）	线雕纹饰	小方砖
	第十四（五）（残 1 行）	线雕纹饰	残砖
	第廿八（残 1 行）	线雕龙鳞	残砖
	□建（残 1 行）	线雕纹饰	残砖
	龙（残 1 行）	线雕纹饰	残砖
		线雕纹饰	残砖
		线雕纹饰	残砖
	龙建上（残 1 行）		残砖
	龙建上第（残 1 行）		残砖
	龙上建第廿四（残 2 行）		残砖
	龙下二（残 1 行）		残砖
	龙下三第（残 1 行）		残砖
	龙下（残 1 行）		残砖
	龙下□（残 1 行）		残砖
	龙下三（残 1 行）		残砖
	龙下三第（残 1 行）		残砖
	龙建上□（残 1 行）		残砖
	龙建上第（残 1 行）		残砖

续表 1－1

类别	文字内容（行数）	侧面图像	备注
虎 （东壁出）	虎建上第一（1行）	线雕纹饰	整砖
	虎下三第三（1行）	线雕纹饰	整砖
	虎下三第六（1行）	线雕纹饰	整砖
	虎下三第七（1行）	线雕纹饰	整砖
	虎下三第八无（1行）	线雕纹饰	整砖
	虎下三第八无（1行）	线雕纹饰	整砖

表 1－2　M1 "虎" 刻字砖统计表

类别	文字内容（行数）	侧面图像	备注
虎 （现存西壁）	虎下第一前脚前来后一帖空（3行）	线雕一腿爪	整砖
	虎下第三前来后二帖空（2行）	线雕一腿爪	整砖
	虎下第三前来后二帖空（2行）	线雕纹饰	整砖
	虎下中第五前来后一帖空（2行）	线雕纹饰	整砖
	虎下中第五前来后一帖空（2行）	线雕纹饰	整砖
	虎下第六后脚无（1行）	线雕纹饰	整砖
	虎下第六后脚无（2行）	线雕纹饰	整砖
	虎下第六后脚无（1行）		整砖
	虎下二第六（1行）	线雕纹饰	整砖
	虎中下第四（1行）	线雕纹饰	整砖
	虎下中第一（1行）		整砖
	虎下中第二（1行）	线雕纹饰	整砖
	虎下中第三（1行）	线雕纹饰	整砖
	虎下中第三（1行）	线雕纹饰	整砖
	虎下中第四（1行）	线雕纹饰	整砖
	虎下中第七（1行）	线雕纹饰	整砖
	虎下中第七（1行）	线雕纹饰	整砖
	虎下中第八无（1行）	线雕纹饰	整砖
	虎下中第八无（1行）	线雕纹饰	整砖
	虎下三第一（1行）	线雕纹饰	整砖
	虎下三第二（1行）	线雕纹饰	整砖
	虎下三第三（1行）	线雕纹饰	整砖
	虎下三第四（1行）	线雕纹饰	整砖
	虎下三第五（1行）	线雕纹饰	整砖
	虎下三第七（1行）	线雕纹饰	整砖
	虎下三第七（1行）		整砖

续表 1-2

类别	文字内容（行数）	侧面图像	备注
虎 （零星发现）	虎建上第□（1行）	线雕纹饰	残砖
	虎下中（1行）	线雕纹饰	残砖
	第五（1行）	线雕纹饰	残砖
	上第四（1行）	线雕虎躯干	残砖
	虎下三第	线雕纹饰	残砖
	□上第三（1行）	线雕纹饰	残砖
	第三（1行）	线雕纹饰	残砖
	第四（1行）	线雕纹饰	残砖
	虎建上（1行）	线雕一长尾鸟	残砖
	虎建上（1行）	线雕纹饰	残砖
	虎建上三第（1行）		残砖
	虎下建第十三（2行）	线雕纹饰	小方砖
	虎上建第一（2行）	线雕纹饰	小方砖
右左顺序	虎上建第四（2行）	线雕纹饰	小方砖
虎 （零星发现）	虎上建第六（2行）	线雕纹饰	小方砖
	虎上建第十（2行）	线雕纹饰	小方砖
	虎上建第卅三前空十怗（2行）	线雕纹饰	小方砖
	虎上建第卅七（2行）	线雕纹饰	小方砖
	虎上建第卅八（2行）	线雕纹饰	小方砖
	虎上建第卌一（2行）	线雕纹饰	小方砖
	虎上建□□（残2行）		残砖
	虎下建第十三（2行）	线雕纹饰	小方砖
	虎下建第十五（2行）	线雕纹饰	残小方砖
	虎下建第廿七（2行）	线雕纹饰	小方砖
	虎下建第卅二（2行）	线雕纹饰	小方砖
	虎下建第卅四（2行）	线雕纹饰	小方砖
	第五空一怗（2行）	线雕纹饰	残砖
	□五（2行）	线雕纹饰	残砖
	三第一（1行）	线雕纹饰	残砖
	第二（1行）	线雕虎躯干	残砖
	第四（1行）	线雕纹饰	残砖

续表 1－2

类别	文字内容（行数）	侧面图像	备注
虎 （零星发现）	上中第（1 行）	线雕纹饰	残砖
	下（1 行）	线雕纹饰	残砖
	虎建（残 1 行）	线雕纹饰	残砖
	虎建（残 1 行）	线雕眼睛	残砖
	建上（残 1 行）	线雕纹饰	残砖
	□第（残 1 行）	线雕纹饰	残砖
	建上第（残 1 行）	线雕纹饰	残砖
	□无（残 1 行）	线雕纹饰	残砖
	□中第二（残 1 行）	线雕羽翼	残砖
	□第五（1 行）	线雕纹饰	残砖
	虎建（残 1 行）	线雕纹饰	残砖
	虎建上（残 1 行）		残砖
	□第三（1 行）	线雕纹饰	残砖
	虎建（1 行）	线雕眼部	残砖
	□第二（1 行）	线雕纹饰	残砖
	虎（残 1 行）	线雕一人头	残砖
	□第（残 1 行）	线雕纹饰	残砖
	六（残 1 行）	线雕纹饰	残砖
	□□（1 行）	线雕双线	残砖
	虎（1 行）	线雕纹饰	残砖
	虎上建第五		残砖
	建上□（残 1 行）		残砖
	□二帖空（残 1 行）		残砖
	□第二无（残 2 行）		残砖
	第一（残 1 行）		残砖
	第二（残 1 行）		残砖
	□第一□（残 1 行）		残砖
	建上三（残 1 行）		残砖
	中第六（残 1 行）		残砖
	建上（残 1 行）		残砖
	第六（残 1 行）		残砖
	□第一（残 1 行）		残砖

表1-3　M1"玄武"、"化生"刻字砖统计表

类别	文字内容（行数）	侧面图像	备注
玄武	玄武建上中第二（2行）	线雕蛇躯体	梯形砖
	玄武建上第四无（3行）	线雕蛇躯体	梯形砖
	玄武建第二（2行）	线雕蛇躯体	梯形砖
	玄武下三第四无（3行）	印一"足"字	梯形砖
	玄武下中第二（2行）		
	玄武建第五（2行）		
	玄武建第七无（3行）	线雕蛇躯体	梯形砖
	玄武下（残1行）		
	□□第六	线雕蛇躯体	残砖
	□□第一	线雕蛇躯体	残砖
化生（墓室西壁）	化生上第一（1行）	线雕纹饰	整砖
	化生上第二无（1行）	线雕纹饰	整砖
	化生中第一无（1行）		整砖
	化生中第一无（1行）	线雕纹饰	整砖
	化生中第一无（1行）	线雕纹饰	整砖
	化生下第二（1行）	线雕纹饰	整砖
	化生第下二无（1行）	线雕纹饰	整砖
（墓室东壁出）	化生中第一无（1行）	线雕纹饰	整砖
	化生中（残1行）		残砖
	化生上（残1行）	线雕纹饰	残砖
	化生（残1行）	线雕纹饰	残砖
	化生下（残1行）	线雕纹饰	残砖
	化生下（残2行）	线雕纹饰	残砖

表1-4　M1其他刻字残砖统计表

类别	文字内容（行数）	侧面图像	备注
	龙（残1行）		残砖
	龙（残1行）		残砖
	龙（残1行）		残砖
	龙建（残1行）		残砖
	龙下□五（残2行）		残砖
	龙（残1行）		残砖
	龙上建（残1行）		残砖
	龙□（残1行）		残砖

续表 1-4

类别	文字内容（行数）	侧面图像	备注
	一中□（残1行）		残砖
	后空二帖（残1行）		残砖
	玄武□□（残1行）		残砖
	□第四（残1行）		残砖
	第（残1行）		残砖
	第三（残1行）		残砖
	第（残1行）		残砖
	第一（残1行）		残砖
	无（残1行）		残砖
	□中第（残1行）		残砖
	第一无（残1行）		残砖
	武建第一（残2行）		残砖
	建□（残1行）		残砖
	虎建上（残1行）		残砖
	无（残1行）		残砖
	八无（残1行）		残砖
	第一（残1行）		残砖

表 1-5　M1 墓砖统计表

单位：厘米

种类	长	宽	厚	图案纹饰	字符	备注
长方砖	35.5	16.5~17.5	4.5~4.7		方	墓壁平砌砖
长方砖	36.2	13.4~13.5	4.7~5	半莲花		
长方砖	36~36.8	17.5	3.4			
长方砖	30~30.2	14.4~14.5	3.7~3.8			
长方砖	25.7~26.7	13.7~14.1	4.7~5.4	半莲花		
长方砖	27.3~27.5	9~9.4	4.1~4.2	单钱胜纹		
长方砖	35.1	17.1	2.9		薄方	
长方砖	27.9	14~14.1	大5.5 小4.5~4.7	双钱纹		
梯形砖	27.5	大15~15.4 小12~12.9	4.9~5	双钱纹	足	
梯形砖	27.5	大12.3 小11	3.8			

续表 1－5

种类	长	宽	厚	图案纹饰	字符	备注
梯形砖	17.8	大 12.4 小 9.1	4.2～4.4			
梯形砖	19	大 12.2 小 9	2.8～2.9		三	
梯形砖	17.9	大 10.8 小 8.5	4.5～4.6		皿	当为"四"
梯形砖	18	大 13.3～13.5 小 9.4～9.6	4.6～5	半莲花	六	
梯形砖	18.3	大 12.2 小 9.1	4.3～4.7	半莲花	五	
梯形砖	17.5	大 15.4 小 10	4.8～5	半莲花		
楔形砖	27.5	大 8.5 小 7.5	6.5～2.5			
楔形砖	35.9	17～17.5	大 3.9 小 3.4		大宽	
纵楔砖	27.5	大 8.8 小 6.5	大 4.3 小 3			
纵楔砖	27	大 9.2 小 9	4.2 3.9	单钱胜纹	建	
纵楔砖	27.4	大 8.8 小 6.8	大 6.5 小 2.7		急	
纵楔砖	25～25.1	大 9.9 小 9	大 4.1 小 3.5		建斧	
纵楔砖	24.5	大 9.3 小 7.5	大 4.1 小 2.6			
纵楔砖	18.1	大 12.2 小 9.8	4		中斧	
纵楔砖	18	大 9.2 小 8.7	4.4～4.5		大后斧	
横楔砖	残 26.5	16.9～17	大 4 小 2.6		中圬	
横楔砖		残 13.8	3.1		中后圬	
小方砖		16.8	2.8		畐	
小方砖	17.5	13.7	5.2			正面刻字

二　M2

M2 位于小横山顶端第一排中部，其东为 M3，西部为 M1。方向 165°（图 5 - 1 ～ 5 - 3；彩版一四～一六；表 2 - 1）。

砖室由封门、甬道及墓室三部分组成。通长 6.9、内长 5.9 米。砖室外为岩石墓圹，形制同砖室相似，围绕于砖室外（图 5 - 1；彩版一四，1）。

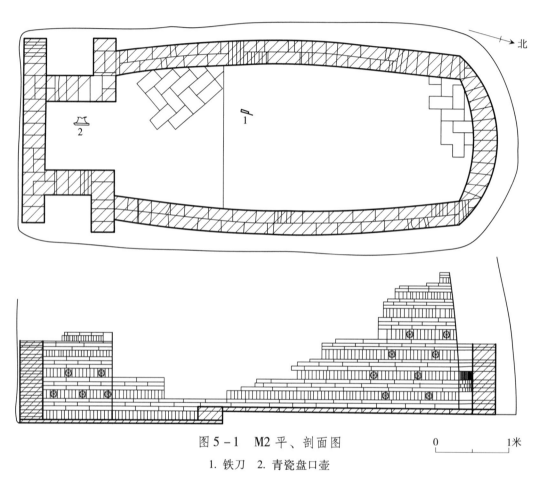

图 5 - 1　M2 平、剖面图　　　　　　　0　　　　　　1米

1. 铁刀　2. 青瓷盘口壶

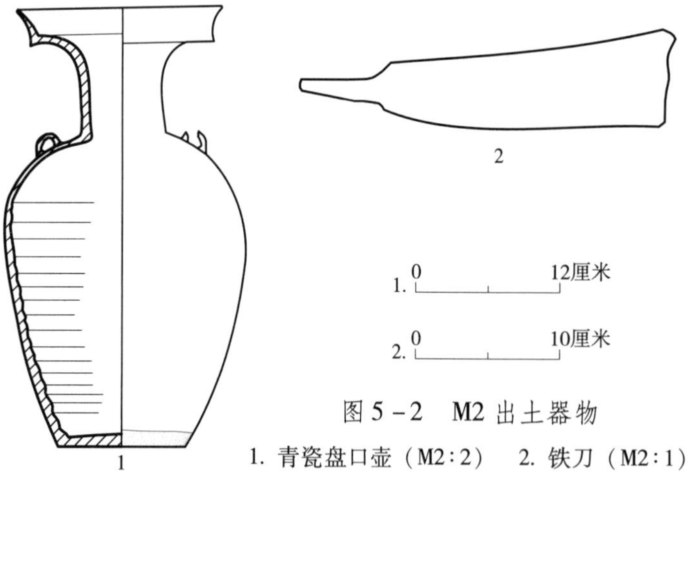

图 5 - 2　M2 出土器物

1. 青瓷盘口壶（M2:2）　2. 铁刀（M2:1）

封门砌于甬道口内外，通宽 2.5 ～ 2.66、厚 0.36、现高 1.05 米。中部封墙错缝平砌，现存 24 层。封墙两侧为三顺一丁砌筑的券门直壁，直壁外立砌一排砖。券门直壁两侧外面为翼墙，翼墙东宽 0.2、西宽 0.3 ～ 0.44 米，顺长平砌。封墙丁砖上模印有"大宽"、"大急"等文字（图 5 - 3）。

甬道宽 0.93、进深 0.98、现高 1.16 米，直壁高 0.84 米。三顺一丁砌

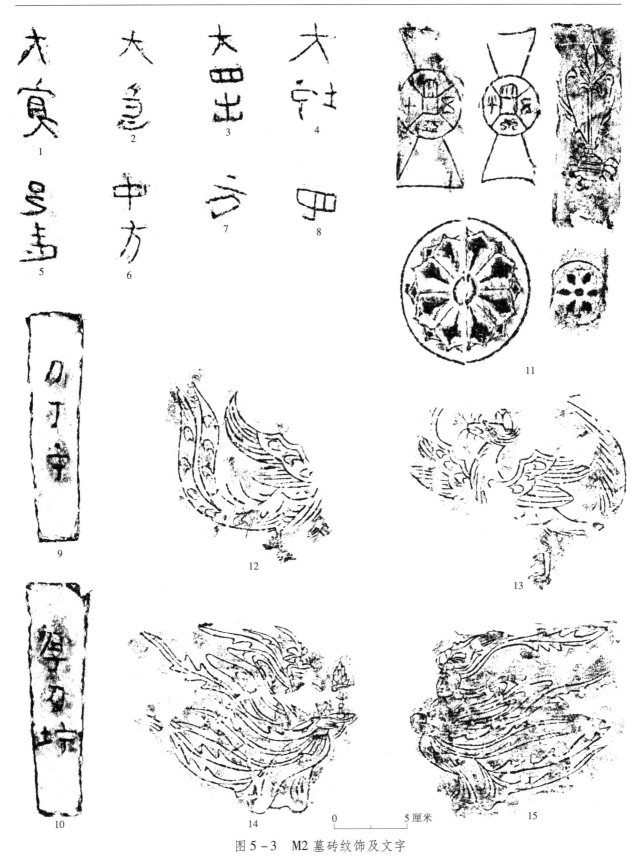

图 5 - 3　M2 墓砖纹饰及文字

1. 大宽　2. 大急　3. 大四出　4. 大圬　5. 足步　6. 中方　7. 方　8. 甲　9. 刀丁宁　10. 厚刀圬　11. 墓壁装饰
12. 千秋画像　13. 万岁画像　14. 捧熏炉飞仙画像　15. 捧盒飞仙画像

筑，丁砖饰双钱纹或半莲花，从下往上第5组丁砖为梯形砖，属于甬道券壁部分，砖内面饰单钱纹。梯形砖长30.5~31、厚4~4.3、大头宽12~12.5、小头宽8~8.2厘米。券壁顺砖为纵楔砖，砖长31~32、宽15~15.7、小头厚2.5~3厘米。甬道及墓室前部为人字形铺地砖（彩版一四，2）。

墓室东、西壁微凸，南壁平直，北壁弧凸较甚，平面略呈椭圆形。南壁宽1.62、中部最宽1.94、北壁垂直宽1.63米。东西二壁均垂直长4.76米。现存墓壁高度：西壁最高1.8、东壁最高1.1、北壁最高1.08米，三顺一丁砌筑。丁砖模印双钱纹、半莲花、单钱胜纹或"足步"文字（彩版一五）。墓室中后部设有棺床，棺床前端宽1.84、距离南壁1.11~1.15米。棺床面铺砖纵横交错，前端以砖一丁一顺砌边。墓室南壁从下往上第3组丁砖均为一块模印画像的长方砖，每块砖上有两幅独立画像，东墙画像内侧为一捧盒的飞仙，靠近甬道的外侧为一千秋；西壁画像内侧为一捧熏炉的飞仙，靠近甬道的外侧为一万岁。千秋、万岁相向站立，头朝向甬道内（彩版一六）。

随葬品共2件。青瓷盘口壶1件，出土于甬道内；铁刀1件，出土于墓室中部。

刀　1件。M2：1，铁质。一端有长5.5厘米的细柄，一端为略呈梯形的长刃，刃长19.5、宽3.3~5.5厘米。通长25.3、宽5.4厘米（图5-2-1）。

盘口壶　1件。M2：2，浅盘口外侈，盘口外面内收，束颈细长，圆肩，肩部对称附两组纵向双排系，鼓腹，平底，底不施釉。通体施黄褐釉，紫灰胎。口径16.9、腹径20.6、底径10.5、高35.2厘米（图5-2-2；彩版二三四，2）。

表2-1　M2墓砖统计表

单位：厘米

种类	长	宽	厚	图案纹饰	字符	备注
长方砖	31.9	15.5	4.6		方	墓壁平砌砖
长方砖	31.6	15.6	3.3		中方	
长方砖	31.8	大13.3 小12.7~13	4.7~5	双钱纹、半莲花或单钱胜纹	足步	
梯形砖	31.5	大15.2 小13.2	5 4.7		足	墓室北壁平砌砖
梯形砖	31	大10.3 小8.7	4 4		中后斧	
梯形砖	30.7	大12.5 小8.5	4~4.1		五	
梯形砖		大12.5	3.9~4.1		四	
纵楔砖	31.4	大15.4 小15.3	4.8 4.2~4.4		大字	
纵楔砖	30.7	大15 小15.5	4.5 3		大圩	
纵楔砖	30.5	14.5	2.9 1.9		副宁	

续表 2-1

种类	长	宽	厚	图案纹饰	字符	备注
纵楔砖	30.7	15.1~15.5	2.6~3.1 2.4		中垰	
纵楔砖		15.2	3		小垰	
长方砖	30.4	大 15 小 14.5	3.1~3.4 3.3		大宽	
纵楔砖	30.9	大 14.9 小 15	4 3.4		一字	
横楔砖	31.5	15.2~15.5	4.4~4.5 3		厚刀垰	
横楔砖	30.7	15.2	4.1~4.2 2.8		刀丁宁	
纵楔砖	31~31.2	大 14.8 小 15.5	8~8.2 2.9		大门垰	
纵楔砖		大 10	3		出平急	
纵楔砖		大 14.6	5.9		大急	
纵楔砖		大 8.1	5.5		大四出	
纵楔砖		大 9	4		出大宽	
小方砖	15.5	13	5	双钱纹		
小长方砖	15.4	9	4.4		二	

三 M3

M3 位于小横山顶端第一排中部，其东为 M119，西为 M2。方向 169°（图 6-1~6-3；彩版一七；表 3-1）。

砖室由封门、甬道及墓室三部分组成。通长 5.7、内长 5.1 米。砖室外为岩石墓圹，形制同砖室相似，围绕于砖室外（图 6-1；彩版一七，1）。

封门砌于甬道口内外，仅余西部一段，现长 1.22、厚 0.33、高 0.04~0.64 米。

甬道宽 0.85~0.89、进深 0.81、现高 0.43~0.66 米，直壁高 0.84 米。三顺一丁砌筑，丁砖饰双钱纹。甬道及墓室均为人字形铺地砖。

墓室东、西壁微凸，南壁平直，北壁弧凸较甚，平面略呈椭圆形。南壁宽 1.46、中部最宽 1.71、北壁垂直宽 1.46 米。东、西二壁均垂直长 4.14~4.16 米。现存墓壁高度：西壁最高 1.57~1.68、东壁最高 1.72~2.1、北壁最高 2.02~2.25 米。三顺一丁砌筑，丁砖模印双钱纹、半莲花。每组丁砖饰 3~5 朵莲花图案，莲花之间饰双钱纹。东壁后端由直壁往上三顺一丁 3 组，由上往下分别为：第一组丁砖为"中后斧"，顺砖分别为长方砖、"中方"、"大急"；第二组丁砖为"六"，顺砖分别为长方砖、"中方"、"一字"；第三组丁砖为"中后斧"，顺砖分别为单钱胜纹长方砖、"大门垰"、"方"（彩版一七，2）。

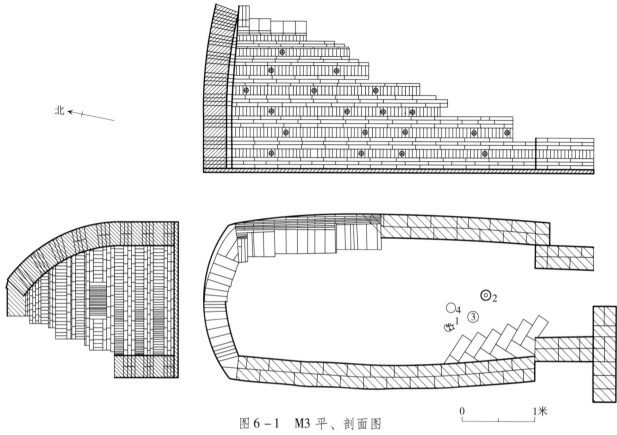

图 6 - 1　M3 平、剖面图

1、2. 青瓷盘口壶　3、4. 青瓷小碗

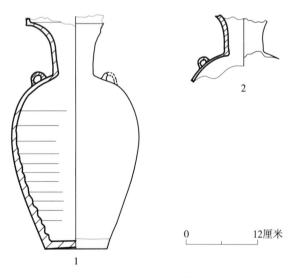

图 6 - 2　M3 出土青瓷盘口壶

1. M3：1　2. M3：2

北壁中部砌有一组直棂窗，窗宽 59、高 22～23 厘米，竖砌 6 根破子棂。窗距离墓底 0.95 米，距离东壁 0.42 米。直棂窗在北壁外面也有显露，呈板棂窗形状，外宽 67、高 22.6 厘米。北壁由直棂窗往上三顺一丁砌筑 3 组，上再平砌"中四出"、"出大宽"、"大四出"、"出王宽"等砖至顶。三顺一丁墓砖分别为：第一组顺砖分别为"足"、"足"、"小平急"，丁砖为"足步"；第二组顺砖分别为"足"、"大四出"、"足"，丁砖为"足步"；第三组顺砖分别为"足"、"足"及"足步"、"出小急"，丁砖为"出建"（图 6 - 3；彩版一八）。

随葬品共 4 件。青瓷盘口壶 2 件，出土于墓室及甬道内；小碗 2 件，出土于墓室内。

盘口壶　2 件。M3：1，浅盘口已残，细颈较高，圆肩，肩部附对称的半圆形纵向双排系，鼓腹，腹下斜收，平底微凹。通体施青绿釉，釉面有黄白斑点及气泡，近底一周呈深褐色，紫胎。口径 16.2、腹径 20.5、底径 10、高 38 厘米（图 6 - 2 - 1；彩版二三四，3）。M3：2，

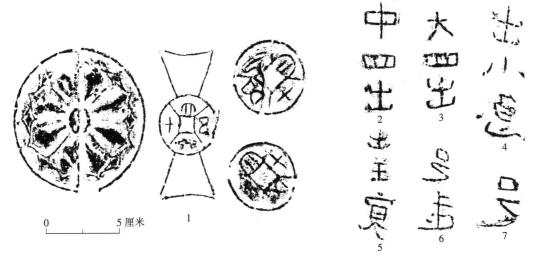

图 6-3 M3 墓砖纹饰及文字

1. 墓砖纹饰 2. 中四出 3. 大四出 4. 出小急 5. 出王宽 6. 足步 7. 足

仅余颈部及腹部局部。浅黄绿釉,紫胎,束颈稍短,肩部附纵向双排系。腹径 20、残高 18.2 厘米(图 6-2-2)。

小碗 2 件。M3:3,尖圆唇,鼓腹较直,假圈足,平底。施青绿釉,外面釉层基本脱落,底外不施釉。灰胎。口径 8、底径 3.2、高 4 厘米。M3:4,尖圆唇,鼓腹,平底,略有假圈足。不施釉,底外为红胎,余均灰胎。口径 8.3、底径 4.2、高 3.9 厘米(彩版二三五,1)。

表 3-1 M3 墓砖统计表

单位:厘米

种类	长	宽	厚	图案纹饰	字符	备注
长方砖	31.5	15.6	4.8		一短侧面印"方"字	墓壁平砌砖
长方砖	31.5~32	15.1~15.5	3~3.3		一短侧面印"中方"2 字	
梯形砖	31.5	大 13.6 小 12.4	5.1 4.9	小头印双钱纹	足	墓室北壁平砌砖
梯形砖	30.9	大 10.5 小 8.7	4		中后斧	
梯形砖	30.5	大 12.8 小 8	大 3.7 小 3.9		六	
楔形砖	31	12.8~13.3	大 4.6~5 小 4~4.3	小头印"大泉五十"双钱纹	足步	
楔形砖	32	大 8.4~8.7 小 7~7.3	大 6~6.4 小 2.3		大四出	
楔形砖	31.2	大 9.6~10 小 8.6	大 2.6~2.8 小 2.5		中四出	

续表 3 - 1

种类	长	宽	厚	图案纹饰	字符	备注
纵楔砖	30.8	大 10 小 7.5	6 2.5 ~ 2.7		出小急	
梯形砖	33.6	大 9.5 小 9	3 2.9		小宽	
梯形砖	31.5	大 10.1 小 9.2	2.7 ~ 2.8 2.5 ~ 2.6		小平急	
纵楔砖	31.5	大 9.3 小 9	大 5.7 小 4.4		出建	
纵楔砖	31.5	大 9 小？	4 2.7		出大宽	
纵楔砖	32.4	大 14.8 ~ 15 小 15 ~ 15.5	8.1 ~ 8.5 3.7 ~ 3.8		大门垞	
纵楔砖	31.3	大 14.3 小 14.6	5.8 2.1		大急	
纵楔砖	31	大 9.5 小？	3.4 2.7		出王宽	

四　M6

M6 位于小横山中部顶端第一排西部，其东为 M4，西为 M5。方向 150°（图 7 - 1、7 - 2；彩版一九、二〇；表 4 - 1）。

M6 砖室由封门、甬道及墓室三部分组成。通长 6.35、内长 5.65 米。砖室外为岩石墓圹，形制同砖室相似，围绕于砖室外（图 7 - 1；彩版一九，1）。

封门砌于甬道口内外，由券门及两侧的翼墙组成（彩版一九，2；彩版二〇）。通宽 2.5 ~ 2.86、厚 0.32、高 1.9 米。券门内宽 1.56、内高 1.55、外高 1.76 ~ 1.87 米。封门上端稍凹陷，券顶上再平砌 3 层砖，两侧翼墙平砌 42 层，高 2.2 米。中间封墙以长方砖及楔形砖纵横交错混砌。券壁三顺一丁，丁砖为小方砖及小梯形砖，小方砖一端印双圆轮，另一端印单株莲，砖长 16、宽 13.5 ~ 13.8、厚 5.3 ~ 5.4 厘米。小梯形砖外面印"二"字，内印双钱纹，长 15、厚 4.9 ~ 5、大宽 11、小宽 9.8 厘米。券顶偏东一侧还嵌有一块模印有莲花图案的小梯形砖。券壁顺砖有"刀角"、"刀大急"、"刀小急"等种类；翼墙及封墙除长方砖外，还发现有"出建"、"疾垞"、"建垞"、"出小急"等种类。

甬道平面略呈方形，宽 0.9、进深 0.98 ~ 1、现高 0.29 ~ 0.78 米。三顺一丁砌筑。

墓室东、西壁微凸，南壁平直，北壁弧凸较甚，平面略呈椭圆形。墓壁仅余下面两三层。南壁宽 1.55、中部最宽 1.83、北壁垂直宽 1.54 米。北壁垂线长 31 厘米。东、西壁垂直长

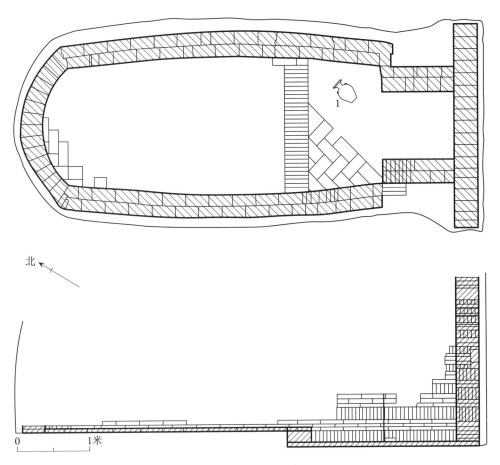

图 7-1　M6 平、剖面图

1. 青瓷盘口壶

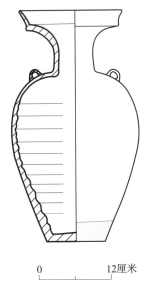

图 7-2　M6 出土青瓷盘口壶（M6:1）

3.28 米。墓室中后部设有棺床，棺床高 18.5 厘米，距离南壁 1.02 米，前端宽 1.76 米，上面铺砖纵横交错成席纹。墓室前部及甬道铺地砖作人字形。长方砖长 31～32、宽 15.5～16.2、厚 4.7～5.3 厘米。M6 北壁以梯形砖顺长平砌，砖长 31.8～32、大宽 15.5～15.7、小宽 12.3～12.5、厚 4～4.4 厘米。

随葬品仅 1 件，为青瓷盘口壶，出土于墓室南部偏东位置。

盘口壶　1 件。M6:1，大浅盘口，细颈较长，圆肩，肩部附两组纵向双排系，鼓腹浑圆修长，平底。青釉，紫灰胎，上半部施青绿釉，腹下半部施黄绿釉。近底处为深灰色及褐釉。盘口内有烧结突起的小包，凹凸不平。口径 16.5～16.8、腹径 20.7、底径 9.5、高 37 厘米（图 7-2；彩版二三四，4）。

表 4 – 1　M6 墓砖统计表

单位：厘米

种类	长	宽	厚	图案纹饰	字符	备注
长方砖	31～32	15.5～16.2	4.7～5.3			墓壁平砌砖
小方砖	16	13.5～13.8	5.3～5.4	一端印双圆轮，另一端印单株莲		封门券壁丁砖
小梯形砖	15	大 11 小 9.8	4.9～5	内印双钱纹	大头印"二"字	封门券顶丁砖
小梯形砖	15.5	大 12.8 小 10.3	4.3～4.6			
梯形砖	31.8～32	大 15.5～15.7 小 12.3～12.5	4～4.4			墓室北壁平砌砖
横楔砖	32～32.8	15.7～15.8	大 4.8～5 小 2.7		刀角	封门券顶顺砖
纵楔砖	31.1	大 14.8 小 15	大 5.2 小 3.2～3.3		小急	
纵楔砖	30.7	大 14.1 小 14.5	大 5.1 小 2.7		疾圬	
纵楔砖	30.2	大 15.5 小 15	大 5.6 小 4.4		□大□	
横楔砖	31.3	15.2～15.4	大 4.1～4.5 小 2.7		大字	
纵楔砖	31.8	大 9.6 小 9	大 5.7 小 4.9		出建	

五　M7

M7 位于小横山中部顶端第一排东部，其西部为 M119。方向 163°（图 8 – 1～8 – 8；彩版二一～二八；表 5 – 1）。

M7 砖室由封门、甬道及墓室三部分组成。通长 7.8、通宽 3.25 米。砖室外为岩石墓圹，形制同砖室相似，围绕于砖室外，墓圹同砖室之间的距离为 18～28 厘米（图 8 – 1；彩版二一，1）。

封门砌于甬道口内外，由券门及两侧的翼墙组成，券门同翼墙之间夹有一层上下垒砌的立砌砖，通宽 2.32～2.62、厚 0.38、现高 0.9～1.1 米。券门呈三级逐层内收弧券顶结构，顶部已塌，仅余直壁及部分券壁，中间为砖砌封墙，封墙三顺一丁砌筑。封门最外面只暴露外层券门直壁、中间的封墙及两侧翼墙。翼墙上宽下窄，外边直抵岩石圹壁，同墓圹接触的侧面参差不齐，宽 0.18～0.4、现高 1.1 米（彩版二二，1）。

最外层券门内宽 1.52、现高 1.1 米。券壁三顺一丁，现存四组，下面三组丁砖为小方砖，最上一层丁砖为小长方砖，丁砖正面均模印有画像。东壁画像从下往上分别为大莲花、万岁、

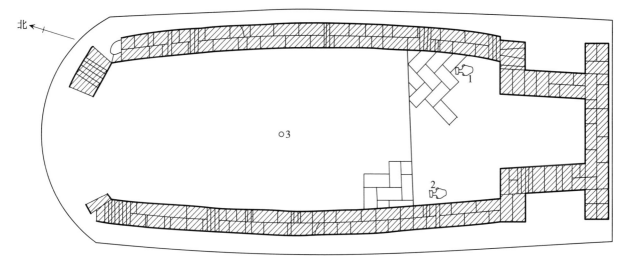

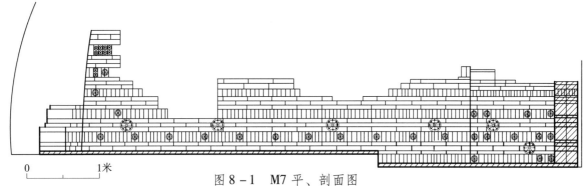

图 8-1　M7 平、剖面图

1、2. 青瓷盘口壶　3. 青瓷小碗

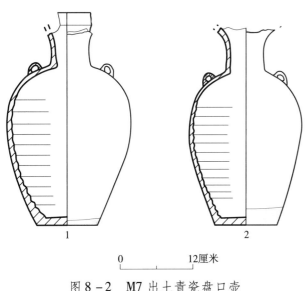

图 8-2　M7 出土青瓷盘口壶

1. M7:1　2. M7:2

复莲花、对鸟；西壁画像从下往上分别为大莲花、千秋、复莲花、对鸟。拆除掉中间的封墙后，发现券门中层、内层也镶嵌有小幅砖画，大小、结构同外层相同，从下往上，中层券门砖画东壁分别为：复莲花、捧盒飞仙、万岁、莲花化生；西壁分别为捧盒飞仙（颠倒）、捧熏炉飞仙、千秋、莲花化生。内层券门东壁分别为狮子、复莲花、捧盒飞仙、双莲花；西壁分别为狮子、复莲花、捧熏炉飞仙、双莲花（图 8-3、8-4、8-7、8-8；彩版二二，2；彩版二三；彩版二五~二八）。

甬道平面略呈方形，宽 0.97、进深 1.17~1.2、现高 1.1 米，直壁高 0.9 米。三顺一丁砌筑，现存 4 组。下面 3 组属于直壁部分，丁砖层饰两砖竖拼的莲花图案 3~5 个，以及大量的双钱纹和少数"大建"文字；顺砖层每组饰三砖平拼的大莲花图案一个。第 4 组属于甬道券壁，丁砖层饰两砖竖拼的莲花图案 3~4 个及大量单钱纹。丁砖长 32.5~33.1、大宽 9.4~9.5、小宽 8.3~8.5、厚 4.7~5 厘米；大头印"二"字，小头印单钱纹或半莲花（图 8-7；彩版二一，2；彩版二四，1）。

墓室东、西壁微凸，南壁平直，北壁弧凸较甚，平面略呈椭圆形。砖壁保存较少，北壁仅存东壁一角。南壁宽 1.8、中部最宽 2.16、北壁垂直宽 1.81 米。东、西壁垂直长 5.38~5.39 米。墓室中后部设有棺床，棺床高 18.5~19 厘米，距离南壁 1.21~1.27 米，前端宽 2.06 米，上面铺砖纵横交错成席纹。墓室前部及甬道铺地砖作人字形。墓室四壁均三顺一丁砌筑，平砌长方砖长 33.8~33.4、宽 15.5~16.4、厚 4.9~5.2 厘米。南壁现存三顺一丁 3~4 组，镶嵌有画像砖，下面三组丁砖为小方砖，最上一组为长梯形砖。南壁东墙现存 4 组，从下往上第一组丁砖画像为狮子（雌）及大莲花，第二、三组均为捧熏炉飞仙，第四组为一组三莲花（砖长 34~34.2、大宽 10、小宽 8.6~8.7、厚 5 厘米，莲花直径大者 7~7.2、小者 5.1 厘米，间距 4 厘米）。西墙现存 3 组，第一组丁砖画像为狮子（雄）及大莲花，第二组为捧盒飞仙，第三组为万岁。北壁三顺一丁砌筑，丁砖为"大建"砖，平砌砖为"足"字砖。东西两壁装饰基本同甬道两壁，顺砖层偶有菱形网格间小莲花或者卷草纹装饰（图 8-7、8-8；彩版二三，2；彩版二四，2）。

另外，在甬道及墓室乱砖中发现画像砖 6 块，其中 5 块为模印线雕画像，1 块为刻像，按内容分为凤鸟宝轮、宝瓶莲、莲花化生及人头像四种。（1）凤鸟宝轮砖，3 块（彩版二八，5、6）。一块保存完整，为长梯形砖，上部为一展翅欲飞的凤鸟，单足踏立于一莲座上；下部为一圆内呈 X 形相交的宝轮；砖长 34、大头宽 19.1、厚 4.8~4.8 厘米，上模印一"七"字；小头宽 9.7、厚 5.2 厘米；另两块均为小梯形砖，分别模印凤鸟踏莲和宝轮，凤鸟的形象同凤鸟宝轮砖中的凤鸟相同，其中一块砖长 16.8、大头宽 14.3、厚 5.2 厘米，上模印一"六"字，小头宽 10.4、厚 5.3 厘米；另一块长 15.9~16.4、大头宽 13、厚 4.8 厘米，上刻一"七"字，小头宽 9.6、厚 5~5.2 厘米。（2）宝瓶莲，1 块。画像模印于小梯形砖上，中间为一盘口细颈、鼓腹肥硕的盘口壶（瓶），内插一束莲花及两根忍冬，瓶下为覆莲座。砖的一短侧面模印"大泉五十"单钱纹，一短侧面刻一"四"字。（3）莲花化生，1 块。画像模印于小梯形砖上，一朵盛开的莲花内生出两个小孩头，小孩脸部丰圆。砖的一短侧面模印"大泉五十"单钱纹，一短侧面刻一"三"字。（4）人头像，1 块。头像刻于一长梯形砖正面中部，为一人颈部以上的侧面肖像，头型较长，吻部突出，头顶浑圆，顶上头发留出一束垂向脑后，周围头发被剃光，形象不类汉人，可能为北方胡族人物。梯形砖一短侧面（长端）模印"小急"2 字（图 8-5、8-6）。

M7 墓砖装饰有莲花、双钱纹、莲花网纹、宝瓶莲、卷枝莲花等。（1）莲花，莲花分顺砖莲花和丁砖莲花两种。顺砖莲花为三砖平拼的八瓣大莲花，直径 14~15 厘米；丁砖层饰两砖竖拼的莲花，莲花大多为八瓣莲，个别为十瓣莲，直径 9.8~10.5 厘米。（2）双钱纹，饰于墓壁丁砖一短侧面，钱纹均为圆形方孔、正面四出的"大泉五十"，直径 4.9~5.1 厘米。（3）莲花网纹，饰于墓壁顺砖长侧面，由两个八瓣小莲花及两组菱形网格纹相间组成。（4）宝瓶莲，饰于丁砖一短侧面，形状同上述宝瓶莲画像相同，只是形状较小（图 8-7）。

随葬品共 3 件。其中青瓷盘口壶 2 件，出土于墓室南部东西两侧靠近墓壁位置；小碗 1 件，出土于墓室中部。

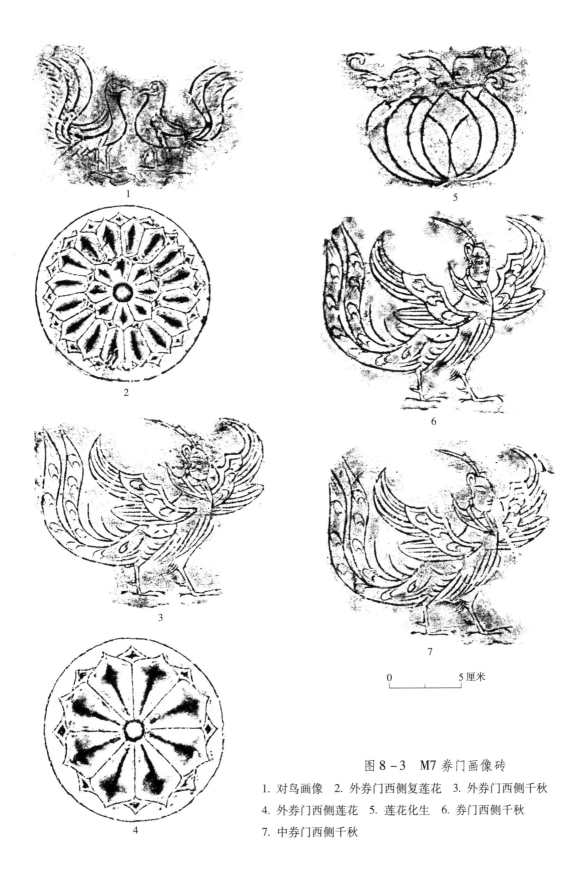

图 8 - 3 M7 券门画像砖

1. 对鸟画像 2. 外券门西侧复莲花 3. 外券门西侧千秋

4. 外券门西侧莲花 5. 莲花化生 6. 券门西侧千秋

7. 中券门西侧千秋

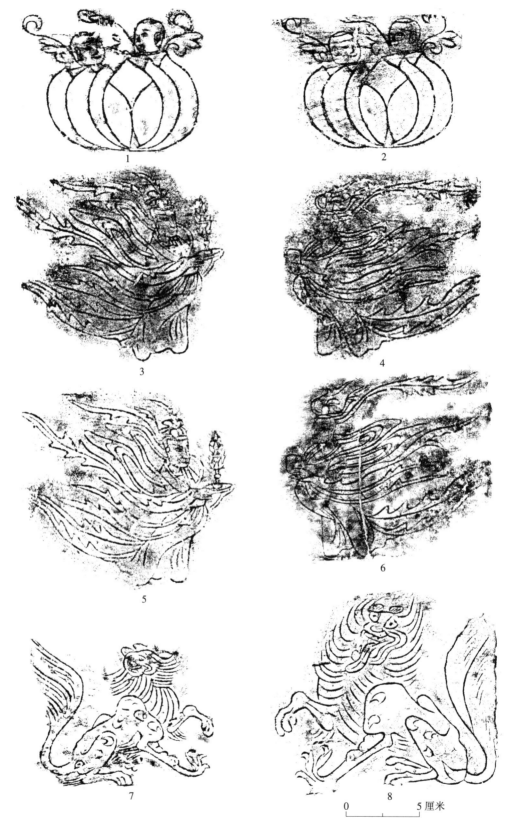

图 8-4　M7 画像砖

1. 中券门西侧莲花化生　2. 中券门东侧莲花化生　3. 中券门西侧捧熏炉飞仙　4. 中券门东侧捧盒飞仙　5. 内券门西侧捧熏炉飞仙　6. 中券门西侧捧盒飞仙　7. 内券门西侧狮子　8. 内券门东侧狮子

图 8 - 5　M7 画像砖

1. 凤鸟画像　2. 宝轮莲座画像及侧面刻字　3. 凤鸟踏莲及宝轮画像

　　盘口壶　2 件。M7:1，大浅盘口，细颈稍短，圆肩，肩部附两组纵向双排系，系较宽，鼓腹浑圆，平底。青釉，紫灰胎，通体施青绿釉，近底处及底外面呈紫褐色。口残，腹径21.5、底径10.4、高36厘米（图 8 - 2 - 1；彩版二三四，5）。M7:2，口残缺，细颈，圆溜肩，肩部附两组双系，系较宽，鼓腹浑圆，平底。青釉，紫灰胎，口及颈部施黄绿釉，肩腹下施青绿釉，近底处及底外面呈紫褐色，腹部有凸起的大包，口残，腹径19、底径9.5~9.8、残高32厘米（图 8 - 2 - 2；彩版二三四，6）。

　　小碗　1 件。M7:3，尖圆唇，鼓腹，底残缺。外施深褐釉，灰胎。残高4厘米（彩版二三五，2）。

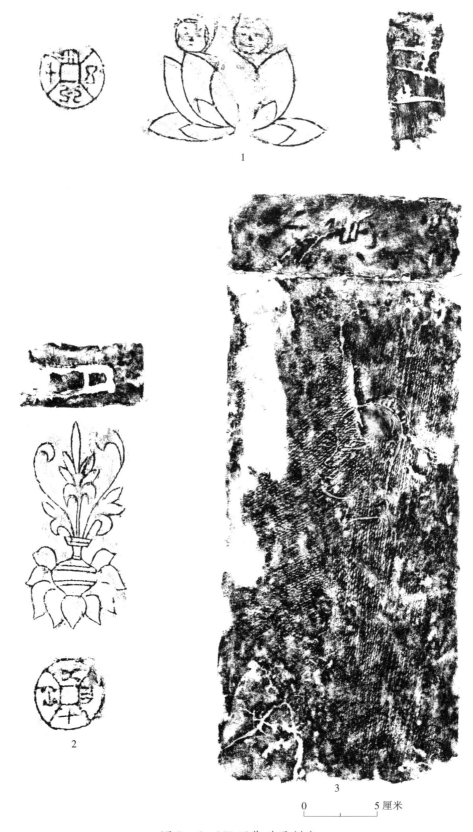

图 8 - 6　M7 画像砖及刻文

1. 莲花化生画像砖及两侧面纹饰　2. 宝瓶莲及侧面纹饰　3. 刻划人头像及侧面文字

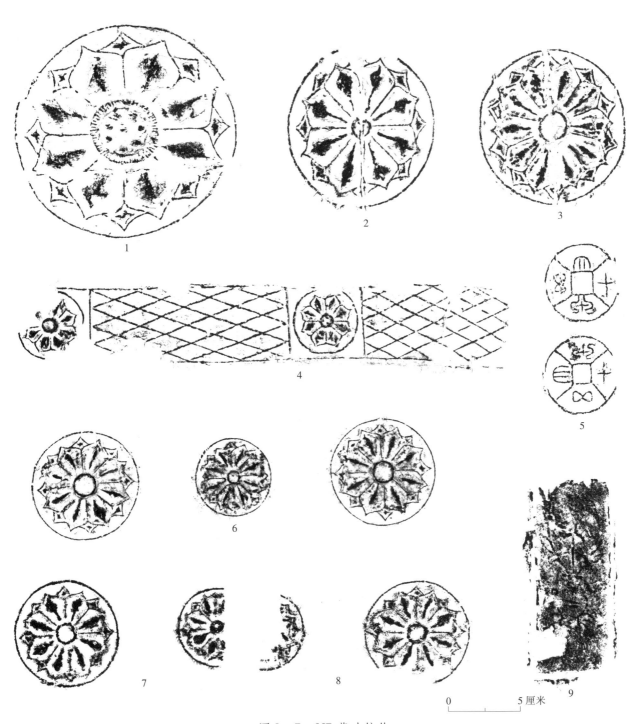

图 8 - 7 M7 墓砖纹饰

1. 墓壁顺砖三砖平拼莲花 2、3. 墓壁丁砖二砖竖拼莲花 4. 墓砖网格莲花纹装饰 5. "大泉五十" 双钱纹 6. 墓室南壁东墙莲花画像砖 7、8. 券门上部双莲花画像砖 9. 墓砖侧面宝瓶莲

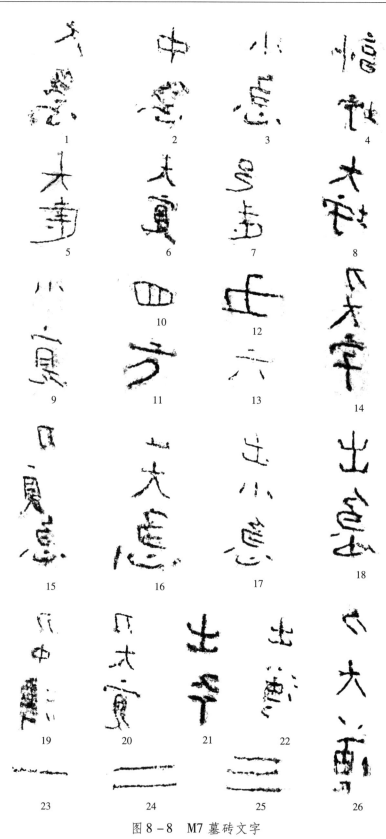

图 8－8　M7 墓砖文字

1. 大急　2. 中急　3. 小急　4. 副圬　5. 大建　6. 大宽　7. 足步　8. 大圬　9. 小宽　10. 四　11. 方　12. 五　13. 六
14. 刀大字　15. 刀宽急　16. 出大急　17. 出小急　18. 出急　19. 刀中薄　20. 刀大宽　21. 出平　22. 出薄　23. 一
24. 二　25. 三　26. 刀大薄

表 5 - 1　M7 墓砖统计表

单位：厘米

种类	长	宽	厚	图案纹饰	字符	备注
长方砖	33.8～34.1	15.5～16.4	4.9～5.2	个别长侧面有菱形网格间小莲花纹或缠枝花纹或三分之一莲花纹	一短侧面印"方"1字	墓壁平砌砖
长方砖	32.4～34.2	12.8	5～5.2	短侧面印双钱纹或单钱胜形纹或半朵莲花纹	一短侧面有"大建"2字	墓壁立砌砖
梯形砖	34	大14 小11	5～5.4	小头印双钱纹	大头印"足"字	墓室北壁平砌砖
梯形砖	33.2～33.5	大9.2 小8.3～8.5	大4.3 小4.7		大头印"一"字	
梯形砖	33.2～33.5	大9.5～9.7 小8.5	大4.4～4.5 小4.8～4.9	小头印一无字四出钱纹	大头印"二"字	
梯形砖	33.7～34	大11.5～12 小8.2	大4.3～4.6 小5～5.1	小头印一大泉五十钱纹	大头印"三"字	
梯形砖	34.1	大11～11.2 小8.5～9	大4.3～4.5 小5～5.2	小头印一无字四出钱纹	大头印"四"字	
梯形砖	33.5	大13.9 小8.2	大4.3～4.5 小5.1～5.2		大头印"五"字	
梯形砖	33～34	大14～14.1 小8.4～8.8	4.9～5.2	有的小头印半朵莲花	大头印"(?)"字	
梯形砖	33.1～33.4	大15.2 小8.8	4.8～5.2	小头印一无字四出钱纹	大头印"六"字	
梯形砖	33.5～33.7	大18.4 小9.2	4.8～5		大头印"七"字	
梯形砖	33.6～33.8	大10 小8.5	大2.5～2.7 小1.6		大头印"出薄"2字	也可归入楔形砖
梯形砖	33.5～33.6	大11.2～11.6 小9	4～4.2		大头印"出宽"2字	
梯形砖	33.3～34	大9.5～9.7 小8.6～9	2.7～3.2		大头印"小宽"2字	
梯形砖	33.5～33.6	大13 小9	3.5		大头印"出平"2字	
梯形砖	32.5～33.1	大9.4～9.5 小8.3～8.5	4.7～5	小头印一无字四出钱纹或半朵莲花；一砖正面印3朵莲花	大头印"二"字	甬道两壁

续表 5 - 1

种类	长	宽	厚	图案纹饰	字符	备注
楔形砖	34.2	大 14 小 9.1	大 10 小 2		大头印"出"字	
楔形砖	33.5	大 11.8 ~ 12.5 小 8 ~ 8.2	大 6 ~ 6.5 小 2.5 ~ 2.6		大头印"出大急"3 字	
楔形砖	33.7 ~ 34	大头 10 小头 9.2	大 5.5 ~ 5.7 小 2.4 ~ 2.5		大头印"出小急"3 字	
楔形砖	33.1 ~ 33.3	大 9.7 ~ 10 小 8	大 4 ~ 4.2 2.5		大头印"出急"2 字	
楔形砖	33.1 ~ 33.4	16.1 ~ 16.5	大 2.7 ~ 2.9 小 2.2		大头印"副薄"2 字	
小方砖	16.5 ~ 17	12.7 ~ 13.2	5.5 ~ 5.7	正面印飞天、狮子、朱雀或一八瓣莲花	短侧面印半朵莲花	墓室南壁及甬道两侧

六　M8

M8 位于小横山中部顶端第一排东部，其东部为 M9。方向 163°（图 9 - 1 ~ 9 - 10；彩版二九 ~ 三四；表 6 - 1、6 - 2）。

M8 砖室由封门、甬道及墓室三部分组成。通长 6.7、内长 6.05 米。砖室外为岩石墓圹，形制同砖室相似，围绕于砖室外（图 9 - 1；彩版二九，1）。

封门砌于甬道口内外，由券门及两侧的翼墙组成，券门同翼墙之间夹有一层上下垒砌的立砌砖，通宽 2.4、厚 0.38、现高 0.8 米。券门呈三级逐层内收弧券顶结构，顶部已塌，仅余部分直壁，中间为砖砌封墙，封墙三顺一丁、五顺一丁砌筑。封门最外面只暴露外层券门直壁、中间的封墙及两侧翼墙。翼墙上宽下窄，外边直抵岩石圹壁。

最外层券门内宽 1.36、现高 0.5 ~ 0.75 米。券壁三顺一丁，现存两三组，丁砖为小方砖，正面均模印有画像。东壁画像仅存下面两组，西壁画像现存三组，从下往上分别为大莲花、两侍立人物、大莲花。拆除掉中间的封墙后，发现券门中层、内层也镶嵌有小幅砖画，大小、结构同外层相同，中层券门砖画现存两三组，西壁由下往上分别为两侍立人物、捧瓶飞仙、万岁，东壁仅存下面两组，分别为两侍立人物、捧盒飞仙。内层券门砖画下面一组为狮子，上面两组连同顺砖组成一幅大体完整的武士图像。武士左右对称，头相向，均朝向甬道内，画像共占据两组丁砖、两组顺砖的面积，高 58、宽 33 厘米。武士下各嵌狮子画像砖一块。小方砖长 15.5 ~ 15.8、宽 12.7 ~ 13.3、厚 5.1 ~ 5.4 厘米，侧面有的印双钱纹。在封门内还发现一种饰对鸟纹的小长方砖，长 15.7、宽 8.5、厚 4.4 ~ 4.5 厘米，一短侧面印"二"字，此砖应为砌于券门起券层的小长方砖（图 9 - 4；彩版二九，2；彩版三〇、三一）。

甬道平面略呈方形，宽 0.85 ~ 0.88、进深 1.15、现高 0.98 米。三顺一丁砌筑，现存 3.5

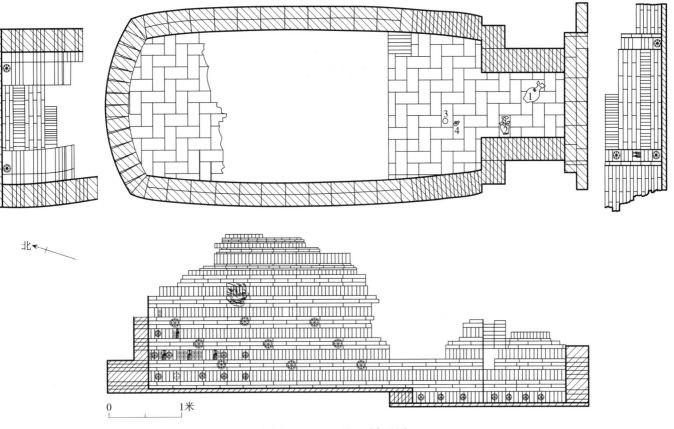

图 9-1　M8 平、剖面图

1、2. 青瓷盘口壶　3、4. 青瓷小碗

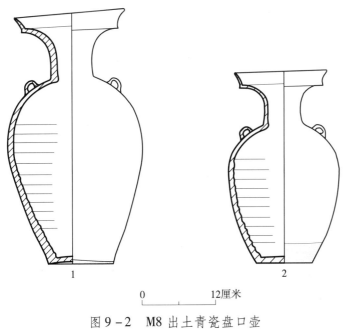

图 9-2　M8 出土青瓷盘口壶

1. M8:1　2. M8:2

组。下面三组属于直壁部分，丁砖层饰两砖竖拼的莲花图案 3~5 个，以及大量的双钱纹和少数单幅侍女小像。第 3 组以上属于甬道券壁，丁砖层饰两砖竖拼的莲花图案及大量单钱纹。起券第一层丁砖为"大后斧"，砖长 31、大宽 9.8、小宽 8.4、厚 4.1~4.3 厘米，小头印单钱纹。

墓室东、西壁微凸，南壁平直，北壁弧凸较甚，平面略呈椭圆形。砖壁保存较少，北壁仅存东墙一角。南壁宽 1.74、中部最宽 1.98、北壁垂直宽 1.78 米。东、西壁垂直长 4.66 米。墓壁现存高度：东壁 1.98、西壁 1.5、北壁 0.54、南壁 0.24~0.6 米。墓室中后部设有棺床，棺床距离南壁 0.98

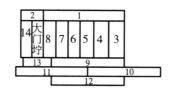

图 9 - 3　M8 墓室西壁吹笙飞仙画像砖组合位置示意图

1. 吹生上第一　2. 吹　3. 吹生建六　4. 生吹生建五　5. 吹生建
四　6. 吹生建三　7. 吹生建二　8. 吹生建一　9. 吹生下三第一
10. 吹生下中二　11. 吹生下中一　12. 吹生下第一　13. 吹笽
（1/3 砖，无图案）　14. 直棂窗

米，前端宽 1.9 米，上面铺砖纵横交错成席纹。墓室前部及甬道铺地砖作人字形。墓室四壁均三顺一丁砌筑，南壁现存三顺一丁 1 组，镶嵌有画像砖，下面一组丁砖并列两块小方砖，分别模印狮子和大莲花图案。顺砖一组，残存武士双脚部分（彩版三一）。

墓室东西两壁距离底部 1.1 米有拼镶的伎乐飞仙画像，各占据上面一层平砖、中间 6 块丁砖及下面一组 3 层顺砖的幅面，宽 33、高 33 厘米。两壁各存一幅。东壁画像位于中部偏后位置，距离北壁 1.1 米，为一吹排箫飞仙；西壁砖画位于中部偏南位置，为一吹笙飞仙。飞仙前为一组直棂窗，残存 3 根破子棂，窗棂长 30.4、宽 23、厚 4.1 ~ 4.7 厘米。

墓室东壁直壁高 1.52 米，现存三顺一丁 5 组（均从棺床算起），丁砖层为两砖竖拼的莲花、双钱纹及小幅侍女像；顺砖层有三砖平拼的大莲花 2 ~ 3 朵。顺砖长 32 ~ 32.6、宽 16.2、厚 5 ~ 5.1 厘米；丁砖长 33.2、宽 13 ~ 13.6、厚 5 ~ 5.5 厘米。券壁现存 3 组丁砖、2 组顺砖。另外，在出土的墓砖中还发现不少刻字砖块，如“吹笽”、“吹生下”、“右下建□三第二”等（图 9 - 3 ~ 9 - 10；彩版三二、三三）。

随葬品共 4 件。均为青瓷器，其中盘口壶 2 件，出土于甬道内；小碗、钵各 1 件，出土于墓室南部位置。

盘口壶　2 件。M8：1，盘口外侈，圆肩，肩部附两组纵向双排系，鼓腹，底微凹。青绿色釉。釉面有突起的小包，紫灰胎。底外未施釉。口径 18.1、底径 10.9、腹径 22.7、高 39.1 厘米（图 9 - 2 - 1；彩版二三六，1）。M8：2，盘口较浅，细颈，圆肩，肩部附两组纵向双排系，系较高，鼓腹，平底。口、颈施青绿釉，腹部为黄绿釉，紫灰胎。近底处有流釉。口径 14.9、腹径 19.1、底径 9.3 ~ 9.7、高 30.4 厘米（图 9 - 2 - 2；彩版二三六，2）。

小碗　2 件。M8：3，直口，肩部微鼓，平底微凹。外施深绿色釉，釉面较粗糙。灰胎。底外面深灰色。口径 8.8 ~ 9.1、底径 4.5、高 3.8 厘米（彩版二三五，3）。M8：4，直口微侈，肩微凸，略带假圈足。外施深绿色釉，深灰胎。口径 8.2 ~ 8.7、底径 4.5、高 3.5 ~ 3.8 厘米（彩版二三五，4）。

1、2. ⊢―――0―――8厘米―――⌐　余　⊢―――0―――5厘米―――⌐

图 9 - 4　M8 券门将军和狮子画像

1. 券门西墙右将军　2. 券门东墙左将军　3. 券门雌狮　4. 券门雄狮

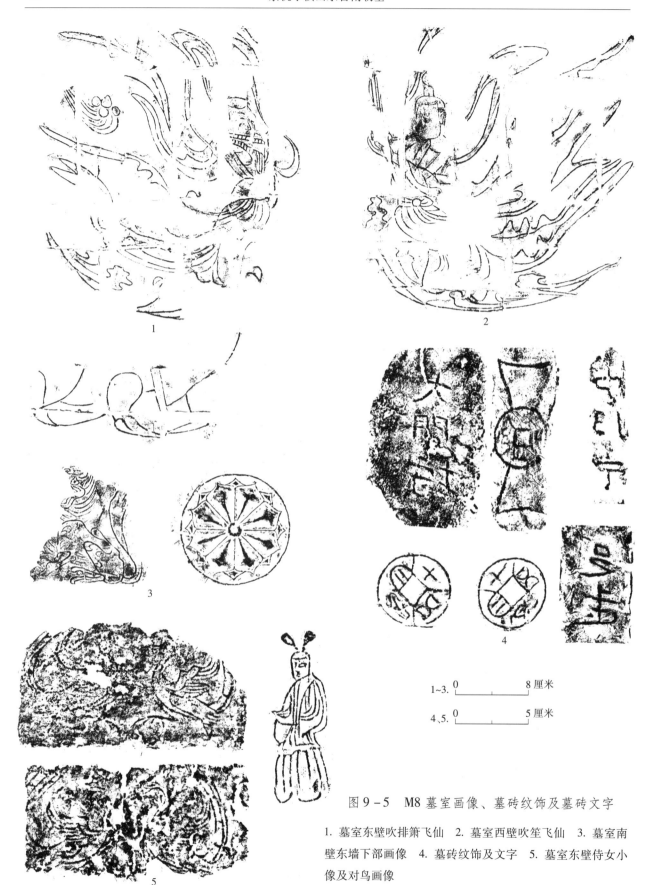

图 9-5　M8 墓室画像、墓砖纹饰及墓砖文字

1. 墓室东壁吹排箫飞仙　2. 墓室西壁吹笙飞仙　3. 墓室南壁东墙下部画像　4. 墓砖纹饰及文字　5. 墓室东壁侍女小像及对鸟画像

图 9-6 M8 伎乐飞仙画像砖刻文及侧面纹饰

1、2. 吹箎 3. 吹箎 4. 吹生建一 5. 吹箎下三第一 6. 吹生下中 7. 吹生□ 8. 吹生下中二 9. 吹生建二 10. 吹生建三 11. 吹生建四

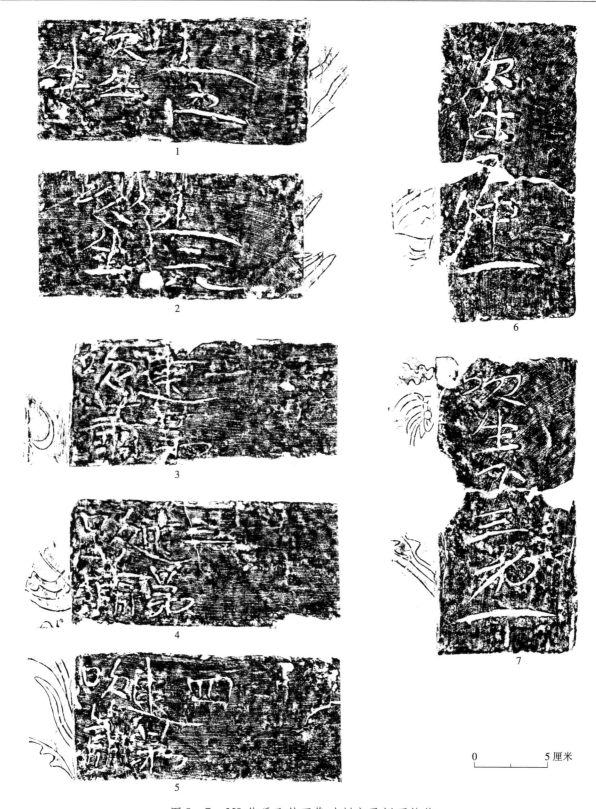

图 9 - 7　M8 伎乐飞仙画像砖刻文及侧面纹饰

1. 生吹生建五　2. 吹生建六　3. 吹萧建第一　4. 吹萧建第三　5. 吹萧建第四　6. 吹生下中一　7. 吹生下三第一

图 9-8 M8 画像砖刻文及侧面纹饰

1. 吹箫建第五　2. 吹箫建第六　3. 吹箫下中一　4. 吹箫下三第一　5. 吹箫下中第二　6. 上第二　7. □左□

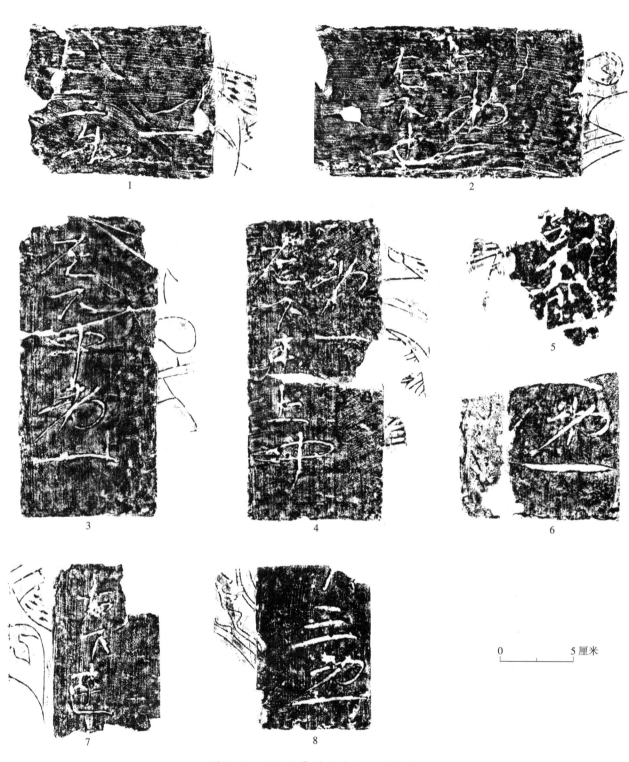

图9-9　M8 画像砖刻文及侧面纹饰

1. 上三第一　2. 左下建上第二　3. 左下中第一　4. 左下建上中第一　5. 右下建　6. □第一　7. 右下建　8. 下三第一

图 9 – 10　M8 画像砖刻文及侧面纹饰

1. 右下建上三第一　2. 右下建上中　3. 右下建 上 三第二　4. 右下三第二

表 6 – 1　M8 墓砖刻字统计表

类别	文字内容（行数）	侧面图像	备注
吹箎	吹箎（1 行）		残砖
	吹箎（1 行）		残砖
	吹箎□（2 行）	线雕服饰	残砖
	吹箎下三第一（1 行）	线雕服饰	整砖
吹生	吹生建一（2 行）	线雕服饰	残砖
	吹生□（1 行）	线雕服饰	残砖
	吹生下 中 （1 行）	线雕服饰	残砖
	吹生建四（2 行）	线雕服饰	整砖
	生吹生建五（3 行）	线雕服饰	整砖

续表 6 - 1

类别	文字内容（行数）	侧面图像	备注
吹生	吹生建三（2行）	线雕服饰	整砖
	吹生建六（2行）	线雕服饰	整砖
	吹生建二（2行）	线雕一人上半身	整砖
	吹生下中二（1行）	线雕服饰	整砖
	吹生下三第一（1行）	线雕服饰	整砖
	吹生下中一（1行）	线雕服饰	整砖
吹萧（箫）	吹萧建第一（3行）	线雕服饰	整砖
	吹萧建第三（3行）	线雕服饰	整砖
	吹萧建第四（3行）	线雕服饰	整砖
	吹萧建第五（3行）	线雕服饰	整砖
	吹萧建第六（3行）	线雕服饰	整砖
	吹箫下中一（1行）	线雕服饰	整砖
	吹箫下三 第一（2行）	线雕服饰	整砖
	吹箫下中第二（2行）	线雕服饰	整砖
左将军	上 第二（1行）		残砖
	□左□（1行）		残砖
	上三第一（2行）		残砖
	左下建上第二（2行）	线雕服饰	整砖
	左下中第一（1行）	线雕服饰	整砖
	左下建上中第一（2行）	线雕服饰	整砖
右将军	右下建（1行）	线雕服饰	残砖
	□第一（1行）		残砖
	右下建（1行）	线雕服饰	残砖
	下 三第一（1行）	线雕服饰	残砖
	右下建上三第一（2行）	线雕服饰	整砖
	右下三第二（1行）	线雕服饰	整砖
	右下建上中（1行）	线雕服饰	残砖
	右下建 上 三第二（2行）	线雕服饰	整砖

表 6 - 2　M8 墓砖统计表

单位：厘米

种类	长	宽	厚	图案纹饰	字符	备注
长方砖	32～32.6	16.2	5～5.1			直壁顺砖
长方砖	33.2	13～13.6	5～5.5	半莲花、双钱纹、侍女像		直壁丁砖
小长方砖	15.7	8.5	4.4～4.5	正面饰对鸟纹	二	
小方砖	15.5～15.8	12.7～13.3	5.1～5.4	双钱纹		正面有画像
纵楔砖	31	大9.8 小8.4	4.1～4.3	单钱纹	大后斧	

续表 6 - 2

种类	长	宽	厚	图案纹饰	字符	备注
纵楔砖	31	14.5～14.9	大 2.6 小 2		中□宁	
纵楔砖	32	15.2	大 3 小?		□圬	
横楔砖		15.5	大 4.1 小 2.3			
横楔砖	30.6	14.3	大 2.7 小 1.9		刀□□	
纵楔砖	31.6	15.8	大 8.5 小 2.9		大门圬	

七　M9

M9 位于小横山顶端第一排东部，其东部为 M10，西部为 M8。方向 168°（图 10 - 1～10 - 8；彩版三五～四二；表 7 - 1、7 - 2）。

M9 砖室由封门、甬道及墓室三部分组成。通长 7.2、内长 6.56 米。砖室外为岩石墓圹，形制同砖室相似，围绕于砖室外。砖室东北部被毁，甬道东壁及墓室东壁前部无存（图 10 - 1；彩版三五，1）。

封门砌于甬道口内外，仅余南部一段，现长 1.6、厚 0.32、高 0.53 米。三顺一丁砌筑。

甬道宽度不详，进深 1.14、现高 0.92 米。三顺一丁砌筑，现存 3.5 组。丁砖层饰两砖竖拼的单莲花及复莲花图案，以及大量的双钱纹。顺砖层饰三砖平拼的大莲花（彩版三五，2）。

墓室东、西壁微凸，南壁平直，北壁弧凸较甚，平面略呈椭圆形。券顶仅在中部偏后有部分保留，北壁仅东北角有部分保留，东壁前端被毁。南壁宽度不详，其西墙宽 0.42、现高 0.92 米，三顺一丁砌筑 3.5 组，上面有单幅及拼镶的砖画。最下一组为 3 块小方砖，从甬道内朝西壁分别为狮子、莲花化生、万岁；中部三顺一丁两组拼合成一幅武士图像：头戴冠，眉目清秀，曲领，有护颈，上身披两当铠，肩有披膊，领及披膊上均垂挂桃叶形饰件，下穿袴褶，袴上有铠甲护腿，足登翻头靴，手上搭一件衣物，握拄仪刀，高 50、宽 28 厘米。武士图像上面砌有两块小方砖，靠甬道一侧为捧盒飞仙，另外一块为万岁（图 10 - 4；图 10 - 6 - 6；彩版三六）。

墓室中部最宽 2.1、北壁垂直宽 1.8 米。西壁垂直长 5.16 米。拱券顶，内高 2.45 米（至棺床面），通高 3 米。墓室中后部设有棺床，棺床距离南壁 1.22～1.24 米，前端复原宽度 2 米，上面铺砖仅在西壁中部下面有保存，纵横交错成席纹。棺床前端现存长度 1.7 米。墓室前部及甬道铺地砖纵横平砌。墓室四壁均三顺一丁砌筑。东、西两壁顺砖层有三砖平拼的大莲花，莲花直径 12～12.7 厘米；丁砖层装饰两砖竖拼的莲花图案及双钱纹，莲花图案分单莲花和复莲花两砖，二者相间排列，莲花直径 9.2 厘米。东壁北端砌有桃形小龛及直棂窗，直棂窗仅余边缘两根窗棂（彩版三七，1）。西壁前部在距离南壁 1.2 米的位置砌有拼镶的吹笙伎乐图案，属于西壁三顺一丁砖层的第五组，画像同 M8 的一样。丁砖长 31、宽 13、厚 5～5.1 厘米，有的侧面印 1/2 复莲花（图 10 - 3）。

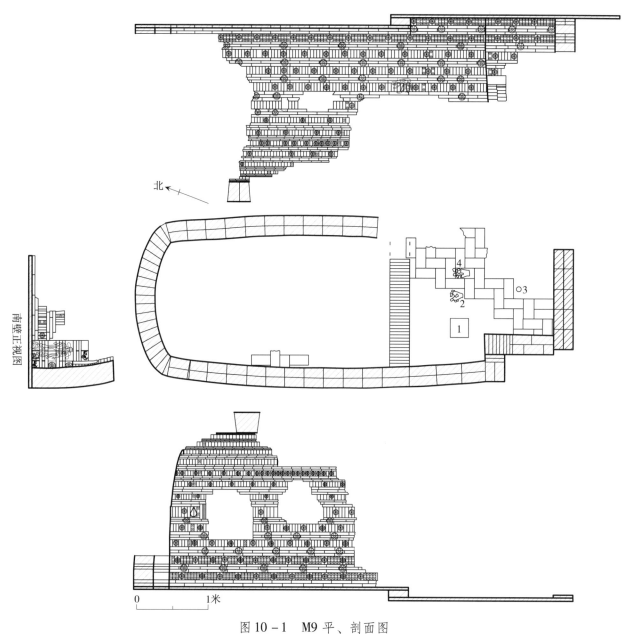

南壁正视图

北

0　　　　1米

图 10－1　M9 平、剖面图
1. 石墓志　2、4. 青瓷盘口壶　3. 青瓷小碗

　　M9 墓室主券顶由直壁往上三顺一丁 9 组至顶面正中，即由顶面正中一组起往两侧各 8 组至直壁处，顺砖厚、薄砖混合使用。券顶由下往上：第一组丁砖为"大爰斧"（彩版三七，2），顺砖为长方砖、"薄方"、"大宽"；第二组丁砖为"中爰斧"，顺砖为"小后坅"、"中方"、"中副宁"；第三组丁砖为"大爰斧"和"中爰斧"，顺砖为"副宁"、"长方"、"小后坅"；第四组丁砖为"顶斧四"，顺砖为"大副宁"、长方砖、"大急"；第五组丁砖东壁为"五"，西壁为"大爰斧"；顺砖东壁为"大坅"、"大宽"、"大坅"，西壁为"大坅"、"大斧"、"中副宁"；第六组丁砖为"五"，顺砖为"中副宁"、"大宽"、"大副宁"；第七组丁砖为"六"，顺砖为"小坅"、"疾坅"、"大副宁"；第八组丁砖为"六"，顺砖为"中副宁"、"疾坅"、小后坅"；

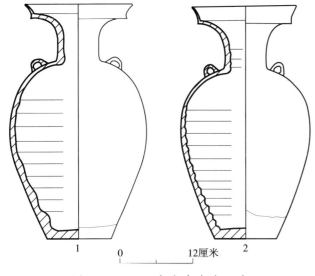
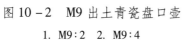

图 10-2　M9 出土青瓷盘口壶
1. M9:2　2. M9:4

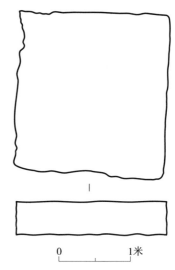

图 10-3　M9 出土墓志（M9:1）

第九组丁砖（顶部正中一组丁砖）为"六"（彩版三八～四二）。

墓砖装饰有莲花、双钱纹、单钱胜纹、单钱方框纹四种。

（1）莲花，分三种。A）墓壁直壁顺砖层装饰三砖平拼的八瓣大莲花，莲花直径 12～12.7 厘米。B）墓壁直壁丁砖层装饰两砖竖拼的八瓣莲花，莲花图案分单莲花和复莲花两种，二者相间排列，莲花直径 9.2 厘米。C）墓室券顶丁砖小头装饰两砖竖拼的单莲花，莲花直径 7.7 厘米。（2）双钱纹，双钱纹装饰于墓室直壁丁砖层，直径 4.6～5 厘米，圆形方孔，正面四出，钱文"大泉五十"，文字清晰秀美。（3）单钱胜纹，装饰于墓室直壁丁砖层，通长 9.1 厘米，中心的钱纹为正面四出的"大泉五十"，同直壁丁砖上的钱纹相同，钱径 4.8 厘米。（4）单钱方框纹，装饰于墓室券壁丁砖层，外为一长方框，框内中部印一"大泉五十"钱纹，钱径 2.9～3 厘米，其外的长方框长 6.5～6.7、宽 3.6～3.7 厘米。

另外，在出土的墓砖中还发现不少刻字砖块，如"吹生"、"吹生下三第一"、"武人"、"左将军下第一"、"右军下建上第一"等（图 10-5～10-8）。

随葬品 4 件，除了 1 件为石质墓志外，其余均为青瓷器。其中盘口壶 2、小碗 1 件，出土于墓室南部及甬道内。

墓志　1 块。M9:1，平面略呈正方形，边长 32～34 厘米，厚 4.5～6.5 厘米，表面略有凹凸，灰白色石灰岩。腐蚀较甚，表面未发现文字痕迹（图 10-3）。

盘口壶　2 件。M9:2，盘口浅，外侈，口残，束颈，肩部两组双系较高，圆肩，鼓腹，平底。黄绿色间青绿色釉，底外面呈酱褐色。口径 16.6、腹径 22.7、底径 10.9、高 37.6 厘米（图 10-2-1；彩版二三六，3）。M9:4，盘口外侈较深，口外面内收，细颈，圆肩，肩部附两组纵向双排系，系较高，鼓腹，平底。口沿灰胎，余紫灰胎。通体施黄绿釉，近底处有流釉。口径 17、腹径 21.5、底径 10.5、高 37.2 厘米（图 10-2-2；彩版二三六，4）。

小碗　1 件。M9:3，侈口，腹微鼓，假圈足，平底。通体施浅绿色釉，釉面有脱落现象。底外面施釉。灰胎。口径 8.8、底径 4.3、高 3.8 厘米（彩版二三五，5）。

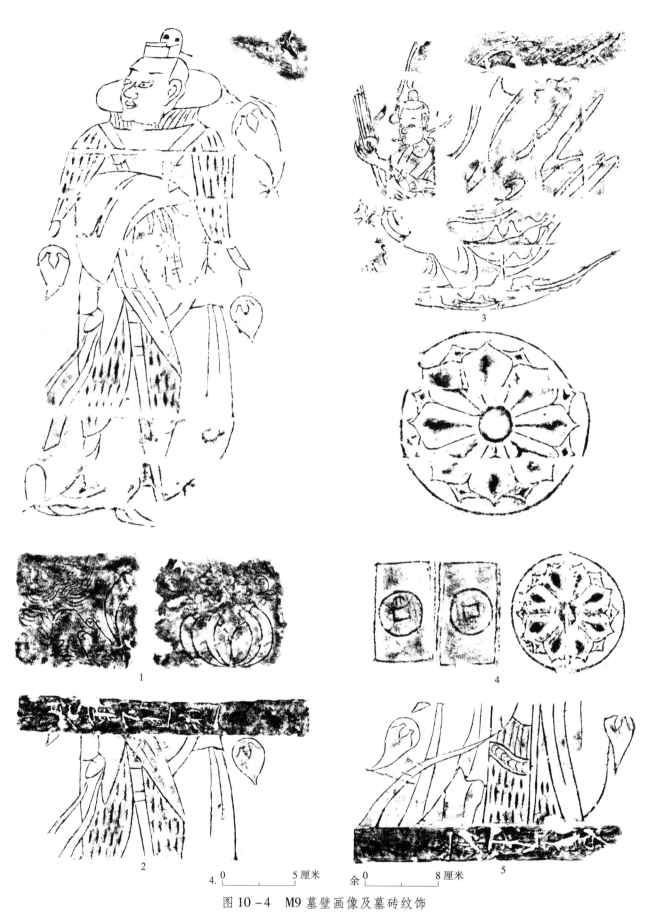

图 10 - 4 M9 墓壁画像及墓砖纹饰

1. 南壁西墙将军及下端狮子和化生画像 2. 左将军画像及侧面文字 3. 墓室西壁吹笙飞仙 4. 墓壁顺砖莲花及券壁丁砖钱纹和莲花 5. 右将军画像及侧面文字

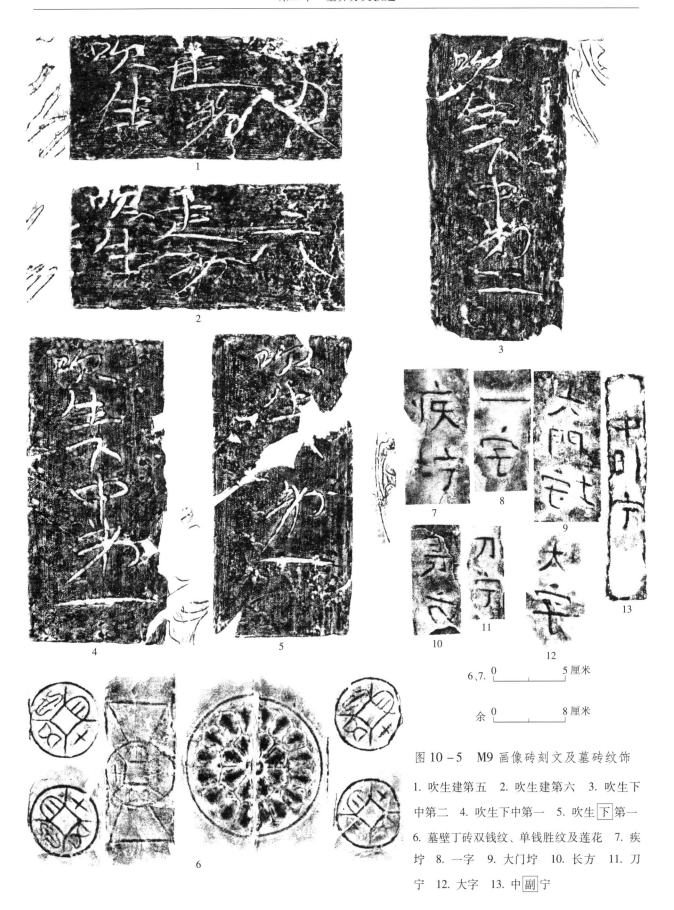

图 10−5　M9 画像砖刻文及墓砖纹饰

1. 吹生建第五　2. 吹生建第六　3. 吹生下中第二　4. 吹生下中第一　5. 吹生下第一

6. 墓壁丁砖双钱纹、单钱胜纹及莲花　7. 疾圹　8. 一字　9. 大门圹　10. 长方　11. 刀宁　12. 大字　13. 中副宁

图 10-6　M9 画像砖刻文及侧面纹饰

1. 吹箎□　2. 左下　3. 武人　4. 左下建第一　5. 左□上第　6. 墓室南壁万岁画像　7. 左将军下三第一　8. 左将军第　9. 左将军　10. 左将军下第一　11. 左将军第三　12. 左将军下建上第一

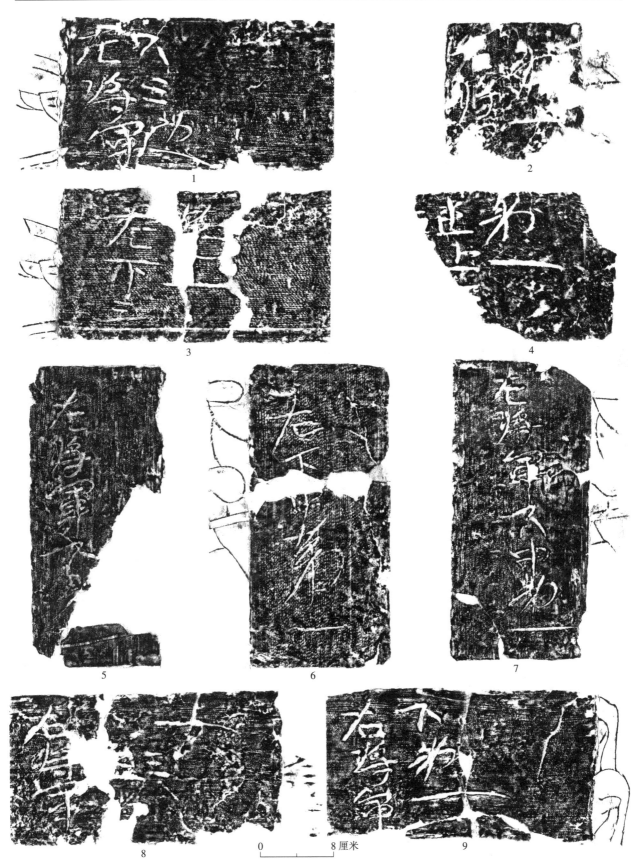

图 10－7　M9 画像砖刻文及侧面纹饰

1. 左将军下三第一　2. 右将 军 第一　3. 左下三第一　4. □建上□第一　5. 左将军下 第 一　6. 左下中第一　7. 左将

军下中第一　8. 右将军下三第一　9. 右将军下第一

0 ⊢————————⊣ 8厘米

图 10 - 8　M9 画像砖刻文及侧面纹饰

1. 右军下　2. 笙□　3. 右军下建上第一　4. 右将军下中第一　5. 右军下建上第中第一无　6. 吹生下三第一　7. 吹生建三第□　8. 吹生建四

表 7 – 1　M9 墓砖刻字统计表

类别	文字内容（行数）	侧面图像	备注
武人	武人（1 行）		残砖
吹簴	吹簃□（1 行）	线雕纹饰	残砖
左将军	左下建第一（2 行）	线雕纹饰	残砖
	左下（1 行）	线雕衣带纹	残砖
	左□上第（2 行）		残砖
	左将军下三第一（2 行）	线雕衣带纹	残砖
	左将军第（2 行）	线雕服饰	残砖
	左将军（1 行）	线雕服饰	残砖
	左将军第二（2 行）	线雕服饰	残砖
	左将军下第一（2 行）	线雕服饰	整砖
	左将军下建上第一（3 行）	线雕服饰	整砖
	左将军下三第一（2 行）	线雕服饰	整砖
	左下三第一（2 行）	线雕服饰	整砖
	左将军下第一（1 行）		整砖
	左下中第一（1 行）	线雕服饰	整砖
	左将军下中第一（1 行）	线雕服饰	整砖
右将军	右军下	侧面印"长方"2 字	残砖
	右将军第一（2 行）	线雕服饰	
	□建上□第一（3 行）		残砖
	右将军下三第一（3 行）	线雕服饰	整砖
	右将军下第一（2 行）	线雕服饰	整砖
	右军下建上第一（3 行）	线雕服饰	整砖
	右将军下中第一（1 行）	线雕服饰	整砖
	右军下建上第中第一无（2 行）	线雕服饰	整砖
吹生（笙）	笙□（1 行）	线雕服饰	残砖
	吹生建三第□（3 行）	线雕服饰	整砖
	吹生建四（2 行）	线雕服饰	整砖
	吹生建第五（3 行）	线雕服饰	整砖
	吹生建第六（3 行）	线雕服饰	整砖
	吹生下三第一（1 行）	线雕服饰	整砖
	吹生下中第二（1 行）	线雕服饰	整砖
	吹生下第一（1 行）	线雕服饰	整砖
	吹生下中第一（1 行）	线雕服饰	整砖

表 7 - 2　M9 墓砖统计表

单位：厘米

种类	长	宽	厚	图案纹饰	字符	备注
长方砖	31.5~32	15~15.6	4.5~4.8			墓壁顺砖
长方砖	31.5~32	13.5~14.2	4.5~4.8	半莲花或忍冬、双钱纹	建坫、享建	墓壁丁砖
长方砖		14.6	4.2		一字	
纵楔砖	30.8	14~14.5	大5.3~5.4 小2.9~3		疾坫	
梯形砖	30.3~31	大9~9.4 小8.1~8.3	4~4.3	单钱纹或半莲花	大后斧	
梯形砖	31.5	大10~10.2 小8~8.2	4~4.3	单钱方框或半莲花	中后斧	
梯形砖	30.5	大10.9~11.1 小8.1~8.2	4~4.3	单钱纹或半莲花	顶斧四	
纵楔砖	31.4	大15~15.2 小15.5~15.6	大2.8~3 小2.3~2.5		小后坫	
纵楔砖	31.5	大15~15.5 小15.2~15.4	大2.5~2.8 小2~2.3		中副宁	
纵楔砖	30.5	大14.9 小15	大2.5~3 小2.2		副宁	
纵楔砖	31	大15 小15.1	大3 小2.5		大副宁	
纵楔砖	31.2	大15.2~15.3 小15.5~15.6	大3.1 小2.4~2.5		小坫	
纵楔砖	32	大15.4 小15	大4.8 小3		大坫	
纵楔砖	31.5	大13.9~14 小14	大4.3 小2.2		大急	
长方砖	31	14.5~15	3.8		大宽	
长方砖	32.4	大15.3~16 小16~16.4	大4.3~4.4 小4~4.2		长方	
纵楔砖	31.5	14.8~15	大2.8 小2.4		薄方	
梯形砖	31	大12.2 小8	大3.8~4 小4.5	单钱纹或半莲花	五	
梯形砖	30.8	大12.9~13.4 小8.5	大3.8 小4.1	半莲花	六	
梯形砖	31.8	大17.5 小8.3	4.2		七	
纵楔砖	31.5~31.8	13.3	大5 小4.6~4.7	半莲花	足建	
纵楔砖	31.9	15.2~15.4	大6.3 小4.8		大字	

八 M10

M10 位于小横山顶端第一排东部，其东部 10 米处为 M11，西部 2.5 米处为 M9。方向 160°（图 11-1~11-6；彩版四三~四九；表 8-1）。

M10 通长 8.4、通宽 3.2 米。砖室仅存中后部，封门、甬道及墓室前部被毁，仅余部分铺地砖。砖室外为岩石墓圹，形制同砖室相似，围绕于砖室外。墓圹中部最宽 3.3、现存最高 4.8 米（图 11-1；彩版四三，1）。

墓室东、西壁微凸，北壁弧凸较甚，平面略呈椭圆形。北壁垂线长 39 厘米。北壁垂直长 1.9、现高 0.38 米；墓室中部最宽 2.42 米。东壁残长 5.12、现存最高 2.23 米；西壁垂直长 5.55、现存最高 1.9 米（至棺床）。墓室中后部设有棺床，棺床前端宽 2.24 米，高 18~19 厘米，上面铺砖仅在墓壁下面有保存，纵横交错成席纹。棺床前的墓底为人字形铺地砖。

墓壁砌法：三顺一丁。以西壁为例，从底往上第 3 组丁砖开始饰莲花图案，莲花直径

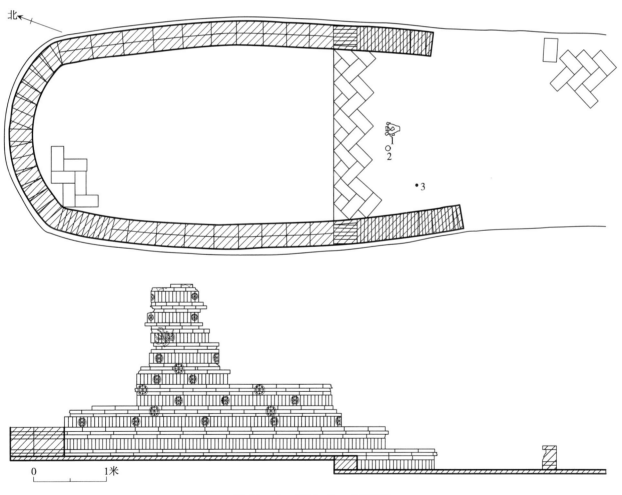

图 11-1 M10 平、剖面图

1. 盘口壶 2. 钵 3. 碗底

11.5～11.7、间距82.5～84.7厘米；第4层丁砖莲花间距43～63厘米，第5层间距83厘米。顺砖层饰三砖平拼的大莲花图案，莲花直径13～13.8厘米，莲花间距0.81～1.44米。东、西壁北部第7层丁砖（从棺床上第6层）上下各发现一幅拼镶砖画，砖画高浮雕，宽26、高27.5厘米，距离棺床1.46、距离北壁1.24米；东壁的为一吹笙飞仙，西壁为一持幡飞仙，人物头戴小冠，衣带飘飞（彩版四三，2、3）。东西两壁直壁丁砖除莲花图案外，还发现有"建埠"、"享建"、"平长"、"出大急长"、"足"等文字（彩版四四）。丁砖长29～31、宽13.6～14.5、厚4.1～5厘米。顺砖长30.7～31.7、宽15.5～15.6、厚4.4～4.8厘米（图11-2、11-3）。

另外，在出土的墓砖中还发现不少刻字砖块，如"笙下"、"生上"、"吹箫下三第三"、"杷敢"、"武"、"信"、"火下"、"箫二"、"萧下"等。在墓室的乱砖中还发现了一些带有将军画像的墓砖，无法拼对完整（图11-2；图11-4、5；彩版四五～四九；表8-1、8-2）。

随葬品仅3件残片，分属于盘口壶、钵，出土于墓室南部及甬道内。

盘口壶　2件。M10:1，仅余口、腹、底残片，分属两件盘口壶。口沿施深绿釉，盘口深而外侈，灰胎。复原口径18厘米。一件底径11厘米。

钵　1件。M10:2，残片。浅黄绿釉，浅灰胎，腹外中部饰一道弦纹，釉层脱落严重。残高6厘米。

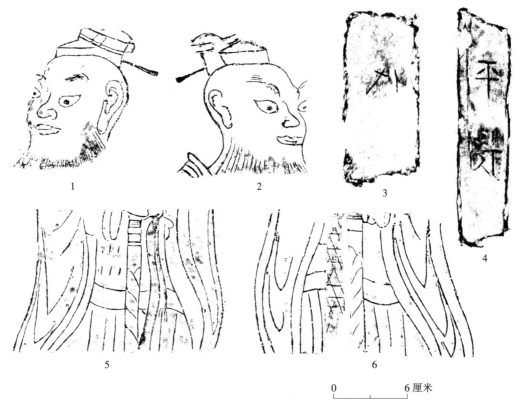

0　　　　　6厘米

图11-2　M10墓壁画像及刻字砖

1、2.将军头像画像砖　3.代　4.平长　5、6.将军身体画像砖

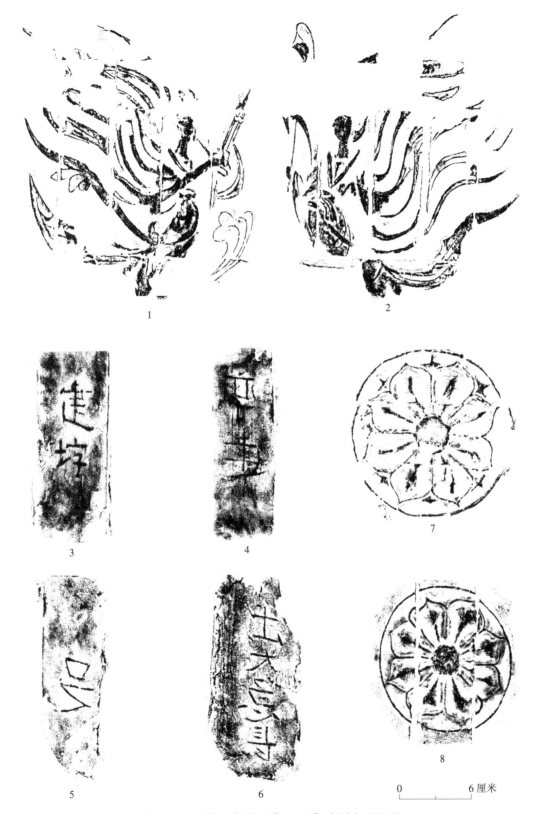

图 11 - 3　M10 墓壁画像、画像砖刻文及纹饰

1. 墓室东壁吹笙飞仙　2. 墓室西壁持幡飞仙　3. 建墇　4. 享建　5. 足　6. 出大急长　7. 墓壁顺砖三砖平拼莲花

8. 墓壁丁砖三砖竖拼莲花

图 11－4　M10 墓砖刻文及侧面纹饰

1. 第一　2. 杷敢　3. 杷麈尾建第四　4. 二上中　5. 第二　6. 敢龙□□　7. □□上中　8. 信　9. 直　10. 信　11. 受
□　12. 武[人]　13. 箫下

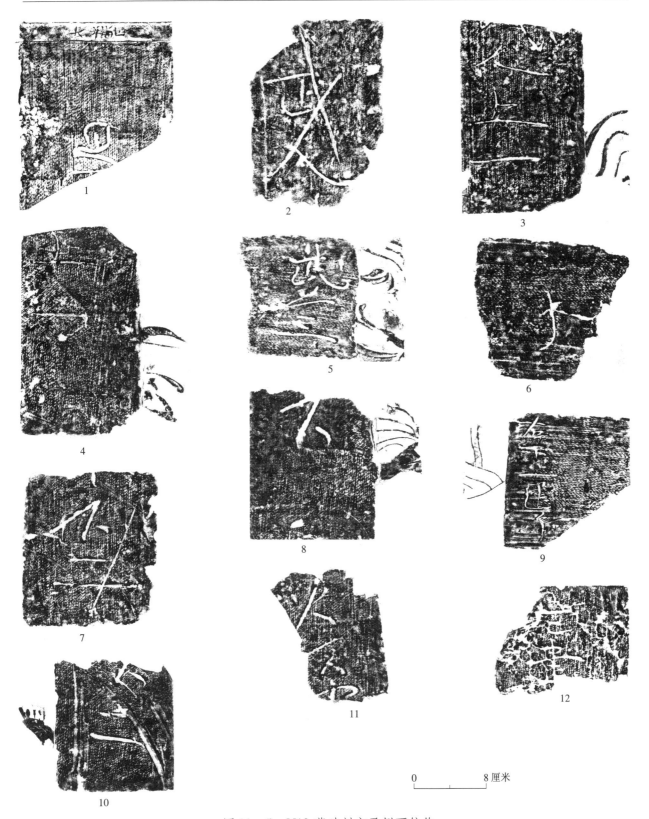

图 11-5　M10 墓砖刻文及侧面纹饰

1. □　2. 武人□　3. 武人上一　4. 上一　5. 武人三　6. 火　7. □下二　8. 下　9. 右下上建叁　10. 下二　11. 火下中　12. 左建

图 11－6　M10 墓砖刻文及侧面纹饰

1. 火下　2. 上三二　3. 右下建上　4. 右下　5. 建上中一　6. 笙四　7. 生上　8. 笙四　9. 笙三　10. □笙四来
11. 笙下　12. 吹箫下三第三

表 8 - 1 M10 墓砖刻字统计表

类别	文字内容	侧面图像	备注
	直		
	信	浅浮雕衣带纹	
	信	浅浮雕衣带纹	草书
	受□		
	□	侧面印"大薄"2 字	薄砖
飞仙	武人	浅浮雕条带纹	
	武人□		
	武人三	浅浮雕衣带纹	
	武人上一	浅浮雕衣带纹	
	上一	浅浮雕衣带纹	
力士	火下	浅浮雕、线雕纹饰	
	火		
	□下二		
	下二	浅浮雕一赤脚,脚趾长	
	下	浅浮雕、线雕纹饰	
	火下中		
左右将军	左建		
	上三二		
	右下	线雕衣纹	
	右下上建叁	线雕衣纹	
	右下建上	线雕衣纹	
	建上中一	浅浮雕一旄头	
吹生(笙)	笙四	浅浮雕衣带纹	草书
	生上	浅浮雕衣带纹	
	笙四	浅浮雕衣带纹	
	笙三	浅浮雕衣带纹	
	笙下	浅浮雕衣带纹	
	□笙四来		
吹箫(箫)	箫一	浅浮雕衣带纹	
	箫二	浅浮雕一人捧排箫	
	吹箫下三第三	线雕衣带纹	
	箫下	浅浮雕条带纹	
	□□上中	线雕衣带纹	

续表 8 - 1

类别	文字内容	侧面图像	备注
鸱尾	杷鸱尾建第四	线雕纹饰	
	杷敢		
	敢 龙 □□		
	二上中		

表 8 - 2　M10 墓砖统计表

单位：厘米

种类	长	宽	厚	图案纹饰	字符	备注
长方砖	30.7～31.7	15.5～15.6	4.4～4.8			墓壁顺砖
长方砖	29～31	13.6～14.5	4.1～5	半莲花	建埠、享建	墓壁丁砖
梯形砖	31	大 12.7 小 11.5	4.7～4.9		一	
梯形砖	31.5	大 13.1 小 10.5	4.6～4.8		三	
梯形砖	30.1	大 11.9 小 10.8	4.5～4.8	半莲花	二	
梯形砖	30.4	大 15.9 小 10.9	4.5～4.8	半莲花	四	
梯形砖	30.9	大 16.5 小 9	3.2～3.4		平长	
纵楔砖	31.5	大 15.8 小 15.4	大 4.6 小 4		大宽	
长方砖	30.5	15.2～15.5	2.8		中宽	
纵楔砖		16.2	3.5		小宽	
纵楔砖	31	大 16.3 小 15.8	大 4.2 小 3.6		副宽	
纵楔砖	31～31.4	15.6～15.9	大 7～7.1 小 3		大急	
纵楔砖	30.8	大 13.7 小 10	大 6.8 小 2.8		出大急长	
纵楔砖	31	15.5～15.8	大 4.8 小 3		小急	
纵楔砖		大 11.5	大 5.2		出小急	
纵楔砖		大 14	大 5.5		疾	
纵楔砖	30.7	15.5	2.3		大薄	
纵楔砖	30.7	15.6～15.7	2.5～2.9		中薄	
纵楔砖		15.9	5		大字	
纵楔砖	31.2	大 15.6 小 15	大 4.2 小 3.4		大	

续表 8 - 2

种类	长	宽	厚	图案纹饰	字符	备注
纵楔砖	31	14	大 6.1 小 3.1		代	
梯形砖	31.1	大 18 小 14.2	4.5 ~ 4.8		足	
梯形砖	31.2	9.1 ~ 9.3	大 5.4 小 4.7	双钱纹	出建	
	32.5	22	4.2			破子棂窗
	21.4	15	5.2			薄方砖

九　M12

M12 位于小横山顶端第一排东部，其东部 20 米处为 M29，西部 2.5 米处为 M9。方向 165°（图 12 - 1 ~ 12 - 4；彩版五〇 ~ 五二）。

M12 现通长 4.8、通宽 2.7 米。砖室仅存中后部，封门、甬道被毁，仅余墓室部分。砖室外为岩石墓圹，形制同砖室相似，围绕于砖室外面（图 12 - 1；彩版五〇，1）。

甬道仅存东壁部分砖墙，残长 0.5 ~ 0.75、现高 0.24 ~ 1.04 米，墓壁厚 30 ~ 31 厘米。

墓室东、西壁微凸，北壁弧凸较甚，平面略呈椭圆形（彩版五〇，2）。南壁宽 1.67、中部最宽 2.02、北壁垂直宽 1.62 米。东、西壁垂直长 3.77 米。北壁呈外凸内凹的弧面状，底部垂线长 48 厘米，现高 1.92 米（彩版五一，1）。墓室中后部设有棺床，棺床前端宽 1.88、距离南壁 0.67 米，高 15 厘米，上面铺砖仅在墓壁下面有保存，作人字形。在北壁的直壁上面，东、西壁同北壁接合处突出一道砖棱，砖棱垂直长 76.5、宽 8.8 ~ 9.5、高 5 ~ 8 厘米。砖棱表面内凹成弧面状，上下共 6 组，每组由两块长方砖小头拼合成一个莲花图案。北壁现存三顺一丁砌砖 7 组，在距离棺床 38 ~ 38.5 厘米的第二组丁砖及上下两组平砌砖层间有一直棂窗，窗垂直长 68、宽 30.5 ~ 31 厘米，中部突出 11 根破子棂。围绕直棂窗上下左右各有一朵 4 砖拼合的大莲花。北壁第 4、5、6 组丁砖层每隔两砖就饰一朵两砖竖拼的莲花图案，墓壁宽度及莲花图案的数量均从下往上递减。在第 5 组丁砖中部留设一个长方形小龛，小龛占据两砖宽度，顶端略朝上弧凸。东壁保存相对较多，中部及前部在第三组丁砖及其上下有砖砌的直棂窗及仪卫、侍女画像砖。直棂窗位于东壁前部，中间突出 14 根破子棂，两边各镶一平砖作边框，高 30 ~ 31、内宽 65、通宽 76 厘米。窗的前面和后面各嵌仪卫画像砖一块，画像高浮雕，头戴山形冠，长方脸，大耳，身穿宽袖袍，双手拄一环首刀，脚穿翻头履，正面站立，宽 14.7 ~ 15.2、高 30 ~ 31.3 厘米，基本占据了整块砖面。直棂窗后仪卫画像的后面又嵌有两幅侍女画像砖，形制、大小同仪卫，侧面站立，形制相同，发髻高大耸立，上面装饰有花朵，脸庞方圆，上穿紧身衣，下着长裙，裙缘前露出翻头履，一手托举一带提手的瓶状物，一手横置腰间夹有一圆桶状物（图12 - 3、12 - 4；彩版五一，2；彩版五二）。

墓壁砌法：三顺一丁。直壁三顺一丁砌 4 组，高 1.01 米。丁砖层饰 4 砖竖拼的大莲花图案 1 ~ 4 朵（直径 13.5 ~ 14.2 厘米），莲花间的单砖有的饰 S 纹，个别的饰双钱纹间米字纹。

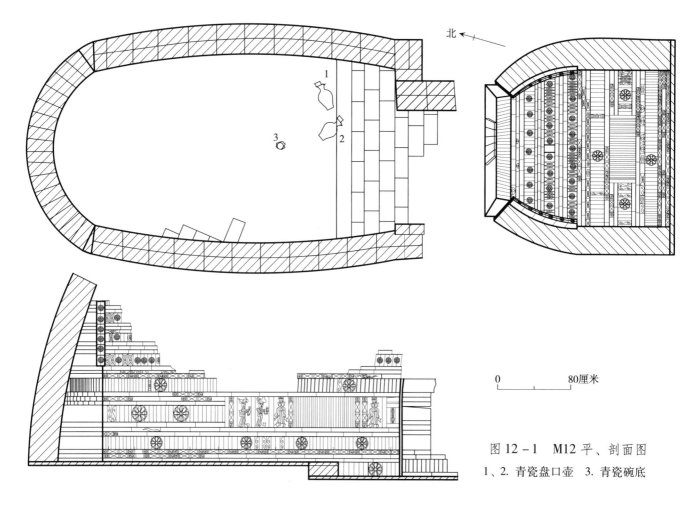

图 12 - 1　M12 平、剖面图
1、2. 青瓷盘口壶　3. 青瓷碗底

顺砖两端饰涡纹，中间为平行短线及交叉线组成的几何纹。直壁以上丁砖同北壁的相似，均为间隔两砖的莲花图案，琳琅满目。

随葬品共 3 件，均为青瓷盘口壶。还发现小碗残片。

盘口壶　2 件。M12：1，大浅盘口残，细颈，圆肩，肩部对称附两组纵向双排系，系较高，鼓腹，平底。淡黄绿色釉，紫灰胎，近底处及底外面未施釉。口径 18、腹径 19.9、底径 10.2、高 35.6 厘米（图 12 - 2 - 1；彩版二三六，5）。M12：2，大浅盘口残，细颈，圆肩，肩部对称附两组双系，系较高，鼓腹浑圆，平底。紫灰胎，通体施青绿釉，近底处及底外面未施釉。口径 17.1、腹径 21.8、底径 10.6、高 35.7 ~ 36.4 厘米（图 12 - 2 - 2；彩版二三六，6）。

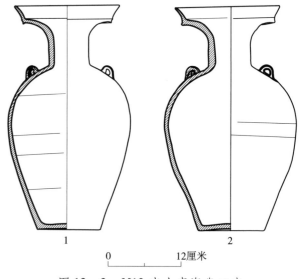

图 12 - 2　M12 出土青瓷盘口壶
1. M12：1　2. M12：2

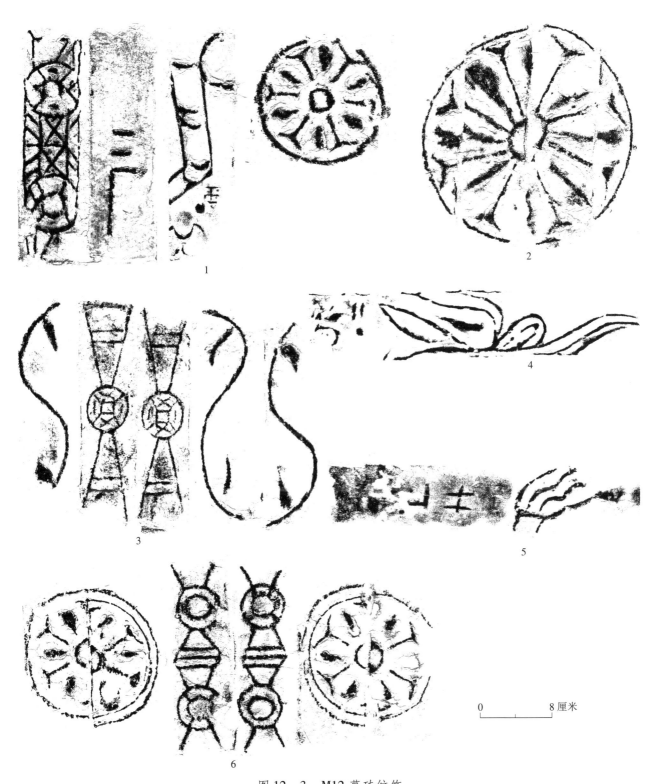

图 12－3　M12 墓砖纹饰

1、3、6. 墓壁丁砖纹饰　2. 墓壁丁砖四砖立砌莲花　4、5. 墓壁顺砖纹饰

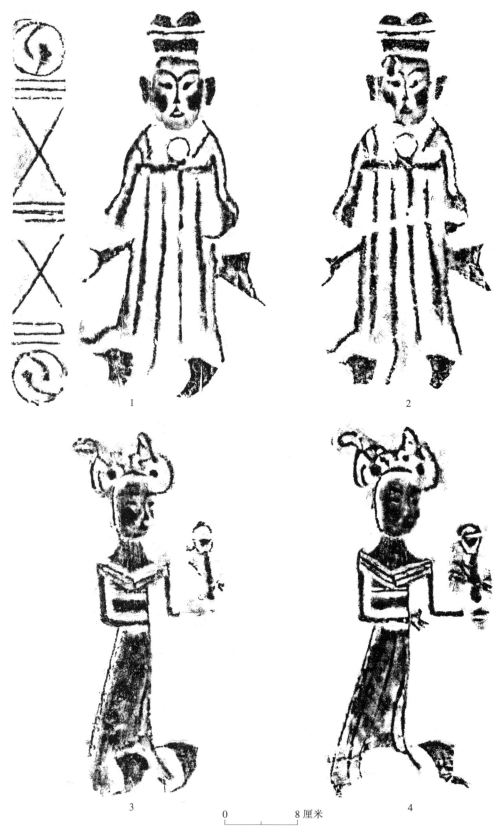

1　　　　　　　　　　　　　2

3　　　0　　　8厘米　　　　4

图 12－4　M12 墓壁画像及墓砖纹饰

1、2. 东壁仪卫画像及墓砖纹饰　3、4. 东壁侍女画像

一〇　M18

M18 位于小横山顶端第二排中部，其东部为 M120，西侧邻 M19。方向 158°（图 13 – 1 ～ 13 – 8；彩版五三 ～ 五六；表 9 – 1）。

砖室由封门、甬道和墓室三部分组成，通长 7、宽 3.25 米。墓葬砖室外面围绕岩石圹壁。

封门门发现一段砖砌排水道。封门通宽 2.52 ～ 2.66、现高 0.74 ～ 0.86 米，由中间的券门及两侧的翼墙组成（彩版五三，2）。券门呈三级递减内收的阶梯形，最外一层最宽，中部、内部逐层内收缩小，仅余部分直壁，三顺一丁砌筑，丁砖为小方砖，上模印画像。画像具体为：东部外券门直壁的两组丁砖饰莲花；中券门下面一块为狮子，第二块为千秋。券门同翼墙之间夹有一层立砌砖。翼墙上宽下窄，以长方砖顺长平砌而成，宽 0.2 ～ 0.3、现高 0.74米，西侧翼墙现存 20 层砖，东侧翼墙现存 19 层。券门内宽 1.68、现高 0.86 米，中间封墙从下往上五顺一丁、三顺一丁，再三顺至现顶，封墙现高 0.7 米。封门砌砖有一种薄砖，长 35.6 ～ 35.8、宽 17.6、厚 3.1 ～ 3.5 厘米（图 13 – 3）。

甬道平面呈方形，宽 0.94、进深 0.92、残高 0.56 ～ 0.85 米。甬道及墓壁厚 0.36 米。

墓室东、西壁微凸，北壁弧凸较甚，平面略呈椭圆形。南壁宽 1.8、中部最宽 2.1、北壁垂直宽 1.78 米。东、西壁垂直长 5.02 米。西壁残高 0.66 ～ 2.07、东壁残高 0.45 ～ 2.13、北壁残高 0.1 ～ 0.6、南壁残高 0.96 ～ 1.8 米。墓室中后部设有棺床，棺床长 4.03 ～ 4.34、前端宽 1.95、距离南壁 0.98 米，高 23 厘米。棺床面上的铺地砖呈纵横相交的席纹。甬道和墓室前部铺地砖为人字形。砖长 36.5、宽 17.5 厘米。

墓室东、西二壁三顺一丁砌筑，墓壁装饰从下往上为：棺床前的第 1、2 组丁砖装饰两砖竖拼的莲花图案，莲花图案间距一般为 3 砖，第 2 组一直延伸至棺床后面。第 3、4、5 组丁砖装饰少量的两砖竖拼的莲花、双钱纹及小幅画像砖。小画像砖长 18.5、宽 17 厘米。东壁画像砖分布如下：棺床前端的第 3 组丁砖层中嵌一幅画像，为一双手捧瓶的飞仙；第 4 组丁砖嵌有两块画像砖，前面一块距离南壁 0.4 米，为一蹲坐的狮子；后面一块距离前面一块 1.68 米，位于棺床中部上方位置，为一双手捧瓶的飞仙。第 5 组丁砖层嵌画像一块，位于第四组后面一块画像上面稍前方，为持物并列站立的双人。在双人画像的前面有一扇直棂窗，中间凸起 5根破子棂，破子棂之间为内收的"中薄"长方砖；直棂窗之前开有一桃形小龛，小龛距南壁 1.78、距棺床 1.12 米。丁砖上多模印一"小"字（彩版五四；彩版五六，1 ～ 3）。西壁画像排列和东壁的基本相同，唯画像内容稍有差别。西壁第 3 组丁砖画像砖为一捧盒飞仙；第 4 组两块画像前面为狮子，后面为头戴花冠的莲花化生；第 5 组丁砖画像为持物的双人，双人前面也有直棂窗及桃形小龛，小龛距南壁 1.75、距棺床 1.12 米；直棂窗距南壁 1.9 米。顺砖层装饰三砖平拼的大莲花图案。第 5 组顺砖上即为墓室券壁，券壁丁砖为梯形砖，现存 3 组，下面一组丁砖装饰两砖竖拼的单层莲花图案，上面两组装饰两砖竖拼的双层莲花图案（彩版五五，1；彩版五六，4 ～ 6）。墓室直壁高 1.58 米。西壁直棂窗长 41、宽 34.5、高 27.5 厘米。西壁狮子距南壁 0.45、距墓底 0.96 米；西壁第 3 组丁砖飞仙距南壁 1.07、距棺床 0.45 米；第 4 组丁砖上的莲花化生距南壁 2.49、距棺床 0.78 米；第 5 组丁砖上的持物双人距南壁 2.35、距棺床 1.1 米。东壁狮子距南壁 0.4、距墓底 0.96 米，与西壁的狮子对应；第 3 组丁

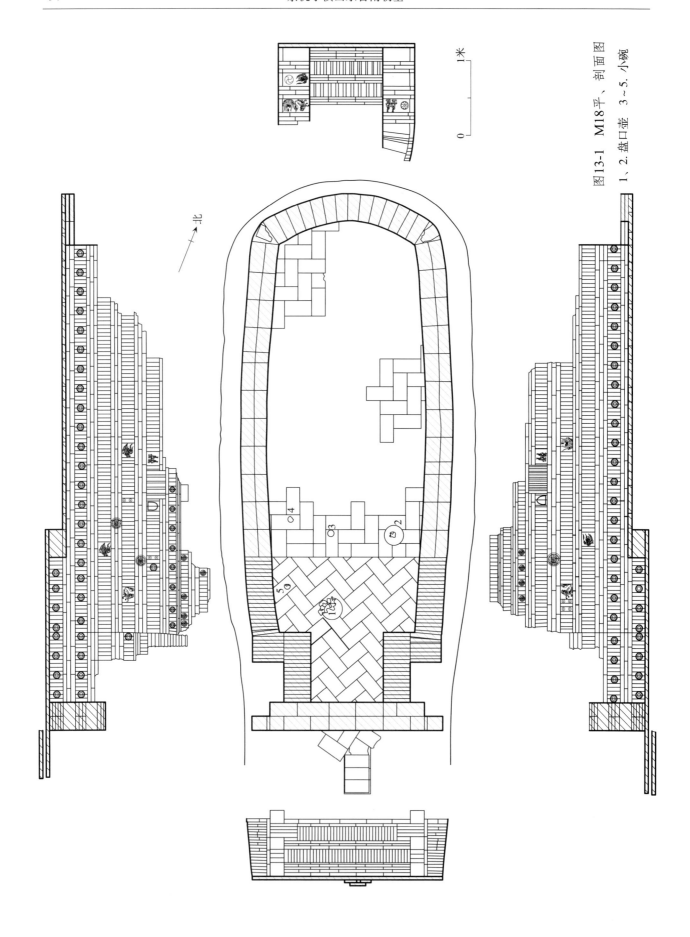

图13-1　M18平、剖面图

1、2. 盘口壶　3～5. 小碗

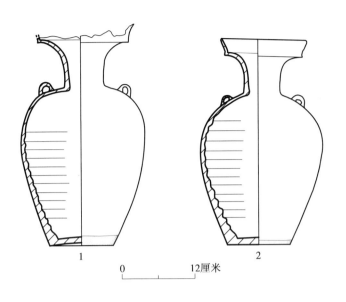

图 13－2　M18 出土青瓷盘口壶
1. M18：1　2. M18：2

砖飞仙距南壁 0.99、距棺床 0.43 米；第 4 组丁砖上的飞仙距南壁 2.46、距棺床 0.78 米，与西壁的莲花化生相对；持物双人位于直棂窗北侧，距南壁 2.35、距棺床 1.1 米（图 13－3～13－8）。

南壁现存三顺一丁砌砖 3～5 组，其中直壁丁砖均为长方砖，共有 3 组；券壁丁砖为梯形砖，南壁东墙现存两组。东墙第 3 组丁砖模印一莲花图案及两个站立侍女，距墓底 0.77 米。西墙从下往上第 2 组丁砖装饰一捧盒飞仙及一圆轮；第 3 组丁砖装饰一狮子及一莲花化生。画像砖长 37.5、宽 17.5 厘米（图 13－3～13－8）。

墓室北壁以梯形砖平砌，残存较少。梯形砖外宽内窄，长 35.7、厚 5.1、大宽 17.3、小宽 13.8 厘米，上模印一"足"字。

另外，在墓壁解剖中也发现有 3 块画像砖，第一块为莲花双人，长 36.4、宽 17、厚 4.8 厘米，左侧为一八瓣莲花，右侧为侧面站立的两个人物，人物均头饰双髻，上身着宽袖长袍，裤腿宽松，脚蹬翻头履（彩版五五，2）。第二块为莲花化生及狮子，砖长 36.4、宽 17、厚 4.9 厘米，左侧为一双手合十，端坐于莲花中的比丘，莲花下有曲茎，两侧莲叶摇曳而上；画面右侧为一扭头蹲坐，鬃毛膨大，长尾后翘的狮子（彩版五五，3）。第三块为仙人骑凤凰，长 37.1、宽 17、厚 4.7 厘米，左边一男子骑乘一凤，凤细颈弯曲，展翅飞翔，长尾作 S 形上翘，尾翼有三片斑点，凤下踏一朵流云。右边一组为一男子骑乘一凰，男子手持一束莲花，花枝随风向后飘扬；凰为鹤头，孔雀尾，张口鸣叫，双翼展开飞翔，尾部往斜上翘起，花纹斑斓，凰下踏一朵流云。凤、凰相背向外飞行（图 13－3～13－8）。

随葬品 5 件。其中盘口壶 2 件、小碗 3 件，位于墓室南部棺床前面及甬道内。

盘口壶　2 件。M18：1，盘口外侈，束颈，肩较平，肩部附两组纵向双排系，系靠近颈部，鼓腹，平底微凹。紫灰胎。深绿色间黄绿色釉，口径 17、腹径 20.8、底径 10.6、高 34～35.2 厘米（图 13－2－1；彩版二三七，1）。M18：2，盘口外侈，束颈，圆肩，肩部附两组纵向双排系，斜直腹，平底。紫灰胎。外施青绿色釉，釉面有细密裂纹。口径 14～14.3、腹径 19.3、底径 10、高 32.2～32.8 厘米（图 13－2－2；彩版二三七，2）。

小碗　3 件。M18：3，直口，直腹，腹略弧凸，假圈足。假圈足外不施釉，余均施青绿色釉，釉面有细小裂纹，有脱釉现象。口径 7.4～7.5、底径 2.9～3.2、高 3.8 厘米（彩版二三八，1）。M18：4，口微侈，肩凸出，腹斜收，平底微凹。施青绿色釉。外面近底及底面紫褐色。口径 8.7、底径 4.3、高 3.9～4.2 厘米（彩版二三八，2）。M18：5，侈口，肩微凸，平底。施黄绿色釉。外面近底及底面施紫褐釉。口径 8、底径 3.7、高 3.7 厘米。

图 13-3 M18 墓壁画像及纹饰

1. 顺砖三砖平拼莲花　2. 丁砖二砖竖拼莲花　3. 东壁狮子　4、5. 东壁捧瓶飞仙　6. 东壁双人　7. 西壁莲花化生
8. 西壁捧盒飞仙　9. 西壁双人

图 13 - 4　M18 画像砖正面画像及侧面纹饰

1. 复莲花　2. 千秋　3. 双人

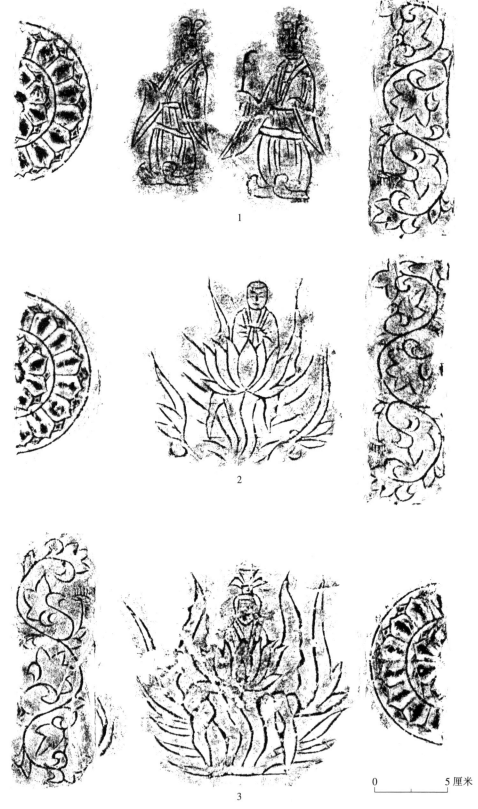

0   5 厘米

图 13 - 5　M18 画像砖正面画像及侧面纹饰

1. 双人　2、3. 莲花化生

图 13-6 M18 画像砖正面画像及侧面纹饰

1. 狮子 2. 双人和莲花 3. 莲花化生和狮子

1

2

3

0　　　　　5厘米

图 13-7　M18 长方形画像砖

1. 捧盒飞仙和宝轮　2. 莲花化生和狮子　3. 骑凤飞仙和骑凰飞仙

图 13 - 8　M18 墓砖画像、纹饰及砖文

1. 墓室西壁狮子画像　2. 刻字砖（一百八十九）　3. 墓砖辐线纹装饰　4. 中急　5. 大宽　6. 中薄　7. 大薄
8. 小　9. 一百　10. 双钱纹

表9-1 M18 墓砖统计表

单位：厘米

种类	长	宽	厚	图案纹饰	字符	备注
梯形砖	37	大 23.1 小 10.3	5.5~5.7		二	
梯形砖	36.1	大 12.5~13.5 小不详	5.2~5.3		一	小头不详
梯形砖	31.3	大 14.6 小 10.7	5.3~5.4		三	
梯形砖	35.9	大 17.6 小 10.3	5~5.1		五	"五"字反写
梯形砖	不详	12.2	4.9		五	
梯形砖	不详	大 20.6	5		六	
梯形砖	35.2	大 10.9 小 8.7	3.8~3.9		出副宽	
梯形砖	32.3	大 14.5 小 12.9	4.7~4.8		足	
梯形砖	16.5	大 13.9 小 10.6	5.1~5.2	小头有莲花纹	出	
梯形砖	不详	大 11.3 小不详	3.4		出平	
梯形砖	31.6	大 10.7 小 8.6	4.5	有钱币纹		
梯形砖	25.9	大 9.4 小 8.5	3.6~3.8			
梯形砖	26.7	大 10 小 8.8	3.7			
梯形砖	不详	大 11.1 小不详	3.2		出小宽	
梯形砖	不详	大 17.2 小不详	5.5		之	
楔形砖	35.8	大 10.9 小 9	大 5.2 小 3		出中急	
楔形砖	不详	大 16.9~17.4 小不详	大 7.1~ 7.3 小不详	大头有的有两个 莲花	大急	

续表 9 - 1

种类	长	宽	厚	图案纹饰	字符	备注
楔形砖	不详	大 17.8 小不详	大 5.1 小不详		小急	
楔形砖	不详	大 18.3 小不详	大 8.6 小不详		门急	
楔形砖	17.2	大 8.6 小 6.6	大 4.6 小 3.2		小一	
楔形砖	15	大 9.8 小 8.7	大 4 小 3.3		建斧	
长方砖	不详	17.7	3.2		中宽	
长方砖	不详	18.1	4.5		副宽	
长方砖	36.3	16.6	5.2		小	墓壁丁砖
长方砖	35	16	5.2		□圹	
长方砖	36.5	17.4	5.2	一长侧面印圆形辐条纹		
长方砖	36	18.2	3.2~3.6		□宽	
长方砖	25.6	8.5	3.7			
长方砖	不详	10.9	5.3		建	
楔形砖	17.6	大 9.3 小 7.5	大 7 小 2.7		急	
方形砖	34	27	2.3		大薄	直棂窗砖
方形砖	34	27	2.4		中薄	直棂窗砖

—— **M23**

M23 位于小横山顶端第二排西部，其西侧邻 M25，东邻 M95，东侧约 40 米处为 M22。方向 160°（图 14 - 1 ~ 14 - 5；彩版五七 ~ 六二；表 10 - 1）。

M23 由封门、甬道及墓室三部分组成。砖室外为岩石墓圹，墓圹为圆角长方形，长约 6、宽 3.26 米。砖室北壁及东西二壁北端保存完整，其余均残存 0.3 ~ 0.7 米的高度。墓葬内长 7.02 米（从封门内面至北壁正中）。墓壁并列两砖，壁厚 32.5 ~ 34.5 厘米（图 14 - 1；彩版五七，1）。

封门宽 1.95、现高 0.43 ~ 0.56、厚 0.38 米，仅存中间的封墙及东侧券门直壁，封墙从底往上四顺一丁，再三顺，丁砖层饰两砖竖拼的莲花图案 9 组，其间杂有双钱纹、单钱胜纹。东侧券门直壁丁砖为一小方砖，上印一莲花图案（直径 11.8 ~ 12.1 厘米）。小方砖长 17.1、宽 13.5 ~ 13.8、厚 6 厘米，一侧面印双钱纹，钱纹之间以十字相连，一侧面印半莲花。人字形铺地砖伸出封门外 0.3 米。封门前面正中残存有一段长 0.35 米的砖砌排水道，水道宽 0.32 米，以两砖平行顺长排列，中间留有凹槽（彩版五七，2）。

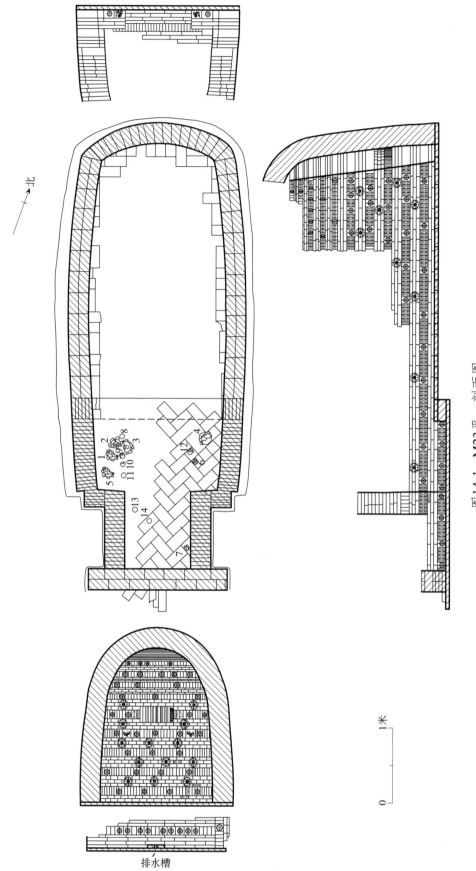

图14-1　M23平、剖面图
1~5. 青瓷盘口壶　6~14. 青瓷小碗

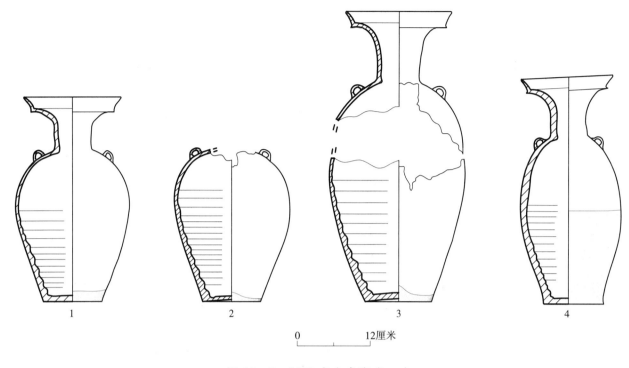

图 14 - 2　M23 出土青瓷盘口壶

1. M23∶1　2. M23∶3　3. M23∶4　4. M23∶5

甬道平面呈长方形，宽 0.97、进深 1.26、现高 0.31 米。墓室南壁同甬道之间残存有高 1.38 ~ 1.5 米的券门，券门下面现存宽度 1.86 米，厚 35 ~ 36.5 厘米。另外，在解剖封门及甬道的过程中，在最下一组丁砖层发现有数块印有捧熏炉飞仙、捧盒飞仙、千秋、万岁等图案的小画像砖，还有一残块，残存的画像似为一仙人骑龙的部分（图 14 - 4、14 - 5）。

甬道及墓室东西二壁均三顺一丁砌筑，丁砖饰两砖竖拼的莲花图案及"大泉五十"双钱纹和单钱胜纹，莲花图案直径 10.2 ~ 10.5 厘米，间距 0.42 ~ 0.58 米，东、西二壁每层饰莲花图案 9 ~ 10 朵。顺砖层饰三砖平拼的大莲花四朵，莲花直径 14.5 ~ 15.5 厘米（图 14 - 3；彩版五八）。

墓室南壁平直，东、西壁微凸，北壁弧凸较甚，平面略呈椭圆形。墓室北壁保存较完整，东、西二壁北端也保留至券顶中部，南段保存较少。南壁长 1.87、北壁垂直长 1.89 米，墓室中部最宽 2.32 米。东、西二壁垂直长 5.48 ~ 5.49 米，直壁高 1.84 米，从棺床往上直壁高 1.71 米。墓室券顶仅在北部有部分保留，内高 2.5 米（至棺床面），至墓底高 2.63 米。

墓室南壁下端丁砖层嵌有两块小方砖，方砖上均有画像，靠近甬道的为狮子画像，东壁的为雌狮，西壁的为雄狮，狮子外侧的一砖饰一莲花图案（图 14 - 5；彩版五九）。

北壁呈内收外凸的弧面形，三顺一丁砌筑，同东、西二壁的砖层连为一体。从棺床往上 1.05 米，在第 4 组丁砖层嵌有两块小方砖，砖上分别模印千秋、万岁图像，靠西壁的为千秋，距西壁 0.4 米；靠东壁的为万岁（砖长 17.5、宽 13.5 ~ 14.5 厘米），距东壁 0.28 米。第 5 层丁砖中部砌有一组直棂窗，中间凸起 5 根破子棂，两边框装饰菱形网格及小莲花图案。直棂窗宽 37、高 26 厘米，占据了第 5 层丁砖及上下各一层平砖的幅面。直棂窗两侧 12 厘米处各

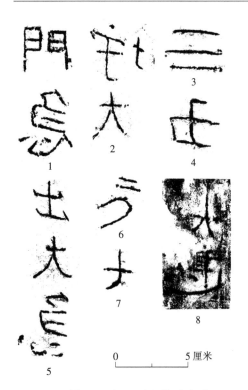

0   5厘米

图 14-3　M23 墓砖文字

1. 门急　2. 圩大　3. 三　4. 五　5. 出大急
6. 方　7. 七　8. 大建

有一桃形小龛，小龛距离棺床 1.37 米。直棂窗往上即为墓室券壁部分，丁砖为梯形砖，上饰两砖竖拼的小莲花图案（图 14-4、14-5；彩版六〇、六一）。

棺床长 4.25~4.5、宽 1.89~2.31 米，前端宽 2.18、距离南壁 1.22~1.24 米，高 20 厘米，上面铺砖纵横排列，仅在墓壁下有保存。甬道及墓室底部为人字形铺地砖。墓砖文字有"门急"、"圩大"、"大建"、"出大急"、"方"、"五"、"七"等。

此外，在墓内所出的残砖上也发现有装饰图案及画像，有卷枝莲花纹、网格纹、莲花纹及"莲花化生"、"万岁"画像等（图 14-4、14-5；彩版六二）。

随葬品共 14 件，其中盘口壶 5 件，小碗 9 件。主要分布于墓室西南部和东南部，墓室东北部和甬道东南也发现有小碗和瓷器残片。

盘口壶　5 件。M23：1，盘口外侈较大，束颈，圆肩，鼓腹，平底。肩上对称附两组纵向双排系。施黄绿色釉，肩、腹、颈有的部分为青绿色。体形稍瘦。口径 15.6、腹径 17.5、底径 9.5~9.9、高 32.5~33 厘米（图 14-2-1；彩版二三七，3）。M23：2，形制同 M23：1，外施黄褐色釉，近底处不施釉，紫灰胎，口残。口径 13.5、腹径 17.4、高 32.2 厘米（图 14-2-2；彩版二三七，4）。M23：3，盘口外侈较大，施黄绿色釉，颜色较深，表面凸起大量小包，紫灰胎。口径 16.6、腹径 22、底径 11.5、高 41.8 厘米。M23：4，口、颈残缺，肩附两组纵向双排系，体形稍瘦。外施青绿釉。腹径 18.7、底径、残高 24.2 厘米（图 14-2-3）。M23：5，盘口外侈较大，细颈，溜肩，鼓腹，平底，体形略呈纺锤形。施釉至器腹，釉色黄绿。肩部对称两组纵向双排系。口径 14.9~15.1、腹径 16.4、底径 9.5、高 35.8~36.7 厘米（图 14-2-4；彩版二三七，5）。

小碗　9 件。形制、大小基本相同。外面底部及近底处未施釉，余均施青绿或黄绿色釉，紫灰色胎。侈口，肩微凸，斜直腹，平底。M23：6，青绿色釉，口部残缺，口径 8~8.5、底径 4.7、高 3.7~4.1 厘米（彩版二三八，3）。M23：7，黄褐色釉基本脱落，口径 8~8.3、底径 4.4、高 3.6~4.1 厘米（彩版二三八，4）。M23：8，黄褐色釉基本脱落，口径 8.2~8.3、底径 4.4、高 3.5~4 厘米（彩版二三八，5）。M23：9，青绿色釉，外面有流釉，口径 8.3~8.5、底径 4.3、高 3.6~4 厘米（彩版二三八，6）。M23：10，青绿色釉，口径 8.6、底径 4.7、高 3.8 厘米（彩版二三九，1）。M23：11，黄绿色釉，残缺近三分之一，口径 8.4、底径 4.4~4.6、高 3.8 厘米（彩版二三九，2）。M23：12，青绿色釉，残缺近四分之一，口径 8.5~8.7、底径 4.5、高 3.8~4.1 厘米（彩版二三九，3）。M23：13，青绿色釉，残缺二分之一，口径 8.2、底径 4.4、高 3.8~4 厘米（彩版二三九，4）。M23：14，青绿色釉，外面有流釉，口径 8.4~8.5、底径 4.6、高 3.3~4 厘米（彩版二三九，5）。

图 14 - 4　M23 券门及北壁画像

1. 券门千秋　2. 券门万岁　3. 券门捧熏炉飞仙　4. 券门捧
盒飞仙　5. 北壁千秋　6. 北壁万岁　7. 券门东壁狮子
8. 砖侧卷枝莲花纹

图 14 - 5　M23 墓砖画像及纹饰

1. 墓壁顺砖三砖平拼莲花　2. 北壁丁砖二砖竖拼莲花及单钱胜纹　3. 南壁西墙狮子　4. 北壁墓砖装饰　5. 券顶丁砖莲花及单钱纹　6. 券门莲花　7. 券门仙人骑龙　8. 南壁东墙狮子　9. 券门西壁狮子

表 10 - 1　M23 墓砖统计表

单位：厘米

种类	长	宽	厚	图案纹饰	字符	备注
长方砖	35	16.8 ~ 17.1	5.5		方	直壁顺砖
长方砖	35.2	13.5	5.5 ~ 5.8	十字双钱纹		直壁丁砖
小方砖	17.1	13.5	5 ~ 5.5			
纵楔砖		17	4		中宽	
纵楔砖		大 17.5 ~ 17.7	6.2		圩大	
纵楔砖	残 34	大 16.5	大 6		小急	
横楔砖		17	大 5.7 小 3.7		刀大急	
梯形砖		大 18.7	大 5 ~ 5.1		七	
梯形砖		大 14.8	大 5		五	
梯形砖		大 11.8	大 4.4		四	
梯形砖	35.2	大 10.4 小 8.8 ~ 9.1	大 4.3 小 5.1	单钱纹	二	

一二　M27

M27 位于小横山顶部西端，西邻 M24，东南邻 M26。方向 161°（图 12 - 1 ~ 12 - 4；彩版六三、六四；表 11 - 1、11 - 2）。

M27 封门、甬道被毁，仅余个别铺地砖（图 15 - 1；彩版六三，1）。

墓室南壁平直，东、西二壁微凸，北壁弧凸较甚，平面略呈椭圆形。南壁宽 1.64、北壁垂直宽 1.63、墓室中部最宽 2.01 米。东壁长 4.54、西壁长 4.57 米。北壁垂线长 29 厘米。墓室南部仅余部分砖壁，中部墓顶残留有宽 0.2 ~ 0.5 米宽的一段，上窄下宽，拱券形，内高 2.33 米（至棺床面），直壁高 1.59 米（至棺床面）。北壁现高 0.33 ~ 0.61 米。

墓室中后部留设棺床，棺床前端以砖砌成，宽 1.82、距离南壁 0.8 米。棺床面上铺砖纵横相错，仅在墓壁下有保存。墓室前部为人字形铺地砖。

东、西壁中部距离棺床 1.16 米的第 5 组丁砖上下均有拼镶的砖画，东壁现存两幅，西壁现存一幅，对称分布。砖画均为高浮雕人物，宽 30、高 28 厘米。人物形象基本相同，面庞清秀，衣带朝后飘扬，整体朝向墓室口。东壁前面一幅为一回首舞动的舞人，后面一幅为一吹笙伎乐。西壁现存的一幅画像同东壁前面一幅相对，为一持幡飞仙；后面砖壁被毁不详（图 15 - 2；彩版六三，2；彩版六四；彩版六五，1）。

墓壁双砖并列，厚 30 ~ 31 厘米。三顺一丁砌筑，丁砖层装饰有两砖竖拼的莲花图案（大者直径 11、小者 9 ~ 9.2 厘米）、两砖竖拼的四叶忍冬纹、双钱纹及"建圩"、"享建"文字。顺砖长方形，长 31.5 ~ 32、宽 15 ~ 15.6、厚 4.5 ~ 4.8 厘米。还有一种宽 13.6 ~ 14 厘米的长方形画像砖，正面刻"信（一）"等文字。丁砖一般宽 13.5 ~ 14.2、厚 4.5 ~ 4.8 厘米，大多素面，有的一短侧面印双钱纹、半莲花、半忍冬纹或"建圩"、"享建"等文字（图 15 - 2 ~ 15 - 4）。

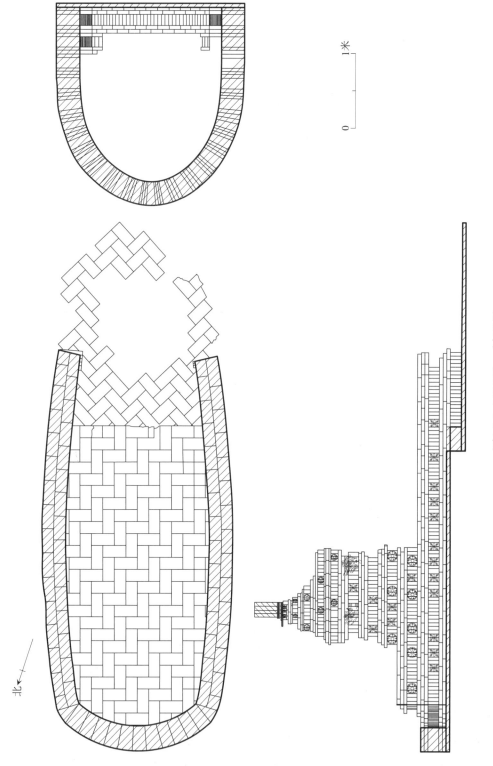

图15-1 M27平、剖面图

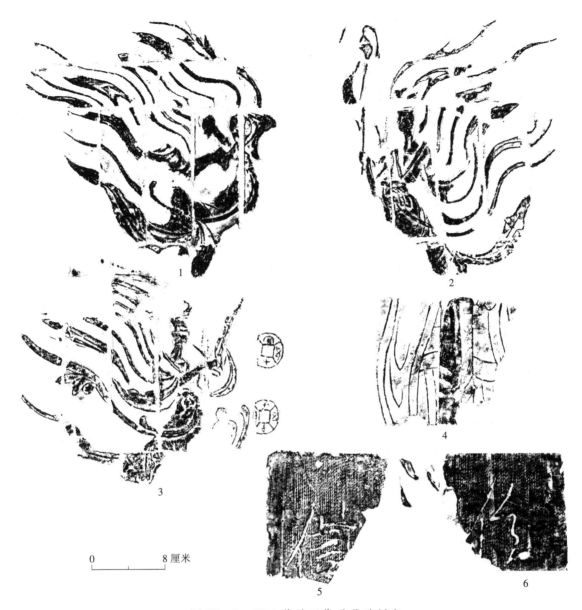

0   8 厘米

图 15－2 M27 墓壁画像及墓砖刻文

1. 东壁前部舞人 2. 西壁后部持幡飞仙 3. 东壁后部吹笙飞仙 4. 人物局部 5、6. "信"字刻文

券顶丁砖为梯形砖，有的小头印半莲花，有的一侧面印"丁"、"出小急"等文字，主要有两种。一种长 30.5、大宽 14、小宽 10.2、厚 4.5 厘米。另一种长 31.5、大宽 12、小宽 10、厚 4.5～4.8 厘米。楔形砖长 32、宽 15.5～15.7、大厚 6.4、小厚 2.9 厘米（彩版六五，2）。

此外，在 M27 墓内乱砖中还发现有"出小急长"、"出薄长"、"门圩"、"出享建"、"刀副宽"、"刀中薄"、"中宽"、"大急"等模印类砖文。还有"信"、"萧"、"火下中"、"武□"、"右下建上"、"薄□"等刻字砖（图 15－2～15－4；表 11－2）。

未发现随葬品。

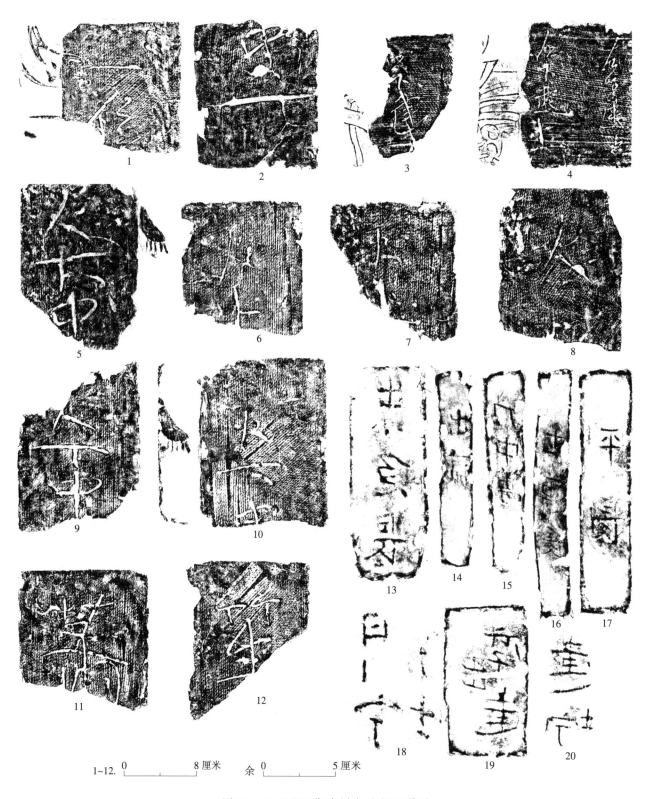

图 15-3　M27 墓砖刻文及侧面装饰

1. 一信　2. 中一　3. 右下建□　4. 右下建上　右下建上　5、9、10. 火下中　6、7、8. 火上　11. 萧　12. 笙

13. 出小急长　14. 出薄　15. 刀中薄　16. 出平长　17. 平长　18. 门圬　19. 出享建　20. 建圬

图 15 － 4　M27 墓砖刻文及装饰

1. 生五　2. 萧　3. 膌　4. 言　5. 武人□　6、11. 鸵鸟画像　7. 左□　8. □□　9. 范　10. □薄□　12. 薄□
13. 莲花、忍冬等装饰

表 11 - 1　M27 墓砖刻字统计表

类别	文字内容	侧面图像	备注
飞仙	信	衣带纹	草书
	信		
	一信	浅浮雕衣带纹	
左右将军	中一		
	右 下建□	线雕衣纹	
	右下建上右下建上	线雕服饰	行书两行
力士	火下中	浅浮雕一赤脚，五指明显	
	火 上		
	火 上		
	火 上		
	火 下中		
	火下中	浅浮雕一赤脚，五指明显	
伎乐飞仙	萧		
	笙		
	生五	浅浮雕两道条带纹	
	武人□	浅浮雕衣带纹	
	□薄□		笔画浅细
	薄□		笔画浅细
	言		
	萧		仅存下半部
	腾		字仅存部分
	左□		
	范		
	□□		
		正面浅刻一长尾鸟，似为鸵鸟	无字
		浅刻一长腿鸟，仅余身体后部及腿	无字

表 11 - 2　M27 墓砖统计表

单位：厘米

种类	长	宽	厚	图案纹饰	字符	备注
长方砖	31.5 ~ 32	15 ~ 15.6	4.5 ~ 4.8			墓壁顺砖
长方砖	31.5 ~ 32	13.5 ~ 14.2	4.5 ~ 4.8	半莲花、双钱纹、半忍冬	建圹、享建	墓壁丁砖
梯形砖	31 ~ 32.1	大 14.1 ~ 14.4 小 10.5	4.5 ~ 4.7			

续表 11－2

种类	长	宽	厚	图案纹饰	字符	备注
梯形砖	31.5	大 12 小 10	4.5～4.8			
楔形砖	32	15.5～15.7	大 6.4 小 2.9			
梯形砖		大 16.4	2～2.2		出平长	残砖
楔形砖		大 11～11.3	5.1		出小急	残砖
楔形砖		大 14.2	5.1		出小急长	残砖
楔形砖		大 15.5	7.2		大急	残砖
楔形砖		大 10.5	5.6		出享建	残砖
楔形砖		大 16	4.2		中宽	残砖
楔形砖		大 15.8	4.1～4.4		刀副宽	残砖
楔形砖			大 3 小 2.1		刀中薄	残砖
楔形砖		大 16.5	7.8		门垱	残砖

一三 M37

M37 位于小横山山体中部的西南面，西邻 M35，东邻 M38。方向 149°（图 16－1～16－2；彩版六六）。

M37 由封门、甬道及墓室三部分组成，墓顶已坍塌，残余甬道和墓室四壁。通长 7.04、通宽 2.8 米（图 16－1；彩版六六，1）。

封门宽 1.6、厚 0.32、残高 0.48 米，双层砌筑。

甬道平面呈长方形，宽 0.95、进深 1.45、残高 0.64 米。

墓室南壁平直，东、西两壁微凸，北壁弧凸较甚，平面略呈椭圆形。南壁宽 1.9、中部最宽 2.16、北壁直线宽 1.9 米，北壁垂线长 40 厘米。东壁直线长 4.54 米。东、西壁直壁平砌27 层砖，高 1.16 米，起券层为长 31.7、宽 15.6、大厚 4.2、小厚 3.3～3.5 厘米的纵楔砖；西壁券壁上砌有"中"字楔形砖，砖长 31.6、宽 15.4、大厚 4.8、小厚 3.1 厘米。东、西二壁残高 0.9～1.4 米。北壁以"足"字梯形砖错缝平砌，砖长 31.5、厚 4.5、大宽 18、小宽14～14.5 厘米。墓壁双层并列，错缝平砌。长方砖长 32、宽 15.5～16、厚 4.2～4.5 厘米（彩版六六，2）。

随葬品共 5 件。甬道内发现青瓷小碗 2 件，墓室东南部发现有唾壶、鸡首壶及盘口壶残片。

小碗 2 件。M37:1，直口，腹微鼓，假圈足，凹底。口沿外施两道弦纹，腹外面饰两周莲瓣纹，上面一层莲瓣小，下面一层大。通体施青绿釉，底外面不施釉。釉面不太光滑，上有细密裂纹。浅灰色胎。口径 8.8～9.2、底径 4.9、高 4.5 厘米（图 16－2－1；彩版二四○，

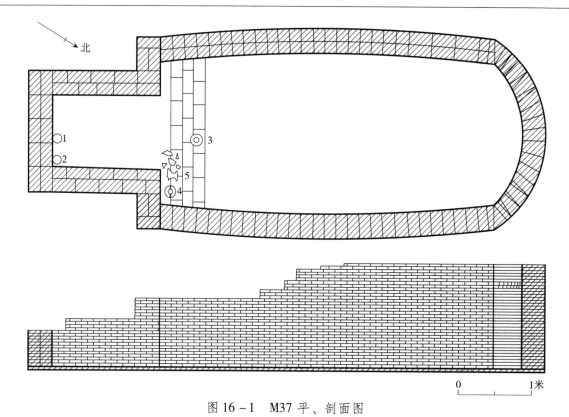

图 16－1　M37 平、剖面图

1、2. 青瓷小碗　3. 青瓷唾壶　4. 青瓷鸡首壶　5. 青瓷盘口壶

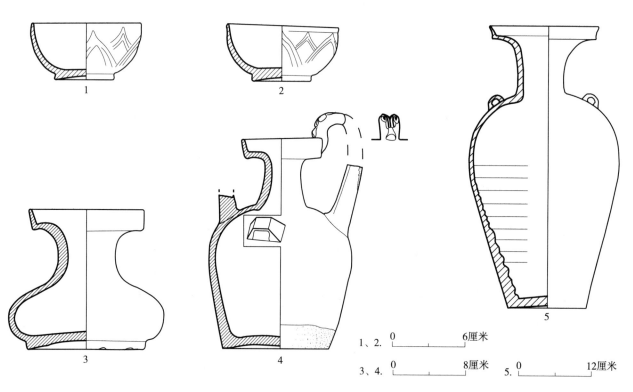

图 16－2　M37 出土青瓷器

1、2. 小碗（M37:1、M37:2）　3. 唾壶（M37:3）　4. 鸡首壶（M37:4）　5. 盘口壶（M37:5）

1）。M37：2，直口，腹微鼓，假圈足，凹底。口沿外施两道弦纹，腹外面饰两周莲瓣纹，上面一层莲瓣小，下面一层大。通体施青绿釉，底外面不施釉。釉面不太光滑，上有细密裂纹。浅灰色胎。口径8.9～9.3、底径4.9、高4.5厘米（图16-2-2；彩版二四〇，2）。

唾壶　1件。M37：3，通体施青绿釉，釉面光滑，上有凸起的小点及细密裂纹，底外灰褐色间红褐色。盘口稍高，束颈，扁圆腹，假圈足，凹底。口沿胎体灰色，底、腹胎体紫灰色。口径12.5、底径12.9、腹径17.2、高14.9厘米（图16-2-3；彩版二四〇，3、4）。

鸡首壶　1件。M37：4，小盘口，细颈，圆肩，肩部附两个方形系，腹较斜直，底微凹。外施黄绿色釉，底未施釉，口沿暗红色胎，腹、底紫灰色胎。柄由两根圆柱合并而成，柄首龙形，宽2.6～4.7、高13.7厘米。鸡首壶口径9～9.2、腹径16、底径11.6、高22.1～25.5厘米（图16-2-4；彩版二四〇，5）。

盘口壶　1件。M37：5，盘口浅而外侈，束颈，圆肩，肩部附两组纵向双排系，系宽扁，鼓腹斜收，平底微凹。通体从上往下施青绿色釉，釉面有细微裂纹，一半未施釉。暗红色胎，颈部釉面光滑。口径19.5、腹径24.7、底径12.9、高44.7厘米（图16-2-5；彩版二四〇，6）。

一四　M40

M40位于小横山中部，东邻M41，西邻M39。方向160°（图17-1～17-3；彩版六七，1；表12-1）。

M40由封门、甬道及墓室三部分组成墓室上部土层被破坏。南北通长7米。（图17-1；彩版六七，1）。

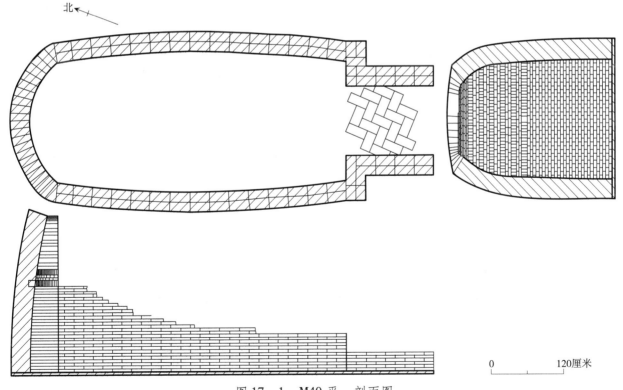

图17-1　M40平、剖面图

1、2. 青瓷盘口壶　3. 青瓷唾壶

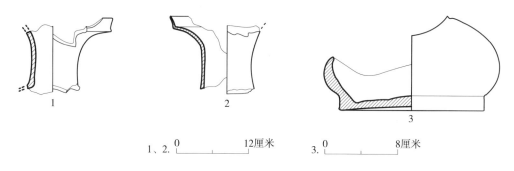

图 17-2　M40 出土青瓷器

1、2. 盘口壶（M40:1、M40:2）　3. 唾壶（M40:3）

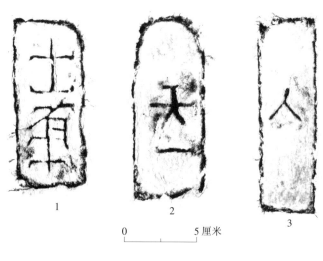

图 17-3　M40 墓砖文字

1. 出有卅　2. 天一　3. 人

封门被压于路面下，未发掘。

甬道宽 1.12、进深 1.44、高 0.3～0.6 米。

墓室南壁平直，东、西壁微凸，北壁弧凸较甚，平面略呈椭圆形。墓室北壁保存较完整，垂直高 2.46 米；东、西壁北部保存相对较多，南部较少，现高 0.6～1.4 米；南壁现高 0.6 米。南壁宽 1.92、中部最宽 2.25、北壁垂直宽 1.92 米。东、西壁垂直长 4.75 米。

北壁壁面为内收的弧面形，壁面中心留设一方形小龛，小龛位于第一组丁砖层中部，下面均为平砌砖层，距离墓底 1.4 米。小龛往上砌筑两顺一丁五组，顺砖为"一"字梯形砖；丁砖为梯形砖，外面模印"出有卅"文字。再上为 8 层平砌砖，其中最上 5 层平砌砖内收幅度较大，形成弧顶。北壁上部 8 层平砌砖从上往下分别为"人"字砖 3 层、"十"字砖 1 层、"人"字砖 1 层、"天一"砖 3 层（图 17-3）。

墓壁双层并列，壁厚 32 厘米。长方砖一短侧面印有"方"字，字体小。砖长 30.4、宽 14.5、厚 4.5～4.7 厘米。墓底平砌一层人字形铺地砖。

随葬品 3 件，均为青瓷器残片，经拼对为盘口壶 2 件、唾壶 1 件，位于墓室西南部。

盘口壶　2 件。M40:1，仅余部分口颈。紫灰胎，外施青绿釉，浅盘口较直，束颈稍粗，圆肩。复原口径 17.5、残高 13 厘米（图 17-2-1）。M40:2，仅余部分口颈。颈部稍粗，红灰胎，浅盘口外侈，外施黄绿、褐绿釉。复原口径 18 厘米，残高 12.2 厘米（图 17-2-2）。

唾壶　1 件。M40:3，口残缺，盘口浅而直，口外饰一道弦纹，扁圆形腹，假圈足，底微凹。通体施青绿色釉，青灰色胎，釉面光滑，表面有突起小点。腹径 19.4、底径 15.5、残高 10 厘米。假圈足高 1.4～1.7 厘米。体形厚重（图 17-2-3；彩版二四一，1、2）。

表 12 – 1 M40 墓砖统计表

单位：厘米

种类	长	宽	厚	图案纹饰	字符	备注
长方砖	30.4	14.5	4.5 ~ 4.7			墓壁顺砖
长方砖	31.2	15.5	3.1		薄方	
梯形砖	30.6	大 13.2 小 9	4.6		一	
纵楔砖	30.5	大宽 12.2 小宽 8.8	大厚 5 小厚 3.3		天一	北壁券顶砖
纵楔砖	30.7	大宽 12.6 小宽 8.9	大厚 4.3 小厚 3.5		十	北壁券顶砖
纵楔砖	31.3	大宽 13 小宽 9.4	大厚 4 小厚 3.2		人	北壁券顶砖
纵楔砖	31.2	大宽 11.2 小宽 8.8	大厚 4.8 小厚 3.7		出有甲	北壁券顶砖

一五 M41

M41 位于小横山西部，西邻 M40，东邻 M42。方向 154°。总长 7.4、通宽 2.9 米（图18 – 1、18 – 2；彩版六七，2）。

M41 由封门、甬道及墓室三部分组成。封门被压于路面，仅发掘了其内面，四顺一丁砌筑，宽 2.2、厚 0.32 米（图 18 – 1；彩版六七，2）。

甬道平面呈长方形，仅存部分直壁，宽 1.2、进深 1.45、残高 0.53 米。

墓室南壁平直，东、西两壁微凸，北壁弧凸较甚，平面略呈椭圆形。北壁仅余最下两层平砌砖；东、西壁北部保存相对较多，现高 1.15 ~ 1.45 米。南壁宽 1.78、中部最宽 2.2、北壁垂直宽 1.84 米。垂线长 52 厘米。东、西壁垂直长 4.74 米。西壁直壁高 1.29 米，平砌 28 层砖，其中一砖侧面刻"七十"2 字；直壁上为券壁，平砌"爰"字楔形砖及"中"字砖，"爰"字砖长 32、宽 15.5 ~ 15.8、大厚 4.3 ~ 4.5、小厚 3.8 厘米；"中"字砖宽 16、厚 4 厘米。墓壁并列双砖，错缝平砌，壁厚 32 厘米。砖长 31 ~ 32、宽 15.3、厚 4.5 ~ 4.7 厘米。铺地砖纵横平砌，仅在墓室前部及墓壁下有保留。

随葬品共 6 件，均为青瓷器，出土于甬道及墓室南部。经复原为盘口壶 2、唾壶 1、碗 2 件。另在甬道东南角发现鸡首壶 1 件。

唾壶 1 件。M41∶1，口残缺，扁圆形腹，假圈足，凹底，底面上有 4 个支烧痕。器形厚重。深灰胎。黄绿色釉，底未施釉。腹径 17.3、底径 13.2、残高 9.9 厘米（图 18 – 2 – 1；彩版二四一，3）。

鸡首壶 1 件。M41∶2，小盘口较浅，束颈，斜肩较平，鼓腹斜收，平底微凹。最大径在肩腹结合处。肩部附两个方形系，龙首形柄。柄高出口沿 2.4 厘米。通体施青绿釉，腹部颜

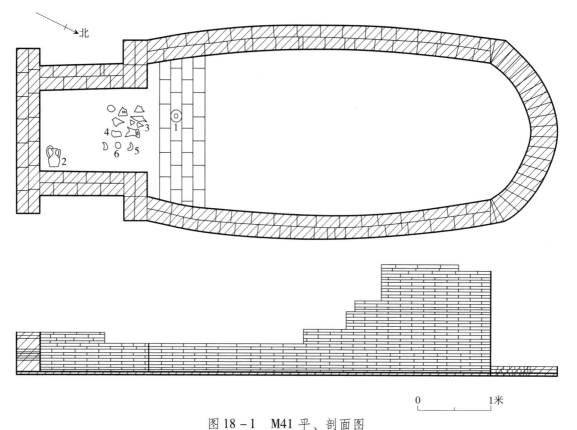

图 18 - 1　M41 平、剖面图

1. 青瓷唾壶　2. 青瓷鸡首壶　3、4. 盘口壶残片　5、6. 青瓷小碗

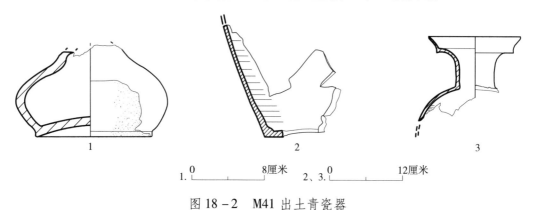

图 18 - 2　M41 出土青瓷器

1. 唾壶（M41:1）　2、3. 盘口壶（M41:3、4）

色较深，釉面十分光滑，口为灰胎，腹及底为紫灰胎。口径 8.5、底径 11.6、腹径 16.9、高 20.6～23.2 厘米（彩版二四一，4）。

　　盘口壶　2 件。M41:3，仅余底及肩部残片。平底，底径 14 厘米。外施青绿色釉，胎外面一层薄灰色，里面大多为浅红色（图 18 - 2 - 2）。M41:4，仅余口部及部分肩部残片，浅盘口，束颈较短，圆肩，下残缺。口径 14.9 厘米。器壁较薄，厚 0.3～0.6 厘米。外施深青绿色釉，紫灰胎（图 18 - 2 - 3）。

　　碗　2 件。M41:5，敛口，弧壁，平底。釉层基本脱落。复原口径 8.5、底径 5.6、高 4.3 厘米。M41:6，直口，肩腹微鼓，假圈足，平底微凹。施青绿色釉，底外面及近底处呈紫褐色，灰胎。口径8.6、底径4.7、高4厘米。

一六　M42

M42位于小横山中部，西邻M41，东邻M43。方向150°。总长7.8米（图19-1~19-3；彩版六八~七五；表13-1）。

M42由封门、甬道及墓室三部分组成。墓葬顶部大多保存完好，前面被破坏，形成一个空洞，大量废土通过盗洞进入墓室，堆积于墓室前部及甬道内，室内基本空虚，底部积有一层淤土（图19-1；彩版六八）。

封门由圆形拱券门及内外的平砌砖墙组成，正面基本呈一平整的方形平面，券门顶部被破坏，宽2.3~2.43、现高1.6~1.85、厚0.32米。券门中间的封墙宽1.66~1.7、现高1.52

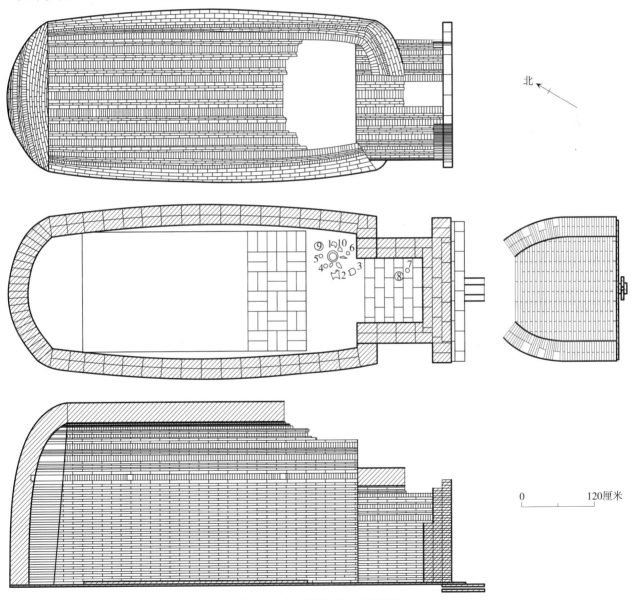

图19-1　M42平、剖面图

1、2、3、10. 青瓷盘口壶碎片　4、5、6. 青瓷小碗　7. 青瓷钵　8、9. 青瓷盘

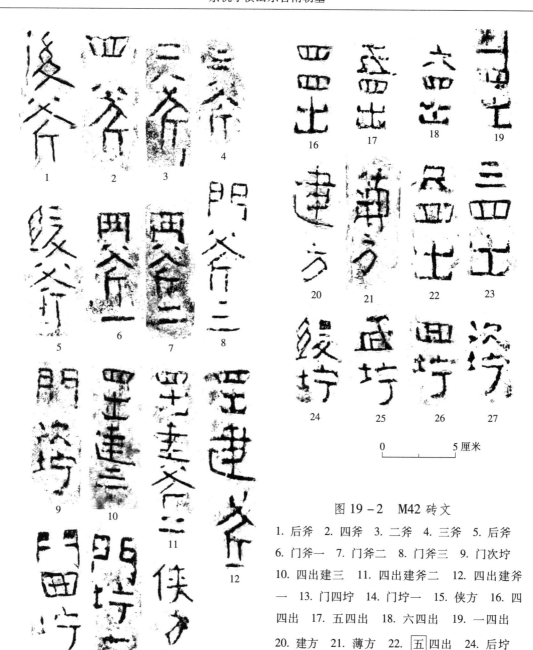

图 19-2　M42 砖文

1. 后斧　2. 四斧　3. 二斧　4. 三斧　5. 后斧
6. 门斧一　7. 门斧二　8. 门斧三　9. 门次圬
10. 四出建三　11. 四出建斧二　12. 四出建斧
一　13. 门四圬　14. 门圬一　15. 侠方　16. 四
四出　17. 五四出　18. 六四出　19. 一四出
20. 建方　21. 薄方　22. 五四出　24. 后圬
25. 面圬　26. 四圬　27. 次圬

米，错缝平砌 41 层砖。券壁厚 0.31 米（即为一块整砖的长度）。券门两侧由直壁往上各一丁四顺两组后一丁再八顺至现顶，拱券顶，券顶正中被毁，结构不详。丁砖层由小梯形砖及纵向平砌的楔形砖组成，上端为小梯形砖正面朝外立砌，下端为 3 块楔形砖并列，形成双层券顶结构，组合紧密平整，浑然一体。封门外平砌一层砖，底面正中砌有排水道。

　　甬道平面呈方形，拱券顶大多保存完整，唯前部被破坏成一个方形洞。甬道宽 1.06、进深 1.1～1.25、高 1.43～1.54 米；直壁平砌而成，高 0.97～0.98 米。券顶三顺一丁或四顺一丁砌筑，共施用丁砖 9 组，以顶部正中一组为中心，两侧各四组对称分布，由顶往下，三顺一丁两组，四顺一丁两组。砖外面均模印有文字，由顶往下，顶部正中一组丁砖印"门斧三"；第一组顺砖 3 层，分别为"面圬"、"后圬"、"门次圬"。第二组丁砖印"门斧三"；顺砖 3 层，分别为"后垱"、"面垱"、"门垱一"。第三组丁砖印"门斧三"；第三组顺砖 4 层，分别为"面垱"、"薄方"、"门次垱"和"门四垱"、"薄方"。第四组丁砖印"门斧二"；第四组顺砖 4 层，分别为素面、"门垱一"、"薄方"、"门次垱"。第五组丁砖印"门斧一"。甬道券顶梯形砖长 30.5 ~ 31、厚 4.3 ~ 4.5 厘米，主要分两种规格，一种大头宽 12.3 ~ 12.8、小头宽 7.8 ~ 8 厘米（下面两组丁砖）；一种大头宽 17.5 ~ 18、小头宽 7.3 ~ 7.6 厘米（上面三组丁砖）（图 19 - 2；彩版六九，1；彩版七〇；彩版七五，1）。

　　墓室南壁较为平直，其余三壁均朝外弧凸，尤以北壁最为突出，平面略呈椭圆形。南壁宽 1.82、北壁垂直宽 1.81、墓室中部最宽 2.11 米。西壁垂直长 4.9 米。拱券顶，内高 2.58 米，直壁高 1.68 米，平砌 39 层砖。直壁上丁砖一层，东、西二壁丁砖层均对称留设两个方形小龛，龛宽 8.5 ~ 9.5、高 11、进深 9 ~ 10.5 厘米，内面的砖上印有"侠方"2 字。东、西壁小龛距离南壁 1.16 ~ 1.17、距离北壁 1.07 ~ 1.08 米，小龛间距 2.42 米。北壁正中也开有一个小龛，龛距两边垂直距离 0.9 米，距底 1.68 米。东西二壁由小龛所在的丁砖层往上分别为六顺一丁、四顺一丁，再往上为三顺一丁 3 组。顶内面朝室内凸出五六块砖头。北壁由小龛所在丁砖层往上分别为六顺一丁、三顺一丁、三顺一丁，再六顺至内收的弧顶下。墓室中部正中拱券顶外面模印有文字，正中一组丁砖印"四斧"，再往两侧下面对称分布，第一组丁砖印"后斧"，第二组为"三斧"，第三组为"后斧"，第四组为"二斧"，第五组为"侠方"。顺砖由顶往下：第一组 3 层，西侧为"面垱"、"面垱"、"后垱"，东侧为"面垱"、"面垱"、"门四垱"和"三垱"。第二组西侧为"四垱"、"四垱"、"后垱"，东侧为"次垱"、"四垱"、"后垱"；第三、四组各 3 层，均为"次垱"、"薄方"、"建方"；第五组 4 层，为"中方"、"次垱"、"薄方"、"后垱"；第六组 6 层，为"面垱"、素面长方砖、"后垱"、素面长方砖、"后垱"和"面垱"、"后垱"（图 19 - 2；彩版七一 ~ 七四；彩版七五，2 ~ 4）。

　　南北二壁顶端往上平砌，朝墓室内呈弧形收缩，同从东、西二壁发券的拱形主券顶相交，可称之为前顶和后顶。前顶残存 7 层砖，由下往上分别为"四四出"、"六四出"、"六四出"、"五四出"、"五四出"、"三四出"，上面的不详；前顶下面为平砌砖层，其中的砖有"面垱"、"方"、"薄方"等。后顶最上端收缩，平砌 6 层后丁 1 层，顺砖从上往下为"六四出"、"四四出"、"六四出"、"四四出"、"五四出"、"四四出"；第一组丁砖印"四出建斧二"。第二组平砖印"一四出"、"五（？）四出"、"三四出"；第二组丁砖印"四出建三"。第三组平砖印"后斧"；第三组丁砖印"四出建斧一"。第四组平砖同第二组平砖；第四组丁砖印"侠方"。第五组平砖印"门四（面）垱"（图 19 - 2）。

　　墓室中部有长方形砖砌棺床，棺床南端距离南壁 0.81 ~ 0.82 米，北端距北壁 0.29 ~ 0.71 米，北端两边基本同墓室东、西壁相接，两侧距离东西两壁最宽 11 厘米，从而在棺床两边形成排水凹槽。棺床南北长 3.77 ~ 3.79 米，东西宽 1.87 ~ 1.91 米，高 5 厘米。上面平铺青砖一层，两纵两横形成席纹。墓壁平砌砖第 2 层至第 30 层（直壁部分）基本为厚 4.5 ~ 4.7 厘米的长方砖，砖一长侧面模印一"方"字。直壁以上主要以厚 3.5 厘米的"中方"砖和厚 3 ~ 3.2 厘米的"薄方"砖平砌。丁砖的一短侧面多印有"侠方"2 字。棺床及铺地砖长 31 ~ 32、宽 15 ~ 15.5、厚 4.3 ~ 4.7 厘米（图 19 - 2）。

　　随葬品主要发现于墓室前部和甬道内，大多为瓷器碎片，经拼对有 10 件器物，分别为盘

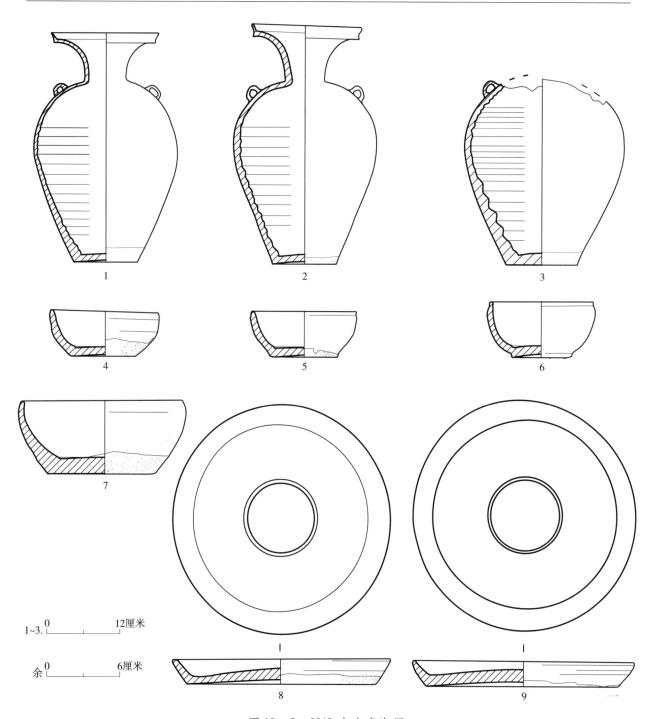

图 19－3　M42 出土青瓷器

1、2、3. 盘口壶（M42：1、M42：2、M42：3）　　4、5、6. 小碗（M42：4、M42：5、M42：6）　　7. 钵（M42：7）
8、9. 盘（M42：8、M42：9）

口壶 4 件、小碗 3 件、圆盘 2 件、钵 1 件。

　　盘口壶　4 件。M42：1，大浅盘口，盘口外饰两周弦纹，细颈，圆肩，肩部附两组纵向双排系，系较高，鼓腹，平底。通体施青绿、黄绿色釉，釉面光滑，紫灰胎。近底处及底外施酱褐色釉。口径 17.5、腹径 23.5、底径 10.3、高 36.5 厘米（图 19－3－1；彩版二四一，5）。

M42:2,大浅盘口,盘口外饰两周弦纹,细颈,圆肩,肩部附两组纵向双排系,系较高,鼓腹偏上,平底。通体施青绿釉,表面有凸起小点,釉面光滑。灰胎。口径 18、腹径 24.1、底径12.7、高 37.9 厘米(图 19-3-2;彩版二四三,1)。M42:3,口残缺,圆肩,肩部饰两组纵向双排系,残存一组,鼓腹,平底。红褐色胎,表面釉色以青绿色为主,黄绿色占三分之一,釉面光滑。腹径 26.6、底径 11.5、残高 29.6 厘米(图 19-3-3;彩版二四一,6)。M42:10,仅余腹部近底一部分,肩部残存两个纵向双排系,鼓腹,平底。体瘦长,腹部有七八道平行凹痕,表面粗糙,凹凸不平。肩部施黄绿色釉,下腹及底不施釉,红褐色胎。残高 21.5厘米。

小碗 3 件。M42:4,直口,直腹,腹下斜收为小平底。碗底及外壁下四周红褐色,余均黑色,表面较粗糙。灰胎。口径 8.7、底径 5.2、高 3.7 厘米(图 19-3-4;彩版二四二,1)。M42:5,直口,直腹,腹下斜收为小平底。碗内及外面施青釉,碗内黏附有突起小点。灰胎。口径 8.6、底径 5.7、高 3.5 厘米(图 19-3-5;彩版二四三,2)。M42:6,直口,腹微鼓,口沿饰一周弦纹。略带圈足,平底微凹。通体施青绿釉,灰胎。口径 8.6、底径 4.9、高 4.4 厘米(图 19-3-6;彩版二四二,2)。

钵 1 件。M42:7,敛口,肩部突出,腹斜收,平底。器形厚重。通体施黄褐釉,釉面光滑,底呈红褐色。紫灰胎。口径 13.9、底径 9.2、腹径 13.3、高 5.8 厘米(图 19-3-7;彩版二四三,3)。

盘 2 件。M42:8,尖唇,侈口,平底微凹。盘内面饰两周弦纹,内面稍鼓起。底外面不施釉,余均施黄灰绿色釉,釉内有黑褐色斑点,灰胎。口径 18.3、底径 15.7、高 2.3 厘米(图 19-3-8;彩版二四二,3、5)。M42:9,尖唇,侈口,平底微凹。盘内面饰两周弦纹,内面稍鼓起。底外面不施釉,余均施黄灰绿色釉,釉内有黑褐色斑点。口径 18.2、底径 15.8、高 1.7~2.1 厘米(图 19-3-9;彩版二四二,4、6)。

表 13-1 M42 墓砖统计表

单位:厘米

种类	长	宽	厚	图案纹饰	字符	备注
梯形砖	37	大 14.5~14.8 小 8.8	4.4~4.5		四斧	墓室顶部两侧第一组丁砖
楔形砖	33~33.3	15.3~15.5	大 3.5~4.3 小 2.5~3.5		后仃 面仃	墓室顶部第一组平砌砖
梯形砖	31.5~32.8	大 13.6~13.9 小 10.2	4.4~4.8		后斧	墓室顶部两侧第二组丁砖
楔形砖	31.2~32.3	15.3~15.6	大 4.4~4.6 小 2.8~3		四仃 后仃	墓室顶部第二组平砌砖
梯形砖	30.8~31.6	大 13.2~13.5 小 9.5~9.6	4.3~4.6		三斧	墓室顶部两侧第三组丁砖

续表 13 - 1

种类	长	宽	厚	图案纹饰	字符	备注
楔形砖	30.8～31.2	15.3～15.6	大 4.6～5.1 小 3～4.2		次垆 建方	墓室顶部第三组平砌砖
长方砖	32.5	15～15.5	3.4～3.8		薄方	三层平砌砖的中间层
梯形砖	31	大 13.2～13.5 小 9.6～9.8	4.5～4.7		后斧	墓室顶部两侧第四组丁砖
楔形砖	30.8～31.2	15.3～15.6	大 4.6～5.1 小 3～4.2		次垆 建方	墓室顶部第四组平砌砖
梯形砖	31～31.2	大 14 小 8.5	4.5～4.7		二斧	墓室顶部两侧第五组丁砖
长方砖	30.8～31.2	15.5～15.8	小 3.5		中方	
楔形砖	30.8～31.2	15.3～15.6	大 4.6～5.1 小 3～4.2		次垆 薄方	墓室顶部第五组平砌砖
楔形砖	31.4～31.9	15.4～15.7	大 4.1～4.3 小 3.2～3.3		后垆	第四层平砌砖
长方砖	31.2～31.6	11.1～11.3	4.5～4.6		侠方	墓室顶部两侧第六组丁砖
楔形砖	33～33.3	15.3～15.5	大 3.5～4.3 小 2.5～3.5		后垆 面垆 中方	墓室顶部第六组平砌砖
长方砖	31.2～31.6	11.1～11.3	4.5～4.6		侠方	墓室顶部两侧第七组丁砖
纵楔砖	31～33.5	大 15.3～15.5 小 11.8～12	大 6～6.3 小 3.4		六四出	墓室后壁由顶向下第一组
纵楔砖	31.2～31.5	大 15.8～16 小 12.1	大 6 小 3.5		五四出	
纵楔砖	31.4～31.6	大 15 小 12.3	大 5.5 小 3.6		四四出	
纵楔砖	30.6～31.2	大 12.3～12.5 小 9.5	4.4～4.5		四出建斧二	墓室后壁由顶向下第一组丁砖
纵楔砖	31～31.4	大 15.5～15.6 小 11.5～11.7	大 4～4.5 小 3.5～3.6		一四出	墓室后壁由顶向下第二组顺砖
纵楔砖	31.1～31.5	大 15.2～15.4 小 11.5～12	4.2		五四出	墓室后壁第二组顺砖
纵楔砖	31.5～32	大 15～15.3 小 12～12.2	4.8～5		三四出	墓室后壁第二组顺砖

续表 13 - 1

种类	长	宽	厚	图案纹饰	字符	备注
纵楔砖	31.3 ~ 31.8	大 13.5 ~ 13.8 小 8.8	大 4.2 ~ 4.5 小 3.3 ~ 3.5		四出建斧三	墓室后壁第二组丁砖
纵楔砖	30.9 ~ 31	大 15.1 ~ 15.5 小 12.5	4.5		后斧	墓室后壁由顶向下第三组
纵楔砖	31 ~ 31.4	大 13.8 ~ 14.1 小 9.9 ~ 10	大 4.5 小 4		四出建斧一	墓室后壁第三组丁砖
纵楔砖	31.2 ~ 32.3	15.3 ~ 15.6	大 4.4 ~ 4.6 小 2.8 ~ 3		四坼 后方	墓室后壁第四组
长方砖	31.2 ~ 31.6	11.1 ~ 11.3	4.5 ~ 4.6		侠方	墓室后壁第四组丁砖
纵楔砖	30.9	15.4 ~ 15.9	大 4.5 ~ 4.9 小 2.7		门四坼	
长方砖	30.5 ~ 31	15 ~ 15.9	4.5 ~ 4.7		方	
长方砖	31	15.5	4		中方	
梯形砖	30.3	大 16.5 ~ 16.8 小 7.5 ~ 8	4.5 ~ 5		门斧三	券门由顶向两侧第一组丁砖
楔形砖	30.5 ~ 31	15.5 ~ 15.7	大 3.6 ~ 4 小 2.8 ~ 3		面坼 门次坼	券门由顶向两侧第一组平砌砖
梯形砖	30.3	大 16.5 ~ 16.8 小 7.5 ~ 8	4.5 ~ 5		门斧三	券门由顶向两侧第二组丁砖
楔形砖	31 ~ 31.7	15 ~ 16	大 3.8 ~ 4.5 小 2.5 ~ 4		面坼 门坼一 薄方 建方	券门由顶向两侧第二组平砌砖
梯形砖	30.3	大 16.5 ~ 16.8 小 7.5 ~ 8	4.5 ~ 5		门斧三	券门由顶向两侧第三组丁砖
楔形砖	31 ~ 31.7	15.6 ~ 15.8	大 4.2 ~ 4.7 小 2.8 ~ 4		面坼 门坼一 薄方	券门由顶向两侧第三组平砌砖
楔形砖	31 ~ 31.7	15.6 ~ 15.8	大 4.2 ~ 4.7 小 2.8 ~ 4		门次坼 门四坼	
梯形砖	31	大 12.9 ~ 13 小 7.8 ~ 8.4	4.3 ~ 4.6		门斧二	券门由顶向两侧第四组丁砖
楔形砖	31 ~ 31.7	15.6 ~ 15.8	大 4.2 ~ 4.7 小 2.8 ~ 4		门次坼 门坼一 薄方	券门由顶向两侧第四组平砌砖
梯形砖	30.5	大 13.4 ~ 13.5 小 8.2 ~ 8.5	4.5 ~ 4.6		门斧一	券门由顶向两侧第五组丁砖

一七　M46

M46 位于小横山中部从下往上第 2 排，东部为 M54，东北为 M64，西部为 M45，同 M54、M64 组成品字形，M64 位于上端。方向 165°（图 20 - 1 ~ 20 - 3；彩版七六、七七）。

M46 墓室外为岩石墓圹，墓圹通宽 2.8 ~ 3.3 米。圹内为砖砌墓室，砖室由封门、甬道及墓室三部分组成。南北通长 6.65、砖室内长 5.96 米（图 20 - 1；彩版六八，1）。

封门保存大致完好，顶已坍塌。通宽 2.66、残高 1.76 米。由中部的券门及两侧的翼墙组成。券门呈外、中、内三层递减状，由底往上一丁三顺 3 组后开始起券，直壁高 0.81 ~ 0.82 米。外券门内高 1.82、中券门内高 1.67、内券门内高 1.49 米，外券门及中券门内高实际上为中券门及内券门的外高，外券门顶残缺。券门丁砖为小方砖和小梯形砖，顺砖为横楔砖，横楔砖有的印有"副宽"、"角"、"可"、"刀中宽"等文字。小方砖长 15.5、宽 13.5、厚 5 ~ 5.1 厘米，一短侧面印单株莲花纹，一侧面印双轮纹。小梯形砖分宽、窄两种，窄者施用于起券后 2 ~ 3 组丁砖，长 15.5 ~ 16、大宽 10 ~ 10.5、小宽 8.6 ~ 9、厚 4.5 ~ 4.9 厘米，内面饰 1.5 个钱纹，外面印"三"字；宽者用于券顶中部 3 ~ 6 组丁砖，长 15.3 ~ 15.6、大宽 13 ~ 13.3、小宽 9.9 ~ 10.3 厘米，外印"五"字。两侧翼墙单砖顺长平砌，东墙宽 0.28 ~ 0.35 米，西墙宽 0.36 ~ 0.48 米。券门内为封墙，封墙由底往上三顺一丁、五顺二丁、五顺一丁后，再平砌至顶。其中的砖有"出大宽"、"大急"、"大急圬"、"小急"、"出建"等种类（图 20 - 2；彩版七七）。

甬道平面呈长方形，宽 0.9、进深 1.14、高 1.5 米，拱券顶。外高 1.8 米。券顶大部分保留，靠近墓室一层的券顶已经变形，朝甬道内倾斜。甬道铺地砖为人字形（彩版七六，2）。

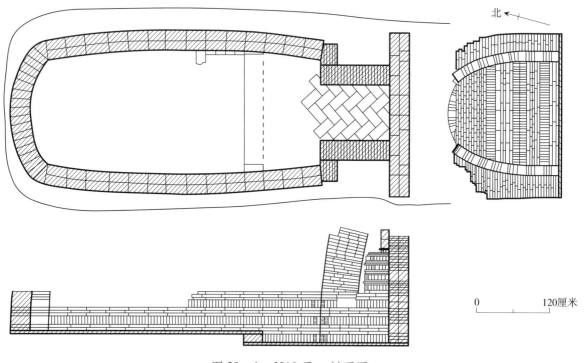

图 20 - 1　M46 平、剖面图
1、2. 青瓷小碗　3、4. 青瓷盘口壶

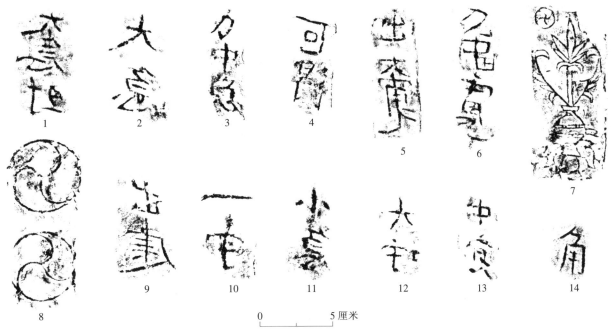

图 20 – 2　M46 墓砖文字及纹饰

1. 大急圩　2. 大急　3. 刀中急　4. 可□　5. 出大宽　6. 刀中宽　7、8. 小方砖侧面纹饰　9. 出建　10. 一字　11. 小急　12. 大圩　13. 中宽　14. 角

墓室南壁平直，东、西壁微朝外弧凸，北壁弧凸较甚，平面略呈椭圆形。南壁宽 1.7、北壁垂直宽 1.69、中部宽 2.02 米，北壁垂线长 30 厘米。东、西壁均长 4.52 米，现存高度 0.38～0.8 米。墓壁以双砖并列，厚 31～32 厘米。墓砖长 31～32、宽 14.8～15.5、厚 5～5.3 厘米。砌法：三顺一丁。墓室中后部设有棺床，棺床前端宽 1.9 米，距离南壁 0.93 米。床面铺砖仅在墓壁下有保留，纵横交错。

墓壁装饰：墓壁现存丁砖及顺砖各 3 组。顺砖长 31.6～32、宽 15.5～15.7、厚 4.3～4.5 厘米。丁砖层砖面饰"大泉五十"双钱纹，砖长 31.5、宽 13～13.4、厚 5.1～5.5 厘米。

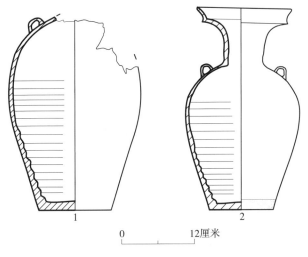

图 20 – 3　M46 出土青瓷盘口壶

1、2. M46：3、M46：4

随葬品共 4 件。均为青瓷器残片，发现于墓室南部及甬道内，经拼对为盘口壶 2 件、小碗 2 件。

小碗　2 件。形制基本相同，口微侈，肩部稍凸出，斜直腹，平底。M46：1，口部变形，呈椭圆形，施青绿色釉，灰胎，口径 8.1～9.6、底径 4.5、高 3.5～4.1 厘米（彩版二四三，4）。M46：2，釉基本脱落，口径 8、底径 3.8、高 3.5～3.9 厘米（彩版二四三，5）。

盘口壶　2 件。M46：3，口、颈残缺，圆肩，鼓腹，平底。施青绿釉，紫灰胎，釉面光滑。腹径 22.8、底径 12.2、残高 31 厘米（图 20 – 3 – 1）。M46：4，盘口外侈较大，束颈，

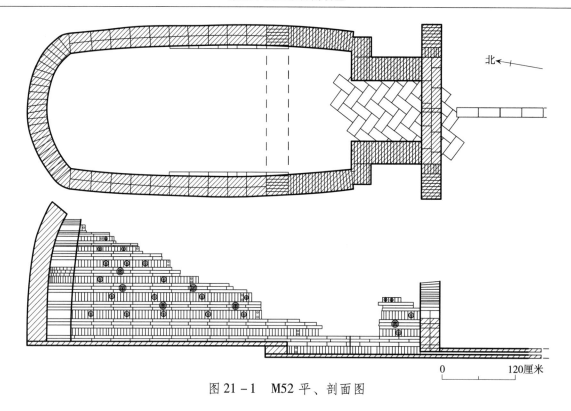

图 21 - 1　M52 平、剖面图

圆肩，肩部对称两组纵向双排系，鼓腹，平底。施青绿色、黄绿色釉，釉面有细密裂纹，紫灰胎。口径 15.6、腹径 18.7、底径、高 32 ~ 32.5 厘米（图 20 - 3 - 2；彩版二四四，1）。

一八　M52

M52 位于小横山中部，东邻 M45，西邻 M53。方向 170°（图 21 - 1 ~ 21 - 3；彩版七八 ~ 八○；表 14 - 1）。

M52 由封门、甬道及墓室三部分组成。南北通长 6.8 米（不包括排水道），内长 6.14 米（图 21 - 1；彩版七八）。

封门宽 2.77、厚 0.32、现高 1.06 ~ 1.25 米。由中部券门及两侧翼墙组成。券门由外、中、内三层组成，外券门内宽 1.65 ~ 1.68 米，中间封墙三顺一丁 3 组，券门直壁亦三顺一丁，宽 16 厘米，丁砖为小方砖，上模印画像。由下往上第 4 组丁砖为小梯形砖，正面印一朵盛开的莲花，莲花上端生出两小孩光头，下面三组丁砖为小方砖，第 3 组丁砖模印一朵圆形莲花图案，东壁为双层复莲，西壁为单层大莲花。拆除中间的封墙后，中、内两层券门出现，砌筑形式同外层券门，丁砖上模印画像。中券门东壁第 2 组为万岁，第 3 组为两个站立执物的人物；内券门东壁第 2 组为圆形莲花图案，第 3 组为捧盒飞仙。中券门西壁第 2 组为捧熏炉飞仙，第 3 组为两侍立人物，第 4 组为单圆轮；内券门西壁第 2 组为大莲花，第 3 组为捧熏炉飞仙。券门两侧为上宽下窄的翼墙，翼墙最下一层为一组顺长并列的丁砖，上面为平砌砖层，宽 0.38 ~ 0.5、现高 1.06 ~ 1.14 米。封门前部正中伸出砖砌排水道，水道残长 1.45、宽 0.32、高 0.15 米，上下两层单砖，中间双砖并列，中部留设排水槽（图 21 - 3；彩版七九，1；彩版八○）。

甬道宽 0.96、进深 1.15、现高 0.28 ~ 0.92 米。一丁三顺砌筑，丁砖层有两砖竖拼的莲花及双钱纹，第 2 组顺砖有三砖平拼的大莲花一朵。直壁高 0.84 米，券壁现存丁砖一层，丁砖

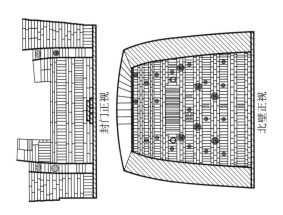

内面为两砖竖拼的小莲花（图21－2、21－3）。

　　墓室南壁平直，东、西壁微凸，北壁弧凸较甚，平面略呈椭圆形。墓室北壁保存较完整，垂直高1.96米；东、西壁北部保存相对较多，南部很少，现高0.28～1.8米；南壁残存最少，仅存一丁三顺一组，高0.28米。墓室南壁宽1.86、中部最宽2.1、北壁垂直宽1.86米。东、西壁垂直长4.6米，三顺一丁，直壁高1.5米，从下往上一丁三顺5.5组（6组丁砖）；第3～6组丁砖每层饰两砖竖拼的莲花5～7朵以及大量双钱纹，莲花直径9.4～9.8厘米；顺砖第3～5层饰三砖平拼的大莲花2～3朵，莲花直径13.5～14.5厘米，双层莲瓣。

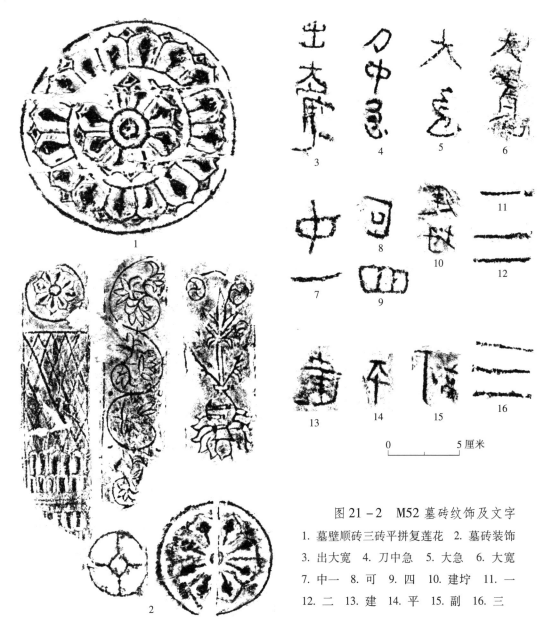

图21－2　M52墓砖纹饰及文字

1. 墓壁顺砖三砖平拼复莲花　2. 墓砖装饰
3. 出大宽　4. 刀中急　5. 大急　6. 大宽
7. 中一　8. 可　9. 四　10. 建圲　11. 一
12. 二　13. 建　14. 平　15. 副　16. 三

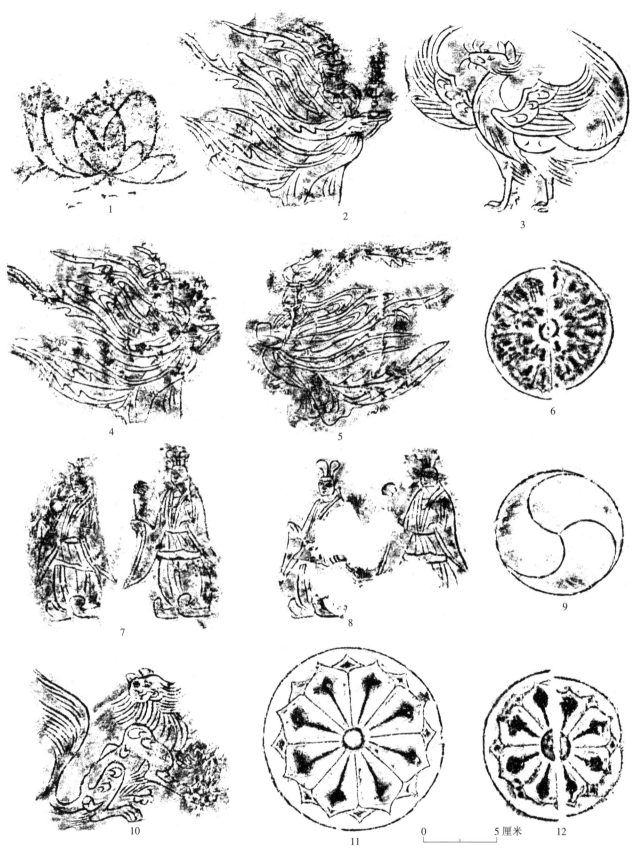

图 21-3 M52 券门画像及墓壁纹饰

1. 外券门东侧化生 2. 内券门西侧捧熏炉飞仙 3. 中券门东侧万岁 4. 中券门西侧捧熏炉飞仙 5. 内券门东侧捧盒飞仙 6. 墓壁丁砖二砖竖拼莲花 7. 中券门西侧双人 8. 中券门东侧双人 9. 中券门西侧宝轮 10. 西券门狮子 11. 中券门西侧莲花 12. 墓壁丁砖二砖竖拼莲花

起券层先平砌两层长方砖，再平砌一层"大圻"纵楔砖，上为丁砖层，丁砖层饰大量单钱纹及两砖竖拼的小莲花，莲花直径 7.5 厘米。券壁丁砖层现存两组，砖为长梯形砖，外模印"一"字；券壁第二组顺砖层砌有"薄方"、"大宽"两种较薄的长方（或梯形）砖。墓室北壁呈内收的弧面，上窄下宽，至上端内收呈弧券顶。北壁正中留设直棂窗一组，窗宽 78、高 23 厘米，两侧为长条砖边框，中间为 9 根破子棂。直棂窗两侧各留一桃形小龛。直棂窗下三顺一丁砌筑 4 组，装饰同两侧壁，丁砖层中除了双钱纹外还有单钱胜纹。直棂窗上为三顺一丁或两顺一丁的券壁，其丁砖层有两砖竖拼双层复瓣莲或"建"字砖，莲花直径 9.7~9.8 厘米；顺砖层砌有内面较薄的"平"、"副"、"小急"砖（图 21-2；彩版七九，2）。

墓室中后部留设棺床，棺床前端砌砖，一丁一顺，仅在两侧有保存，中间的被毁无存，高 18 厘米。棺床前端宽 2.04、距离南壁 1.02 米，上面铺砖纵横平铺，仅在墓壁下有部分保留。墓室前部及甬道人字形铺地砖。墓壁并列两排长方砖。

随葬器物仅盘口壶 1 件，位于墓室南部。仅余口颈及腹部碎片，无法修复。

表 14-1 M52 墓砖统计表

单位：厘米

种类	长	宽	厚	图案纹饰	字符	备注
长方砖	31.8~32	16.2	4.6	个别 1/3 莲花		墓壁顺砖
长方砖	30.7~31.8	13~13.3	5~5.2	双钱纹或半莲花		墓壁丁砖
长方砖	30.5~31	大 14.6 小 14	大 3.2~3.3 小 3.4~3.5		可□	
纵楔砖	30.5~31	14.7~15.1	大 4.1 小 3		一字	西壁直壁
小方砖	15.3~15.5	13.1~13.4	4.8~5	一短侧面双轮纹		封门券壁
小梯形	16	大 10.3 小 8.4	4.3~4.5	1.5 个钱纹	三	
小梯形	15.7	大 13.9 小 10.6	4.8~5		五	
梯形砖	31.8	大 9.5 小 8.1	4~4.4	单钱纹	一	
梯形砖	32.1	大 13 小 8.6	4.3~4.5	小莲花	四	
梯形砖	31.8	大 17.7 小 8.7	4.3~4.5		七	
梯形砖	31.4	9.7~9.8	大 5.7 小 5.1~5.3		建	
梯形砖	32.1	大 11.1 小 8.8~9	3.2~3.3		平	北壁券顶平砌砖

续表 14 – 1

种类	长	宽	厚	图案纹饰	字符	备注
纵楔砖	31 ~ 31.6	15.5 ~ 15.7	大 4.6 ~ 4.9 小 2.8 ~ 3		大圩	"大圩"字小笔画细
纵楔砖	32	大 11.9 小 9	大 3.7 小 3.4		副	北壁券顶平砌砖
纵楔砖	31.9	大 11.3 小 8.8 ~ 9.2	大 4.3 小 2.4		小急	北壁券顶平砌砖
纵楔砖	31.7	15.1 ~ 15.6	大 6.8 小 2.5		大门急	
纵楔砖	32.1 ~ 32.3	15.5 ~ 15.8	大 3.2 ~ 3.4 小 2.8		大宽	
横楔砖	30.1	15 ~ 15.5	大 3 小 1.8		副薄	
横楔砖	30.5 ~ 31	14.7	大 3.2 ~ 3.4 小 2.5 ~ 2.7		中刀宁	
横楔砖	32	14.8 ~ 15	3.8		刀中宽	
横楔砖	31	15 ~ 15.1	大 3.5 小 2.6		刀中急	
横楔砖		15	大 4.5 小 2.6		刀大急	
纵楔砖	31.8	14.6 ~ 15.1	5.4 ~ 2.8		刀角	封门翼墙
直棂窗	34.6	23	4.2			破子棂砖

一九　M54

M54 位于小横山中部偏东，西北为 M64，东部为 M55。方向 170°。南北通长 6.45（不包括排水道）、通宽 2.7 米（图 22 – 1 ~ 22 – 3；彩版八一 ~ 八三）。

M54 砖室由封门、甬道及墓室三部分组成。砖室外为岩石墓圹（图 22 – 1；彩版八一，1）。

封门保存较少，通宽 2.07、厚 0.53、现高 0.1 ~ 0.71 米，东西向并列平砌 3 道砖，由口往内分别为梯形砖一排、长方砖两排，三顺一丁。券门由外朝内呈"凸"形梯级内收，砌于甬道口外。即甬道口朝外延伸扩展形成，三层券门，券门直壁均三顺一丁，丁砖以小方砖砌筑，小方砖正面模印有狮子、飞仙、千秋、万岁等画像，侧面印半莲花，两块组合成一朵直径 9 ~ 9.3 厘米的圆形莲花图案。小方砖长 17.5 ~ 17.8、宽 13.1 ~ 13.5、厚 4.5 厘米（图 22 – 3；彩版八二）。

封门前部正中伸出砖砌排水道，水道现长 2、宽 0.22 ~ 0.42 米。最上层两砖顺长平砌，中间留出宽 3.5 ~ 4 厘米的排水槽，下面用一块整砖横向平砌；横砖的下面为 1 ~ 2 层梯形砖横

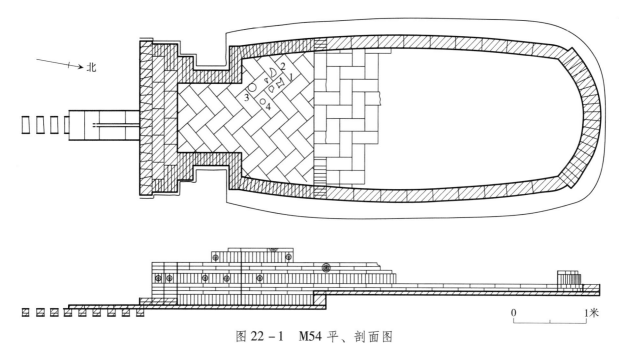

图 22-1 M54 平、剖面图
1、2. 青瓷盘口壶 3. 青瓷钵 4. 青瓷小碗

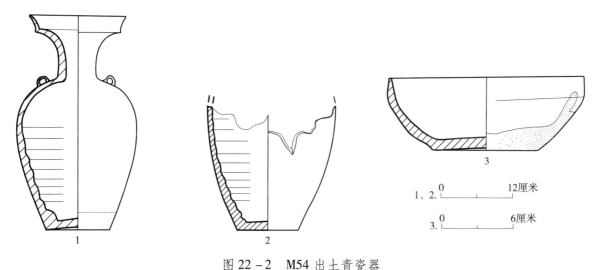

图 22-2 M54 出土青瓷器
1、2. 盘口壶（M54：1、M54：2） 3. 钵（M54：3）

向间隔平砌，梯形砖间距 5～10 厘米。排水道朝南往下稍微倾斜，利于排水。排水道用砖有长方砖和楔形砖两种，长方砖分两种，一种同墓壁平砌砖，宽 17、厚 4.5 厘米；一种长 35、宽 17、厚 2.3～2.5 厘米。楔形砖也分两种，一种长 22、大宽 10.2～10.6、小宽 8.5～9.5、大厚 4.6、小厚 2.5 厘米；一种长 35、宽 17.5、大厚 4.5、小厚 2.3 厘米。

甬道平面呈方形，宽 0.94、进深 0.9～0.92、现高 0.43～0.82 米。三顺一丁砌筑，丁砖层饰有莲花图案，现存两组，直径 9 厘米（彩版八一，2；彩版八三，1）。

墓室南壁平直，东、西壁微凸，北壁弧凸较甚，平面略呈椭圆形。南壁砖墙保存相对较多，最高 0.78 米，北部、中部棺床上仅余 1～4 层砖。南壁宽 1.59、中部最宽 1.91、北壁垂

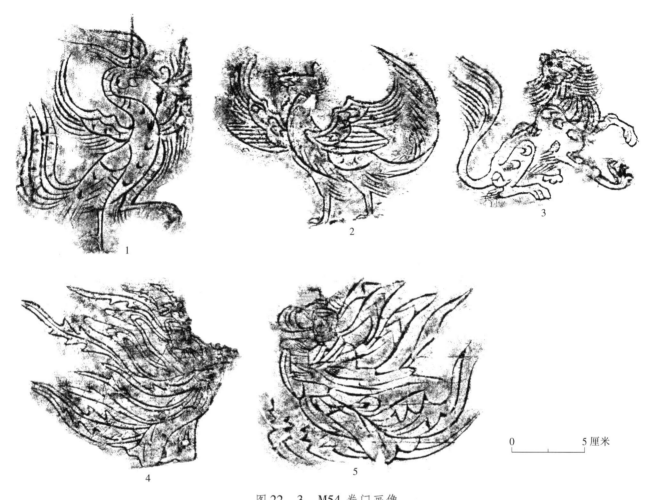

0 _____ 5 厘米

图 22 - 3　M54 券门画像
1. 凤鸟　2. 万岁　3. 狮子　4. 捧熏炉飞仙　5. 捧盒飞仙

直宽 1.58 米，北壁垂线长 32 厘米。西壁垂直长 4.36 米。墓室中后部设有棺床，棺床前端宽 1.82～1.83、距离南壁 0.97、距离北壁 3.74 米，高 20 厘米。前端顺长并列立砌一排砖，砖面饰有两砖竖拼的莲花图案 5 个。棺床面平砌一层砖，砖呈一丁一顺的席纹。墓室前部及甬道铺地砖均为人字形。

墓室东、西壁以单砖顺长错缝平砌，壁厚 17～19.5 厘米；平砌砖层有三砖平拼的大莲花图案，莲花直径 14～14.2 厘米；丁砖为整砖的二分之一，上饰两砖竖拼的莲花图案；墓砖长 35～35.5、宽 16.5～17、厚 4.7～5.1 厘米，面饰细绳纹，个别侧面模印一"方"字。北壁以梯形砖三顺一丁砌筑，平砌砖层残存大莲花图案，砖长 21.5～22.5、厚 4.5～5、大宽 15.5～16、小宽 13～13.3 厘米；丁砖一端稍厚，一端稍薄，饰两砖竖拼的莲花，莲花直径 9.2～10 厘米（彩版八三，2）。

随葬品共 4 件。均为青瓷器，主要分布于墓室南部，有盘口壶 2 件，小碗、钵各 1 件。

盘口壶　2 件。M54：1，盘口较深，束颈较高，圆肩，肩部附两组纵向双排系，鼓腹，腹斜直内收，平底微凹。上施黄绿釉，近底处为灰色。口径 15.6、腹径 19.8、底径 9.6～10、高 34.3～34.8 厘米（图 22-2-1；彩版二四四，2）。M54：2，口、颈、腹部残缺，盘口较深，外侈适中，束颈，圆肩，鼓腹，平底。肩部双系仅余一组。外施青绿釉，紫灰胎。口径16.7、腹径20.5、底径10.8、高39厘米（图22－2－2）。

钵　1件。M54:3，敛口，直腹，凹底。口径15.8、底径8.8、高16.1厘米（图22－2－3；彩版二四四，3）。

小碗　1件。M54:4，直口，肩、腹微鼓，腹斜收，假圈足，小平底。除过底外面，均施淡黄绿色釉，浅灰色胎。口径7.8、底径3.5、高3.9厘米（彩版二四四，4）。

二〇　M64

M64位于小横山中部从下往上第2排，东南2.5米处为M54，西南3米处为M46，同M54、M46组成品字形，M64位于上端。方向160°（图23－1、23－2；彩版八四、八五；表15－1）。

M64由封门、甬道及墓室三部分组成。南北通长6.5、砖室内长5.7米（图23－1；彩版八四）。

封门仅余两侧翼墙及券门直壁，宽2.35、残高0.57~1.06米。券门直壁自下而上一丁三顺砌筑，丁砖为小方砖，砖长14.2~14.5、宽13、厚4.7~5.2厘米，一短侧面印双钱纹。两侧翼墙单砖顺长平砌，宽0.46~0.54米，上面模印有"足步"、"出建"、"足"、"中后斧"等文字（图23－2；彩版八五，1）。

甬道平面呈长方形，宽0.96、进深0.93、残高0.14~0.53米。

墓室南壁平直，东、西壁微朝外弧凸，北壁弧凸较甚，平面略呈椭圆形。南壁宽1.6、北壁垂直宽1.59、中部宽1.84米，北壁垂线长22厘米。东、西壁均长4.52米。墓壁现存高

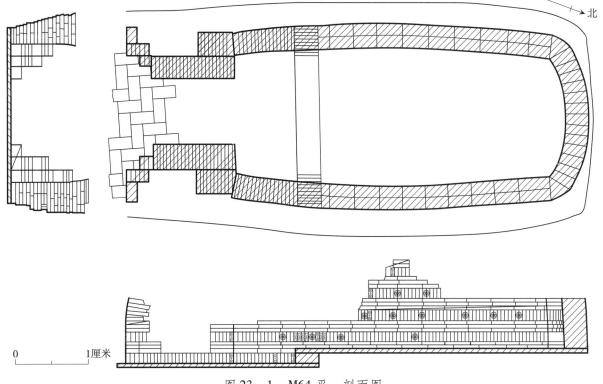

图23－1　M64平、剖面图

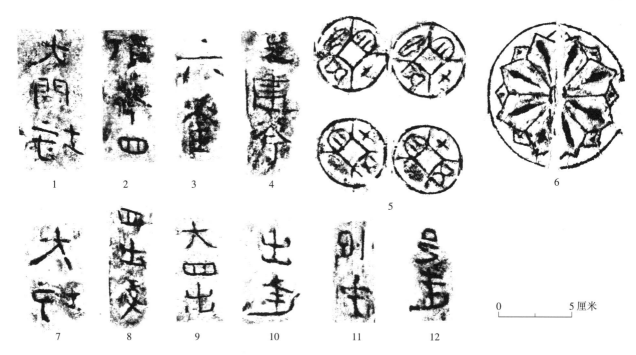

图 23-2　M64 墓砖模印文字及纹饰

1. 大门圹　2. 顶斧四　3. 六斧　4. 足建斧　5. "大泉五十"双钱纹　6. 二砖竖拼八瓣莲花　7. 大圹　8. 四出囗
9. 大四出　10. 出建　11. 副宁　12. 足步

度，东壁高 0.24~1.4、西壁高 0.52~1.2、北壁高 0.3~0.98 米。墓壁以双砖并列，厚 31~
32 厘米，北部保存相对较多。墓砖长 31.5~36、宽 15.4~16、厚 5~5.3 厘米。砌法：三顺
一丁。墓室中后部设有棺床，棺床前端以青砖一丁一顺砌筑，宽 1.76 米，距离南壁 1.01~
1.03 米，高 18 厘米。

墓壁装饰：墓壁现存丁砖及顺砖各五组，即为直壁的高度。丁砖饰"大泉五十"双钱纹
或单钱胜纹或半莲花，砖长 31.2~31.7、宽 12.5~13.4、厚 4.5~5 厘米，一端为单钱胜纹，
另一端印"足步"（宽 13 厘米）文字或双钱纹（宽 13.7 厘米）。莲花仅饰于丁砖层，每层
4~6 朵，莲花直径 9 厘米。券壁丁砖为梯形砖，砖外面印"顶斧四" 3 字，砖长 31.2、大宽
10.7、小宽 8~8.5、厚 4.2~4.4 厘米（图 23-2；彩版八五，2）。

随葬品仅发现瓷器残片 4 片，经拼对为一盘口壶。

盘口壶　1 件。M64:1，仅余残片。黄绿色釉，深紫灰胎，复原口径 16 厘米。

表 15-1　M64 墓砖统计表

单位：厘米

种类	长	宽	厚	图案纹饰	字符	备注
长方砖	31.5~36	15.4~16	5~5.3			墓壁顺砖
长方砖	31.2~31.7	12.5~13.4	4.5~5	一端为单钱胜纹，另一端印"足步"（宽 13 厘米）或双钱纹（宽 13.7 厘米）	另一端印"足步" 2 字	墓壁丁砖

续表 15 - 1

种类	长	宽	厚	图案纹饰	字符	备注
梯形砖	31.2	大 10.7 小 8 ~ 8.5	4 ~ 4.4		顶斧四	东西壁券壁丁砖
小方砖	14.2 ~ 14.5	13	4.7 ~ 5.2	一短侧面双钱纹		封门券壁
纵楔砖	30.4 ~ 30.8	大 15.1 ~ 15.5 小 15.3	8.3 ~ 8.5 2.8 ~ 3		大门圢	
纵楔砖	30.3 ~ 31	大 8.5 ~ 8.7 小 7.2 ~ 7.4	5.7 ~ 6 2.8 ~ 2.9		大四出	
纵楔砖	31	9	大 5.6、 小 4.5 ~ 4.6	单钱胜纹	出建	
纵楔砖	30.5	大 12.8 小 8.5	3.7 ~ 3.8 4 ~ 4.2		六斧	
纵楔砖	残 22	大 10.3	3		四出口	
纵楔砖	残 19.5	大 9.7	4 ~ 4.2		足建斧	
纵楔砖		大 14.8	4.7		大圢	
纵楔砖	30.3	大 14.2 小 14.3	2.6 1.8		副宁	
纵楔砖		大 10.2	3.9 ~ 4		中后斧	
纵楔砖		大 14.3	4.8		疾圢	
纵楔砖		大 14.7	5.4		大急	
横楔砖	30.3	14.9	大 2.7 小 2.3		口刀宁	
横楔砖	30.8	15	大 3 小 2.5 ~ 2.7		小后圢	
横楔砖		9	4 ~ 4.2		出大宽	
横楔砖		14.4	2.5 ~ 2.7		薄方	
横楔砖	残 24	23	4.3			破子棂砖

二一　M65

M65 位于小横山中部从上往下第四排，东部 1.1 米处为 M66，其墓底比 M66 墓底低 1.65 米。方向 165°（图 24-1~24-5；彩版八六~八八；表 16-1）。

M65 由封门、甬道及墓室三部分组成，现南北通长 5.4（不包括排水道）、内长 4.79 米（图 24-1；彩版八六，1）。

封门宽 2.09、厚 0.35~0.38、现高 0.28~0.5 米。仅存三顺一丁一组及部分顺砖，一半位于甬道口内。封门前正中有砖砌排水道，水道现长 1.55、宽 0.35~0.37、厚 0.13 米，平砌 3 层砖。上下两层为横向单砖并列，中间一层顺长并列两砖，中间留有水槽。

甬道平面呈长方形，宽 0.97、进深 0.69、现高 0.3~0.44 米。

墓室南壁平直，东、西壁稍微朝外弧凸，北壁弧凸较甚，平面略呈椭圆形。南壁宽 1.62、现高 0.3~0.45 米，其东、西墙面各残存一幅人物下半身画像，西墙画像残高 30 厘米（图 24-2，1、2；彩版八七，1），东墙画像残高 15 厘米。

东、西壁北部保存相对较多，三顺一丁砌筑。顺砖层每组饰三砖平拼的莲花 2~3 朵，莲花直径 13.7~15 厘米；丁砖层每组饰竖拼的莲花 3~5 朵，莲花同北壁。第一层丁砖仅砌筑于棺床前的墓室南部东西两壁下端，无装饰。东、西壁面中后部装饰有人物画像各两组，画像以第 5 组丁砖为中心，上下各延伸 1~2 层平砖，内容均为双手捧物的飞仙，衣带飘舞，高浮雕，幅面宽、高分别为 34、30 厘米。东壁的两组飞仙保存不完整，前面的仅余身体部分，其中一砖正面刻有"右火三" 3 字；后面的手捧熏炉。西壁的两组飞仙较为完整，均手执桃形扇（或即麈尾）。西壁北端第 6 层丁砖还有两砖模印部分人物及衣纹图案，应为剩余的画像砖砌入墓壁。东、西壁第 5 层丁砖上面平砌两层后开始起券，起券层为楔形砖，砖内面厚 3.3~3.4 厘米；往上即为残存的券壁，券壁丁砖宽 10.3~10.4、厚 4.7~4.8 厘米，部分砖面模印半莲花。东壁长 4.07、现高 0.84~1.7 米；西壁长 4.03、现高 0.73~1.7 米（图 24-2~5；彩版八七，2；彩版八八）。

北壁宽 1.61、现高 1.54 米，垂线长 26 厘米。三顺一丁砌筑。其中北壁第 4 组丁砖中部留设一倒桃形小龛，龛下垂一组莲瓣，莲瓣距离棺床面 1.01 米，小龛距东壁（斜距）0.74、距西壁（斜距）0.77 米，两侧各装饰一朵莲花。第 2、3 组丁砖层分别有 3、2 朵莲花，莲花边缘饰双圆圈，直径 13~13.2 厘米，三砖竖拼。第 5 组丁砖上面平砌两层薄砖、一层厚砖，薄砖宽 9.7~12.5、厚 3~3.4 厘米；厚砖宽 16.4~17、厚 4.6 厘米，上印一"足"字。第 5 组丁砖中有一砖印"建圹" 2 字（图 24-5；彩版八六，2）。

墓室中后部留设棺床，棺床前端砌砖一丁一顺，高 19.5 厘米，距离南壁 0.97~1.04 米，前端宽 1.85 米，墓室中部最宽 1.93 米。棺床面铺砖纵横相交，墓底人字形铺地砖。

M65 墓砖有长方砖、小梯形砖等。长方砖：长 35~35.5、宽 16.8~17.2、厚 4.7~5 厘米。小梯形砖：长 16.2~16.5、厚 4.7~4.9、大头宽 13.3，上印一"四"字；小头宽 10.3~10.4 厘米，上印半莲花。墓内还发现有模印文字砖，如"刀门急"、"刀大字"、"刀大宽"、"刀中急"、"中急"、"副急"、"建圹"、"出建"、"顾（头）刀字角"、"副宽"等，其中"副宽"砖宽 17.7~18、厚 4~4.4 厘米（图 24-5）。

未发现随葬品。

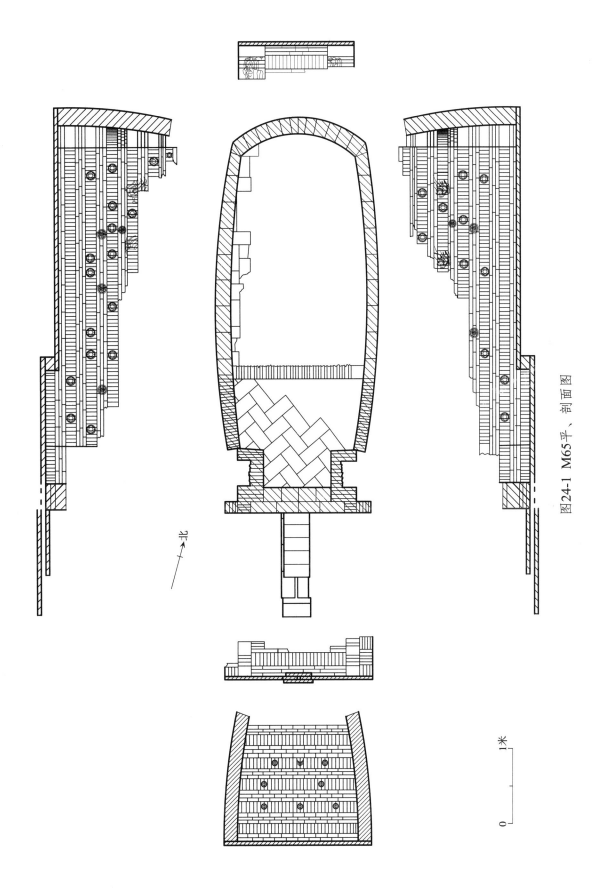

北

图24-1　M65平、剖面图

0　　　　1米

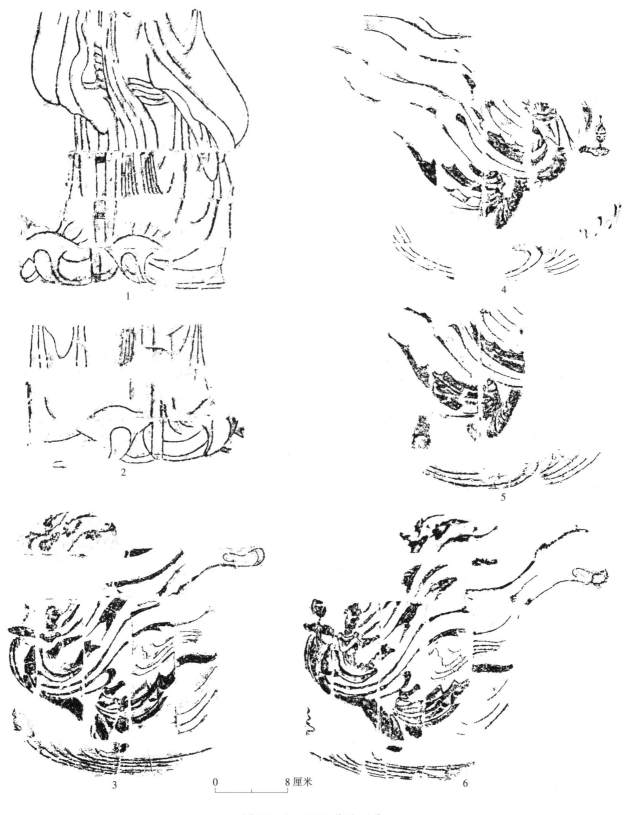

图 24-2　M65 墓壁画像

1、2. 南壁东西墙左右将军　3. 西壁前部飞仙　4. 东壁后部飞仙　5. 东壁前部飞仙　6. 西壁后部飞仙

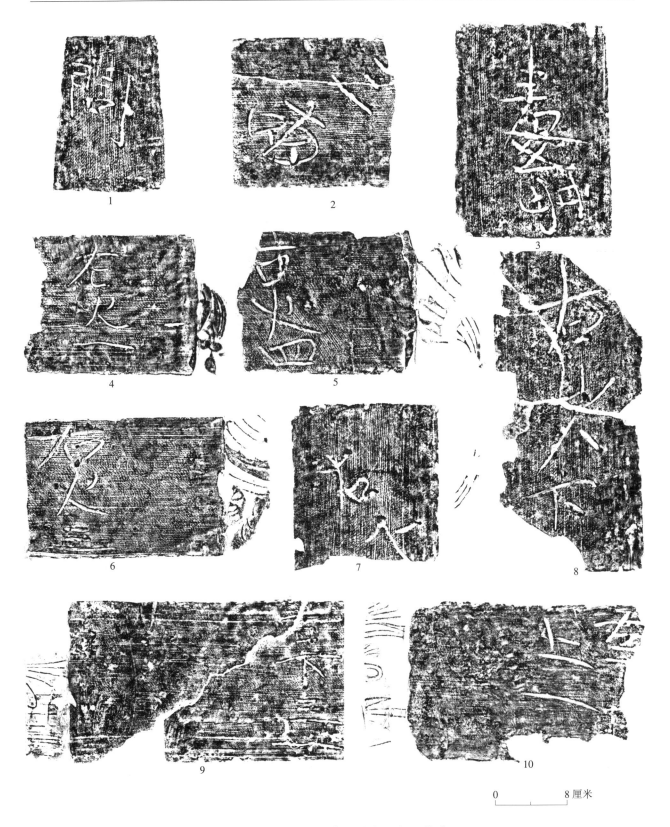

图 24 - 3　M65 画像砖刻文及侧面纹饰

1. 问　2. 三两　3. 毒停　4. 左火一　5. 右火四　6. 右火三　7. 右下　8. 右火下　9. 右下三一　10. 左□上一

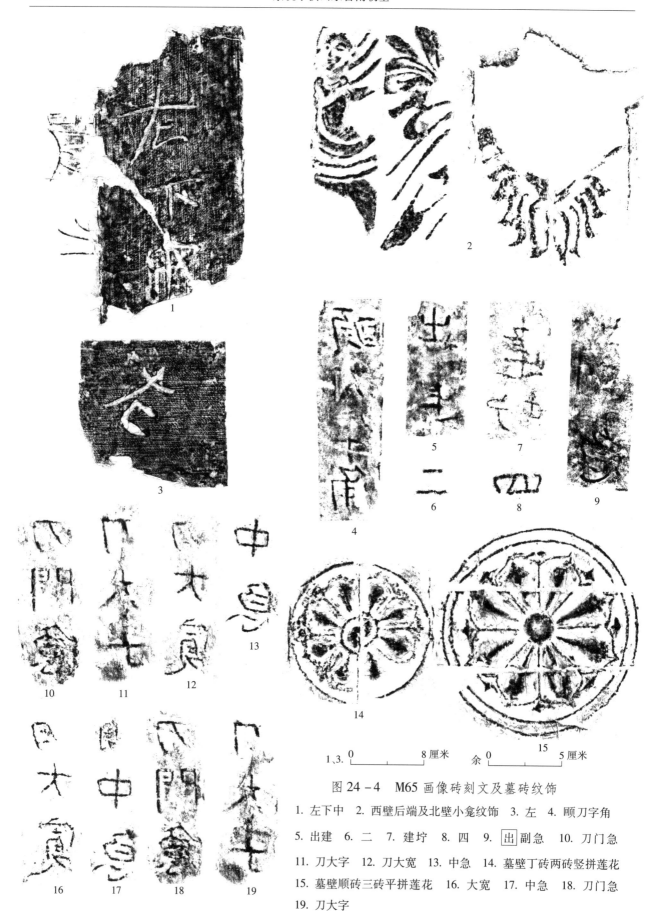

图 24 - 4　M65 画像砖刻文及墓砖纹饰

1. 左下中　2. 西壁后端及北壁小龛纹饰　3. 左　4. 颐刀字角
5. 出建　6. 二　7. 建圬　8. 四　9. 出 副急　10. 刀门急
11. 刀大字　12. 刀大宽　13. 中急　14. 墓壁丁砖两砖竖拼莲花
15. 墓壁顺砖三砖平拼莲花　16. 大宽　17. 中急　18. 刀门急
19. 刀大字

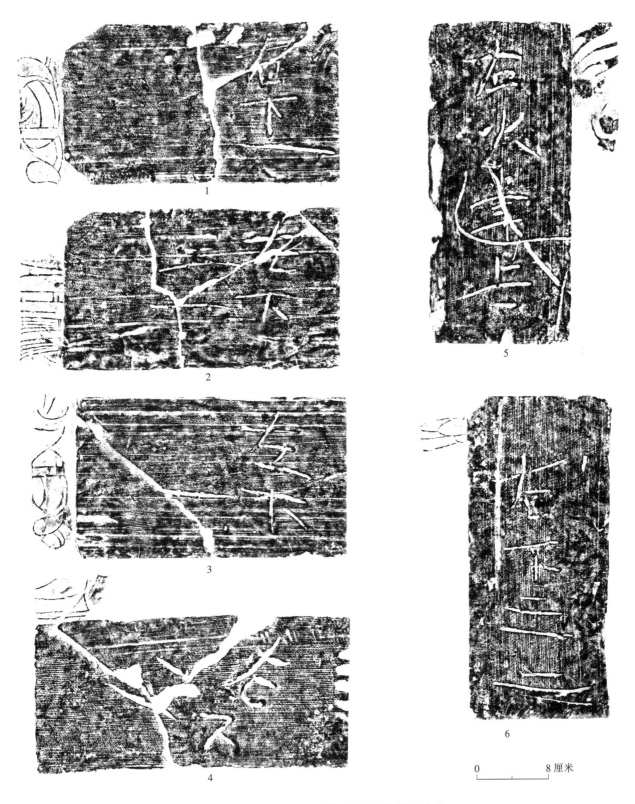

图 24－5　M65 画像砖刻文及侧面纹饰

1. 右下一　2. 左下三一　3. 左下一　4. 左下二　5. 右火建上一　6. 左下三二

表 16 - 1　M65 墓砖刻字统计表

类别	文字内容（行数）	侧面图像	备注
	问		
	三两（1行）		
	毒停		2字一纵一横，互有借笔
捧物飞仙	左火一（1行）	一短侧面浅浮雕手执羽扇部分图像	残砖
	右火四（1行）	一短侧面浅浮雕图像	残砖
	右火三（1行）	一短侧面浅浮雕图像	
	右火下（1行）	一长侧面线雕纹饰	略残
	右火建上一（1行）	一长侧面浅浮雕纹饰，上保存有一人头部	略残
左右将军	右下（1行）		残砖
	右下三一（1行）	一长侧面线雕纹饰	整砖
	右下一（1行）	一长侧面线雕纹饰	整砖
	左		残砖
	左下三一（2行）	一短侧面线雕纹饰	整砖
	左下一（2行）	一短侧面线雕纹饰	整砖
	左□上一（2行）	一短侧面线雕纹饰	残砖
	左下三二（1行）	一长侧面线雕纹饰	整砖
	左下中（1行）	一长侧面线雕纹饰	残砖
	左下二（2行）	一长侧面线雕纹饰	整砖，字斜向刻写

二二　M81

M81 位于小横山中部从上往下第三排，南部为 M73，二者前后相连，M81 墓底比 M73 墓底高 0.78 米；西部为 M82，东部为 M80。方向 120°（图 25 - 1、25 - 2；彩版八九、九〇）。

M81 由封门、甬道及墓室三部分组成。墓室内长 5.6 米（图 25 - 1；彩版八九，1）。

封门通宽 1.9、现高 0.58 ~ 0.85 米。上面 6 层以梯形砖首尾相接平砌，表面呈凹凸的波折形。

甬道平面呈方形，宽 1.04 ~ 1.1、进深 1.16 ~ 1.19、现高 0.4 ~ 0.9 米。

墓室南北二壁平直，均宽 1.84 米，东、西二壁稍微弧凸，均长 4.45 米，平面基本呈长方形。墓室中部最宽 1.95 米。拱券顶，拱券顶仅在墓室中部保留有宽 0.5 ~ 1 米长的一段，内高 2.31 米，直壁高 1.34 ~ 1.39 米，起券处先丁一层梯形砖，砖长 33.3 ~ 33.5、大宽 14.5 ~ 15、小宽 8.5 ~ 8.8（个别 9.5）、厚 5 ~ 5.5（个别 6）厘米。丁砖下平砌 6 层，下面再三顺一丁 3 组至墓底。北壁现存高度 0.17 ~ 0.5 米，西北角 1.45 米；西壁现高 0.83 ~ 1.34、东壁现高 0.17 ~ 1.34 米。墓室内未发现棺床，仅于墓室口的铺地砖上发现两块东西向平砌砖。铺地砖纵横平铺，仅在墓壁下有保留。墓壁双砖并列，厚 32 ~ 33 厘米。砖长 32 ~ 32.5、宽 15.5 ~ 16.1、厚 5.3 ~ 5.8 厘米（一般厚 5.5 厘米），正面印绳纹，一长侧面印几何纹。有的砖侧面模印有"咸康二年"砖文，反书，应为纪年文字（图 25 - 2；彩版八九，2；彩版九〇）。

未发现随葬品。

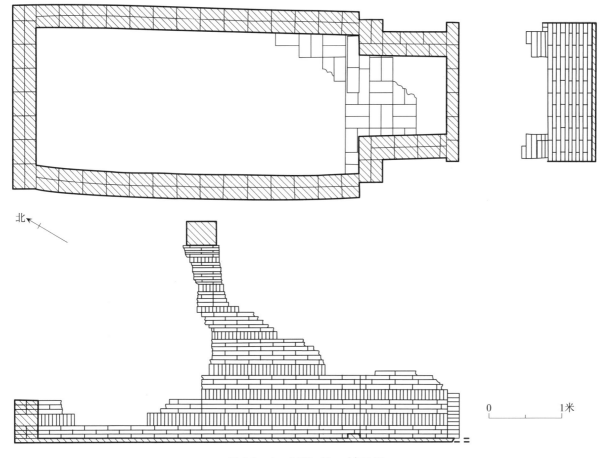

图 25 - 1　M81 平、剖面图

二三　M82

M82 位于小横山中部从上往下第三排，西部为 M83，东部为 M81，南为 M79。方向 153°（图 26 - 1 ~ 26 - 3；彩版九一 ~ 九五；表 17 - 1）。

M82 由封门、甬道及墓室三部分组成。砖室内长 6.05 米（图 26 - 1；彩版九一，1）。

封门由券门及两侧翼墙组成。券门内宽 1.6、高 1.61 米，直壁高 1 米。中间为封墙，封墙下面对缝平砌 10 层砖再丁一层，上面再三顺一丁，再平砌 13.5 层直至券顶。丁砖侧面多印"大斧"、"大圩"等文字。券壁厚 18 厘米，券顶以楔形砖并列纵砌而成，砖一短侧面多模印"土"字（符）。两侧翼墙下部并列立砌三砖，共 4 组，上部平砌至顶。有的砖印有"中方"、"中斧" 2 字。封门前底部正中朝外伸出砖砌排水道，水道宽 0.18 ~ 0.36、残长 0.96 米，由 3 层长条砖或砖块平砌而成，

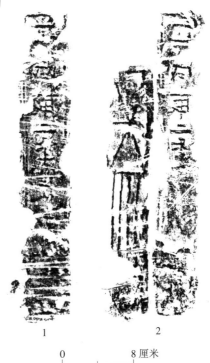

图 25 - 2　M81 墓砖文字及纹饰

1. "咸康二年"砖　2. "咸康二年"砖及纹饰

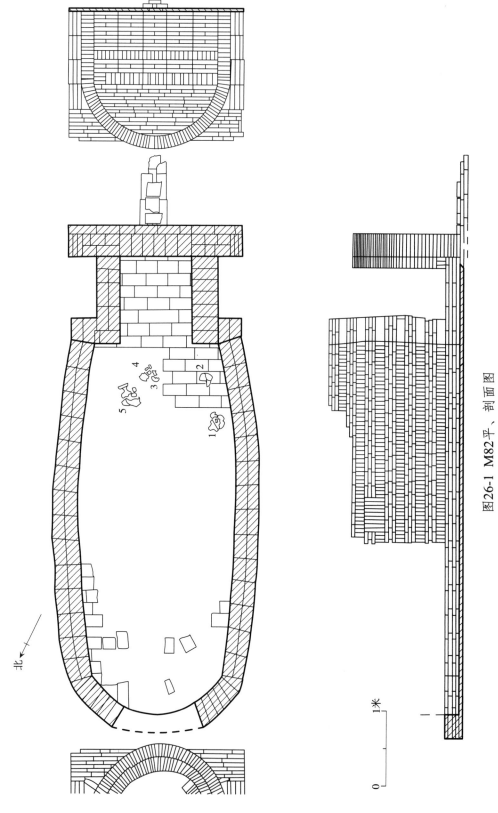

图26-1 M82平、剖面图

1. 黑釉唾壶　2. 黑釉砚　3、4. 青瓷钵　5. 青瓷盘口壶

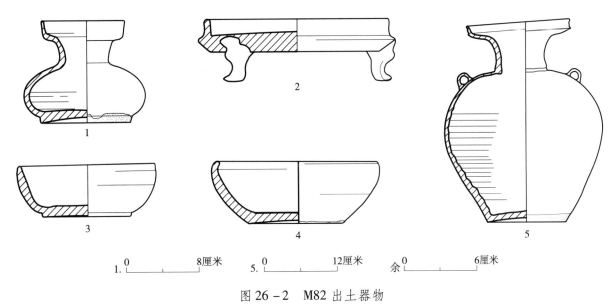

图 26 - 2　M82 出土器物

1. 黑釉唾壶（M82:1）　2. 黑釉砚（M82:2）　3、4. 青瓷钵（M82:3、M82:4）　5. 青瓷盘口壶（M82:5）

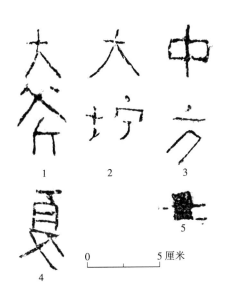

图 26 - 3　M82 墓砖文字

1. 大斧　2. 大圬　3. 中方　4. 夏　5. 土

上下两层均为单砖顺长平砌，中间一层顺长并列两砖，两砖之间留出水槽。水道位于甬道铺地砖下（图 26 - 3；彩版九一，2；彩版九二）。

甬道平面呈方形，宽 1.01、进深 1.13 ~ 1.15、现高 0.2 ~ 0.49 米。西壁最底层四顺，再往上一丁三顺（彩版九三，1）。

墓室北壁弧凸较甚，东、西壁微凸，南壁平直，平面略呈椭圆形。墓壁中部保存相对较多，北壁塌落严重，仅余 4 层平砌砖，上面为乱砖堆积（彩版九三，2）。南壁宽 1.77、中部最宽 2.2、北壁垂直宽 1.76 米。北壁现高 0.19 米，垂线长 45 厘米。东壁长 4.43、现高 0.2 ~ 1.81 米；西壁长 4.45、现高 0.2 ~ 1.76 米。东、西壁最下层平砌四层砖，再往上一丁三顺砌筑。丁砖面上大多模印"中方" 2 字，还有少数印"大斧" 2 字，字形方整宽大，字口深峻。顺砖面上多印一"大"字。

东、西壁面中部有砖砌的直棂窗，窗宽 45、高 28 厘米，距离墓底 1.02 米。窗以"中方"砖和长方砖（长 28、宽 15.8 ~ 16、厚 5 厘米）组成。西壁南端券壁保留有丁砖一层，砖外面均印"大斧" 2 字。未发现棺床。铺地砖纵横平砌，仅在墓室前部及墓壁下有保留，东壁下北部一块铺地砖上刻有"二百十五" 4 字。南壁西墙第一组丁砖上刻有"十五" 2 字。长方形墓砖长 30.8 ~ 31.5、宽 15.5 ~ 16、厚 4.8 ~ 5 厘米（彩版九四；彩版九五，1、2）。

随葬品共 5 件。墓室南部近西壁处发现黑釉唾壶、三足圆砚各 1 件，墓室南部发现盘口壶 1、钵 2 件（彩版九五，3）。

唾壶　1 件。M82:1，小盘口，束颈较矮，扁圆腹，假圈足，凹底。外施黑褐色釉，釉层较厚，上有细密裂纹，灰胎。底外面未施釉。口径9、腹径13.5、底径9.8、高11厘米（图26-2-1；彩版二四五，1）。

砚　1件。M82:2，圆形带子口，下附三蹄形足。底外面内凹而内面略凸。口径14.7、腹径16、底径14.2、通高4.9厘米。砚内高1.25、底面厚1.15~1.2厘米。除过砚底内面及四周外，余均施黑褐色釉，灰胎（图26-2-2；彩版二四五，2、3）。

钵　2件。M82:3，直口微敛，凸肩，圆腹，略带假圈足，平底。口外有一道凹弦纹。除底部外面外，均施黄绿色釉，釉面有脱落，内面底部残存两处支烧痕，灰胎。口径11、底径7.1~7.2、高4.2厘米（图26-2-3；彩版二四五，4）。M82:4，敛口，凸肩，斜直腹内收，平底微凹。底部内面呈凹进的圆面上有一处支钉痕。除底部外面外，均施青绿釉，灰胎。口径13~13.3、肩径14、底径7.6、高4.8~5厘米（图26-2-4；彩版二四五，5）。

盘口壶　1件。M82:5，浅盘口较直，盘口外面饰两道较深的凹弦纹，束颈粗矮，肩圆平，鼓腹，平底略凹。器壁较厚，器形矮胖。肩部对称两组纵向双排系，系上饰四道纵向凹弦纹，弦纹中部横向抹平一道。双系凸起较高，间距较大。釉大多脱落。口径16.6、腹径25.5、底径13、高31.7~32.8厘米（图26-2-5；彩版二四五，6）。

表17-1　M82墓砖统计表

单位：厘米

种类	长	宽	厚	字符	备注
长方砖	31.5	13~12.4	4.8~5	中方	
长方砖	31.5~32.7	15.7~15.8	4.9~5	大	
长方砖	28	15.8~16	5	中方	
梯形砖	31.5~31.7	大13.3~14 小10~10.3	大6~6.2 小4	夏	
梯形砖	31.5~32	大13.9~13.7 小12.4~12.7	大5.3~5 小5	大斧	
梯形砖	32	大12.5 小12.1	大6~1 小4.5	小㝫	
梯形砖	32.4	大15.5 小15.5	大6 小4.1	大㝫	砌于封门上，刻字
梯形砖	31.4	大15.4 小15	大6 小4.5	大㝫	
横楔砖	31.3	14.5	大4.1~4.3 小3~3.1	土	

二四　M85

M85位于小横山中部从上往下第三排，西为M86，东邻M84。方向155°（图27-1~27-3；彩版九六~一〇五；表18-1）。

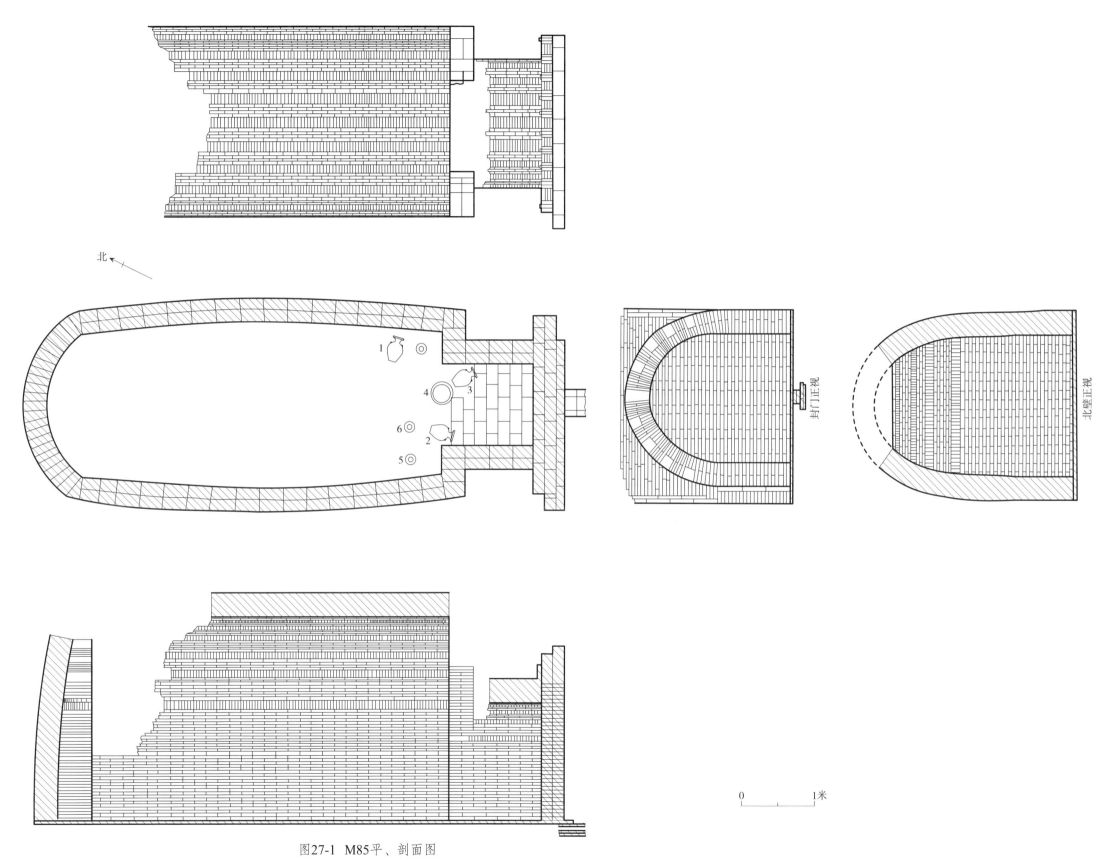

北

北壁正视

封门正视

北壁正视

0 1米

图27-1 M85平、剖面图

1~3.青瓷盘口壶　4.青瓷盘　5、6.青瓷小碗

M85 由墓道、封门、甬道及墓室四部分组成（图27－1；彩版九六，1）。

墓道直接开凿于岩石中，平面略呈梯形，口大底小，北宽南窄，残长 2.3、深 1～1.44 米，北端宽 2.5、南部宽 2.39 米。墓室及甬道上部土层为红褐色、黄褐色砂石层，较硬。

封门砖砌而成，由中间封墙、券门及两侧翼墙组成。通宽 2.44～2.5、高 2.19 米。券门内宽 1.7、高 1.81 米，封墙由 39 层砖平砌而成。券门立墙宽 31～31.5 厘米，至券顶外面通高 2.11 米。封门券顶由下往上，五顺一丁 4 组，再七顺一丁 1 组至券顶正中。除过券顶正中一组丁砖为长梯形砖外，其余对称 4 组丁砖均为小梯形砖同三道长楔形砖顺长立砌的组合，即小梯形砖位于上部正面朝外，3 块楔形砖并列于梯形砖下，二者组合紧密。券顶正中上面再平砌两层砖，两侧弧形三角也平砌至顶形成一个长方形的墙体。封门前底部正中伸出砖砌排水道，排水道位于墓底铺地砖下，剖面结构为 4 层长条砖平砌，上面两层单砖南北向顺长平砌，第三层南北向并列两砖，中间留出水槽，第四层东西向平砌（彩版九六，2；彩版九七，1）。

甬道平面呈长方形，拱券顶，宽 1.08、进深 1.25、内高 1.56 米，外高 1.85 米，直壁高 1 米。券顶砌法三顺一丁、四顺一丁。甬道券顶外砖面上模印有文字，顶部正中一组丁砖上印一"下"字，两侧第一组平砖 3 层，从上往下分别为"宽"、"反"、"宽"字；第二组丁砖上印一"下"字，第二组平砖 3 层，均印"宽"字；第三组丁砖上印一"下"字，第三组平砖 3 层，均印"宽"字；第四组丁砖上印一"丰"字，第四组平砖 4 层，从上往下分别为素面、"耒"、"宽"、"宽"；第五组丁砖上印一"耒"字（图27－2；彩版九七，2；彩版九八，1；彩版一〇三，1；表18－1）。

墓室南壁平直，北壁弧凸特甚，东、西二壁微凸，平面略呈椭圆形。南壁宽 1.9、北壁宽 1.88 米，中部最宽 2.2 米。东、西壁均长 4.9 米，由北壁中心至甬道口长 6.6 米。墓室内高 2.7 米，直壁高 1.53 米。东、西二壁在直壁上方的第一组丁砖层对称留设两个方形小龛，以东壁小龛为例，小龛宽 8.7、高 11、进深 9.2 厘米，距底 1.53 米。前面一个小龛距离南壁 1.02 米，两个小龛间距 2.7 米。北壁中部也留设一个小龛，同东西壁面的小龛处于同一层，形制也相同，小龛宽 8、高 11、进深 8.5 厘米（彩版九八，2；彩版九九、一〇〇）。

M85 墓室券顶大部分保存较好，唯后部坍塌，表面有一层石灰，应为防止渗水而设。券顶由三部分组成，前面、后面均为向墓室内部收缩的扇贝形穹窿顶，中部为拱券顶，三者相接成一个完整的顶部。后面顶部被毁；前面顶部由下往上分别为三顺一丁、四顺一丁，再平砌 10 层收缩至顶。券砖外面均模印有文字，一砖一字，可分为五组。第一组为三层平砌砖，下面两层砖上印一"四"字，上面一层砖上印一"田"字；第二组为丁砖一层，砖上印一"大"字；第三组为四层平砌砖，由下往上分别印"工"、"四"、"四"、"十"字；第四组为丁砖一层，砖上印一"反"字，其中东侧一砖上印一"丰"字；第五组为十层平砌砖，底下五层均印一"十"字，第 6 层印"田"字，第 7 层印"十"字（其中东侧一砖印"木"字），第 8、9、10 层被毁不详（图27－2；彩版一〇一、一〇二；彩版一〇三，2；表18－1）。

墓室中部券顶外面均模印文字，一般一砖一字，个别两字（或符号）。由顶部正中往两侧分别为：顶部正中丁砖（第一组）上印一"人"字；第一组平砌砖 4 层，第 1 层为"宽"，后 3 层均印"皿一"（个别为"皿十"）。第二组丁砖上印一"天"字；第二组平砌砖四层，由上往下分别为"宽"、"宽"、"屮"、"皿二"。第三组丁砖上印一"八"字；第三组平砌砖

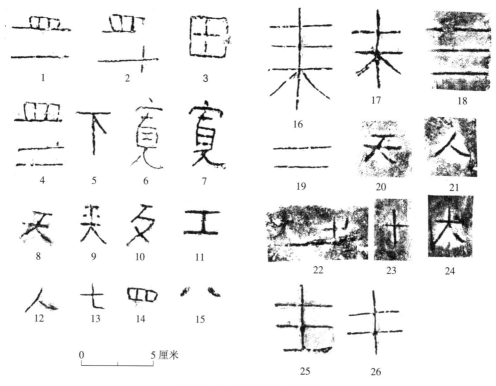

图 27 - 2　M85 墓砖文字

1. 皿一　2. 皿十　3. 田　4. 皿二　5. 下　6. 宽　7. 宽　8. 天　9. 夹　10. 反　11. 工　12. 人　13. 七　14. 四
15. 八　16. 未　17. 未　18. 三　19. 二　20. 天　21. 人　22. 屮　23. 十　24. 大　25. 丰　26. ╪

四层，从上往下分别为"宽"、"屮"一层，"皿二"、"屮"一层，"皿二"、"宽"一层，"宽"、"屮"一层。第四组丁砖上印一"八"字；第四组平砌砖五层，从上往下分别为"未"、"宽"、"皿二"、"反"和"宽"、"宽"。第五组丁砖上印一"三"字；第五组平砌砖四层，从上往下分别为"皿二"、"宽"、"未"、"宽"。第六组丁砖上印一"夹"字；第六组平砌砖七层，从上往下分别为"皿二"、"宽"、"丰"、素面、素面、"宽"、素面。第七组丁砖上印一"夹"字，这层丁砖下均为平砌砖层，靠近丁砖的几层有的印有"皿二"、"二"等文字（图 27 - 3；彩版一〇四、一〇五；表 18 - 1）。

随葬品主要发现于墓室前部及甬道，多为青瓷碎片，经拼合为盘口壶 3 件、盘 1 件、小碗 2 件，共 6 件。

盘口壶　3 件。M85:1，盘口浅而外侈，束颈较短，圆肩，鼓腹，平底。肩部对称两组纵向双排系，个别系上有黑褐色烧痕。施青绿色釉，有的部位为黄绿色，釉面光滑。口径 17.3、腹径 24、底径 11.5、高 36.3 ~ 36.6 厘米（图 27 - 3 - 1；彩版二四六，1）。M85:2，盘口浅而外侈，束颈较短，圆肩，鼓腹，平底略凹。肩部对称两组纵向双排系，系上有黑褐色烧痕。施青绿色釉。口径 14.2、腹径 19、底径 9.8、高 25.7 厘米（图 27 - 3 - 2；彩版二四六，2）。M85:3，盘口浅而外侈，束颈较短，圆溜肩，鼓腹，平底。肩部对称两组纵向双排系，个别系上有黑褐色釉。施青绿色釉，肩部有两块对称的褐色釉斑。口径 18、腹径 25、底径 13、高 37.3 ~ 38.8 厘米（图 27 - 3 - 3；彩版二四六，4）。

盘　1 件。M85:4，侈口较浅，平底微凹。施青绿釉，釉层基本脱落。口径 16 ~ 16.2、底

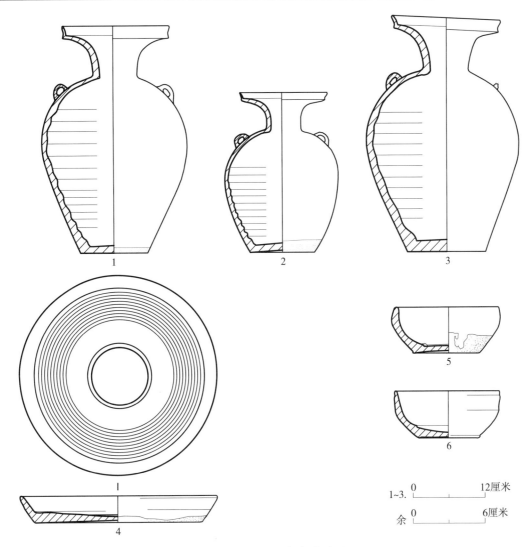

图 27 - 3　M85 出土青瓷器

1 ~ 3. 盘口壶（M85 : 1、M85 : 2、M85 : 3）　4. 盘（M85 : 4）　5、6. 小碗（M85 : 5、M85 : 6）

径 13.8、高 2.3 厘米（图 27 - 3 - 4；彩版二四六，3）。

　　小碗　2 件。M85 : 5，口微侈，肩微凸，平底略凹。施青绿色釉，外面釉仅及腹部，有流釉。口径 8.7、底径 5 ~ 5.4、高 3.8 厘米（图 27 - 3 - 5；彩版二四六，5）。M85 : 6，口微侈，折腹，平底。施青绿色釉，外面釉及腹下。口径 8.3、底径 5.2、高 3.6 ~ 3.9 厘米（图 27 - 3 - 6；彩版二四六，6）。

表 18 - 1　M85 墓砖统计表

单位：厘米

种类	长	宽	厚	字符	备注
梯形砖	31	大 13.4 小 9	大 4 小 3.7	反	
纵楔砖	31	大 13.5 小 10.3	大 4.3 小 3.8	大	

续表 18－1

种类	长	宽	厚	字符	备注
纵楔砖	30.4～30.6	大 15.5～15.6 小 12.5	大 5.4 小 3.5	四	
纵楔砖	30.5	大 15.5 小 12.5	大 4.3 小 3.7	十	
纵楔砖	30.8	大 14.9 小 11.9	大 6 小 4.3	田	
纵楔砖	31	大 14.8 小 11.5	大 6 小 3.5	工	
纵楔砖	30.6	大 15.6 小 15.2	大 4 小 3.8	丰	
梯形砖	31	大 14.5～14.6 小 9.5～9.6	4.2～4.3	人	墓顶第一组丁砖
楔形砖	31	16	大 4.2～4.3 小 2.8～3	皿一	墓顶第一组平砌砖
楔形砖	31	15.5	大 4.1～4.5 小 3.3～3.5	宽	墓顶第二组丁砖
楔形砖	31	15.5～15.7	大 3.7～3.9 小 2.4～2.7	皿二	墓顶第二组丁砖
梯形砖	30.8	大 14～14.2 小 9.2～9.5	4.2～4.3	天	墓顶第二组丁砖
楔形砖	31～31.1	15.5～15.7	大 4.6～4.7 小 3.5～3.8	七	墓室第二组平砌砖
梯形砖	31～31.2	大 13.4～13.6 小 10.2～10.6	4.2～4.4	八	墓室第三组丁砖
长方砖	30.9～31	15.5～16	4.3～4.7	未	墓室第四组平砌砖
楔形砖	30.5	15.5	大 4.5～4.8 小 2.5～2.8	反	墓室第四组平砌砖
梯形砖	30～31	11.3～11.5	4.2～4.3	三	墓室第五组丁砖
长方砖	30.5～31.2	17～17.5	大 3.9 小 3.4	夹	墓室第五组丁砖
长方砖	31	15.7	4.3～4.5	二	墓室西壁
梯形砖	30.8～31	大 15.7～17.2 小 8.2～8.6	4.2～4.5	下	券门一、二、三、组丁砖
楔形砖	31.2	15.6～15.8	大 4.8～4.9 小 3.5～3.7	宽	平砌砖

续表 18 - 1

种类	长	宽	厚	字符	备注
楔形砖	30.2	15.8	大 4.8 ~ 4.9 小 2.7 ~ 2.8	反	平砌砖
楔形砖	30.7	15.7 ~ 15.8	大 4.7 ~ 5.4 小 3.5 ~ 3.6	七	平砌砖
梯形砖	31	大 13.3 ~ 13.5 小 8.7 ~ 8.8	4.5	丰	墓室第四组丁砖
梯形砖	31	大 13.3 ~ 13.5 小 8.7 ~ 8.8	4.5	未	墓室第四组平砌砖
梯形砖	30.8 ~ 31	大 13 ~ 13.5 小 8.5	4.5	末	墓室第五组丁砖

二五　M86

M86 位于小横山西部从上往下第三排，东邻 M85，西部为 M87。方向 150°（图 28 - 1 ~ 28 - 3；彩版一〇六 ~ 一〇九；表 19 - 1）。

M86 由封门、甬道及墓室三部分组成。墓前有排水道。砖室外长 7.2、内长 6.62 米（图 28 - 1；彩版一〇六，1）。

封门通宽 2.37 ~ 2.61、最高 1.62 米。中间封墙宽 1.71、现高 0.18 ~ 1.43 米。两侧翼墙宽 0.33、高 1.17 ~ 1.62 米。封门前底部正中伸出砖砌排水道，水道现长 2.2、宽 0.3 ~ 0.35 米，现存 3 层，中间为两砖顺长并列平铺留出宽 4 厘米的水槽。排水道在墓室内发现于棺床的两侧及后面，形成"回"形布局。

甬道平面呈长方形，宽 1.06 ~ 1.07、进深 1.47、现高 0.8 ~ 1.5 米，拱券顶，甬道连券顶内高 1.5、外高 1.82、直壁高 0.94、甬道外宽 1.65 米。直壁平砌 20 层长方砖，起券处平砌 2 层楔形砖，上面砌丁砖一层，再三顺一丁 3.5 组至券顶，即以券顶正中一组丁砖为中心，往两侧各三顺一丁 4 组至甬道直壁。券顶砌砖外面多模印文字。由下往上分别为：第一组平砌砖印"人字纴"3 层（位于第一组丁砖下面），丁砖印"第一斧"。第二组平砌砖印"人字纴"3 层，丁砖印"第二斧"。第三组平砌砖印"四字纴"、"四字纴"、"埏门"，丁砖印"第二斧"。第四组平砌砖印"埏门"3 层，丁砖印"第三斧"。第五组平砌砖分别为条砖、"埏门"、"环门纴"，丁砖（即券顶正中一组丁砖）上印"第□斧"。券门前端三层顺砖同甬道丁砖位于一层，此砖为横楔砖，一短侧面印一"刀"字（图 28 - 2；彩版一〇六，2；彩版一〇七、一〇八；表 19 - 1）。

墓室南壁平直，东、西壁微凸，北壁弧凸较甚，平面略呈椭圆形。南壁宽 1.93、现高 0.79 ~ 1.15 米，墓室中部最宽 2.22 米，北壁垂直宽 1.91、现高 0.4 ~ 0.9 米，垂线长 37 厘米。东壁长 4.79、现高 1.38 ~ 1.7 米；西壁长 4.77、现高 1.15 ~ 1.63 米。墓室中后部留设棺床。棺床基本独立于墓室中，长 3.62、宽 1.95 ~ 1.98、高 0.09 米。棺床前端宽 1.95 米，前端所在墓室宽 2.11 米，其南端距离墓室南壁 1.01 ~ 1.03 米，北端距离北壁正中 0.51 米，

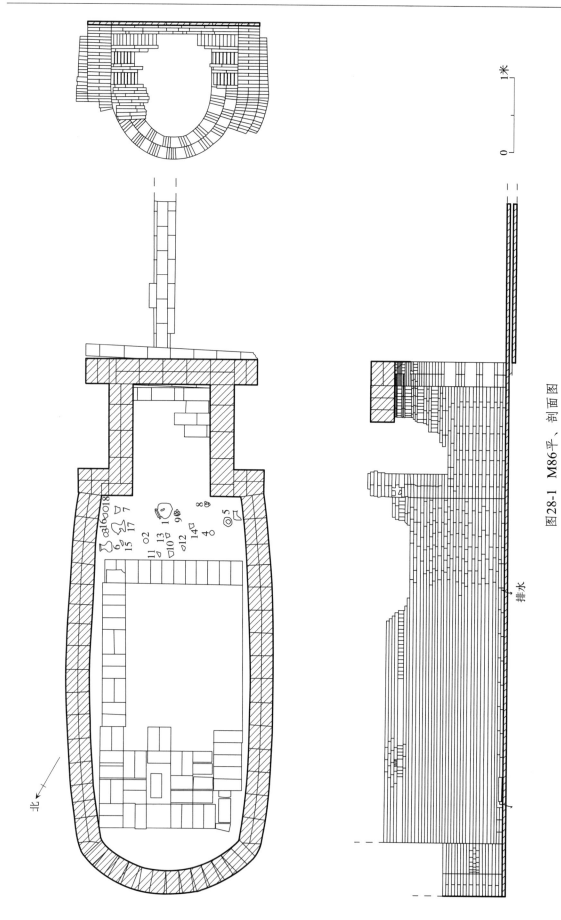

图28-1　M86平、剖面图

1.青瓷罐　2、3、4、7、8、10、13、14.青瓷碗　5、16、17、18.青瓷盘口壶　6.青瓷唾壶　9.青瓷双唇罐　11、12、15.青瓷钵

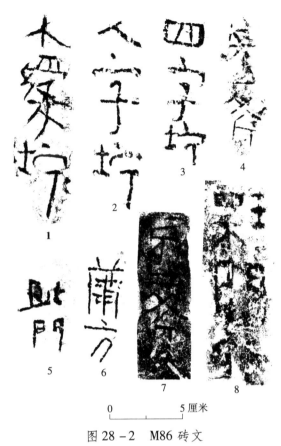

图 28 - 2 M86 砖文

1. 小后圹 2. 人字圹 3. 四字圹 4. 第一斧
5. 埏门 6. 薄方 7. 第二斧 8. 环门圹

棺床上面平铺一层砖，砖两块一组纵横排列。墓壁双层平砌，东、西二壁距离墓底 1.46 米处（平砌 32 层砖）开始砌筑丁砖一层，东壁北部现存一方形小龛，小龛距离北壁 1.03 米，宽 9.5、高 9、进深 9.5 厘米。丁砖层上面现存平砌砖 4 层，其中有"中方"、"薄方"等砖，第 4 层有"后圹"砖。"薄方"砖宽 15.5 ~ 15.8、厚 3.2 ~ 3.4 厘米（西壁第 17 层平砌砖施用）。"中方"砖长 32 ~ 32.2、宽 15.6 ~ 15.9、厚 3.8 厘米（施用于东西壁丁砖层上下的平砌砖层）。另有"小后圹"砖，长 31.6、宽 15 ~ 15.2、大头厚 4.2、小头厚 3.3 ~ 3.4 厘米，施用于西壁丁砖上第一层平砌砖，其第二层平砌砖为"中方"砖（图 28 - 2；彩版一○九，1；表 19 - 1）。

墓室平砌长方砖长 32 ~ 32.5、宽 15.5 ~ 16.5、厚 4.3 ~ 4.7 厘米。

随葬品共 18 件，均为青瓷器。墓室南部两侧发现青瓷盘口壶 2、碗 1、钵 1 件，均为残片。其余均发现于墓室中部及甬道内，计有盘口壶 2、碗 7、罐 2、唾壶 1、钵 2 件（彩版一○九，2）。

盘口壶 4 件。M86：5，盘口外侈，较浅，束颈稍粗，溜肩，腹斜收，平底微凹。肩部对称两组纵向双排系，施黄绿色釉，釉面光滑。系上饰褐绿色釉，肩部对称饰两块褐绿色釉。口径 18.4、腹径 24.5、底径 12 ~ 12.2、高 37 ~ 38.1 厘米（图 28 - 3 - 1；彩版二四七，1）。M86：16，盘口较深，外侈较大，束颈较细，溜肩，肩部对称两组纵向双排系，鼓腹，平底。釉色黄绿、青绿相间。口径 15.6、腹径 17.6、底径 10.6、高 34.2 ~ 35.8 厘米（图 28 - 3 - 2；彩版二四七，2）。M86：17，盘口外侈，较浅，圆肩，鼓腹，平底。肩部对称两组纵向双排系，施青绿色釉，口部略泛黄。口、底残缺，复原口径 15、腹径 19.4、底径 10、高 33.5 厘米。M86：18，仅余颈、腹残块及底部。平底微凹。施青绿色釉，残存腹径 20、底径 12.3、残高 30 厘米（图 28 - 3 - 3）。

罐 1 件。M86：1，侈口，尖唇，直领，圆肩，鼓腹，平底微凹。肩部对称附两系。器壁较薄，施黄绿釉，灰胎。口径 13.7、腹径 19.2、底径 9.1、高 17.1 厘米（图 28 - 3 - 4；彩版二四七，3）。

双唇罐 1 件。M86：9，双唇，敛口，溜肩，鼓腹，腹下内收，平底。肩部附三个单系，仅存两系。肩部以上施青绿釉，釉面光滑，上有黄褐色斑点，紫灰色胎，胎内夹砂。口径 9.5、腹径 16.4、底径 9.5、高 16 厘米（图 28 - 3 - 5；彩版二四七，6）。

唾壶 1 件。M86：6，盘口较直，束颈，溜肩，垂腹，假圈足略外撇，平底微凹。外施黄绿色釉，釉层多脱落。口径 12.4、腹径 18.1、底径 14.4、高 18.2 厘米（图 28 - 3 - 6；彩版二四七，5）。

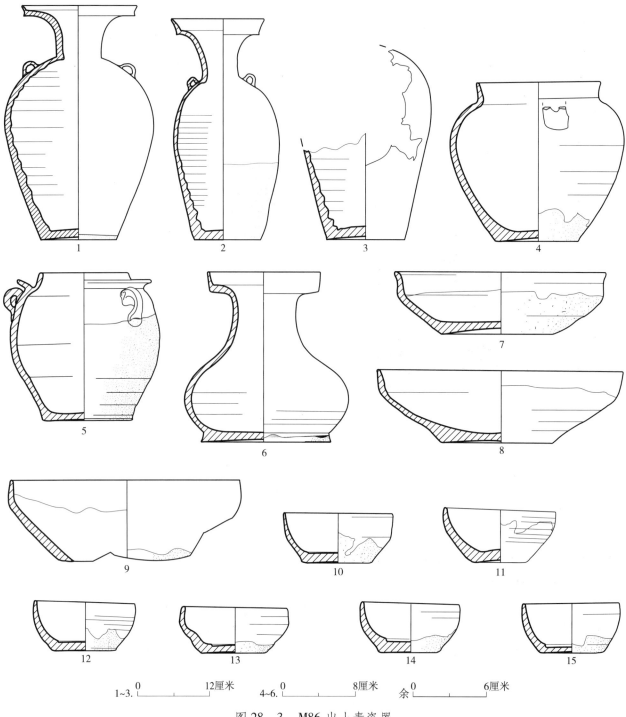

图 28-3　M86 出土青瓷器

1~3. 盘口壶（M86：5、M86：16、M86：18）　4. 罐（M86：1）　5. 双唇罐（M86：9）　6. 唾壶（M86：6）　7~9. 钵
（M86：11、M86：12、M86：15）　　10~15. 碗（M86：2、M86：4、M86：7、M86：10、M86：13、M86：14）

　　钵　3件。形制基本相同。均侈口，尖唇，折肩，腹急剧内收，平底略凹。肩部以上施
釉。M86：11，口外略内凹，施青绿色釉，釉色较深，有流釉现象。口径 17.5、底径 9、高 5
厘米（图 28-3-7；彩版二四八，1、2）。M86：12，施黄绿色釉，釉层基本脱落，灰胎。口
径 20、底径 9、高 6 厘米（图 28-3-8；彩版二四八，3、4）。M86：15，底部残缺较多，胎

较松软，基本等同陶胎。施黄绿色釉，釉层基本脱落。口径19、底径9.5、高6厘米（图28－3－9；彩版二四八，5）。

小碗　8件。根据碗底的变化分A、B两型。

A型　6件。均为平底或平底微凹，不带假圈足。M86：2，直口，腹部微凸，平底。近底以上施褐绿色釉，有流釉现象。口径8.8～9、底径5.5、高4厘米（图28－3－10；彩版二四七，4）。M86：4，侈口，尖唇，肩微凸，腹斜直内收，平底微凹。肩以上施褐绿色釉杂黄褐色斑点，体外有流釉现象。口径9.2、底径4.3、高4.5厘米（图28－3－11；彩版二四九，1）。M86：7，直口，腹微鼓，平底。釉层已脱落。口径8～8.4、底径5、高4厘米（图28－3－12；彩版二四九，2）。M86：10，直口，凸肩，腹斜直内收，平底。外施青绿釉，釉面光滑均匀，内面底部粘附有沙粒。口径8.5～8.8、底径5、高3.5～4厘米（图28－3－13；彩版二四九，4）。M86：13，直口，凸肩，平底。釉层已脱落。口径7.8、底径4.8、高3.9～4.1厘米（图28－3－14；彩版二四九，5）。M86：14，直口，腹较深，微鼓，平底。釉层脱落。口径7.8～8、底径5厘米（图28－3－15；彩版二四九，6）。

B型　2件。带假圈足。M86：3，口微侈，凸肩，平底。肩部以上施青绿釉，口沿釉色泛黄，灰胎。口径7.3、底径3.7、高4厘米。M86：8，直口，深腹，小平底内凹。近底以上施青绿釉，灰胎。口径8、底径3.4～3.5、高5.4厘米（彩版二四九，3）。

表19－1　M86墓砖统计表

单位：厘米

种类	长	宽	厚	字符	备注
梯形砖	31.7～32	大11.4 小8.5	大4.5 小4.4～4.7	第一斧	甬道由下向上第一层丁砖
楔形砖	31.7～32	大11.4 小8.5	大4.5 小4.4～4.7	人字垆	甬道由下向上一层顺砖下三层
梯形砖	32.3～32.5	大12.5～12.7 小8.8～9	大4.5～4.7 小4.5	第二斧	甬道由下向上第二层丁砖
梯形砖	32.3～32.5	大12.5～12.7 小8.8～9	大4.5～4.7 小4.5	第二斧	甬道由下向上第二层丁砖
楔形砖	32.3～32.5	大12.5～12.7 小8.8～9	大4.5～4.7 小4.5	人字垆	甬道由下向上三层顺砖
梯形砖	32.2～32.6	大14.5～15 小8.8～9	大4.3 小4.5～4.7	第三斧	甬道由下向上第三层丁砖
楔形砖	32.2～32.6	大14.5～15 小8.8～9	大4.3 小4.5～4.7	埏门	甬道由下向上第三层下两层砖
楔形砖	32.2～32.6	大14.5～15 小8.8～9	大4.3 小4.5～4.7	四字垆	甬道由下向上三层下两层砖
梯形砖	32	大15.6 小9	大4.5 小4.5	第□斧	甬道由下向上券顶中心丁砖

续表 19 - 1

种类	长	宽	厚	字符	备注
楔形砖	32.2 ~ 32.6	大 14.5 ~ 15 小 8.8 ~ 9	大 4.3 小 4.5 ~ 4.7	埏门	甬道由下向上第四组下三层砖
楔形砖	32.2 ~ 32.6	大 14.5 ~ 15 小 8.8 ~ 9	大 4.3 小 4.5 ~ 4.7	环门垱	甬道由下向上券顶中心丁砖
楔形砖	32.2 ~ 32.6	大 14.5 ~ 15 小 8.8 ~ 9	大 4.3 小 4.5 ~ 4.7	埏门	甬道由下向上第五组下三层砖
横楔砖	32.1	15.8	大 4.3 小 3.3	刀	三层平砌砖
长方砖		15.5	4.7	五字垱	
长方砖	32	16.1	4	大后垱	
长方砖		16	4.5	后垱	
长方砖	32	15.1	4.2	小后垱	
长方砖		15.5	3.4	薄方	
长方砖	31.8	15.8	4	中方	
梯形砖		大 12.3 小 残	4.2	木	
梯形砖	31.7	大 10.6 ~ 12.4 小 9	4.4 ~ 4.6	第一斧	
梯形砖	残	大 18.8 小 残	4.8	四出斧	
梯形砖	残	大 19.8 小 残	4	后斧	
纵楔砖	残	大 12.6 小 残	大 5.9 小 残	四出斧	纵楔砖指砖兼具梯形和楔形两种形式
纵楔砖	残	大 12.8 小 残	大 5.8 小 残	四出斧	
纵楔砖	残	大 15.4 小 残	大 5.8 小 残	□门	
长方砖	31.8 ~ 32.6	5.5	3.7	中方	墓室西壁券第一组平砌砖
长方砖	31.2 ~ 32	14.9 ~ 15.4	4.1 ~ 4.3	大后垱	墓室西壁第一组平砌砖
长方砖	32.7 ~ 33	9 ~ 9.3	4.3 ~ 4.9		墓室西壁券第一组丁砖
长方砖	32.1 ~ 32.4	15.7 ~ 15.8	3.8 ~ 4	中方	墓室西壁第一组丁砖

二六　M87

M87 位于小横山西部从上往下第三排，东邻 M86，西部为 M88。方向 160°（图 29 - 1 ~ 29 - 3；彩版一一〇 ~ 一一三；表 20 - 1）。

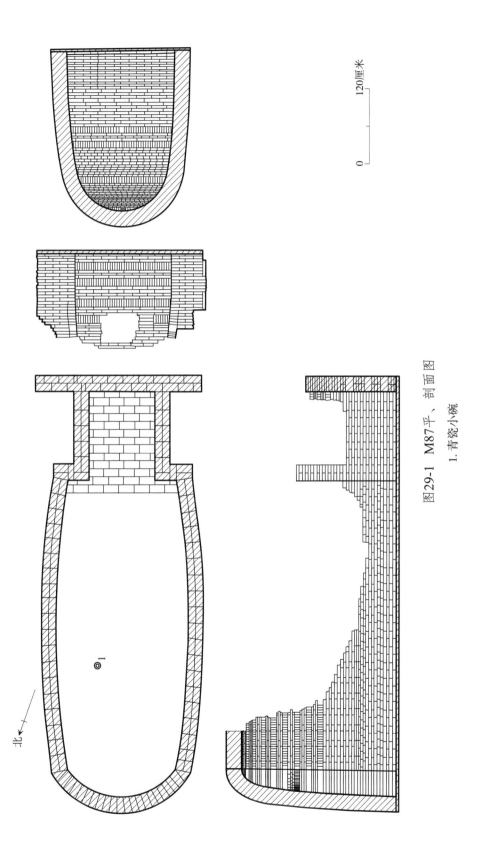

图29-1 M87平、剖面图

1. 青瓷小碗

0　　　120厘米

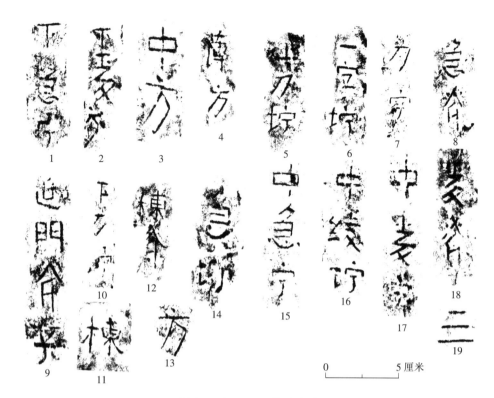

图 29 - 2　M87 墓砖文字

1. 下急宁　2. 下爱方　3. 中方　4. 薄方　5. 上刀圬　6. 一字圬　7. 刀圬　8. 急斧　9. 延门斧字　10. 下刀圬
11. 栋　12. 栋斧　13. 方　14. 急圬　15. 中急宁　16. 中缓圬　17. 中爱宁　18. 爱斧　19. 三

　　M87 由封门、甬道及墓室三部分组成。外长 7. 18、内长 6. 68 米（图 29 - 1；彩版一一〇）。

　　封门通宽 2. 9、现高 0. 92 ~ 1. 7 米。中间封墙宽 1. 64、高 1. 57 米，自下而上三顺一丁砌筑 2 组、四顺一丁一组、三顺一丁一组，上部再平砌至现顶部，上部中间被破坏成一个洞。封墙砖模印有"刀宁"、"中爱圬"、"急圬"、"下刀圬"、"下爱方"、"土"等文字。两侧翼墙错缝平砌，东宽 0. 64、西宽 0. 52 ~ 0. 62 米。直壁高 1. 1 ~ 1. 14、券顶高 0. 6 米，券顶丁砖为小方砖或小梯形砖。小砖长 12. 5 ~ 13、宽 11. 5 ~ 12、厚 3. 5 厘米。券顶正中及两侧丁砖为小梯形砖，砖厚 3. 8 ~ 3. 9、大宽 14 厘米，上印"延门斧字"4 字，小宽 11. 7 厘米（图 29 - 2；彩版一一一，1；表 20 - 1）。

　　甬道平面略呈方形，宽 1. 12、进深 1. 48、现高 0. 86 ~ 1. 49 米。拱券顶现已塌（彩版一一二）。

　　墓室平面略呈椭圆形，南壁平直，东、西壁微凸，北壁弧凸较甚。南壁宽 1. 86、北壁垂直宽 1. 85、墓室中部最宽 2. 26 米。墓室北壁保存完整，垂线长 42 厘米，壁面中部留设一方形小龛，小龛宽 8、高 10 厘米，位于距离底部 1. 26 米的丁砖层中部，其下平砌 27 层砖。丁砖往上平砌 3 层再丁一层；由此丁砖层往上 11 层再丁一层，券顶急剧内收，平砌 16 层至顶。北壁内高 2. 66 米，此高度也为墓室的内高，外高 2. 92 米。墓室东西二壁由底往上平砌 27 层砖开始丁砖砌筑，三顺一丁至顶部。顶部正中一组丁砖文字不清，砖长 25. 5、大头宽 14. 2、小头宽 11. 9 ~ 12、厚 4. 4 ~ 4. 8 厘米；从上往下第二组丁砖上印"栋斧"2 字，砖长 26、大头宽 15. 8 ~ 16、小头宽 9. 6 ~ 9. 8、厚 4. 1 ~ 4. 5 厘米；第三组丁砖上印"急斧"2 字，砖长

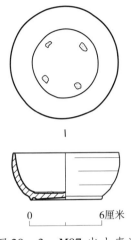

图 29 – 3 M87 出土青瓷
小碗（M87：1）

26.4、大头宽12.1～13.2、小头宽9.2～9.8、厚3.8～4厘米；第四组、第五组丁砖上印"急斧"2字，砖长25.2～25.6、大头宽13～13.2、小头宽9.2～9.5、厚3.8～4厘米；第六组丁砖上印"爰斧"2字，砖长25.5～25.7、大头宽13.2～13.7、小头宽9.5、厚3.8～4厘米；第七组丁砖上印"爰斧"2字，砖长25.8、大头宽10.4～10.7、小头宽9.2～9.4、厚4.2～4.4厘米。平砌砖层有"薄方"砖，长25.7、宽12.5、大头厚4、小头厚2.3厘米。东、西壁垂直长4.8米，其北端保存完整，中部及前部仅存0.58～1.2米的高度。铺地砖仅保存于甬道附近，东西向顺长平砌（图29 – 3；彩版一一一，2；彩版一一三；表20 – 1）。

随葬品仅1件青瓷小碗，出土于墓室南部正中位置。

小碗 1件。M87：1，口微敛，腹微鼓，假圈足，平底。底外面素面，上有四个红褐色烧痕，余均施青绿釉，釉面有凸起的小包，灰绿胎。底内面有四个支烧点。口径8.4、底径5.7、高3.8厘米（图29 – 3；彩版二四八，6）。

表 20 – 1 M87 墓砖统计表

单位：厘米

种类	长	宽	厚	字符	备注
长条砖	24.9～25.7	11.7～12.4	4.4～4.5	方	封门砖
长条砖	25.2	12.5	2.9	下刀圬	封门砖
长条砖	25	12.3	3.8	上方圬	封门砖
长条砖	24.9～25.4	12.1～12.2	3.8～4	中后圬	封门砖
长条砖	残	15.8	4.2	三	封门砖
梯形砖	残	大12 小残	4.2	土	
纵楔砖	25～25.1	大12.5 小12	大3.8～4 小3～3.4	中后圬	封门砖
纵楔砖	25.8	12～12.7	大4.5～4.7 小3～3.2	中急宁	封门砖
纵楔砖	24.5	12.4	大2.9 小1.8	下后方	封门砖
纵楔砖	25	12.5	大3.4 小2.6	下急宁	封门砖
纵楔砖	25～25.5	12.1～12.5	大5.1～5.6 小4～4.4	急圬	封门砖
纵楔砖	25.5	大14.2 小11.9～12	4.4～4.8		墓室顶部正中向两侧第一组

续表 20－1

种类	长	宽	厚	字符	备注
纵楔砖	26	大 15.8～16 小 9.6～9.8	4.1～4.5	栋斧	第二组
纵楔砖	26.4	大 12.1～13.2 小 9.2～9.8	3.8～4	急斧	第三组
纵楔砖	25.2～25.6	大 13～13.2 小 9.2～9.5	3.8～4	急斧	第四组
纵楔砖	25.5～25.7	大 13.2～13.7 小 9.5	3.8～4	爰斧	第五组
纵楔砖	25.8	大 10.4～10.7 小 9.2～9.4	4.2～4.4	爰斧	第六组
纵楔砖	25.5	大 11～11.3 小 9.5～9.7	4.8～5	爰斧	第七组
长方砖	25.7	9.5	3.7		第八组
横楔砖	25.5～26	12.4～12.7	大 3.9～4.1 小 3.2	刀宁	封门砖
楔形砖	16.2	13～13.2	3～4.5	下爰方	墓室顶部正中向两侧平砌砖第二组
楔形砖	16.2	13～13.2	3～4.5	下爰方	第一层、第二层
楔形砖	25.7	12.5	2.3～4	薄方	第三层
楔形砖	26.3～26	12.2～12.5	3～4.5	薄方	墓室顶部正中向两侧平砌砖第三组、第二层
楔形砖	16.2	13～13.2	3～4.5	爰宁	第一层、第三层
楔形砖	25	12.2	3.6～4	薄方	墓室顶部正中向两侧平砌砖第四组、第二层
楔形砖	25	12.2	3.6～4	后坾	第一层、第三层
楔形砖	25.5～26	12.5～13.1	3.5～3.8	薄方	墓室顶部正中向两侧平砌砖第五组、第一层
楔形砖	25.5	12.6～12.8	2.9～3.2	下后方	第二层
楔形砖	26.2	13	大 5.5 小 3.5	急坾	墓室顶部正中向两侧平砌砖第六组、第一层
楔形砖	25.5～26.2	12～12.9	3.6～4	薄方	第二层、第三层
楔形砖	25～25.5	12.3	3.5～3.6	薄方	墓室顶部正中向两侧平砌砖第七组、第一层

续表 20 - 1

种类	长	宽	厚	字符	备注
楔形砖	25~25.8	12.5	4~4.5	中方	第二层、第三层
楔形砖	25.8~26	12.8	3.6	后圬	墓室顶部正中向两侧平砌砖第八组、第一层
楔形砖	26	13	3	一字圬	第二层
楔形砖	25.4~25.8	12.4~12.5	3.7~4	薄方	第三层
楔形砖	25.4~25.8	12.4~12.5	3.7~4	上刀圬	
楔形砖	26	12.7	3	一字圬	墓室顶部正中向两侧平砌砖第九组、第一层
楔形砖	25.7~26	12.5	3.7~3.8	中方	第二层
楔形砖	25.7~26	13	3.6~3.8	薄方	
楔形砖	25.5	12.6	3.2	一字圬	墓室顶部正中向两侧平砌砖第十组、第一层

二七 M90

M90 位于小横山西部从上往下第三排，东邻 M88，西部为 M92。方向 150°（图 30 - 1～30 - 3；彩版一一四～一一六）。

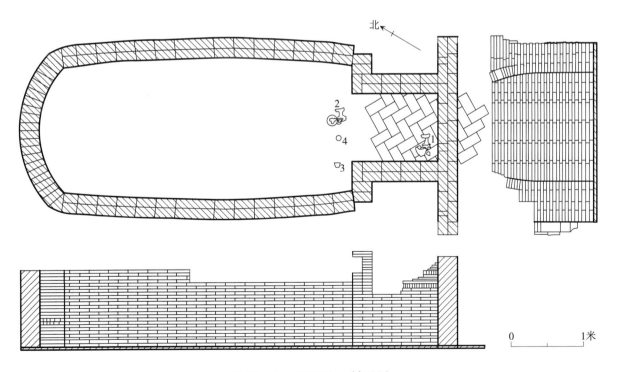

图 30 - 1 M90 平、剖面图

1、2、5. 盘口壶 3. 钵 4. 碗

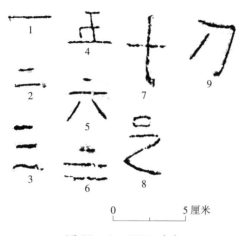

图 30 - 2　M90 砖文

1. 一　2. 二　3. 三　4. 五　5. 六　6. 三
7. 七　8. 足　9. 刀

M90 由封门、甬道及墓室三部分组成。墓室内长 6.53 米（图 30 - 1；彩版一一四，1）。

封门由拱券门及两侧的翼墙组成。通宽 3.12、现高 1.42 米。拱券门仅余中间的封墙及两壁，封墙宽 1.64、最高 1.39、厚 0.34 米。东侧墙宽 0.47 ~ 0.5 米，西侧墙宽 0.65 ~ 0.86、现高 0.71 ~ 1.15 米（彩版一一四，2）。

甬道平面略呈方形，宽 1.08、进深 1.43、现高 0.73 ~ 1.32 米，拱券顶，直壁高 0.89 米。券壁三顺一丁砌筑，丁砖长 31、大头宽 13.3、小头宽 8.5、厚 4.2 ~ 4.4 厘米。还有一种用来补缝或镶边的窄条砖，长 31、宽 6.5 ~ 7.2、厚 3 ~ 3.5 厘米。

墓室北壁弧凸较甚，南壁平直，东、西壁微凸，平面略呈椭圆形。铺地砖作人字形，仅甬道、墓室南部及墓壁下有保存。墓壁顺长平砌，四壁残存高度为 0.82 ~ 1.13 米。南壁宽 2.01、墓室中部最宽 2.25 米；北壁垂直宽 2.02 米，垂线长 40 厘米。东壁、西壁均长 4.72 米。东壁中部一砖侧面刻有"一百五十"4 字。墓砖长 31 ~ 32、宽 15 ~ 15.5、厚 4 ~ 4.5 厘米。甬道及墓室券顶的丁砖上模印有"一"、"二"、"三"、"五"、"六"、"七"、"十"、"足"、"刀"等文字，还发现有一端模印一朵莲花的方形厚砖（小头宽 11.3 ~ 11.4、厚 8 ~ 8.5；大头宽 15.8、厚 8.2 ~ 8.4 厘米），均为残块。"刀"字砖大头宽 15.5 ~ 16、厚 6.3 ~ 6.6 厘米（图 30 - 2；彩版一一五、一一六）。

随葬品共 5 件，均为青瓷，其中盘口壶 3 件，钵、小碗各 1 件，出土于甬道及墓室南部。

盘口壶　3 件。M90:1，盘口微外侈，较浅，口外饰两道凹弦纹，束颈粗短，颈部凸

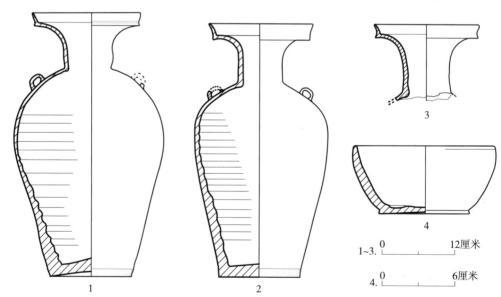

图 30 - 3　M90 出土青瓷器

1 ~ 3. 盘口壶（M90:1、M90:2、M90:5）　4. 钵（M90:3）

起，圆肩，肩部对称两组纵向双排系，现存一组。鼓腹，腹下斜收。平底。施青绿色釉，釉面光滑。口径 17.6 ~ 17.9、腹径 24.4、底径 13.2 ~ 13.4、高 41.7 厘米（图 30 - 3 - 1；彩版二五〇，1）。M90：2，盘口微外侈，深浅适中。束颈较短，圆肩，肩部对称两组纵向双排系，最大径在肩腹结合处，腹斜直内收，体形修长，平底。施青绿色釉，釉色微泛黄。釉面光滑。口径 16.8、腹径 22、底径 13、高 40 ~ 40.4 厘米（图 30 - 3 - 2；彩版二五〇，2）。M90：5，仅余口颈，盘口浅而直，施青绿色釉。口径 16.5 厘米（图 30 - 3 - 3）。

钵　1 件。M90：3，仅余部分残片，敛口，肩微凸，平底，略带假圈足。施深青绿色釉，上有细密裂纹，紫灰胎。高 5.4 厘米（图 30 - 3 - 4）。

小碗　1 件。M90：4，直口，腹微鼓，平底。釉层已脱落。口径 8.3、底径 5.2 ~ 5.6、高 3.8 ~ 4 厘米。

二八　M93

M93 位于小横山西部从上往下第三排，其东为 M92，西部为 M99，南为 M38 及 M37。方向 165°（图 31 - 1 ~ 31 - 5；彩版一一七 ~ 一二五；表 21 - 1）。

M93 外为岩石墓圹，墓圹内以青砖砌筑墓室，墓圹同砖壁间距最大 30 厘米。砖室通长 6.8 ~ 6.95、通宽 2.92 米，由封门、甬道及墓室三部分组成（图 31 - 1；彩版一一七）。

封门保存基本完整，上部东端部分砖被毁，上宽 2.84、下宽 2.74 ~ 2.8、高 2.25 米。封门由中间的券门及两侧的翼墙组成，翼墙同券门之间夹有一层“五”字砖。两侧翼墙下部为顺长平砌一砖长的直壁，往上延伸至券门顶部上方，形成弧形三角结构，最上丁砖一层。丁砖为“一”字砖，长 33.6 ~ 34.3、厚 4.2 ~ 4.6、大宽 9、小宽 8.4 厘米，一端印“一”字，一端印单钱纹。丁砖下为 11 层平砌的薄砖，砖侧面多印有“大副薄”（宽 16.2 ~ 16.3、厚 2.6 ~ 2.8 厘米）、“中小”（宽 16.8、厚 2.5 ~ 2.9 厘米）等文字；11 层薄砖下为 3 层楔形砖，有的印有“刀大宽”（宽 16、厚 3.5 厘米）、“刀小宽”（宽 17.2、厚 3.2 ~ 3.4 厘米）文字，再往下基本为长方砖平砌。券门三顺一丁砌筑，直壁丁砖为小方砖，券顶丁砖为小梯形砖，丁砖正面朝外，上均有模印图案，顶部正中一砖图案不清，往两侧分别为宝瓶莲、宝珠、大莲花、双莲花、宝瓶莲、宝轮、双莲花（大者直径 8.2 ~ 8.6、小者直径 4.8 ~ 5.1 厘米）、千秋万岁、复莲花（直径 11.4 ~ 11.9 厘米）、大莲花，共 10 组。券门内宽 1.63、高 1.9、厚 0.23 米，其中为砖砌封墙，封墙从下往上三顺一丁 3 组，上再平砌 16 层至顶面，丁砖薄厚错杂，个别砖突出，表面凹凸不平。拆掉封墙后，里面还有两层券门，形制同外层券门，内收递减两层，称之为中券门、内券门。中券门顶部正中一块丁砖较为模糊，似为朱雀，往两侧分别为宝瓶莲、宝瓶莲（西）和化生（东）、宝轮、宝珠、双莲花、双莲花、狮子、捧熏炉飞仙（西）和万岁（东）、千秋（西）和万岁（东），共 9 组。中券门内宽 1.3、高 1.72 米。内券门顶部正中一块素面，往两侧分别为宝瓶莲、宝瓶莲、宝瓶莲、小莲花、小莲花、捧熏炉飞仙（西）和捧盒飞仙（东）、千秋（西）和捧盒飞仙（东）、大莲花（直径 12 厘米），共 8 组。内券门宽 1、高 1.57 米（图 31 - 3、31 - 4；彩版一一八 ~ 一二四；表 21 - 1）。

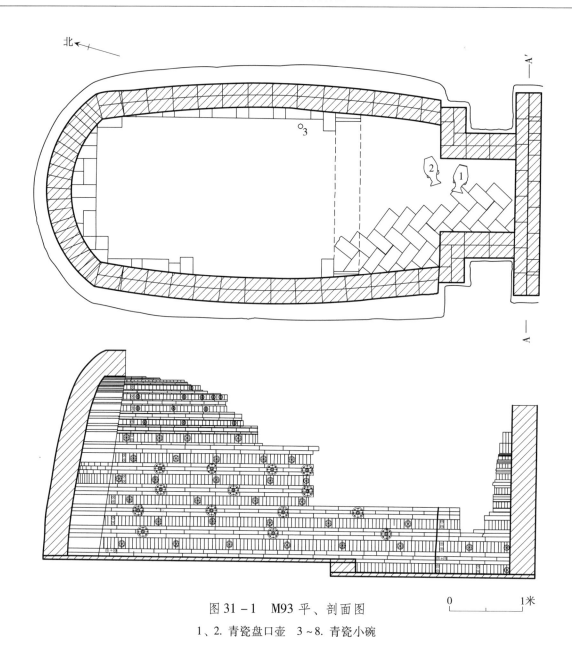

图 31－1　M93 平、剖面图

1、2. 青瓷盘口壶　3~8. 青瓷小碗

甬道宽 1、进深 1.04 米，北部残存高度 0.43 ~ 0.48 米，南部券顶保存完整，内高 1.57、外高 1.9 米，双层拱券顶，三顺一丁砌筑。封门券顶同甬道券顶连接套合成一个整体，形成三级券顶结构。甬道直壁高 0.88 米，丁砖饰双钱纹或两砖竖拼的莲花，顺砖多素面，偶饰双钱纹（彩版一二〇，2）。

墓室南壁平直，东、西壁微凸，北壁弧凸较甚，平面略呈椭圆形。墓室东壁北端保存完整，主券顶为拱券形，墓顶外面有 10 厘米厚的白灰层，其余墓壁仅存 0.3 ~ 0.83 米。南壁宽 1.87、中部最宽 2.25、北壁垂直宽 1.87 米。墓室中后部留设棺床，棺床前端宽 2.13、至南壁 1.1 米，高 18.5 厘米，前端砌砖仅在两侧有保留，一顺一丁砌筑。棺床表面铺砖纵横交错，仅在墓壁下有保留。墓室前部及甬道底均为人字形铺地砖，铺地砖伸出封门外 0.77 米。墓室东壁垂直长 4.69、西壁垂直长 4.67 米，棺床至顶内面高 2.7 米。墓室内长 6.12 米（由北壁

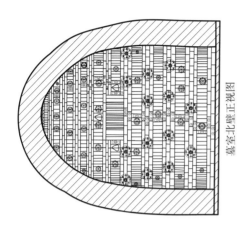

墓室北壁正视图

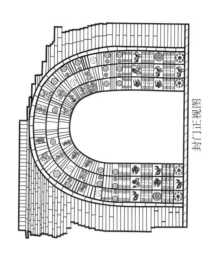

封门正视图

至封门内面）。

北壁呈内凹外凸的弧面形，穹窿顶内收同主券顶相接。壁面中部砌有一组直棂窗，中间凸出 7 根破子棂，窗内宽 48.5、外宽 58.5、高 25 ~ 25.3、进深 1.8 ~ 3 厘米，窗左右及上面正中各留设一桃形小龛，小龛由两砖竖拼而成，最宽 8.5、高 10.3、进深 6 厘米。北壁砌法：三顺一丁。花纹图案以窗为界分为两部分，直棂窗下部壁面（包括窗）：丁砖饰单钱胜纹及两砖竖拼的莲花（直径 9.5 ~ 10.2 厘米），每层 3 ~ 5 朵。顺砖饰双钱纹及三砖平拼的大莲花（直径 11.8 ~ 12.2 厘米），从棺床往上，第二组顺砖饰 2 朵大莲花，第三、四、五组各 4 朵，直棂窗所在的第六组无莲花。第六组顺砖由下往上分别为双钱纹梯形砖、厚楔形砖（长 34、内宽 9 ~ 9.4、厚 3.5 厘米）、薄楔形砖（长 34.2、内宽 8.1 ~ 8.3、厚 1.6 ~ 1.8 厘米）。直棂窗上部壁面：第一组丁砖饰单钱纹及两砖竖拼的莲花，中间为两朵莲花夹一桃形小龛；再往上三组丁砖饰单钱纹及两砖竖拼的莲花 4 ~ 6 朵，再往上以厚薄相间的各类楔形砖平砌成内收的穹窿顶（图 31 - 4、31 - 5；彩版一二五，1）。

墓室东壁北端保存至顶同北壁穹窿顶相连接，中部及南部保存高度依次降低，现高 0.88 ~ 1.7 米。砌法：由底往上一丁三顺。第一组丁砖均饰双钱纹，未饰莲花；第二至七组丁砖饰双钱纹及两砖竖拼的莲花 4 ~ 6 朵（直径 9.6 ~ 10.2 厘米），第七组往上一直至顶部，丁砖饰单钱纹及两砖竖拼的复莲花（直径 7.9 ~ 8.1 厘米）。顺砖层第一至五组每层饰三砖平拼的莲花 3 ~ 4 朵，莲花直径 13.7 ~ 15 厘米；第六组顺砖为 2 层长方砖、1 层纵楔砖；第七组及其以上以各类楔形砖为主，其中杂有个别双钱纹长方砖。西壁装饰同东壁，保存较少，现高 0.3 ~ 0.72 米（图 31 - 4、31 - 5）。

南壁东、西两墙宽 0.43、现高 0.44 ~ 0.83 米。由底往上一丁三顺砌筑，其中第二组丁砖并列两块小方砖，仅在东墙有保存，分别饰大莲花及捧物飞仙。墓壁两砖并列，厚 34 ~ 35 厘米。砖长 33.6 ~ 34.5、宽 16 ~ 17、厚 5 ~ 5.5 厘米（彩版一二五，2）。

随葬品共 8 件，均为青瓷。甬道及墓室口发现盘口壶 2 件，其余 6 件小碗发现于甬道及墓室南部。

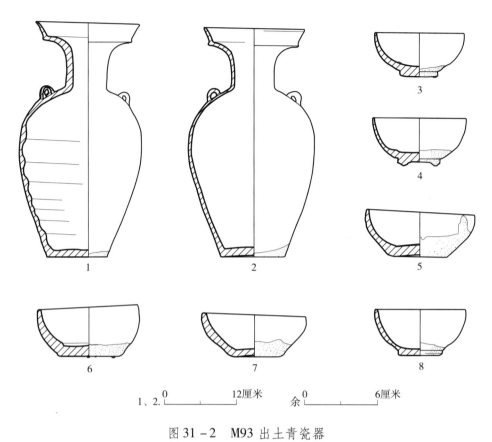

图 31－2 M93 出土青瓷器

1、2. 盘口壶（M93：1、M93：2） 3～5. A 型小碗（M93：5、M93：6、M93：7） 6～8. B 型小碗（M93：3、M93：4、M93：8）

盘口壶 2 件。M93：1，盘口外侈较大，束颈，圆肩突起，鼓腹，平底。肩部对称两组纵向双排系。施青绿釉。底部残缺。口径 17～17.4、腹径 21.1、高 36.9～37.8 厘米（图 31－2－1；彩版二五〇，3）。M93：2，盘口较深，外侈较大，束颈，圆肩，肩部对称两组纵向双排系，鼓腹，平底略凹。施青绿色釉，釉面光滑。口径 16.4、腹径 20.5、底径 10.3、高 36.5 厘米（图 31－2－2；彩版二五〇，4）。

小碗 6 件。分 A、B 两型。

A 型 3 件。直口或侈口，平底或平底微凹，不带假圈足。M93：5，口微侈，肩微凸，腹斜直内收，平底略凹。腹以上施褐绿色釉，灰胎。口径 8.3、底径 4、高 3.5～3.7 厘米（图 31－2－3；彩版二五一，1）。M93：6，敛口，鼓腹，平底，近底以上施青绿釉，釉中有褐色斑点，灰胎。口径 8、底径 5、高 3.9～4.2 厘米（图 31－2－4）。M93：7，侈口较大，腹急收，平底微凹，釉层基本脱落。口径 8.5、底径 4、高 3.5 厘米（图 31－2－5；彩版二五一，2）。

B 型 3 件。口微侈，下附假圈足。形制基本相同，鼓腹，假圈足较小。M93：3，施青绿釉，口径 7.2～7.5、底径 3.2、高 3.4～3.7 厘米（图 31－2－6；彩版二五一，3）。M93：4，形制同 M93：3，底外凸起三块，施青绿釉，釉色泛黄。口径 7.4、底径 3.1～3.3、高 3.5～4.1 厘米（图 31－2－7；彩版二五一，4）。M93：8，残存三分之一左右，施青绿釉，釉色浅绿，釉面光滑。底径 3.5、高 3.3 厘米（图 31－2－8；彩版二五一，5）。

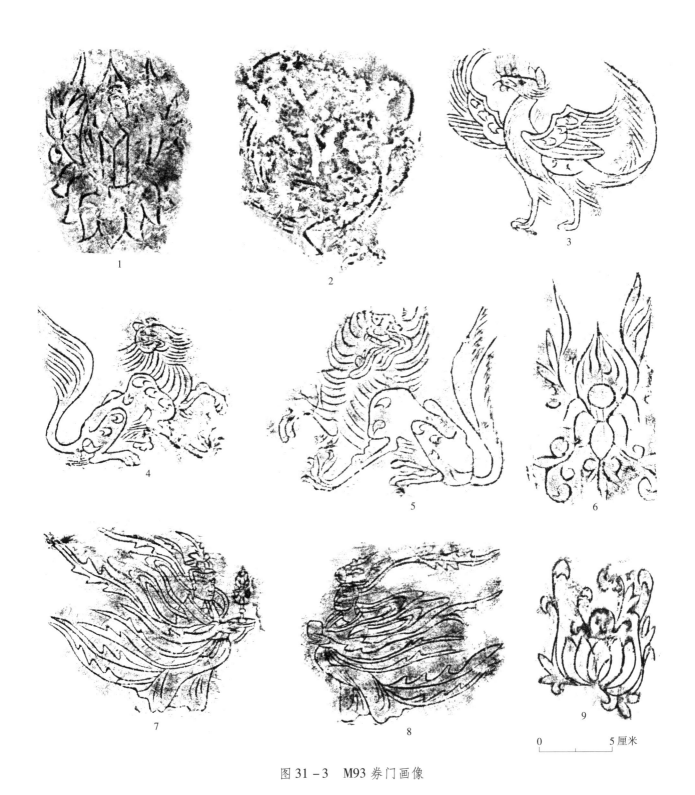

图 31-3　M93 券门画像

1. 外券门西侧宝珠　2. 中券门顶部正中朱雀　3. 中券门东侧万岁　4. 中券门西侧狮子　5. 中券门东侧狮子　6. 中券门东侧宝珠　7. 中券门西侧捧熏炉飞仙　8. 内券门东侧捧盒飞仙　9. 中券门东侧化生

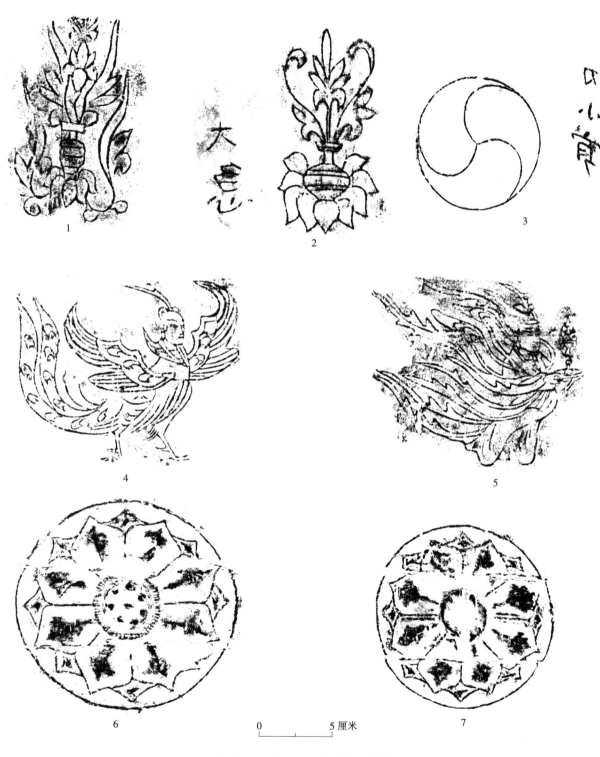

图 31-4　M93 画像及墓砖纹饰

1. 内券门东侧宝瓶莲　2. 内券门东侧宝瓶莲及相邻墓砖文字　3. 中券门东侧宝轮及相邻墓砖文字　4. 内券门西侧
千秋　5. 内券门西侧捧熏炉飞仙　6. 墓壁顺砖三砖平拼莲花　7. 北壁顺砖平拼莲花

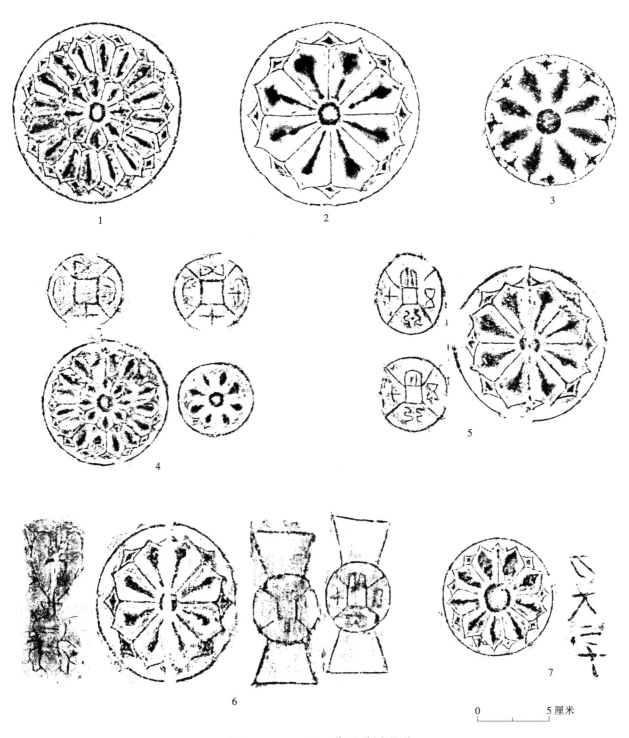

图 31 − 5　M93 画像及墓砖纹饰

1. 外券门西侧复莲花　2. 内券门东侧莲花　3. 中券门东侧莲花　4. 中券门西侧双莲花及相邻墓砖纹饰　5. 墓壁丁砖莲花及双钱纹　6. 墓壁丁砖莲花及单钱胜纹装饰　7. 内券门东侧中莲花及相邻砖文

表 21－1　M93 墓砖统计表

单位：厘米

种类	长	宽	厚	图案纹饰	字符	备注
长方砖	33.5	16.5	3.5		中大	
长方砖	33.3~33.9	16.1~16.5	2.7~2.9		大副	
长方砖	31.3~31.8	9.3~9.5	4.4~4.5		一	
长方砖		9	5.9		出建	
梯形砖	32.4~34.1	大 13.9~14 小 8.9	4.9~5		五	
梯形砖	32~33.8	大 14.6~15.1 小 11.9~12.1	5.5~5.6		足	
梯形砖	34	大 13.9~14 小 8.3~8.4	4.3~4.5		出小急	
梯形砖		大 12.5 小 残	3.4		出平	
梯形砖	32.9~33.6	大 11.3~11.8 小 8.8~9	4.5~4.7 5		三四	
梯形砖	33.5	大 17.9~18 小 9	4.9		七	
梯形砖	33.8~34	大 14.5 小 9.7	4.2 4		出宽	
纵楔砖	33~33.2	大 10.3~12 小 8~8.5	大 4 小 2.6		一急	
纵楔砖	34	大 16.6 小 10	大 5.2 小 2.6		出小急	
纵楔砖	33.8~34.1	大 11.3~11.5 小 7.9	大 4~6.5 小 2.4		出大急	
纵楔砖	33.6~33.7	16~16.1	大 5.8~7.5 小 2		门急	
纵楔砖	33.9	16.5~16.8	大 6 小 4.8		㝏大	
横楔砖	33.5	15.9~16.2	大 5.3 小 3.5		刀大急	
横楔砖	33~33.5	15~16.5	大 5.1 小 2.5		刀门急	
梯形砖	34	大 11.8~12 小 9	3.8		出宽	券顶
楔形砖	34.2	大 11.5~12.1 小 9.8	大 4.3~6 小 2.5		出宽 出小口	第一组平砌砖
长方砖	33.8~34	11.5~16.5	2.7~3		七副薄	第二组平砌砖第一层
楔形砖	34.5~34.8	16.8~17	大 4.5~5 小 3.8~4			第二层

续表 21－1

种类	长	宽	厚	图案纹饰	字符	备注
楔形砖	33.5～33.8	16～16.3	大 5.6 小 2.3～2.4		刀小急	第三层
长方砖	33.6	16.2	3.8		中大	第三组平砌砖第一层
长方砖	33.7	16.3	3.8		中宽	第二层
楔形砖	33.5～34	15.5～16	大 6 小 2.3		中急	第三层
楔形砖	34	16.3	大 3.2～3.8 小 2.8		小急	第四组平砌砖第一层
楔形砖	33.8～34.3	16.3	5.5～5.7		大急 大宽	第二层
楔形砖	34.6～34.8	16～16.3	大 3.8 小 2.5～3		副急	第三层
楔形砖	34	15.8	大 3.5 小 2.3		□□宽	第五组平砌砖第一层
楔形砖	34.5	17	大 4 小 3.8		中大	第二层
楔形砖	33.8	16.5	大 6 小 3.1		大急	第三层
楔形砖	33.5	16	大 6 小 3.2		大急	第六组平砌砖第一层
楔形砖	34	16.5	大 3.8 小 2.8		中宽	第三层
楔形砖	34.2	16～16.5	大 4～4.5 小 2.3～2.5		大圩	第七组平砌砖第一层
楔形砖	34	16.4	大 4 小 2.8		中宽	第三层
楔形砖	34.8	16.2	大 5.5 小 2.5		下急	第八组平砌砖第一层
梯形砖	32.5～34	大 13.7～14 小 8.5～8.9	4.8	个别印半莲花	五	墓室顶部向两侧第二组丁砖
梯形砖	33～34	大 10～11 小 8.9	5		三五	墓室顶部向两侧第三组丁砖
梯形砖	33.5	大 11.5 小 8.5	4.8		三四	墓室顶部向两侧第四组丁砖
梯形砖	26.8	15.3	4.6		八	
梯形砖	33.8～34	大 9.3～9.5 小 8.5	4.3～4.8		一	墓室顶部向两侧第五、六、七组丁砖
纵楔砖	34	16.5～17	大 2.8 小 2.2		大薄	

二九　M95

M95 位于小横山西部从上往下第二排，东邻 M96，西邻 M23，与 M96、M97、M98、M23四座墓东西排列，间距均匀，排列整齐，规模相当。方向 160°（图 32 - 1 ~ 32 - 3；彩版一二六、一二七）。

M95 由封门、甬道及墓室三部分组成。内长 6.86 米（由北壁中部至封门内面）（图 32 - 1；彩版一二六，1）。

封门保存较为完整，通宽 2.45 ~ 2.84、厚 0.51、现高 1.75 米。封门由内朝外作三层梯级凸形结构。最内层为从甬道口朝外各伸出半砖，宽 1.49 米；中间一层由内层再朝外伸出半砖，宽 1.79 米；封门宽 2.48 ~ 2.6、现高 0.25 ~ 0.32 米。两侧翼墙及券壁通高 1.75 米。封门外底部朝外伸出残长 0.37 米的一段排水道。

甬道宽 1.18 ~ 1.19、进深 1.45、现高 0.62 ~ 0.9 米。铺地砖在甬道底及墓壁下有保存，东西向错缝平砌（彩版一二六，2）。

墓室南壁平直，北壁弧凸较甚，东、西壁微凸，平面略呈椭圆形。墓壁保存较少，仅余底部 6 ~ 16 层砌砖。南壁宽 2.26、现高 0.62 ~ 0.8 米；北壁垂直宽 2.28、现高 0.28 ~ 0.52 米，存 6 ~ 11 层砖，垂线长 56 厘米。墓室中部最宽 2.57 米。东壁长 4.87、现高 0.28 ~ 0.75 米；西壁长 4.87、现高 0.29 ~ 0.52 米。墓壁错缝平砌，并列两砖，厚 0.33 米（彩版一二七）。

墓砖多为长方砖，砖长 31.5 ~ 32.5、宽 15.5 ~ 16、厚 4.3 ~ 4.8 厘米，上印绳纹。北壁梯形砖长 32、内宽 13.7 ~ 14、外宽 17、厚 4.5 ~ 4.7 厘米。还有一种窄条砖，宽仅 9.3 厘米，余

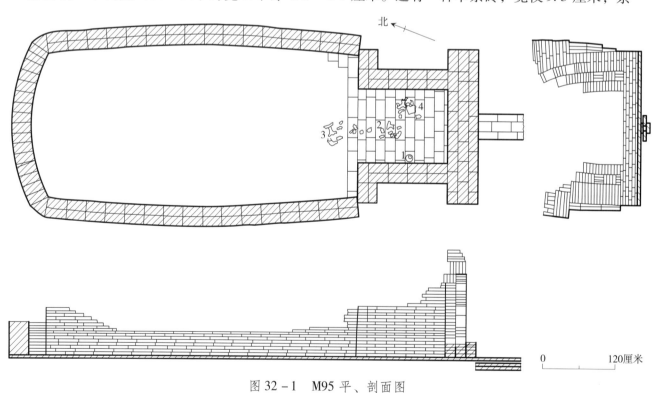

图 32 - 1　M95 平、剖面图

1. 陶盒　2、3. 青瓷盘口壶　4. 青瓷鸡首壶

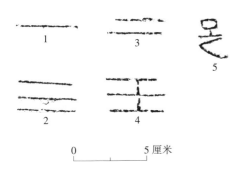

图 32 - 2　M95 墓砖文字

1. 一　2. 三　3. 二　4. 王　5. 足

同长条砖，用于墓壁补缺或错缝。梯形砖大头往往印有"一"、"二"、"三"、"王"、"天"等字符（图 32 - 2）。

随葬品共 4 件。其中甬道西部发现陶盒 1 件；墓室南部发现及甬道内发现大量青瓷碎片，经拼对为盘口壶 2 件、鸡首壶 1 件。

陶盒　1 件。M95：1，泥质灰陶，平面呈圆形，上面隆起，正中戳有一小孔，旁边有一不规则的缺口。折肩，腹微鼓斜收，平底。最大径 11.8、底径 7、高 5.8 厘米。此盒可能为贮钱的扑满（图 32 - 3 - 1；彩版二五一，6）。

鸡首壶　1 件。M95：4，盘口残缺，细颈较矮，肩较平，肩、腹结合处圆折，腹斜直内收，凹底。肩部对称两组装饰，一组为两个方形系相对，一组为鸡首同执柄相对，鸡首竖立较高，细颈，首残破；柄双股并列，仅余下端。腹径 14.6、底径 9.8、高 20.5 厘米（图 32 - 3 - 2；彩版二五二，1）。

盘口壶　2 件。M95：2，盘口微外侈，束颈直，圆肩，腹部斜直内收，体形修长，平底微凹。肩部对称两组纵向双排系。施青绿釉。口径 17.6、腹径 21.9、底径 11.6、高 44.2 ~ 45 厘米（图 32 - 3 - 3；彩版二五二，2）。M95：3，盘口直，较浅，束颈粗短，圆肩，鼓腹，平底微凹。施黄绿色釉，釉面光滑细腻，表面凸起不少小包。浅灰胎。口径 17.9 ~ 18.1、腹径 24.3、底径 12、高 40 厘米（图 32 - 3 - 4）。

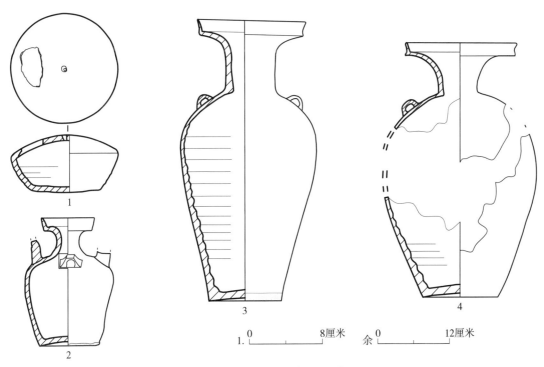

图 32 - 3　M95 出土器物

1. 陶盒（M95：1）　2. 青瓷鸡首壶（M95：4）　3、4. 青瓷盘口壶（M95：2、M95：3）

三〇　M96

M96 位于小横山西部从上往下第二排，东邻 M97，西邻 M95，与 M95、M97、M98、M23 四座墓东西排列，间距均匀，排列整齐，规模相当。方向 155°（图 33 - 1 ~ 33 - 3；彩版一二 八、一二九；表 22 - 1）。

M96 由封门、甬道及墓室三部分组成。内长 6.28 米（图 33 - 1；彩版一二八，1）。

封门保存较为完整，通宽 2.18 ~ 2.68、高 2.16、厚 0.27 ~ 0.31 米。由圆拱形券门及 两侧的翼墙组成。券顶五顺一丁或四顺一丁砌筑，顺砖一短侧面印有"车"或"申"字。 券门中间的封墙宽 1.58 ~ 1.64 米，仅余下面及两侧部分，三顺一丁或一顺一丁砌筑，中间 平砌 9 层。翼墙东侧外顺长竖砌 3 ~ 4 砖。封门砖上的文字有"三"、"申"、"田"、"小"、 "干"、"卡"等字符。其中的平砌砖长 27、宽 15.5、内厚 3.5、外厚 4.2 厘米，外印"三" 字（图 33 - 2）。封门前底部正中朝外伸出有现长 1.5 米的砖砌排水道，水道宽 29 ~ 30 厘 米，并列两砖，中间水槽宽 2.5 ~ 3 厘米。

甬道平面略呈方形，宽 1.13、进深 1.22 ~ 1.23、现高 0.3 ~ 1.67 米，拱券顶。直壁错缝平砌， 高 1.03 米。直壁以上的券壁以楔形砖和梯形砖一丁四顺砌筑。券顶内高 1.67、外高 1.93 米；壁厚 27 ~ 27.5 厘米。顶面外正中一组丁砖上印"干"字，第二、三、四组丁砖（均为从上往下）上印 "田"字，第五组丁砖印"土"字（图 33 -2；彩版一二八，2；彩版一二九；表 22 - 1）。

墓室南壁平直，东、西壁朝外微凸，北壁弧凸较甚，平面略呈椭圆形。砖室外为岩石圹

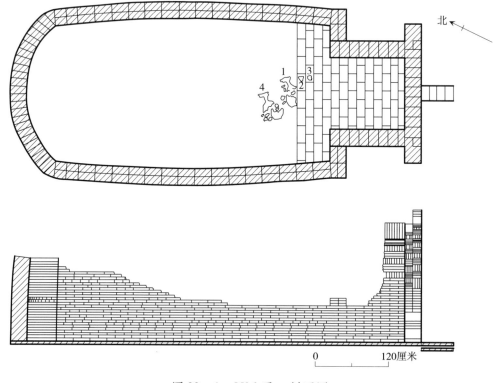

图 33 - 1　M96 平、剖面图

1、4. 青瓷盘口壶　2、3. 青瓷小碗

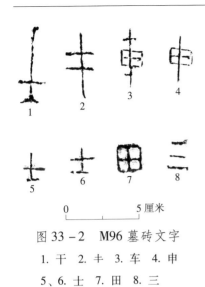

图 33 - 2　M96 墓砖文字

1. 干　2. 卉　3. 车　4. 申

5、6. 士　7. 田　8. 三

壁，墓圹北部直通山体顶部，往南呈斜坡形，形制同砖室基本相同。砖室南壁宽 2.17、现高 0.29 ~ 0.72 米；北壁垂直宽 2.18、现高 1.19 ~ 1.4 米，垂线长 49 厘米。东壁垂直长 4.57、现高 0.58 ~ 1.26 米；西壁垂直长 4.58、现高 0.5 ~ 1.61 米。墓室中部最宽 2.42 米。西壁直壁高 1.51 米，平砌 36 层砖，直壁上面以丁砖起券。墓壁均错缝平砌，并列两砖再平丁一砖，厚 27 厘米。砖长 26.7 ~ 27、宽 13.2 ~ 13.5、厚 3.9 ~ 4.2 厘米，表面饰麦粒状绳纹。墓室铺地砖仅在墓壁下及墓室前部有保留，东西向错缝平砌，砖长 27、宽 13 ~ 13.5、厚 4 厘米。

M96 墓圹南壁宽 2.92、甬道宽 1.78 米。

随葬品均为青瓷器，多为碎片，共 4 件，分布于墓室南部，有盘口壶 2 件、小碗 2 件。

盘口壶　2 件。M96:1，形体较小。盘口浅而直，束颈稍细，圆肩，直腹内收，平底微凹。肩部对称两组纵向双排系。施青绿色釉。口径 12.8、腹径 17.5、底径 10.2、高 24.5 厘米（图 33 - 3 - 1；彩版二五二，3）。M96:4，盘口直而浅，束颈较短，圆肩，鼓腹，平底。肩部对称两组纵向双排系。施青绿釉。口径 17.8、腹径 24.8、底径 11.4、高 40.4 厘米（图 33 - 3 - 2；彩版二五二，4）。

小碗　2 件。均直口，折腹，平底微凹。腹外近底处以上施青绿釉，碗内面残留支烧痕。M96:2，腹部折棱较明显，口径 8.8 ~ 9.2、底径 5.5、高 3.6 ~ 4 厘米（图 33 - 3 - 3；彩版二五三，1）。M96:3，口外饰一道弦纹，折腹圆滑。口径 8.9、底径 5.4、高 3.8 ~ 4 厘米（图 33 - 3 - 4；彩版二五三，2）。

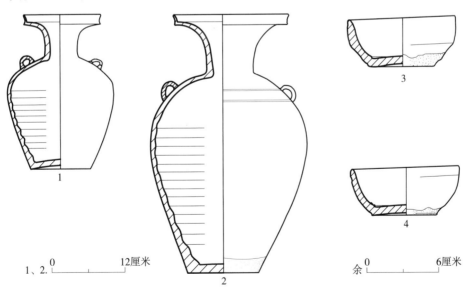

图 33 - 3　M96 出土青瓷器

1、2. 盘口壶（M96:1、M96:4）　　3、4. 小碗（M96:2、M96:3）

表 22 - 1　M96 墓砖统计表

单位：厘米

种类	长	宽	厚	字符	备注
梯形砖	27	大 17.5 小 8 ~ 8.5	大 3.9 ~ 4 小 4 ~ 4.2	士	甬道及券顶砌砖
梯形砖	26.9	大 13.8 ~ 14 小 9.2 ~ 9.5	4 ~ 4.5	田	甬道及券顶砌砖
梯形砖	27.2	大 12.6 ~ 12.8 小 8.4 ~ 9.2	4 ~ 4.2	士	甬道及券顶砌砖
小梯形砖	13.5	大 14 小 13	3.4	大	甬道口外券门砌砖
小梯形砖	14.3	大 13.3 ~ 13.6 小 11.1 ~ 11.3	3.3	足	甬道口外券门砌砖
横楔砖	25 ~ 27.2	13.6 ~ 14	大 3.5 ~ 4.2 小 2.5 ~ 3	车、申	
纵楔砖	27.4	15.2 ~ 15.4	大 5.2 小 2.8	丰	
纵楔砖	27.3	15.8 ~ 15.9	大 4.2 小 3.6	三	
长方砖	27	13.5	3.3	一	
楔形砖	27	大 10.5 小 10	大 4.5 小 3.5		

三一　M97

M97 位于小横山西部从上往下第二排，东邻 M98，西邻 M96。方向 140°。墓圹北壁由底至地表高近 5 米，同砖室北壁一样，均为内凹外凸的弧形（图 34 - 1 ~ 34 - 3；彩版一三〇 ~ 一三二；表 23 - 1）。

M97 砖室由封门、甬道及墓室三部分组成。内长 6.42 米（图 34 - 1；彩版一三〇，1）。

封门保存较为完整，通宽 2.9、高 1.92 米。由中部的券门及两侧的翼墙组成。两侧翼墙最宽 1.05 米，上宽下窄。中部封墙（即券门）宽 1.54 ~ 1.6、高 1.75 米，由底往上五顺一丁、七顺一丁，再往上平砌 24 层至现存顶部。券顶内高 1.76、外高 1.92 米，券壁三顺一丁砌筑，丁砖为小梯形砖，长 10.5 ~ 10.7、厚 4.5 厘米，两端为内凹外凸的弧形，主要有两种规格：（1）小头宽 10.5、大头宽 12.5 厘米，上印一 "三" 字；（2）小头宽 12.2 ~ 12.5、大头宽 14.5 ~ 15 厘米。封门砖上的文字主要有 "大"、"小"、"丁"、"八"、"二"、"十"、"士"、"足" 等（图 34 - 2）。

甬道宽 1.04 ~ 1.05、进深 1.4 ~ 1.42、高 1.52 米，拱券顶。直壁高 0.95 ~ 1 米，三顺一丁砌筑。甬道通高 1.8 米（底至顶面外），底部铺砖均东西向纵横平砌。甬道券顶外面丁砖均模印有文字，正中一组丁砖上印 "士" 字，第 2 组丁砖印 "二" 字，第 3、4、5 组丁砖印 "一" 字。顺砖上印有 "大"、"刀"、"一" 等文字（图 34 - 2；彩版一三〇，2；彩版一三一，1；彩版一三二）。

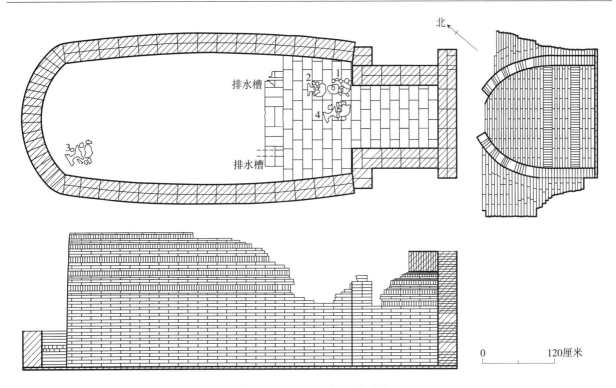

图 34 - 1 M97 平、剖面图

1、3、4. 青瓷盘口壶 2. 青瓷唾壶

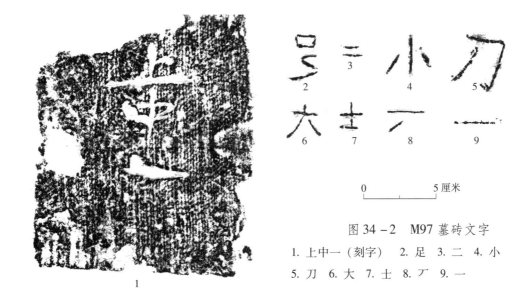

图 34 - 2 M97 墓砖文字

1. 上中一（刻字） 2. 足 3. 二 4. 小
5. 刀 6. 大 7. 士 8. 丁 9. 一

墓室北壁弧凸较甚，东、西壁微凸，南壁平直，平面略呈椭圆形。墓室中部最宽 2.13 米，南壁宽 1.81、现高 0.8～1.18 米；北壁垂直宽 1.8、现高 0.37～0.79 米，垂线长 40 厘米。东、西壁均长 4.62 米，现存最高 2.18～2.2 米。直壁平砌 28 层砖，高 1.24 米。直壁朝上丁一层、平砌 4 层；再往上一丁三顺。第一层丁砖上留设方形小龛，东壁两个，西壁现存一个。小龛宽 8、高 8.3～8.5、进深 9 厘米。两龛间距 2.11 米，东壁北龛距北壁 1.26 米，南龛距南壁 1.15 米；小龛距离墓底铺地砖 1.24 米。西壁券顶丁砖外面第一、二层印"一"字，第三、四层丁砖印一

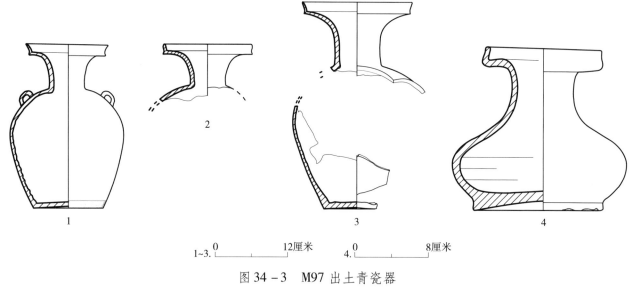

图 34 - 3　M97 出土青瓷器

1 ~ 3. 盘口壶（M97：1、M97：3、M97：4）　　4. 唾壶（M97：2）

"小"字。墓室南部正中残存一组平砌两层砖，东西宽 1.57、残长 0.31、高 0.08 米，其西端有宽 8 ~ 9.5 厘米的排水道，应为棺床的孑遗。棺床基本独立于墓室，其南端距离墓室南壁 1.07 ~ 1.08、距离东壁 0.26、距离西壁 0.21 米。棺床面上平砌砖两纵两横排列。铺地砖仅保存于墓室前部及墓壁下。墓砖长 30 ~ 31.3、宽 14.6 ~ 15、厚 4 ~ 4.5 厘米。丁砖长 31 ~ 31.5、厚 3.7、外宽 11 ~ 14、内宽 8.5 ~ 8.8 厘米（彩版一三一，2；彩版一三二，2）。

墓葬被盗扰，随葬品共 4 件，均为青瓷器。墓室南部中间发现盘口壶 2 件、唾壶 1 件，墓室西北部出土盘口壶 1 件。

盘口壶　3 件。M97：1，形体较小。盘口外侈，稍浅，束颈，圆肩，肩部对称两组纵向双排系，鼓腹，腹斜直内收，平底略凹。施青绿色釉，釉面光滑细腻，灰胎。口径 13.3、腹径 18.6、底径 11.6、高 26.5 厘米。其余 2 件均残破，仅余口及腹、底残片（图 34 - 3 - 1）。M97：3，仅余盘口及颈部。盘口浅而直，束颈较短。施青绿色釉，釉面光滑细腻，盘口内面粘附小颗粒。口径 15.2 厘米（图 34 - 3 - 2）。M97：4，盘口浅而直，束颈稍粗，圆肩，平底。施青绿色釉，釉面光滑细腻。口径 17.6、复原底径 11 厘米（图 34 - 3 - 3）。

唾壶　1 件。M97：2，垂腹，腹扁圆，假圈足，凹底，底面凸起两个包。施青绿色釉，釉面有黑褐色斑点，灰胎。口径 12.5 ~ 12.6、腹径 19.1、底径 14、高 17.3 厘米（图 34 - 3 - 4；彩版二五二，5）。

表 23 - 1　M97 墓砖统计表

单位：厘米

种类	长	宽	厚	字符	备注
梯形砖	15.6	大 15.5 小 13	4.8	一出	
纵楔砖	30.4	14.8	大 5.8 小 3	大	

续表 23 - 1

种类	长	宽	厚	字符	备注
纵楔砖	30.9	15.4	大 4.4 小 3	八	
梯形砖	31.4	大 16.8 小 13.3	4.3	足	
横楔砖	残	15.5	大 4.5 小 3.8	士	
纵楔砖	30.5	15 ~ 15.5	大 6.4 小 3.5	刀	
梯形砖	15.5	大 12.4 小 10.5	4.9	三	
纵楔砖	30.6	15.6	大 4.3 小 3	三	
纵楔砖	30.5	15	大 4.3 小 3.7	二	
纵楔砖	31	15.1 ~ 15.6	大 3.8 小 2.8	小	
纵楔砖	30.9	14.6 ~ 15.3	大 3.8 小 3.4	丆	
长方砖	31	15.4	4.3	一	
长方砖	残	15.1	5.4	丁	
梯形砖	15.5	大 14.8 小 12.7	4.7	十	

三二　M98

M98 位于小横山西部从上往下第二排，东邻 M118，西部 2 米为 M97。方向 160°（图 35 - 1 ~ 35 - 3；彩版一三三、一三四；表 24 - 1）。

M98 由封门、甬道及墓室三部分组成。内长 6.48（从北壁正中至封门内面）、外长 7.2、外宽 3.2 米（图 35 - 1；彩版一三三，1）。

封门由两侧的券墙及中部的封墙组成。封门通宽 2、高 1.52、厚 0.36 米。中间封墙以条砖、薄砖及楔形砖混砌而成，上部多为残块，内面参差不齐。封门楔形砖多为横楔形，宽 17 ~ 17.7、大头厚 3.5、小头厚 3 厘米，一短侧面模印"一"字。还有一种横楔砖宽 18、大头厚 5.5、小头厚 3 厘米。砌法：一顺一丁 6 组，上面再平砌 5 层。封墙宽 1.3 ~ 1.34、高 1.52 米，砖面多印有"大急"、"宽"等文字，其中一砖上刻有一"急"字。券墙直壁平砌，起券内侧丁一块小梯形砖。券墙直壁宽 34 厘米，弧券厚 41 厘米，现高 1.4 ~ 1.47 米（图 35 - 2；彩版一三三，2；表 24 - 1）。

甬道平面呈方形，宽 1.04 ~ 1.06、进深 1.02、现高 0.7 ~ 1.27 米。直壁高 1 米。起券处

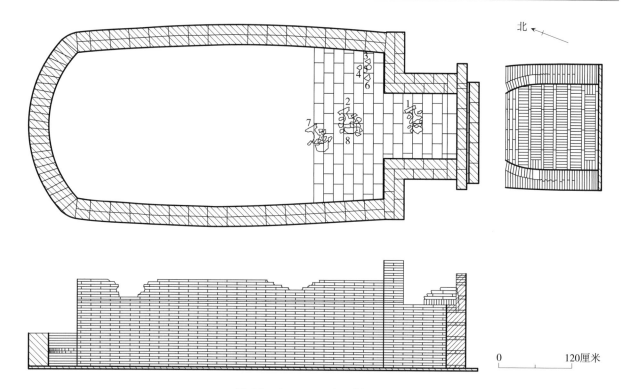

图 35 – 1　M98 平、剖面图

1、2、7. 青瓷盘口壶　3～6. 青瓷小碗　8. 青瓷钵

图 35 – 2　M98 墓砖文字

1. 急（刻字）　2. 大急　3. 宽　4. 薄□

砌一层立砖（彩版一三四，1）。

　　墓室南壁平直，东、西壁微凸，北壁弧凸较甚，平面略呈椭圆形。南壁宽 2.32、现高 0.7～1.52 米；北壁垂直宽 2.32、现高 0.45～0.9 米，垂线长 50 厘米。墓室中部最宽 2.56 米。东、西壁均垂直长 4.96 米，东壁现高 1～1.46、西壁现高 1.2～1.53 米。墓壁双排并列，厚 34 厘米。铺地砖纵横平砌，仅余甬道、墓室前部及墓壁下部分。墓砖质量较差，多酥碎。长方砖长 33～34.5、宽 16～16.5、厚 4～4.5 厘米（彩版一三四，2）。

　　墓葬被盗扰，随葬品共 8 件，墓室南部及甬道内发现盘口壶 3 件、钵 1 件；墓室东南部出土小碗 4 件，均为青瓷。

　　盘口壶　3 件。M98：1，盘口极浅，外侈较大，束颈很短，圆肩，肩部对称两组纵向双排系，系上点有黑褐釉。鼓腹，腹下急剧斜收，平底。施青绿色釉，釉面光滑细腻，肩部对称饰两块黑褐釉，口沿也有五处黑褐釉斑。口径 18.6、腹径 23.7、底径 12.6、高 35 厘米（图 35 – 3 – 1；彩版二五二，6）。M98：2，残缺较多，盘口稍外侈，深浅适中，束颈，圆肩，鼓腹，平底。施青绿色釉，釉面光滑细腻。口径 14.1、高 34.5 厘米（图 35 – 3 – 2）。M98：7，仅余底部及腹部残块，腹部内面下端凸起两个大包，包内中空。施青绿色釉。

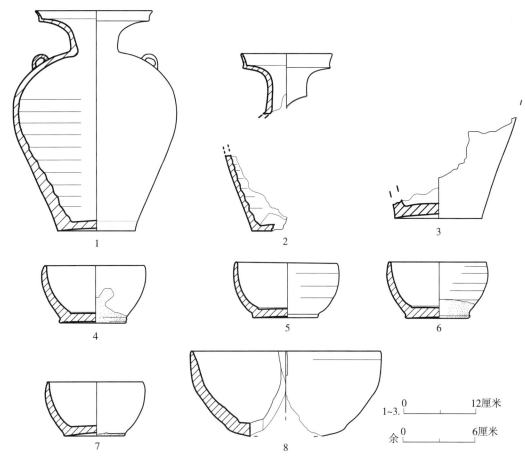

图 35 - 3　M98 出土青瓷器

1～3. 盘口壶（M98：1、M98：2、M98：7）　4～7. 小碗（M98：3、M98：4、M98：5、M98：6）　8. 钵（M98：8）

底径 13.8、残高 16 厘米（图 35 - 3 - 3）。

小碗　4 件。形制基本相同，均略带假圈足。直口微敛，圆肩稍凸，平底或微凹。M98：3，施黄绿色釉，釉层基本脱落。口径 8.3、底径 5～5.4、高 4.6～4.8 厘米（图 35 - 3 - 4；彩版二五三，3）。M98：4，施褐色釉。口径 8、底径 5.2、高 4.5 厘米（图 35 - 3 - 5；彩版二五三，4）。M98：5，施褐色或黑褐色釉。口径 8.2～8.3、底径 5～5.4 厘米（图 35 - 3 - 6；彩版二五三，5）。M98：6，施黄绿色釉。口径 7.8、底径 4.8、高 4.4 厘米（图 35 - 3 - 7；彩版二五三，6）。

钵　1 件。M98：8，仅余一件残块，侈口，壁较厚，肩、腹相接处稍折，底残缺。施青绿色釉，釉色较深。复原口径 15.4、高 6.6 厘米（图 35 - 3 - 8）。

表 24 - 1　M98 墓砖统计表

单位：厘米

种类	长	宽	厚	字符	备注
横楔砖	36	17.5	大 4 小 2.6	一	
纵楔砖	33.2	16.7	大 4.9 小 3.4	急	

续表 24 - 1

种类	长	宽	厚	字符	备注
横楔砖	残	15.7	大4.2 小2.9	义	
长方砖	残	16.6	3	薄□	
梯形砖	15.1	大12 小9.5	3.9	王	
长方砖	残	16.4	4.3	宽	
长方砖	残	14.7	4	后斧	
楔形砖	残	17.2	大5 小 残	急	
梯形砖	残	大15.4 小 残	4.3	大急	

三三　M100

M100 位于小横山东部从上往下第二排，东邻 M101，西部 4 米为 M108。方向 170°（图 36 - 1 ~ 36 - 7；彩版一三五 ~ 一三七；表 25 - 1、25 - 2）。

M100 砖室由封门、甬道及墓室三部分组成（图 36 - 1；彩版一三五，1）。

封门通宽 1.66、厚 0.36 米，中间封墙现存 2 ~ 6 层砖，高 0.11 ~ 0.3 米。两侧立墙四顺一丁或三顺一丁砌筑，丁砖为小方砖，正面印一朵八瓣莲花，长 17.2、宽 16.2、厚 5.6 厘米，一短侧面印 "大泉五十" 双钱纹。西侧立墙高 0.56、宽 0.17 ~ 0.24 米；东侧立墙上现存有拱券，通高 1.35 米。封门前留设砖砌排水道，排水道宽 0.38、残长 0.32 米，三层砖砌筑，上下两层分别横砌一砖，中间两砖顺长并列，中间留有宽 6 厘米的排水槽（图 36 - 3；彩版一三五，2）。

甬道宽 0.95、进深 0.89 ~ 0.92、现高 0.44 米。最下层四顺，往上一丁三顺砌筑，丁砖层均有 3 砖竖拼的大莲花两朵。甬道前端立墙内侧丁砖各镶嵌一块模印画像的小方砖，东侧为万岁，西侧为捧熏炉飞天（图 36 - 3；彩版一三六，1、2）。

墓室南壁平直，东、西壁微凸，北壁弧凸较甚，平面略呈椭圆形。墓室内长 5.44 米（从北壁至封门内面）。南壁分列甬道两侧，宽 1.65、残高 0.48 ~ 0.54 米，上均残存一拼合的线雕人物图案，人物仅存胸部以下部分，宽 34、高 44 厘米，形制和 M9 南壁人物相同。北壁垂直宽 1.67、残高 0.18 ~ 0.35 米，垂线长 34 厘米，现存砌砖一丁三顺。墓室中部最宽 2.01 米。墓室中后部设有棺床，棺床前端以长方砖一丁一顺砌筑，高 19.5 厘米，宽 1.88、距离南壁 0.87、前端距离北壁 3.67 米，上面铺砖纵横交错，仅在墓壁下有保留。墓室前部及甬道铺地砖为人字形。东、西壁前部保存较多，后部留存较少。西壁现高 0.72 ~ 1.48 米，距底 1.08 ~ 1.09 米的墓壁前部砌有直棂窗一组，窗宽 64 ~ 64.5、高 24.5 厘米，有 7 根破子棂。直棂窗距离南壁 0.9 米，其后部偏上开有一桃形小

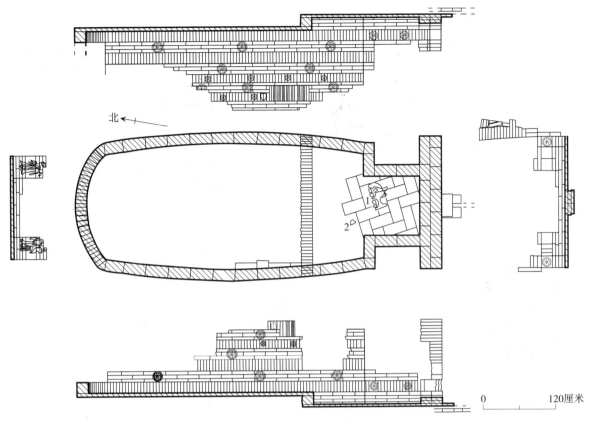

图 36-1　M100 平、剖面图

1. 青瓷盘口壶　2. 青瓷小碗

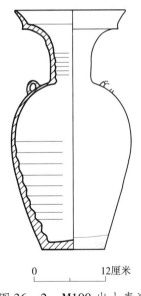

0　　　　　12厘米

图 36-2　M100 出土青瓷
盘口壶（M100:1）

龛，小龛距窗 5 厘米，宽 9、高 11、进深 7.5 厘米。西壁图案组合：第 2、3、4 组顺砖层分别有平拼的八瓣大莲花 3、2、3 朵，莲花直径 14.8~16 厘米。丁砖一短侧面多模印有"方"字，个别为"大字" 2 字，还有三分之一莲花或双钱纹。第 3、4 层丁砖有两砖竖拼的莲花 2~4 朵，莲花直径 8.5~9 厘米。东壁垂直长 4.22 米，现高 0.44~1.34 米，直棂窗、小龛同西壁对称分布，保存较少，窗棂仅存 3 根，其他图案及文字同西壁（图 36-4~7；彩版一三六，3、4；彩版一三七）。

墓葬被盗扰，随葬品仅发现两件，甬道内有盘口壶 1 件，墓室南部出土小碗 1 件，均为青瓷。

盘口壶　1 件。M100:1，盘口大而深，外侈较大，束颈较长，圆肩，鼓腹，平底。肩部对称两组纵向双排系。施青绿色釉，紫灰胎。口径 17.8、腹径 19.9、底径 9.8、高 37.5~38.5 厘米（图 36-2；彩版二五四，1）。

小碗　1 件。M100:2，口微侈，肩微凸，假圈足，平底。底以上施青绿色釉，釉层较厚。碗底内面及外面近底处有堆釉。底径 3.5~3.6、高 3.8 厘米。

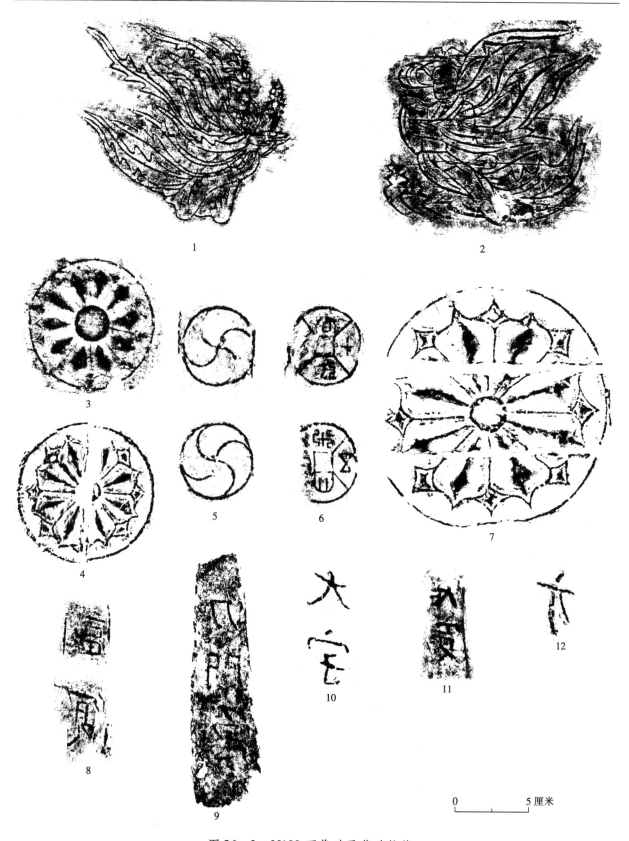

图 36 – 3　M100 画像砖及墓砖纹饰
1. 券门西侧捧熏炉飞仙　2. 券门东侧捧盒飞仙　3. 小方砖正面莲花　4. 丁砖两砖竖拼莲花　5. 小方砖侧面双轮纹
6. 双钱纹　7. 墓壁顺砖三砖平拼莲花　8. 副宽　9. 刀门急　10. 大字　11. 大宽　12. 方

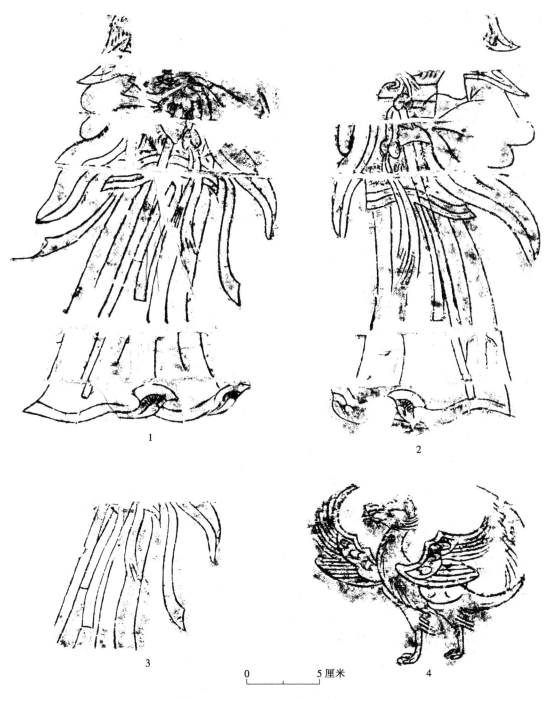

0 _____ 5 厘米

图 36－4　M100 墓室及封门画像

1. 墓室南壁东墙左将军　2. 墓室南壁西墙右将军　3. 封门墙东侧上面画像砖　4. 券门万岁

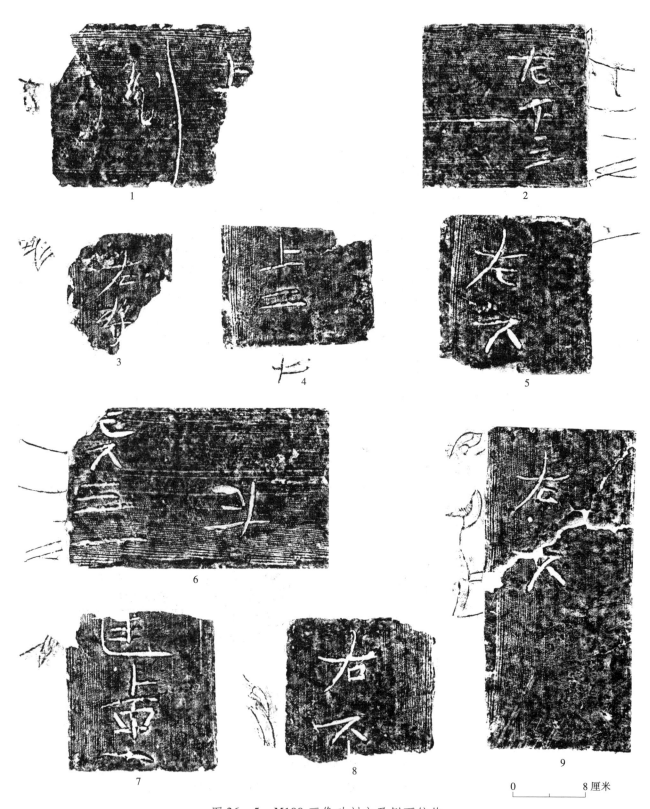

图 36－5　M100 画像砖刻文及侧面纹饰

1. 到上　2. 左下三一　3. 左将　4. 上二　5. 左下　6. 左下三一　左　7. 建上中一　8. 右下□　9. 左下

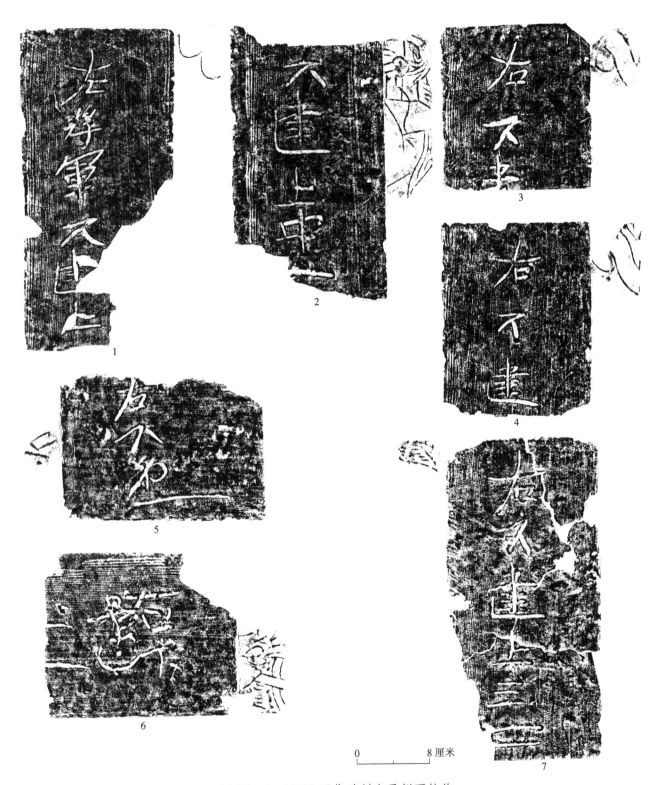

图 36 - 6　M100 画像砖刻文及侧面纹饰
1. 左将军下建上　2. 下建上中一　3、4. 右下建　5. 右下第一　6. 右下建□一　7. 右下建上三二

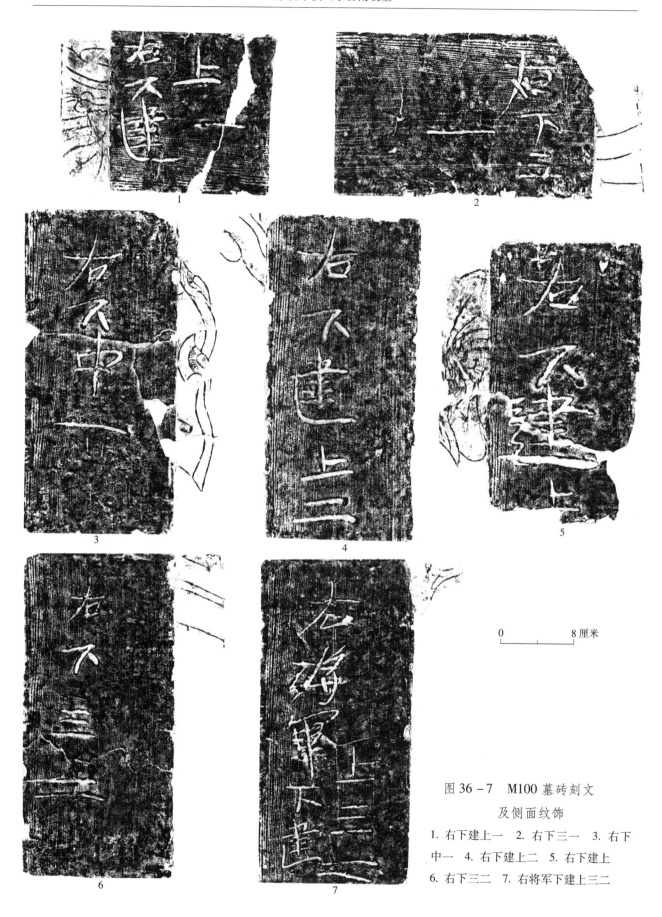

图 36－7　M100 墓砖刻文
及侧面纹饰
1. 右下建上一　2. 右下三一　3. 右下
中一　4. 右下建上二　5. 右下建上
6. 右下三二　7. 右将军下建上三二

0　　　　　　8厘米

表 25 - 1 M100 墓砖刻字统计表

类别	文字内容（行数）	侧面图像	备注
	到上（2 行）		残砖
左将军	左下三一（2 行）	线雕服饰纹	残砖
	上二（1 行）	模印一"方"字	残砖
	左将（1 行）	线雕服饰纹	残砖
	左下（1 行）	线雕衣纹	残砖
	左下三一 左（2 行）	线雕衣纹	整砖，后面一"左"反向
	左下（1 行）	线雕衣履纹	整砖
	左将军下建上（1 行）	线雕衣纹	整砖
	下建上中一（1 行）	线雕衣纹	残砖
	建上中一（1 行）	线雕衣纹	残砖
右将军	右下□（1 行）	线雕衣纹	残砖
	右下建（1 行）	线雕衣纹	残砖
	右下第一（1 行）	模印一"方"字	残砖
	右下建□一（3 行）	线雕衣纹	残砖
	右下建上一（2 行）	线雕衣纹	残砖
	右下建（1 行）	线雕衣纹	残砖
	右下三一（2 行）	线雕衣纹	整砖
	右下建上三二（1 行）	线雕铠甲纹	整砖
	右下中一（1 行）	线雕履纹	整砖
	右下建上二（1 行）	线雕衣纹	整砖
	右下建上（1 行）	线雕衣纹	略残
	右下三二（1 行）	线雕衣纹	整砖
	右将军下建上三二（2 行）	线雕衣纹	整砖

表 25 - 2 M100 墓砖统计表

单位：厘米

种类	长	宽	厚	图案纹饰	字符	备注
长方砖		17～18	5.8～6	双钱纹	下	墓壁第一层丁砖
长方砖	35.2～36.3	6.6～7.9	5.5～6	半莲花		
长方砖		17～17.7	4.8～5.2		大圩	墓壁第二层丁砖
长方砖		13.5～13.7	5～5.2	半莲花		墓壁第三层丁砖
长方砖	31	9.4～18	3～4.9		个别印"建""方"	墓壁第三层丁砖
梯形砖	32.1～17.5	大 9.4～14.9 小 8.4～10.2	2.7～5	个别印小莲花，正面印大小双莲花	个别印"五""中""建""一""三""六"	

续表 25-2

种类	长	宽	厚	图案纹饰	字符	备注
纵楔砖	31.3~32.2	15.2~15.9	大 6.2~7.7 小 2.2~2.7			
纵楔砖	22.7~31.4	大 11~15.6 小 8.4~9.8	大 6.4~6.7 小 2.8~3.1		大急	个别砖印大急
横楔砖		17.9~18	大 5.6~5.8 小 3~3.1			
长方砖	14.4~14.5	16.1~16.7	2.4~2.6	墓室西壁窗为三角形砖		
长方砖	24.1~24.4	15.3~15.4	4.3~4.5		副宽	

三四　M103

M103 位于小横山东部从上往下第二排，东部为 M104 及 M107，西侧为 M102 及 M101。方向 165°（图 37-1~37-4；彩版一三八~一四三；表 26-1）。

M103 由封门、甬道、墓室三部分组成（图 37-1；彩版一三八，1）。

封门通宽 2.46、厚 0.38、残高 0.89~1.56 米。中间封墙宽 1.63、现高 1.03 米，由底往上一顺一丁、一顺一丁、三顺一丁、五顺，上面四层顺砖为一端极厚、一端极薄的"出副急"纵楔砖头尾相合而成；从下往上第二组丁砖由"中宽"、"中急"、"中小"、"副竚"、"门急"、"大竚"、"小宽"、"小急"、"刀大字"、"刀大宽"等砖立砌而成；最上一组丁砖中有"门急"、"大竚"、"中急"、"副竚"、"刀大薄"等种类（图 37-2）。封墙两侧为券门立墙，立墙一丁三顺砌筑，两侧夹有单层立砖。券门立墙下面三组丁砖均为小方砖，上模印有画像，东墙由底往上分别为大莲花、捧盒飞仙、大莲花；西墙分别为复瓣莲、捧熏炉飞仙、大莲花；第四组丁砖为面饰双莲花的小长方形砖，上面再平砌两层"竚大"砖。拆除封墙后，封门中部往内递减缩小成中、内两层立墙，构造和外面的立墙相同。中层立墙东壁画像由下往上分别为狮子（雄）、万岁、捧盒飞仙；西壁分别为狮子（雌）、千秋、捧熏炉飞天。内层立砌东壁由下往上分别为万岁、捧盒飞天、狮子（雄）；西壁分别为千秋、捧熏炉飞仙、千秋。券门立墙外面东侧为宽 0.36~0.43、高 1.56 米的平砌砖墙，上部以楔形砖及长方砖混合砌筑，下部为长方砖平砌。封门底部正中朝外伸出 1.15 米长的排水道。小方砖长 16.5~16.9、宽 13.3~13.7、厚 5.4~5.7 厘米，一短侧面印 5 瓣半莲花，一侧面印"大泉五十"双钱纹，砖正面模印各种画像。另外，在乱砖中发现有 3 块小梯形画像砖，其中两块为凤鸟踏莲，长 16.9、大头宽 14.1~14.3、厚 5.1 厘米，上模印一"六"字；小头宽 10.4、厚 5.1 厘米。一块为宝瓶莲，长 16.5~17.1、大头宽 11.2、厚 4.5 厘米，上刻一"五"字；小头宽 8.9、厚 5.4 厘米（图 37-3、4；彩版一三八，2；彩版一三九~一四一；表 26-1）。

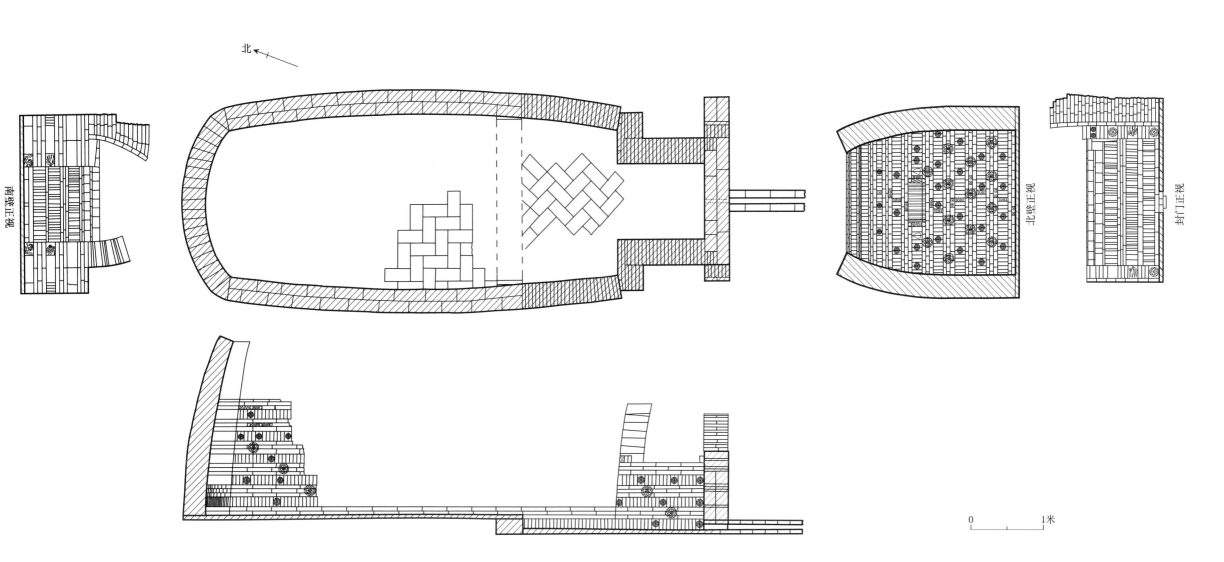

图37-1 M103平、剖面图

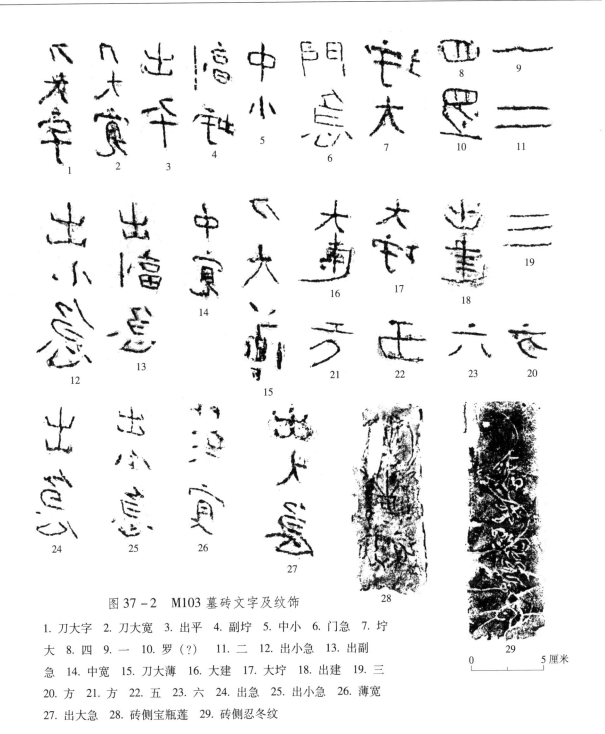

图 37 - 2　M103 墓砖文字及纹饰

1. 刀大字　2. 刀大宽　3. 出平　4. 副坼　5. 中小　6. 门急　7. 坼
大　8. 四　9. 一　10. 罗（？）　11. 二　12. 出小急　13. 出副
急　14. 中宽　15. 刀大薄　16. 大建　17. 大坼　18. 出建　19. 三
20. 方　21. 方　22. 五　23. 六　24. 出急　25. 出小急　26. 薄宽
27. 出大急　28. 砖侧宝瓶莲　29. 砖侧忍冬纹

0 _____ 5厘米

甬道平面呈长方形，宽 1.01 ~ 1.03、进深 1.2 米。西壁现高 0.83 ~ 1.33、东壁现高
0.88 ~ 1.68、直壁高 0.88 米。上面的券壁有部分保留。其中西壁券壁上第 3 层丁砖为"四"
字梯形砖，砖长 33.5、大头宽 10.8、小头宽 8.8 ~ 9.2、厚 4.3 ~ 4.5 厘米，内面印单钱纹或半
莲花。砌法：三顺一丁。直壁顺砖层装饰三砖平拼的大莲花（直径 13.8 ~ 15 厘米），丁砖每
层装饰两砖竖拼的莲花（直径 9.7 ~ 10 厘米）3 朵及双钱纹、"大建"文字砖。券壁丁砖主要
装饰单钱纹，偶有两砖拼合的小莲花（直径 7.6 厘米），也有少量的"出建"文字砖。

图 37 - 3　M103 券门画像及墓砖纹饰

1. 外券门西侧捧熏炉飞仙　2. 外券门东侧捧盒飞仙　3. 中券门东侧万岁　4. 中券门西侧捧熏炉飞仙　5. 中券门东侧捧
盒飞仙　6. 墓壁顺砖三砖平拼莲花　7. 内券门西侧捧熏炉飞仙　8. 内券门东侧捧盒飞仙

顺砖层有的厚薄相间，其中厚砖上装饰有双钱胜纹（图 37 - 4；彩版一四二）。

　　墓室南壁平直，北壁弧凸较甚，东、西壁微凸，平面略呈椭圆形。北壁及东西两壁北端
保存较多，其余仅存 0.3 米左右高度。南壁宽 1.93、墓室中部最宽 2.32、北壁垂直宽 1.93
米，垂线长 33 厘米。墓室中后留设棺床，棺床前面的砌砖仅在两侧有保留，下面丁一层，上
面平砌一层，高 19 厘米。棺床前端宽 2.2、距离南壁 1.29 米，上面铺砖纵横相间。东西壁北

图 37－4　M103 画像及墓砖纹饰

1. 墓室南壁东墙狮子　2. 墓室南壁西墙狮子　3. 外券门东侧莲花　4. 中券门西侧狮子　5. 内券门东侧狮子　6. 外券门西侧复莲花　7. 中券门西侧千秋　8. 内券门西侧千秋　9. 外券门东侧双莲花　10. 券门双莲花　11. 墓砖莲花网格纹装饰

端现高 1.23～1.54 米，西壁垂直长 5.27、东壁垂直长 5.25 米。墓室内长（由北壁正中至封门内面）6.79 米。北壁保存较好，现高 2.33 米，上端宽 1.32 米。表面装饰复杂。距离棺床面 1.22 米的北壁正中为一组 8 根破子棂窗，窗宽 64、高 24.5 厘米，两边各嵌一侧面朝外的长条砖作为界栏，砖上两端各饰一小莲花，中间为菱形网格纹。直棂窗两侧各开一桃形小龛，小龛最宽 9、高 10 厘米。北壁砌法：三顺一丁。顺砖层多饰双钱纹及三砖平拼的莲花（直径 11.3～12 厘米），丁砖层多饰单钱胜纹及两砖竖拼的莲花（直径 8.5～9.5 厘米）。直棂窗上面第一层丁砖多饰双钱纹及两砖竖拼的莲花（直径 8.3～9 厘米）；再上面 3 层丁砖多饰单钱纹及两砖竖拼的莲花（直径 7.5～7.8 厘米）。顺砖层从直棂窗上面开始用楔形砖，同长方砖混合使用。楔形砖内面较薄，有下面几种规格：（1）宽 12.6～12.7、厚 3.2～3.5 厘米，上印"出平"2 字。（2）宽 8.5～9、厚 3.4～3.5 厘米，素面，中部略下凹。（3）宽 7.8～8.2、厚 2.4～2.5 厘米，素面。（4）宽 8.5～8.8、厚 1.6～1.7 厘米。南壁西墙宽 0.45～0.47、现高 0.88 米，三顺一丁。靠近甬道的丁砖为小方砖，砖长 17、宽 13～13.5、厚 5.4～5.6 厘米。最下一层为一狮子（雄），第二层为一捧盒飞天。南壁东墙现高 0.98 米，最下一层为一狮子（雌），第二层为一捧熏炉飞天。南壁东墙外侧的券墙现高 1.69 米，上面立砌 7 层梯形砖，由下往上分别为"二"、"一"、"三"、"五"、"六"、"六"梯形砖，其中第 4 层砖小头朝内，其余均大头朝内（图 37－3、37－4；彩版一四三）。

墓壁双砖并列，平丁相间。平砌砖长 33.5～34.5、宽 16.2～16.5、厚 5～5.5 厘米；丁砖长 33.5～34、宽 12～13、厚 5～5.4 厘米，装饰有双钱纹、单钱胜纹、半莲花及"大建"文字。

墓葬盗扰严重，未发现随葬品。

表 26－1　M103 墓砖统计表

单位：厘米

种类	长	宽	厚	图案纹饰	字符	备注
梯形砖	33.6	大 9 小 8.2	大 4.5 小 4.6～4.7		一	
梯形砖	33.1	大 9.7 小 8.5	大 4.5～4.6 小 4.8	半莲花	二	
梯形砖	32.8	大 10.5 小 8.4～8.5	大 4.6 小 5	半莲花	三	
梯形砖	33.9	大 11.1 小 8.7	大 4.2～4.3 小 4.9	单钱纹	四	
梯形砖	33	大 13.6 小 8.1	大 4.5 小 4.8		五	
梯形砖	32	大 15 小 9.1	大 4.8 小 5.2		六	
纵楔砖	33.4～33.6	17～16.5	大 3.5～3.8 小 2.5～2.8		副圹	

续表 26 - 1

种类	长	宽	厚	图案纹饰	字符	备注
纵楔砖	33.1	大 16.2 小 16	大 6 小 3		大急	
纵楔砖	33.9	大 16.4 小 16.8	大 5.8 ~ 5.9 小 2.5		小急	
纵楔砖	31.8	大 15.2 小 15.3	大 6.7 ~ 6.5 小 2.5 ~ 2.7		副急	
纵楔砖	33.9	大 9.7 小 9.2	大 4.4 小 4		出宽	
纵楔砖	34	16.3 ~ 17	3.7 ~ 4		大宽	
横楔砖	33.2	16.3	大 4.1 小 2.6		刀大字	
横楔砖	33.9	大 13.5 小 9.5	大 5.3 小 2.5		出小急	
横楔砖	32	大 15.1 小 15.6	大 5.5 小 1.8 ~ 2		中急	
纵楔砖	33.9	大 10 ~ 10.2 小 9.5	5.4		出小急	字小，笔画细
纵楔砖		10	4 ~ 4.1		出急	
纵楔砖		9.4	3.2		小宽	
长方砖	34.1	13.2 ~ 13.4	5 ~ 5.4	单钱纹	大建	
纵楔砖	33.6	16.5 ~ 16.6	大 6.1 ~ 6.3 小 5	双钱纹	㣥大	
纵楔砖	33.9	16.5 ~ 16.7	大 4.3 ~ 4.4 小 2.2 ~ 2.4		大㣥	
横楔砖	33.6	16.7 ~ 16.9	大 3.7 ~ 3.8 小 2.5 ~ 2.8		刀大薄	
横楔砖	33.2	16 ~ 16.5	大 4 ~ 4.1 小 3.6		刀大宽	
纵楔砖	34.2	16.6 ~ 17	大 3 小 2.3		大薄	
纵楔砖	33.7	16	大 3.1 小 2.4		薄宽	
纵楔砖	32.8 ~ 33.1	16.2	大 3.7 ~ 4 小 2.7		中宽	

续表 26-1

种类	长	宽	厚	图案纹饰	字符	备注
纵楔砖	32.6~34	16.3~16.4	大 2.9 小 2.4		小宽	
纵楔砖	33.6	16.8	大 2.8 小 2.3		中小	
纵楔砖	33.3	大 10.7~11.5 小 7.9	大 6.3 小 2.8~2.9		出大急	
横楔砖	33~33.1	16.1~16.5	大 4.6~4.9 小 2.1		刀小急	
横楔砖	32.8~33	16.1~16.4	大 5.3~5.6 小 3.6		刀大急	
横楔砖	33.4~34.2	15.3~15.9	大 7.7~8.1 小 2.2~2.4		门急	
梯纵楔砖	34.5~35	大 14~14.3 小 9~9.1	大 10.3~10.5 小 2~2.3		出副急	
小方砖	16.7~17	13.5	5.3~5.5	一面双钱纹 一面半莲花		
小长方砖	17~17.1	8.5	4.9~5		一	
纵楔砖	33.1	16.3	大 4.1~5.4 小 2.9~4.1		头急	
长方砖	33	16.5	2.2~2.5			
长方砖	34.1	16.7	3.9		中大	
纵楔砖	30.1	大 16.2 小 9.8	大 6.1 小 2.4		出大急长	
纵楔砖	30.4	大 13.2 小 9.7	大 6.1 小 2.8		出大急	
纵楔砖	33	大 9.1 小 8.5	大 6.3 小 5	单线纹	出建	
长方砖	33.5~34	12.7~12.9	5.2~5.3	双钱纹		
长方砖	33.7	16.1	5.3~5.6		方	

三五　M107

　　M107 位于小横山东部，东北为 M105 及 M106，西北为 M104，其墓底比相邻其他墓葬低 1 米左右。方向 168°（图 38-1~38-8；彩版一四四~一四六，表 27-1）。

　　M107 砖室构筑于石质墓圹内，墓圹平面略呈椭圆形，北壁朝外弧凸较大，东、西壁微凸，

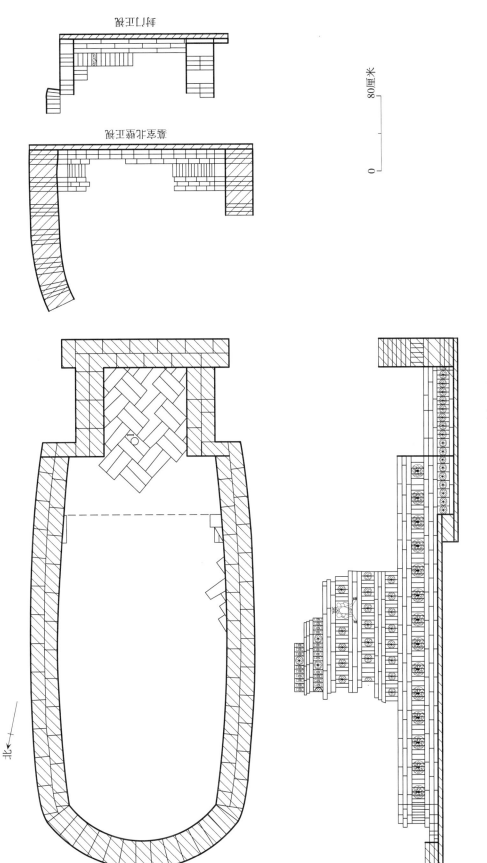

图38-1　M107平、剖面图
1. 青瓷小碗

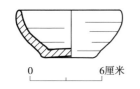

图 38 - 2　M107 出土青瓷
小碗（M107:1）

环绕于砖室外侧。壁面上部稍内收，墓圹壁面较光洁，人工修整痕迹明显。砖壁距离墓圹 9 ~ 25 厘米。

M107 由封门、甬道及墓室三部分组成（图 38 - 1；彩版一四四，1）。

封门位于甬道前端，东西向横亘于甬道口，通宽 1.68、厚 0.33、现高 0.16 ~ 0.77 米，有的砖面模印 S 形卷草图案或"中宽"等文字，其中东侧一砖面刻"右下一"3 字、一长侧面模印衣纹图案（彩版一四四，2）。

甬道平面呈长方形，宽 0.8、进深 0.94、现存高度 0.27 ~ 0.56 米，最下为一顺一丁，再往上为三顺一丁（彩版一四五，1）。

墓室平面略呈椭圆形。墓壁以青砖双层砌筑。墓底铺地砖作人字形。墓壁北壁为朝外弧凸的圆弧形，现高 0.33 ~ 0.61、垂直宽 1.58 米，垂线长 38 厘米。南壁较平直，宽 1.58 米，墓室中部最宽 1.86 米。东西二壁也朝外微凸，东壁长 3.73、现高 0.6 ~ 1.74、西壁长 3.78、现高 0.6 ~ 0.88 米。墓壁砌法：三顺一丁，其中东、西二壁最底一层为一顺一丁，往上均为三顺一丁。第一层丁砖为连续的两砖竖拼小莲花 7 朵，莲花直径 7 ~ 7.5 厘米。第二层丁砖饰三砖竖拼的大莲花，大莲花直径 12.5 厘米，东壁 14 朵、西壁 12 朵，其中西壁由南往北第四朵直径 9 ~ 9.4 厘米。第三层丁砖饰两砖竖拼的小莲花，小莲花直径 7.3 ~ 8 厘米，东壁现存 8 朵，西壁现存 3 朵。第四至第七层丁砖仅在东壁有保存，第四层丁砖现存 6 朵小莲花及 1 朵大莲花，第五层丁砖现存 5.5 朵小莲花。第六、七层丁砖属于券顶部分，分别保存 2.5 朵、1 朵小莲花，莲花之间为单钱胜纹（图 38 - 3；彩版一四五，2；彩版一四六，1）。

东壁中部第五层丁砖及上下平砌砖层拼镶一高浮雕力士，力士赤身大头，两臂粗壮，肌肉丰凸，赤脚，作八字形外撇，宽 20、高 17 厘米。力士的胸腹内凹成桃形小龛，小龛宽 8.5、高 10、进深 6 厘米。东壁中部第三组顺砖上面两层发现有刻字砖，上面一层有"张"、"箫"、"言"、"言下"、"仙"、"琶"、"左上中"七种文字；中间一层有"右上中"、"火"、"右上三二"、"生下"四种。砖的一侧面均模印图案（图 38 - 4 ~ 8；彩版一四六，2）。

北壁平砌砖为"足"字梯形砖，砖长 29.8 ~ 30、厚 4.5 ~ 4.6、大宽 18.3、小宽 13.7 ~ 13.8 厘米；丁砖层立砌"建足"楔形砖，砖长 30 ~ 30.7、大宽 14.8、厚 4.8 ~ 4.9 厘米；小宽 14.2、厚 3.8 厘米。

墓室中后部有砖砌棺床，棺床高 18 厘米，前端宽 1.73、距离南壁 0.62 米，表面平砌一层人字形砖。

M107 刻字墓砖：发现于墓室东壁下部、封门或乱砖中，均于长方砖的正面刻字，字为楷体或行楷，潇洒自然，文字种类丰富；砖正面拍印有绳纹，一长侧面或短侧面模印纹饰或图像（图 38 - 4 ~ 8）。

（1）张，1 块。正面偏上刻一"张"字，一短侧面模印一人双手捧一乐器吹奏，似为笙。

（2）火，1 块。正面偏上刻一"火"字，一短侧面模印高凸的三块弧形纹饰，似为力士两臂的肌肉块。

（3）合，2 块。一块正面刻"合三"2 字，一短侧面模印纹饰；一块正面刻"合下"2

字，一长侧面模印纹饰。

（4）言，3块。一块完整，正面刻一"言"字，一短侧面模印纹饰；一块残存不到一半，正面"言"不完整，一短侧面模印纹饰；一块仅余残块，正面"言"字完整，一长侧面模印花纹。

（5）花，3块。一块正面"花"字残存三分之二，一短侧面模印突出的花瓣，从现存的幅面看，原来拼合的花应该是很大的。一块仅余下面一半，正面"花"字仅存下半部，一长侧面模印稀疏瘦长的花朵局部。第3块也为残块，正面刻字为两重，下面一重为一"火"字，反向刻；上面一重为一"化"字，笔画切断了下面火字的笔画，一长侧面模印花纹。

（6）仙，7块。其中4块较完整，正面均刻一"仙"字，一短侧面模印纹饰。1）正面"仙"字刻痕较深，笔画细，短侧面模印卷曲的衣纹；2）正面"仙"字单人旁下多一提，侧面模印一人的上半身；3）正面"仙"字笔画较粗，短侧面模印卷曲的衣纹；4）正面"仙"字结构匀称，笔画粗细适中，短侧面模印一人的上半身。剩余3块均为残块，一块正面"仙"字笔画粗，侧面模印一人的上半身；一块正面"仙"字宽大，侧面模印衣纹；另一块仅存"仙"字下半部。

（7）生，5块。其中两块为残块，正面残存"生"或"生□"，一短侧面模印人物的衣纹，两块纹饰一样，属同范制作；另外3块较完整，一块正面刻"生二"2字，一短侧面模印一捧笙吹奏的人物局部；一块正面刻"生下"2字，一长侧面模印纹饰；一块正面刻"生上"2字，一长侧面模印衣纹。

（8）萧，6块。一块保存完整，正面刻一"萧"字，一短侧面模印一双手捧排箫吹奏的人物，人物头顶飘垂衣带纹。剩余5块为残砖，一块正面仅存"萧"字中下部；一块正面仅存"萧"字中上部，一短侧面模印衣带纹；一块正面仅存"萧二"2字，一长侧面模印衣带纹；一块正面残存"萧"字上半部，一短侧面模印一双手捧排箫吹奏的人物，人物头顶飘垂衣带纹。一块正面仅存"萧下"2字，萧字仅存下面局部，一长侧面模印衣带纹。

（9）琶，3块。其中两块保存基本完整，其一正面刻一"琶"字，一短侧面模印一抱持琵琶的人物，人物清秀，头戴小花冠，顶上垂飘带；其二正面刻一"琶"字，一短侧面模印飘飞的衣带纹。另一块残，上刻有"琶上"2字。

（10）左、右类，10块。属于左右将军画像砖，其中左、右各4块，另两块分布刻"下三一"、"下三二"，下字仅存下部，具体归属不详。1）左将军类，一块保存大致完整，正面刻"左上中"3字，一长侧面模印衣纹装饰；一块仅存一半多，正面刻"左下"2字，一短侧面模印衣纹装饰；剩余两块仅存一"左"字，短侧面模印衣纹。2）右将军类，一块正面仅存"右"字，长侧面残存纹饰；其余3块保存基本完整，一块正面斜向刻"右上中"3字，一长侧面模印衣纹装饰；一块正面刻"右上三二"4字，一长侧面模印铠甲纹；一块正面斜向刻"右上一"3字，一短侧面模印铠甲装饰。

（11）其他，仅余残块，文字未存或仅余个别笔画，归属不详。1）正面残存笔画三四道，可能为一"仙"字，一短侧面模印一穿大开领衣的人物。2）正面残存笔画两道，侧面残存纹饰。3）正面笔画残存一道，侧面模印似为一垂带。4）仅侧面残存纹饰，似为一条蛇的部分躯干。5）仅侧面残存纹饰，为两个弧形。6）仅侧面残存纹饰，为两个弧形和一个S形。

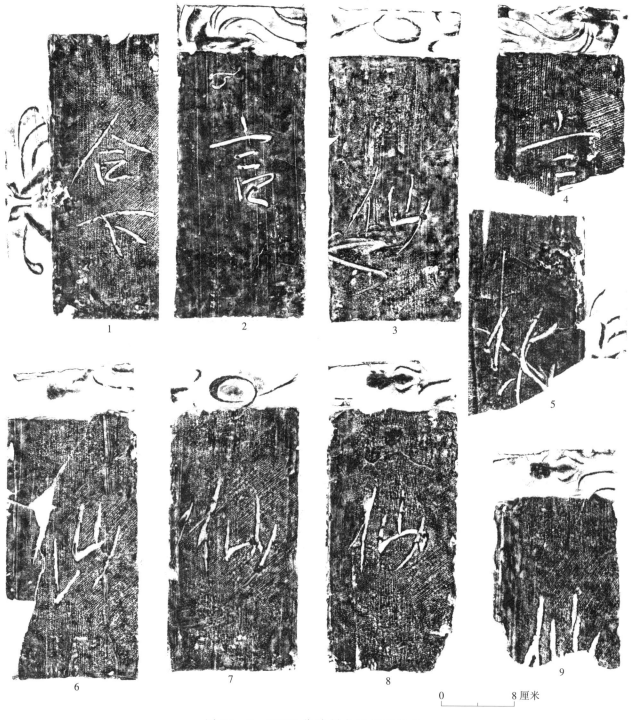

0　　　　8厘米

图38-3　M107墓砖刻文及侧面纹饰

1. 合下　2、4. 言　3、6~9. 仙　5. 化□

　　M107墓砖装饰主要有莲花纹、单线胜纹和卷草纹等。（1）莲花纹，分三种。1）装饰于墓壁第二层丁砖，为三砖竖拼的八瓣莲，花瓣凸起较高，花瓣内又有一层莲瓣，直径12.5厘米。2）装饰于墓室直壁及券壁，为两砖竖拼的八瓣莲，直径7~8厘米。3）装饰于梯形砖小头，为八瓣小莲花，直径3.8~4厘米。（2）单钱胜纹，分两种。一种装饰于券壁丁砖小头，

图 38 - 4 M107 墓砖刻文及侧面纹饰

1、2. 仙 3. 生 4. 生二 5. 生□ 6、8、9. 萧 7. 萧 10. 萧二 11. 琶上

钱文为"大泉五十",圆形方孔,上四出,呈S形旋读,长8.3~8.5厘米,钱径3.5~3.7厘米。另一种装饰于梯形砖的小头,为两个相连的单钱胜纹,单个长6.4~6.8、总长13.1厘米。钱呈圆形方孔,无四出,钱文为"五五十十","五"和"十"对称分布于方孔两侧,钱径3.3~3.6厘米;胜纹两端的三角内各印一"十"字。(3)卷草纹,模印于长方砖的一短侧面,纹饰呈S形卷曲,曲线内伸出四叶草(或花)。

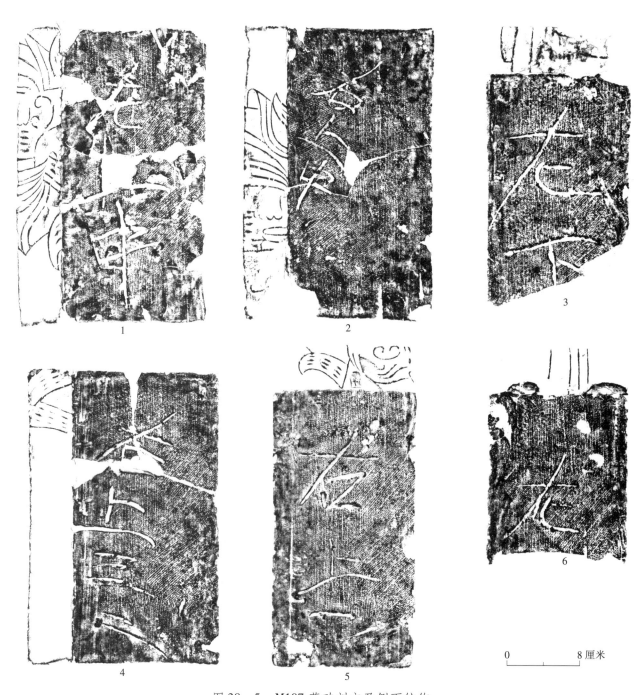

图 38 - 5　M107 墓砖刻文及侧面纹饰

1. 左上中　2. 右上中　3. 左下　4. 右上三二　5. 右上一　6. 左

随葬品仅存 1 件青瓷小碗，位于墓室前部及甬道附近。

小碗　1 件。M107:1，直口微敛，肩微凸，平底。釉层全部脱落。口径 8.6、底径 4.5、高 3.8~4.2 厘米（图 38 - 2）。

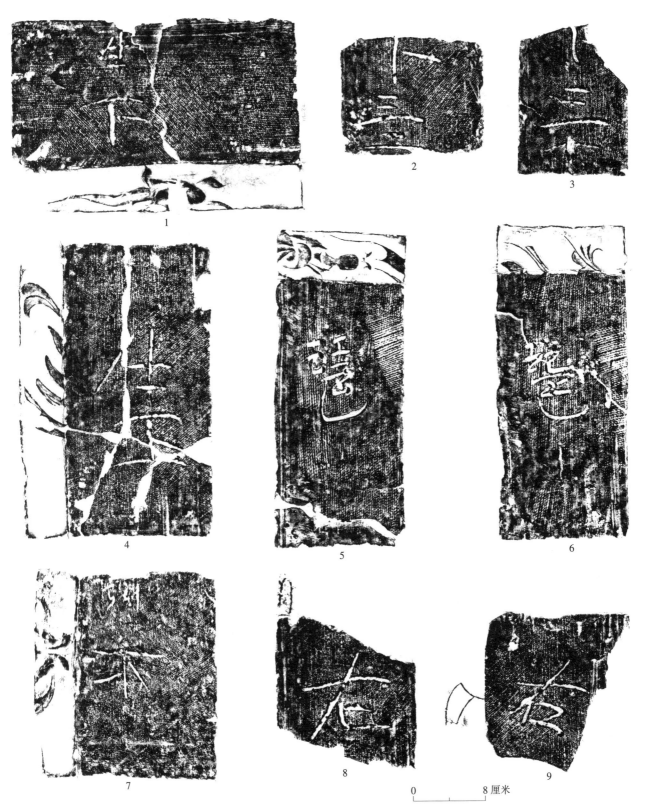

图 38 - 6　M107 墓砖刻文及侧面纹饰

1. 生下　2. 下三二　3. 下三一　4. 生上　5、6. 㠶　7. 萧下　8. 左　9. 右

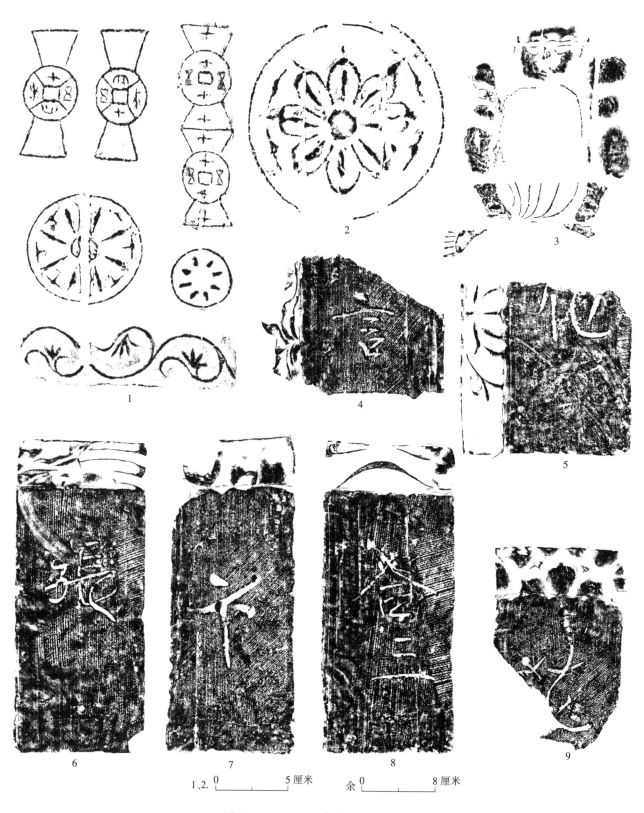

图 38－7　M107 墓砖纹饰及刻文

1. 墓砖侧面装饰　2. 墓壁丁砖三砖竖拼莲花　3. 墓室东壁力士小龛　4. 言　5. 花　6. 张　7. 火　8. 合三　9. 花

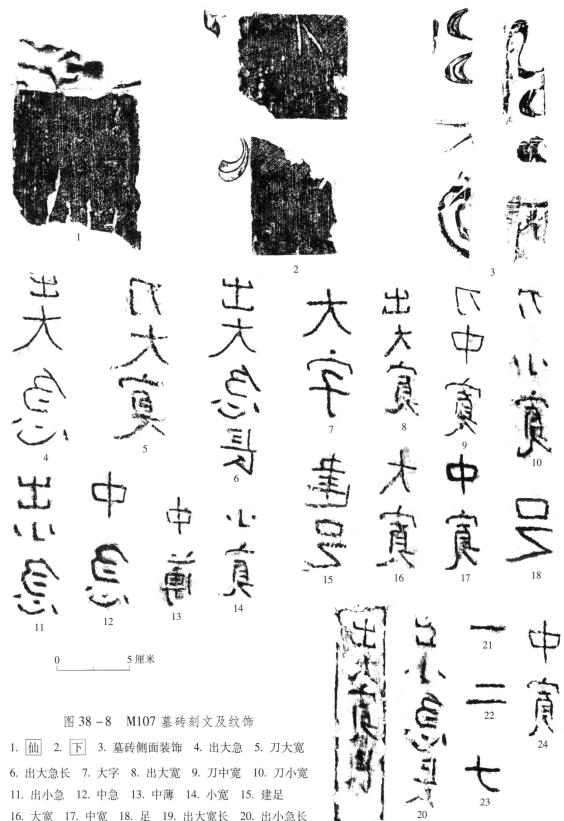

图 38－8　M107 墓砖刻文及纹饰

1. 仙　2. 下　3. 墓砖侧面装饰　4. 出大急　5. 刀大宽
6. 出大急长　7. 大字　8. 出大宽　9. 刀中宽　10. 刀小宽
11. 出小急　12. 中急　13. 中薄　14. 小宽　15. 建足
16. 大宽　17. 中宽　18. 足　19. 出大宽长　20. 出小急长
21. 一　22. 二　23. 七　24. 中宽

表 27 - 1   M107 墓砖统计表

单位：厘米

种类	长	宽	厚	图案纹饰	字符	备注
长方砖	30	15 ~ 15.5	4、5			墓壁平砌及铺地砖
长方砖	29.5 ~ 30	14.5	3.8	半莲花		东西壁丁砖
梯形砖	29.6 ~ 30	大 12.5 小 9.7	4.2	单钱胜纹	一	
梯形砖	29.5 ~ 29.8	大 17.1 小 8.1	大 4.5 ~ 4.7 小 4.4	八瓣小莲花	七	
梯形砖	29.5 ~ 30.3	大 18 ~ 18.2 小 14	大 4.4 ~ 4.5 小 4.7	半莲花	足	
小梯形砖	14.8 ~ 15	大 11.2 小 10 ~ 10.1	大 4.2 ~ 4.5 小 4.1 ~ 4.3		二	
小梯形砖	17	大 13.6 小 8.8 ~ 9	大 4.5 小 4.2		七	
小梯形砖		14.8	4 ~ 4.3		大宽	
楔形砖	29.8 ~ 30	大 16 小 9.8	大 6.2 小 2.7		出大急长	
楔形砖	30.5	大 13 ~ 13.4 小 9.7	大 6 ~ 6.2 小 2.8		出大急	
楔形砖	30 ~ 30.4	大 13.3 小 9.4	大 4.4 小 2.6		出小急	
楔形砖	29.7 ~ 30	大 14.6 小 15.1	大 5.4 小 4 ~ 4.2		大字	
楔形砖		15.3	3.6		中宽	
楔形砖		15	3		小宽	
楔形砖		15.4	2.7		中薄	
楔形砖		15	大 4.3 小 3.9		刀中宽	
楔形砖	27.7 ~ 30	大 14.8 ~ 15 小 10.4	3.4 2.8		出大宽长	
楔形砖		14.6	大 5.1 小 4.3 ~ 4.5		刀大宽	
楔形砖		14.8	大 3 ~ 3.6 小 2.4 ~ 2.9		刀小宽	

三六　M108

M108 位于小横山东部，东部 4 米处为 M100，西部为 M33 及 M34。M108 由封门、甬道及墓室部分组成。方向 160°（图 39 - 1 ~ 39 - 3；表 28 - 1）。

封门通宽 2.41、厚 0.37、现高 0.57 米。最底平砌 3 层，上丁砖一层，再上平砌 6 层到现在顶面。封门两侧立墙面上分别嵌有莲花小方砖一块。封门外有砖砌排水道。

甬道平面呈长方形，宽 0.92 ~ 0.94、进深 1.13 ~ 1.14、现高 0.17 ~ 0.68 米。甬道底及墓室前部底面铺砖均为人字形。

墓室西壁现存较多，东壁次之，南、北二壁保存较少。南壁较平直，东、西壁朝外弧凸，北壁弧凸较大，平面呈椭圆形。北壁垂直宽 1.65、现高 0.32 ~ 0.6 米，垂线长 35 厘米。南壁宽 1.66、现高 0.22 米。墓室中部最宽 1.98 米。东壁垂直长 4.57、现高 0.5 ~ 1.37 米；西壁垂直长 4.55、现高 0.55 ~ 1.92 米，直壁高 1.62 米，起券处并列一层丁砖，丁砖内面印单钱纹或半莲花，内宽 7.7、厚 4.2 ~ 4.5 厘米，小莲花直径 6.9 ~ 7.1 厘米。墓室直壁砌法为三顺一丁，丁砖每层有 1 ~ 7 朵中莲花，直径 9 ~ 9.7 厘米；平砌砖层有三砖平拼的复瓣莲花 2 ~ 3 朵，直径 13.3 ~ 14.2 厘米。M108 墓砖现存长方砖和梯形砖两种。长方砖分两种规格，一种长 31 ~ 31.5、宽 15.5 ~ 16、厚 4.5 ~ 4.6 厘米，所占数量最多；一种长 31、宽 14、厚 4.5 厘

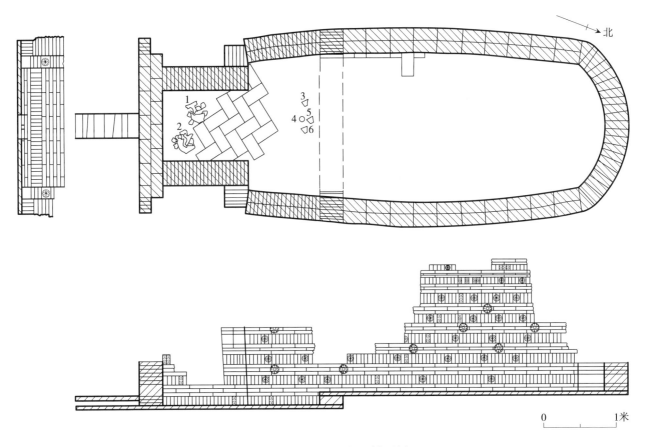

图 39 - 1　M108 平、剖面图

1、2. 青瓷盘口壶　3 ~ 6. 青瓷小碗

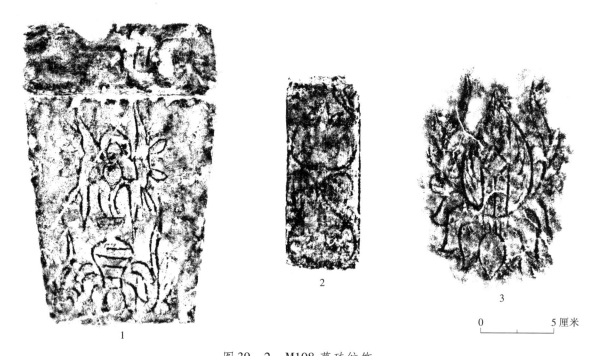

图 39 - 2　M108 墓砖纹饰

1. 宝瓶莲画像及侧面文字　2. 墓砖侧面纹饰　3. 宝珠画像

米，数量较少。梯形砖主要砌于墓室东西壁和北壁，东西壁（侧壁）梯形砖长 31.3 ~ 32、厚 4.2、大头宽 11.2 ~ 13、小头宽 8.7 ~ 9 厘米，大头多印有文字，小头有的印一小莲花；北壁梯形砖位于北壁平砌砖层，长 31.5 ~ 32.4、大头宽 16、小头宽 12.5、厚 4.5 ~ 4.8 厘米（图 39 - 2；表 28 - 1）。

墓室底部有棺床，棺床距离南壁 99.5 ~ 100.5 厘米，前端砌砖仅余两端，宽 1.89、高 0.18 米，棺床面上平铺一层砖，铺砖大多被毁，仅在四周砖壁下有存留。

随葬品残存 6 件，均为青瓷器，其中盘口壶 2 件、小碗 4 件。

盘口壶　2 件。M108：1，盘口较深，外侈较大，束颈，圆肩，肩部对称两组纵向双排系，鼓腹，平底。口部歪斜，施青绿色釉。口径 17、腹径 20.3、底径 10.5、高 34.3 ~ 37 厘米（图 39 - 3 - 1；彩版二五四，2）。M108：2，盘口残缺，束颈，圆肩，鼓腹，平底微凹。肩部对称两组纵向双排系。施青绿色釉，表面凸起不少小包，紫灰胎。腹径 20.9、底径 10.3、残高 37 厘米（图 39 - 3 - 2；彩版二五四，3）。

小碗　4 件。分 A、B 两型。

A 型　3 件。平底或微凹，不带假圈足。形制基本相同，口微侈，圆肩，釉层完全脱落。M108：3，口径 8.1、底径 4.5、高 3.9 厘米（图 39 - 3 - 3）。M108：4，口径 8.6、底径 4.5、高 3.6 厘米（图 39 - 3 - 4；彩版二五五，1）。M108：5，口径仅余口部残片，高 3.6 ~ 4 厘米（图 39 - 3 - 5）。

B 型　1 件。M108：6，带假圈足。仅余碗底部分，底以上施青绿色釉，釉层裂纹较多。底径 4 厘米（图 39 - 3 - 6）。

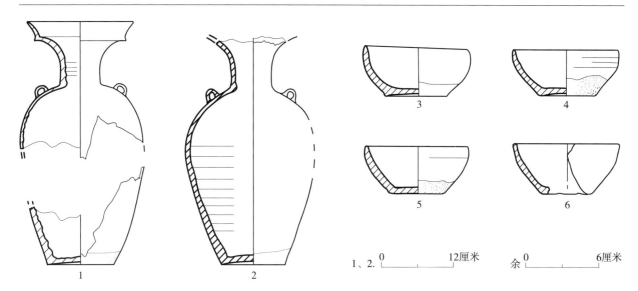

图 39 - 3 M108 出土青瓷器

1~2. 盘口壶（M108∶1、M108∶2） 3~5. A 型小碗（M108∶4、M108∶3、M108∶5） 6. B 型小碗（M108∶6）

表 28 - 1 M108 墓砖统计表

单位：厘米

种类	长	宽	厚	图案纹饰	字符	备注
长方砖	30.8~31	15.4~15.5	4.2~4.5	半莲花		个别印莲花，平砌砖
长方砖	32~32.7	14.5~15.7	2.6~4.5	半莲花	急	个别印"急"，平砌砖
梯形砖	32.3	大 13.5 小 8~8.3	4.2~4.4	单钱纹	六	起券第一层丁砖
梯形砖	30.7~31	大 13.5 小 8~8.3	4.2~4.4	半莲花	六	起券第一层丁砖
梯形砖	31.7~32	大 9~9.3 小 8.3~8.4	4.7~4.5	单钱纹	一	起券第二层丁砖
梯形砖	30.7~31	大 9.4~9.7 小 8~8.3	4~4.1	半莲花	一	起券第二层
楔形砖	31.1~31.5	15.5~15.9	大 5.2~5.7 小 2~2.2			起券第一层
纵楔砖	31.4~31.8	5~5.4	大 5~5.3 小 3~3.3			第六层平砌

三七 M109

M109 位于 M78 的东部，其底部比 M78 底部高近 2 米，其东部为 M33。M109 由封门、甬道和墓室三部分组成。方向 165°（图 40 - 1~40 - 8；彩版一四七~一五二；表 29 - 1、29 - 2）。

封门由中部封墙、券门两侧立墙及翼墙组成，通宽 1.89、高 0.7、厚 0.34~0.4 米。封墙

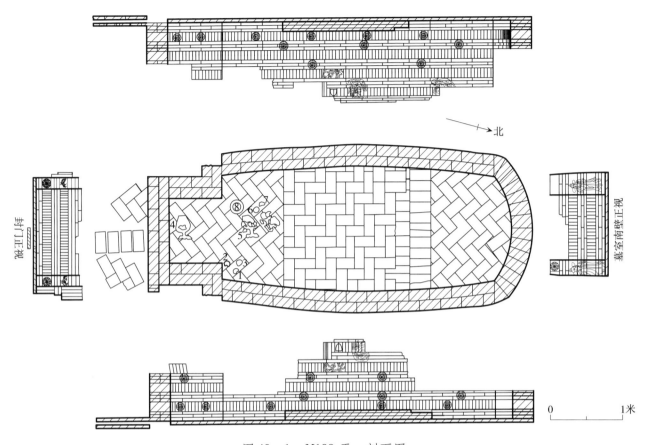

图 40 - 1　 M109 平、剖面图

1~3、6、7. 青瓷小碗　 4、5、8. 青瓷盘口壶

位于中部，宽 1.23~1.28 米，最下一组为两顺一丁，再往上即为三顺一丁，丁砖种类较丰富，长方砖、楔形转、梯形砖均有，砖文有"方"、"小急"等。两侧立墙宽 15.5~16 厘米，三顺一丁，丁砖为小方砖。小方砖长 15.5~16、宽 13.5、厚 5.2~5.3 厘米，一侧面印双轮，一侧面印宝瓶莲。券门现存两组丁砖，下面一组饰一朵大莲花，上面一组丁砖分别饰千秋（西侧）和万岁（东侧）画像。东侧的丁砖内还有飞天小方砖。两侧立墙正面的丁砖被揭取后，两侧还各有一组武士画像，同墓室南壁两侧的武士形象一样，当为建造墓室时备用的画像。封门立墙外侧为纵向立砌的翼墙，较窄。封门前的墓室底部铺地砖朝外伸出 0.64 米长的一段，中部有横砌的排水道，排水道宽一砖，残长 0.82 米（图40-3~5；彩版一四八）。

甬道平面呈长方形，宽 0.96~0.98、进深 1.01、高 0.66~0.84 米。墓壁平直，壁面装饰一两朵莲花。甬道及墓室底部平砌砖均为人字形（彩版一四七，2）。

墓室平面南壁较平直，东、西壁朝外弧凸，北壁弧凸较甚，基本呈椭圆形。南壁宽 1.54、北壁垂直宽 1.55 米，垂线长 25.5 厘米。墓室中部最宽 1.84 米，东壁垂直长 4.2、西壁垂直长 4.22 米。四壁仅存中下部，北壁高 0.42、南壁高 0.66~0.84、东壁高 0.66~1.25、西壁高 0.36~1.17 米。墓壁厚 32 厘米，三顺一丁，平砌砖双层并列。平砌长方砖长 31.5~32.2、宽 15~16、厚 4.5~4.7 厘米。丁砖长 31.7、宽 13、厚 4.8~5 厘米。北壁

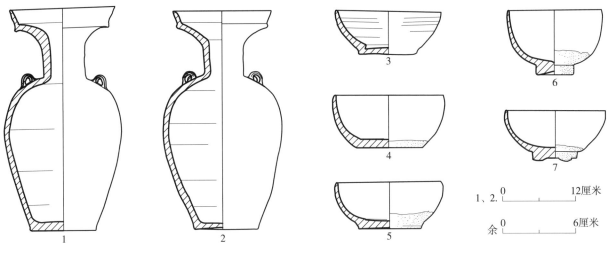

图 40 - 2　M109 出土青瓷器

1、2. 盘口壶（M109:4、5）　　3、4、5. A 型小碗（M109:1、M109:6、M109:7）　　6、7. B 型小碗（M109:2、M109:3）

以梯形砖平砌而成，上饰单钱胜纹，砖长 32 ~ 32.2、厚 4.5 ~ 4.7、大头宽 15.2 ~ 15.5、小头宽 13.5 ~ 14 厘米。

　　墓室中部偏后有砖砌的棺床，棺床呈长方形，四面同墓壁分离，其南端和北端均宽 1.75、长 2.25 米，高 15 厘米。棺床距离南壁和北壁均 0.96 米，距离北壁中心 1.23 米。砌法：棺床前端并列纵向立砌一排砖，北端以梯形和长方砖平砌三层，表面平铺一层砖，作纵横向的席纹状。棺床上面平砌砖中有四块刻有文字，前面一块小方砖上刻"上第一" 3 字，北部两块条砖上分别刻"右下三第二"、"右下建上三二"，西北部一块小方砖上刻"右下" 2 字（图 40 - 6、40 - 7；彩版一四九，1）。

　　墓室南壁及东西二壁均有画像，南壁东西两侧各有一将军形象，相向站立，占据两组丁砖及 5 层平砌砖的面积，高 54 ~ 55、宽 30 厘米。人物均头戴冠，眉目清秀，曲领，有护颈，上身披两当铠，肩有披膊，下穿袴褶，袴上有铠甲护腿，足登翻头靴，双手握挂环首仪刀，领及披膊上均垂挂桃叶形饰件。西侧的将军手臂还搭垂一件衣物（图 40 - 3；彩版一五〇，1、2）。

　　东壁中上部有三组画像，上面为两个多砖拼合的伎乐飞仙，前后排列，双手捧笛吹奏，眉目清秀，面庞圆润，衣带飘舞，飞翔于云气中，宽 31、高 30 厘米，距离墓底 84 厘米。南面一个保存较完整，北面一个残，仅余下部的云气及人物的脸部。伎乐南 15 厘米处留设一桃形小龛，小龛宽 9.8、最高 11.5、进深 7.5 厘米。小龛下 15 厘米有一副仙人骑虎画像，为一长方形单砖，长 32.1、宽 13.3 ~ 13.6、厚 4.8 ~ 5 厘米。画面中一仙人骑于虎背上，前面为一回首飞舞、持草引导的羽人。仙人头饰山形发髻，衣带飘飞，身后有一随风飘动的羽扇或幡；座下骑虎身躯瘦长，张口按爪，长尾上翘，圆睁的双眼紧盯着前面羽人手执的芝草，形象生动（图 40 - 5、40 - 6；彩版一五〇，3；彩版一五一）。

　　西壁砖画同东壁的对称，现仅存一吹笙伎乐和一副仙人驭龙画像。吹笙伎乐服饰及形象基本同东壁的吹笛伎乐，颜面瘦长，画面高 32、残宽 20 厘米，其中由南往北第四块砖内面上刻有"笙四" 2 字。画像南面 12 厘米处留设一桃形小龛，小龛下 15 厘米为一仙人驭龙画像砖，砖长 31.5~31.7、宽 13.3~13.7、厚 5~5.1 厘米，同东壁的仙人骑虎画像基本相同，唯仙人的发饰及座骑有差异（图 40-5、40-6；彩版一五二）。

画像砖主要为长梯形砖，图像有三种。一种为凤鸟宝轮，画面中上部为一只凤鸟，口衔花朵、展翅起舞，一爪抬起，一爪踏立于一只莲蓬上，莲蓬下附五片覆莲瓣。莲座下面模印一宝轮，宝轮为一圆圈内印两根相交的 S 形曲线，砖长 31.8、大头宽 18.4、小头宽 8.8~9、厚 4.3~4.5 厘米，大头模印一"七"字，小头印单钱纹。第二种图像为宝珠和宝瓶莲，画像上下排列，上面为宝珠一颗，宝珠呈桃形，中心为一尖顶的多棱体，多棱体周围为升腾的火焰纹，宝珠下为七瓣覆莲座，两侧为向上伸展的枝条。宝珠下为一宝瓶莲，中心为一盘口细颈、饰横向弦纹的宝瓶，瓶内插有一朵带叶盛开的莲花，宝瓶下为七瓣覆莲座，两侧附有向上伸展的枝条，砖长 31.2、大头宽 14、小头宽 8、厚 4.2~4.3 厘米，大头模印一"五"字。第三种为并列双莲花，一朵稍大，九瓣，直径 7.6~7.8 厘米；一朵稍小，八瓣，直径 6.8 厘米，二者间距 8.2 厘米，砖的一短侧面模印"一"字。

墓室东西两壁面砖层还装饰有莲花图案，平砌砖层莲花直径 13.5~14.7 厘米，三砖平拼，每层 2~3 朵。丁砖层也有三砖竖拼的莲花 4 朵（仅限于棺床上面一层丁砖），莲花直径 11.7 厘米。北壁丁砖饰单钱胜纹。另外，在墓室填土出土的乱砖中发现有部分刻字和模印画像砖，刻字砖均为长方形，规格基本相同，所刻文字主要有"吹笙飞仙下三第一"、"吹生下第一"、"笙三"、"笙四"、"笆一"、"笆二"、"笆下中一"、"奴朝建□二百"等（图 40-6~40-8）。

随葬品共 8 件。主要分布于墓室东南角及甬道内，计有盘口壶 3 件、小碗 5 件（彩版一四九，2）。

盘口壶　3 件。M109:4，盘口较深，外侈较大，束颈，圆肩，肩部对两组纵向双排系，鼓腹，平底。施青绿色釉，釉面凸起大量小包。口径 17.3、腹径 19.5、底径 10.5~10.7、高 35.2~36.2 厘米（图 40-2-1；彩版二五四，4）。M109:5，口残，盘口较深，束颈，圆肩，肩部对两组纵向双排系，鼓腹平底。施青绿色釉，釉色泛黄。腹径 19.6、底径 10.5、高 35 厘米（图 40-2-2；彩版二五四，5）。M109:8，仅余肩、腹及底部残片，不可复原。

小碗　5 件。分 A、B 两型。

A 型　3 件。平底或微凹，不带假圈足。M109:1，侈口，肩微凸，腹斜直内收，平底。釉层已脱落。口径 8.3~8.6、底径 4.3~4.5、高 3.5~3.8 厘米（图 40-2-3；彩版二五五，2）。M109:6，直口，肩微凸，微有假圈足，平底。口径 8.6、底径 5、高 3.7~4 厘米（图 40-2-4；彩版二五五，3）。M109:7，直口微敛，鼓腹，平底微凹。腹稍深。施青绿色釉。口径 8.5~9、底径 5.2、高 4.5 厘米（图 40-2-5；彩版二五五，4）。

B 型　2 件。带假圈足。M109:2，直口，深直腹，假圈足较高，凹底。近底以上施青绿色釉，釉面光滑细腻，釉层较厚。口径 7.5、底径 2.9、高 5.2 厘米。假圈足高 0.8 厘米（图 40-2-6；彩版二五五，5）。M109:3，假圈足以上施黄绿釉，釉层较厚，上有细密裂纹，有脱落现象。口微敛，凸肩，斜直腹内收，假圈足上凸起三个包。口径 7.9~8、底径 3.4~3.5、高 4.2~4.4 厘米（图 40-2-7；彩版二五五，6）。

图 40－3　M109 墓壁画像及纹饰

1. 南壁西墙将军　2. 南壁东墙将军　3. 券门西壁千秋　4. 双莲花

图40-4　M109墓壁画像及纹饰

1. 券门东壁万岁　2. 凤鸟踏莲　3、4. 凤鸟踏莲和宝轮　5、6. 宝珠和宝瓶莲

图 40 - 5　M109 画像、墓砖纹饰及刻文

1. 东壁前部吹笆飞仙　2. 西壁吹笙飞仙　3. 券门莲花画像砖　4. 笆下三第一　5. 墓壁顺砖三砖平拼莲花　6. 丁砖单钱胜纹　7. 砖文"出一小宽"

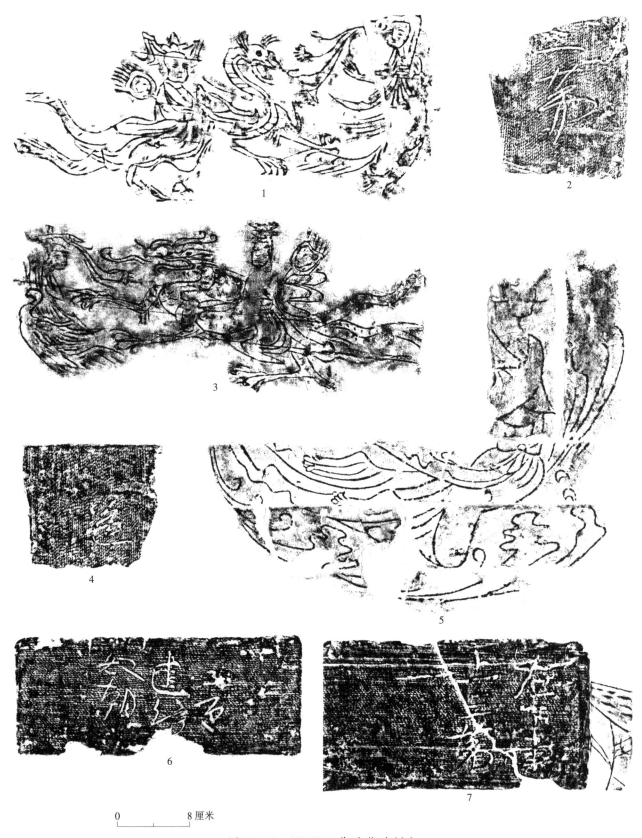

0 ————— 8厘米

图 40－6　M109 画像及墓砖刻文

1. 东壁仙人骑虎画像　2. 二第　3. 西壁仙人骑龙画像　4. 笆　5. 东壁后部吹笆飞仙　6. 奴朝建□二百　7. 右下建上
三第一

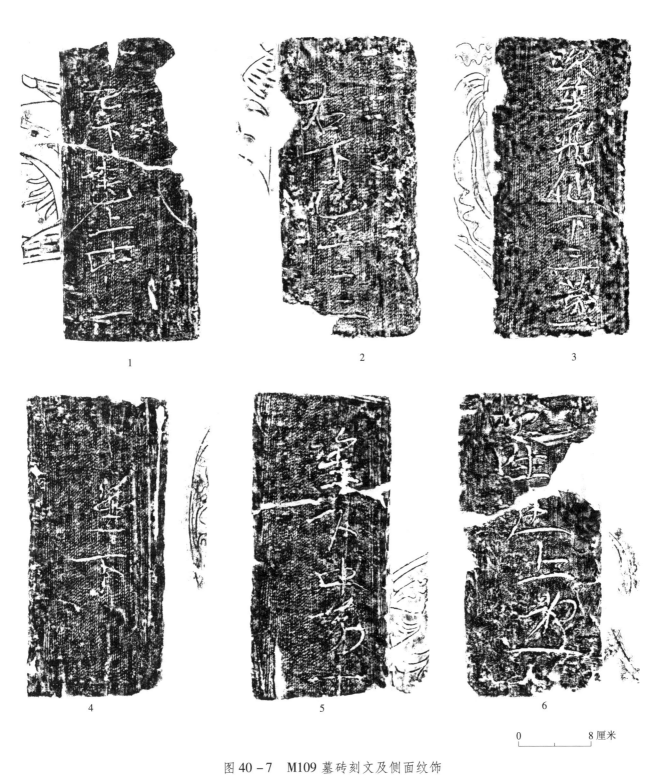

图 40 - 7 M109 墓砖刻文及侧面纹饰
1. 左下建上中一 2. 右下建上三二 3. 吹笙飞仙下三第一 4. 笙下 5. 笙下中第一 6. 吹生建上第一

图 40 - 8　M109 墓砖刻文及侧面纹饰

1. 笙二　2、3. 笙三　4. 笙四　5. 笆一　6. 笆二　7. 笆下中第二　8. 笆下　9. 笆下中一

表 29 – 1　M109 墓砖刻字统计表

类别	文字内容（行数）	侧面图像	备注
	奴朝建□二百（3行）		长方砖
	二第（1行）		残砖
左右将军	左下建上中一（1行）	一短长面线雕衣带铠甲纹	长方砖
	右下建上三第一（3行）	一短侧面线雕甲片	长方砖
	右下建上三二（1行）	一长侧面线雕甲片	长方砖
吹笙飞仙	吹笙飞仙下三第一（1行）	一长侧面线雕纹饰	长方砖
	笙下（1行）	一长侧面线雕纹饰	整砖
	笙下中第一（1行）	一长侧面线雕纹饰	整砖
	吹生建上第一（1行）	一长侧面线雕纹饰	残砖
	笙二（1行）	一短侧面线雕纹饰	整砖
	笙三（1行）	一短侧面线雕一人上身	整砖
	笙三（1行）	一短侧面线雕纹饰	整砖
	笙四（1行）	一长侧面线雕纹饰	长方砖
吹笆飞仙	笆（1行）		残砖
	笆一（1行）	一短侧面线雕纹饰	整砖
	笆二（1行）	一短侧面线雕纹饰	整砖
	笆下中第二（1行）	一长侧面线雕纹饰	整砖
	笆下（1行）	一长侧面线雕纹饰	整砖
	笆下中一（1行）	一长侧面线雕纹饰	整砖
	笆下三第一（1行）	一长侧面线雕纹饰	整砖

表 29 – 2　M109 墓砖统计表

单位：厘米

种类	长	宽	厚	图案纹饰	字符	备注
楔形砖	31.5	大 9.2 小 8.6	大 4.1 小 4.1	正面印小莲花	一	
楔形砖	31.5	大 17.8 ~ 18.2 小 8.8	大 4.2 小 4.5	单钱纹加半钱纹	七	其中一块为凤鸟踏莲画像
楔形砖	31 ~ 31.3	大 14.5 小 8.5	大 4 小 4.2	有的印宝珠及宝瓶莲花	五	
楔形砖	31.3 ~ 31.8	大 11.7 小 8.5	大 3.8 ~ 4 小 4.4		四	
楔形砖	31.8 ~ 31.5	大 12.5 小 9.1 ~ 8.5	大 3.5 小 2.9 ~ 3		出一小宽	
楔形砖	30.9	大 11.8 ~ 12.7 小 9.5	大 6.7 小 2.7 ~ 3		出大急	
纵楔砖	31	14.8 ~ 15	4.1 ~ 4.2		小急	
窄条砖	32 ~ 32.1	6.8	4.3			
横楔砖	35.2	15.7	大 3.8 小 3.3 ~ 3.6		大宽	
长方砖	32 ~ 32.1	16	4.5 ~ 4.7			
长方砖	31.5 ~ 31.6	13.5	4.8 ~ 5			

三八　M113

M113 位于小横山上部第二排，在 M12 西侧，M7 南部，现地表南部为断面，北部为山坡。方向 170°（图 41 – 1、41 – 2；彩版一五三～一五五）。

M113 封门及甬道前端被毁。

甬道现长 0.63、宽 0.89、高 0.2 ~ 0.31 米，三顺一丁，丁砖层饰两砖竖拼的莲花及双钱纹。

墓室平面略呈椭圆形，南壁平直，东、西壁朝外微凸，北壁弧凸较甚，墓室中后部为棺

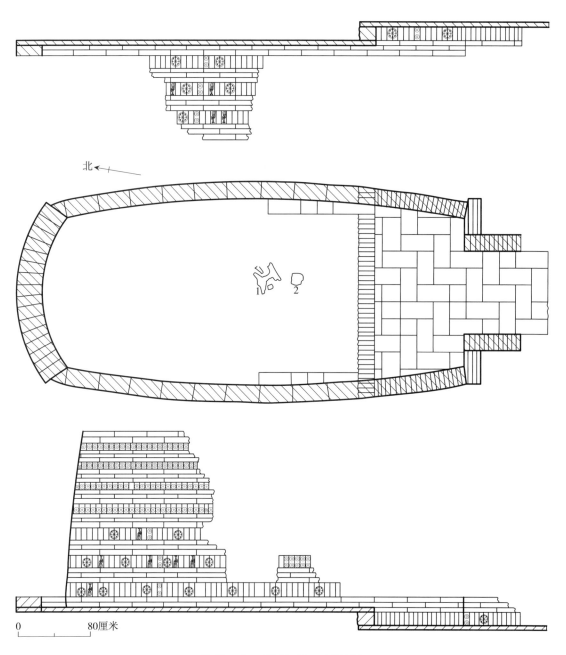

图 41 – 1　M113 平、剖面图

1. 青瓷盘口壶　2. 青瓷小碗

床。南壁宽1.59、高0.2~0.31米；中部最宽1.85、北壁垂直宽1.59米，垂线长25厘米。北壁高0.12~0.37米，东壁高0.3~1.88米，西壁高0.3~1.06米。东壁垂直长4.4、西壁垂直长4.42米，棺床前端宽1.77、至南壁0.97~0.98、至北壁3.7米，高20厘米，上面铺砖纵横平砌一层，仅在墓壁下有保留。墓壁单层砌筑，厚18~19厘米，顺砖层为单砖纵向平砌，砖长38、宽18.5~18.7、厚5.2~5.5厘米；丁砖层以半砖立砌，内面印双钱纹或半莲花以及侍女小像，宽13.8~14.2、厚5.5厘米，其中个别双钱纹薄砖仅厚4.5厘米（图41-2；彩版一五三，2；彩版一五四、一五五）。

砌法：三顺一丁。顺砖均素面。丁砖下面4层有两砖竖拼的莲花（直径9.5~10厘米）及大量"大泉五十"双钱纹（大者径5.1、小者4.1厘米），其中间有双丫髻侍女小画像。从第5层丁砖开始起券，上装饰"大泉五十"单钱纹；第6、7层丁砖为无字四出钱纹；第8层丁砖同第5层，饰单钱纹。北壁残存较少，由棺床面往上两顺一丁，丁砖内面模印半莲花或一仰首仙鹤。丁砖宽14~14.4、厚5.5~5.7、长27.5厘米。北壁平砌砖为梯形砖，砖内面印双钱纹，长27.3~27.5、内宽11.8~12.2、外宽13.5~13.7、厚5.5厘米。墓室东西壁起券层丁砖均为小梯形砖，长18、厚5.8~6、内面宽8~9.5、外面宽9.6~10.7厘米，上面多印"一"、"二"、"三"、"五"等文字（图41-2）。

随葬品均为青瓷残片，器类有盘口壶和小碗，残缺较甚。

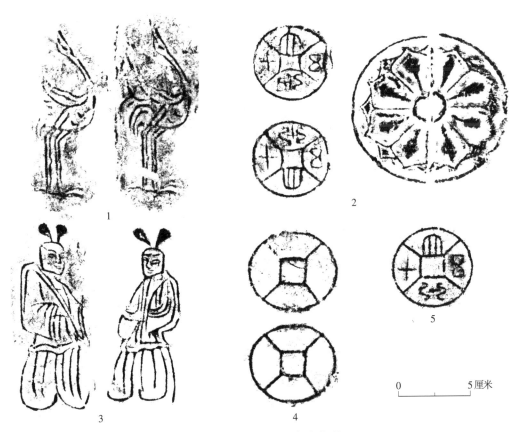

图41-2 M113墓砖纹饰

1. 仙鹤 4. 钱文背面 2. "大泉五十"双钱文及丁砖莲纹 3. 侍女 5. 丁砖两砖竖拼莲花 5. "大泉五十"钱文

三九 M114

M114 位于小横山上部第二排,在 M14 东侧、M3 南部,现地表南部为断面,北部为山坡。方向 170°(图 42 – 1 ~ 42 – 3;彩版一五六 ~ 一五八)。

M114 由封门、甬道及墓室三部分组成(图 42 – 1;彩版一五六,1)。

封门通宽 2.35、高 0.34 ~ 0.62、厚 0.32 米。中间封墙宽 1.52 米,最底下平铺一层厚砖,上面再以薄砖及楔形砖三顺一丁、五顺一丁砌成。两侧立墙宽 0.21 米,三顺一丁砌筑,外侧立砌一层,丁砖为小方砖,小方砖长 15.6、宽 13.4、厚 4.6 厘米,一短侧面饰半莲花,一短侧面印"刀"字;两边翼墙宽 0.22 米,以长方砖错缝平砌而成。封墙丁砖中不少砖印有"中大"、"中大小"、"小"、"大方"等文字。(1)"小"字砖:长 31.8、宽 15.8 ~ 16、大厚 3.2、上印一"小"字,小厚 2.4 厘米(纵楔砖)。(2)"大方"砖:长 31.1、宽 15.8 ~ 16、厚 4.5 ~ 4.8 厘米,一短侧面印"大方"2 字。(3)"中大小"砖:长 31.4、宽 15.4、厚 3.5 厘米(图 42 – 3;彩版一五六,2)。

甬道平面呈长方形,宽 0.87 ~ 0.88、进深 0.97、现高 0.3 ~ 0.65 米,三顺一丁砌筑,丁砖短侧面印半莲花及双钱纹(钱文仅为"大五"2 字)。甬道底及墓室前部铺地砖横向平砌。

墓室平面略呈椭圆形。北壁朝外弧凸较甚,垂直宽 1.6 米,垂线长 32 厘米,现高 2.8 ~ 2.98 米。由底往上平砌一层丁一层,再往上依次三顺一丁两组、四顺一丁一组、三顺一丁一组至起券层。起券层三顺一丁砖中,第 3 层顺砖为纵楔薄砖,内面宽 9、厚 2.3 ~ 2.5 厘米;丁砖层两侧各留设一方形小龛,西侧小龛宽 10.5、高 9.3、进深 7.5 厘米;东侧小龛宽 12.8、高 9.3 ~ 9.4、进深 7.5 厘米,二龛垂直间距 0.5 米。西龛距离西壁斜长 40.5 厘米,东龛距离东壁 22 厘米。小龛距离棺床面 1.4 米。北壁上部逐级缩小内收呈弧面状顶部,现顶部上端仅宽 0.65 米。从小龛往上三顺一丁两组,第一组顺砖皆为纵楔小薄砖,第二组顺砖中间一层为厚砖,上面一层为内印单钱纹的薄楔砖;再往上为 8 层平砌的小薄砖至现顶,小薄砖内面均印一小单钱纹。现顶部至棺床面 2 米。北壁丁砖层均为连续排列的八瓣莲花,莲花直径 7 ~ 8 厘米,两砖立拼而成,个别为两块半莲花相对或并列组合。其中最底一层 20 朵,第二层 19.5 朵,第三层 19 朵,第四层 17 朵加 2 块双钱纹,第五层 17.5 朵,第六层 13.5 朵加 2 个小龛,第七层 14 朵,第八层 12 朵。小龛以下的平砌砖层每砖均模印一四叶纹,四叶纹长 5、宽 4 厘米(彩版一五七)。

东、西二壁中部及北部保存较多,南部留存很少,仅 30 厘米左右。除棺床面上平砌一层外,余皆三顺一丁。顺砖素面,丁砖从下往上四组均装饰一朵莲花间两个双钱纹,钱纹为"大五"2 字,当为"大泉五十"的省略,直径 3.2 厘米。莲花直径 8 ~ 8.5 厘米。最下一层丁砖 23 朵莲花。下面三组丁砖宽 14 厘米;第四组丁砖长 31.8、宽 14.4 ~ 14.5、厚 4.7 ~ 5 厘米。从第五组丁砖开始起券,为连续的两砖竖拼小莲花,莲花直径 6.4 ~ 7 厘米。第六、七层同第五层。墓室直壁(至棺床面)高 1.22 米。棺床前端宽 1.74、高 0.1 米,上面铺砖作纵横状,仅在墓壁下有保留。棺床距离南壁 0.95 米,前端纵向并列立砌砖层有一半位于墓底铺地砖下。墓室南壁宽 1.6、高 0.45 ~ 0.64 米;墓室中部最宽 1.83 米,东壁垂直长 4.6 米,北壁正中至封门长 5.89 米(彩版一五八)。

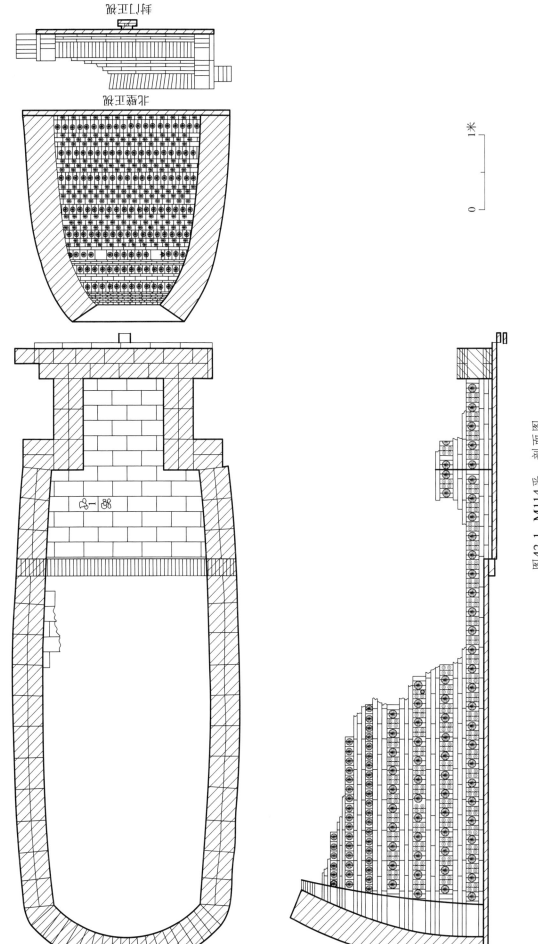

北

料门正视

北窑正视

图42-1 M114平、剖面图

1.青瓷钵

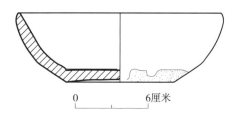

图42-2　M114 出土青瓷钵（M114:1）

墓砖：除北壁外的平砌砖均为长方砖，砖长31.4～31.7、宽16、厚4.7 厘米。梯形砖长31.5、宽9、厚4.7～4.9 厘米，内面印半莲花。券顶单钱纹砖宽7.5～8.5、厚2.4～2.7 厘米。

随葬品仅发现1件，为瓷钵残片。

钵　1件。M114:1，直口，肩微凸，平底。近底处以上施黄绿色釉，釉层有脱落现象。高5.7 厘米（图42-2）。

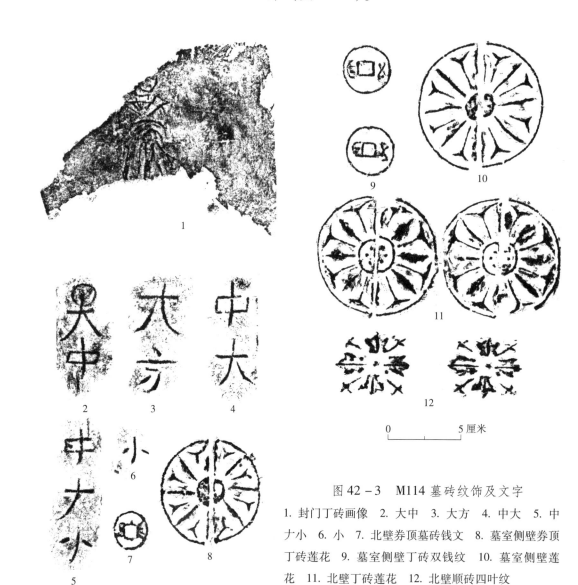

图42-3　M114 墓砖纹饰及文字
1. 封门丁砖画像　2. 大中　3. 大方　4. 中大　5. 中大小　6. 小　7. 北壁券顶墓砖钱文　8. 墓室侧壁券顶丁砖莲花　9. 墓室侧壁丁砖双钱纹　10. 墓室侧壁莲花　11. 北壁丁砖莲花　12. 北壁顺砖四叶纹

四〇　M118

M118 位于小横山顶部西面第二排，西为M98，现地表为斜坡，上面长满草木。方向150°

（图 43 - 1 ~ 43 - 3；彩版一五九；表 30 - 1）。

M118 砖室建造于开凿的岩石墓圹内，墓圹北部宽 2.7、中部最宽 2.94、由现口至底深 3.8 米。砖室由封门、甬道及墓室三部分组成（图 43 - 1；彩版一五九，1）。

封门通宽 2.7、厚 0.3 ~ 0.31、残高 0.88 米。中部封墙宽 1.62 米，从底往上平砌 12 层后丁砖 1 层，上再平砌 4 层。封墙两侧的翼墙宽 0.6 米。封门底部正中下有砖砌排水道，排水道宽 0.16 ~ 0.3、残长 0.66 米，平砌 4 层砖，最底一层横向平砌，第二层两砖纵向并列，中间留设水槽，最上两层以梯形砖一正一反平砌。

甬道平面呈长方形，宽 1.04 ~ 1.05、进深 1.38、残高 0.82 米。

墓室口东部券门残存高度 1.95 米。墓室平面略呈椭圆形，南壁平直，东、西壁微凸，北壁弧凸较甚。南壁宽 1.84、残高 0.77 ~ 1.15 米；北壁垂直宽 1.84、残高 0.45 ~ 0.49 米；东壁垂直长 4.75、残高 0.63 ~ 0.97 米；西壁垂直长 4.74、残高 0.77 ~ 1.16 米。墓室中部最宽 2.09 米。砖室内长 6.55 米（由北壁正中至封门内面）（图 43 - 2）。

随葬品 5 件，均为青瓷器，大多破碎。计有盘口壶 1 件、鸡首壶 2 件、盏托 1 件、小碗 1 件，出土于墓室南部两侧（彩版一五九，2）。

盘口壶 1 件。M118:1，盘口深浅适中，外侈一般，束颈上细下粗，圆肩，肩部对称附两组纵向双排系，最大径在肩腹结合处，腹斜直内收，平底。施青绿色釉。口径 14.8、腹径 20.2、底径 12.6、高 33.5 厘米（图 43 - 3 - 1；彩版二五六，1）。

鸡首壶 2 件。M118:2，盘口较直，束颈上细下粗，圆肩较平，肩部对称附两个方形横系，系间对称附执柄和鸡首各一，执柄双股并联，上细下粗，上端作龙首形，咬合盘口；鸡

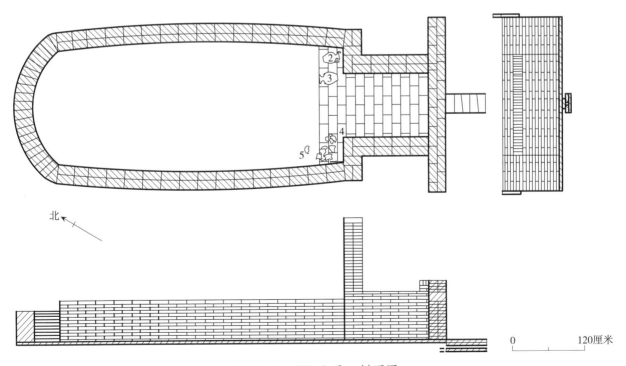

图 43 - 1 M118 平、剖面图

1. 青瓷盘口壶 2、3. 青瓷鸡首壶 4. 青瓷盏托 5. 青瓷小碗

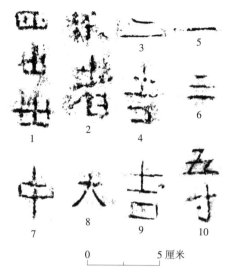

图 43 - 2　M118 墓砖文字

1. 四出世　2. □者　3. 二　4. 吉　5. 一
6. 三　7. 中　8. 大　9. 吉　10. 五寸

首双头并列，颈稍粗，较直，鸡冠高耸，眼突出圆大，嘴略呈圆球形。肩部圆折，腹斜直内收，凹底。除底部外面外，通体施青绿色釉，釉色较深。盘口直径 8.3～8.5、肩径 16.6、底径 10.7～10.9、高23.5～26.2 厘米（图43 - 3 - 2；彩版二五六，2、3）。M118:3，形制基本同 M118:2，唯形体较小，鸡首为一个，细颈高耸，肩部两个横系呈圆弧形。口径 7.4、肩径 12.5、底径 9、高 18～20.3 厘米（图43 - 3 - 3；彩版二五六，4、5）。

小碗　1 件。M118:5，敛口，凸肩，深腹，略带假圈足，平底微凹。施青绿色釉，釉色较深，灰胎。口径 7.8、底径 5.2～5.3、高 4.2 厘米（图43 - 3 - 4、6；彩版二五七，1）。

盏托　1 件。M118:4，圆盘形，侈口，圆唇，内面中心凹陷一圆形，可放一小碗。盘内面刻有两层相连的莲瓣纹，下附假圈足，平底。假圈足以上施淡绿色釉，釉层较厚，有脱落现象。盘径 15.4、底径 6.9、高 4.1 厘米（图43 - 3 - 5、6；见彩版二五七，1；彩版二五七，2、3）。

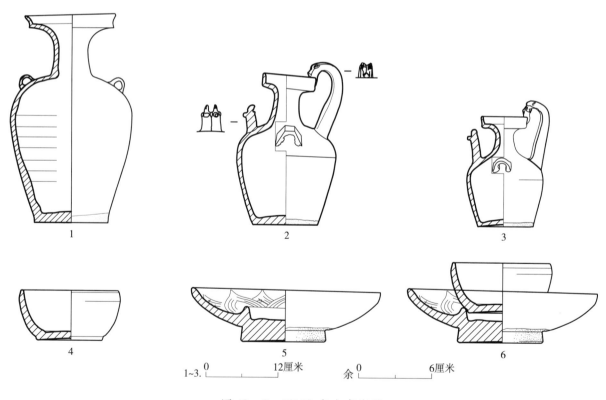

图 43 - 3　M118 出土青瓷器

1. 盘口壶（M118:1）　2、3. 鸡首壶（M118:2、M118:3）　4. 小碗（M118:5）　5、6. 盏托（M118:4）

表 30 – 1　**M118 墓砖统计表**

单位：厘米

种类	长	宽	厚	字符	备注
梯形砖	30.8 ~ 31	大 16.3 ~ 16.6 小 12.8 ~ 13	4 ~ 4.5	足	墓室后壁平砌砖
长条砖	30.7 ~ 30.8	15.3 ~ 15.6	4 ~ 4.5	大	墓室两壁平砌砖
纵楔砖	30 ~ 30.5	14.8 ~ 15.3	大 3.4 ~ 3.6 小 2.7 ~ 2.8	吉	封门砖
纵楔砖	30.3 ~ 31	15.1 ~ 15.4	3.8 ~ 4.1	中	封门砖
纵楔砖	30.4	14.8	大 4.4 小 3.2	三	封门平砌砖
纵楔砖	30.7	15	大 4 小 2.8	士	封门平砌砖
纵楔砖	30.1 ~ 30.4	14.8 ~ 15	大 4.5 小 3.5	一	封门平砌砖
梯形砖	30.1	大 10.6 小 8.8	大 4 小 3.3	四出世	
梯楔砖	30.5	大 13 小 8.5	大 3.4 小 4.6	□者	
梯楔砖	残	11	4.2	五寸	
梯楔砖	残	15.7	4.3	二	

四一　M119

M119 位于小横山顶部最上一排，西为 M3，东邻 M7，现地表为斜坡，上面长满草木。方向 170°（图 44 – 1 ~ 44 – 6；彩版一六〇 ~ 一七〇；表 31 – 1）。

M119 由封门、甬道及墓室三部分组成（图 44 – 1；彩版一六〇）。

封门通宽 2.7 ~ 2.8、高 0.93 ~ 1.19、厚 0.35 ~ 0.36 米，中间封墙宽 1.68 米，由下往上四顺一丁、五顺一丁、三顺一丁，厚薄砖相间排列，其中丁砖层以"门急"砖一反一正纵向平砌。此外，还有"大急"、"小急"砖。两侧券门墙厚 24 厘米，再朝两侧为平砌的翼墙。券门立墙由下往上一丁三顺，最下面三组丁砖为砖面朝外的小方砖，上面多模印画像，第 4 层丁砖为小长方砖。小方砖长 18、宽 15、厚 5.8 ~ 6.2 厘米，一短侧面模印单株宝瓶莲。小长方砖长 18、宽 10 ~ 10.2、厚 5.5 厘米。"门急"砖长 34.5、大头宽 17.3 ~ 17.8、厚 7.7 ~ 8.2 厘

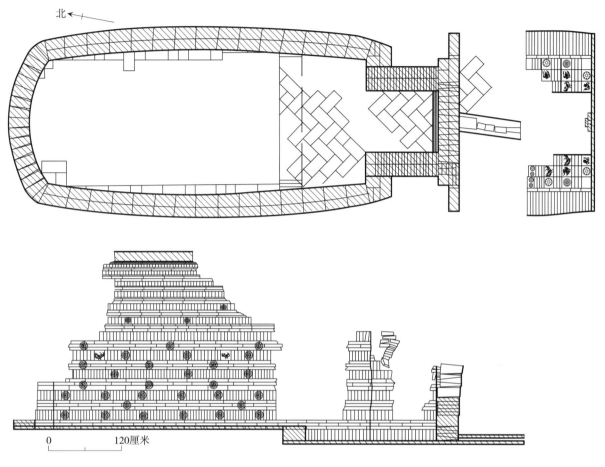

图 44 - 1　M119 平、剖面图

1、2. 青瓷盘口壶

米，小头宽 18、厚 3.1~3.2 厘米。封门前有砖砌的排水道，排水道从封门前中部向西南倾
斜，宽 11~30、高 16 厘米，发掘长度 1.04 米，现存 3 层，最上一层为单砖纵向平砌。券
门画像装饰：（一）西券墙，外墙、中墙均保留三顺一丁 3 组及上面一组小长方砖，小长方
砖模印一大一小两朵莲花；外墙从下往上为素面、复莲花、大莲花；中墙为大莲花、捧熏
炉飞仙、万岁。内墙仅存三顺一丁 2 组，下面为一狮子（雌性）、上为一万岁。（二）东券
墙，外墙同西券墙一样，下面有三组丁砖，最上一层为小长方砖，小长方砖面饰对鸟纹
（后面的小长方砖饰单莲花、双莲花）。外墙从下往上为素面、复莲花、大莲花；中墙为大
莲花、捧盒飞仙、捧盒飞仙。内墙仅存三顺一丁 2 组，下面为一狮子（雄性）、上为一千秋
（彩版一六一～一六五）。

　　甬道平面略呈方形，宽 1、进深 1.09~1.1、残高 0.32~1.02 米，三顺一丁砌筑。

　　墓室北壁弧凸较甚，东、西壁微外凸，南壁平直，平面略呈椭圆形。墓室中部券顶尚
有部分保留，北壁仅余棺床上两层平砌砖，南壁残存 0.32~1.32 米，东西壁前部也仅存 32
厘米高的部分。棺床前面仅保存两块立砌砖，表面铺砖纵横平砌。南壁宽 1.95、北壁垂直
宽 1.96 米，垂线长 34 厘米。墓室中部最宽 2.32 米。棺床前端宽 2.2、至南壁 1.07、高

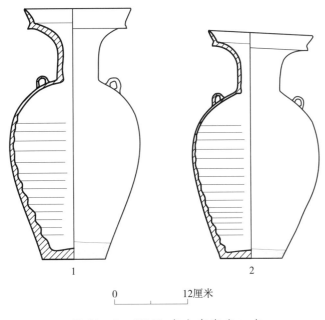

0　　　　12厘米

图44－2　M119出土青瓷盘口壶
1、2. M119：1、M119：2

0.22米。墓室西壁垂直长5.25米，棺床面至墓顶内面高2.5米，墓顶外面至墓底铺地砖高3.03米。墓室东、西壁砌法：三顺一丁，由底往上砌6组三顺一丁后开始起券，直壁高1.87～1.88米（图44－3、4）。

墓壁（东西壁）装饰：由下往上，顺砖第2、3、4层（组）每层饰3砖平拼的大莲花3～5朵。第6组顺砖（即起券层）由下往上分别为"方"字长方砖、卷叶间菱形网格纹条砖、纵楔形砖。丁砖层每组饰3砖竖拼的大莲花3～6朵，莲花间距大者92厘米，小者50厘米，莲花之间的丁砖大多饰"大泉五十"双钱纹；第6组丁砖没有拼合莲花，饰"大泉五十"双钱纹及单株宝瓶莲。第5组丁砖层除3砖竖拼的大莲花及双钱纹外，还镶嵌有小方块画像砖，画像均头朝向墓口，东壁现存两块，间距1.98米，前面一块为手捧熏炉的飞仙，后面为一兽首鸟身的"万岁"。西壁仅存一块，距离南壁2.36米，为双手捧盒的飞仙（图44－4、5；彩版一六六～一六八）。

券顶丁砖共7组，即由顶部正中一层丁砖起，往两侧各有6组丁砖，其间的顺砖厚薄相间。券顶砖外面均模印文字，由上往下分别为：（一）第一组丁砖（即顶部正中一组）印"四"字；第一组顺砖分别印"中宽"、"中急"、"大宽（偶有"中宽"）"。（二）第二组丁砖印"门斧"2字；顺砖分别印"中宽"、"大字㝉"、"大字㝉"。（三）第三组丁砖印"五"字；顺砖印"大急"、"大字㝉"间"应大字副宽"、"大字㝉"间"应大字副宽"。（四）第四组丁砖印"二"字；顺砖分别为"小急"、"方"、"中急"。（五）第五组丁砖印"一"字；顺砖分别为"大宽"、"方"、"方"。（六）第六组丁砖印"四"字；顺砖分别为"方"、"方"、"小急"。（七）第七组丁砖印"三"字，下面即为直壁平砌砖层，多素面无字（图44－2；彩版一六九、一七〇）。

M119画像砖装饰同M18相似，均为单幅的小方砖画像。

随葬品主要发现于墓室南部及甬道内，主要为青瓷残片，经拼合为盘口壶2件。

盘口壶　2件。M119：1，盘口较深，外侈较大，束颈稍短，圆肩，肩部附两组纵向双排系，系细而高耸，鼓腹，平底。施青绿色釉。口径17.6、腹径21.2、底径10、高39～40厘米（图44－2－1；彩版二五八，1）。M119：2，盘口外侈较大，盘外壁下端内凹，束颈较短，圆肩，肩部附两组纵向双排系，鼓腹，平底。施青绿色釉，釉色深浅不一。口径17～17.4、腹径21.2、底径10.2、高35.8～36.7厘米（图44－2－2；彩版二五八，2）。

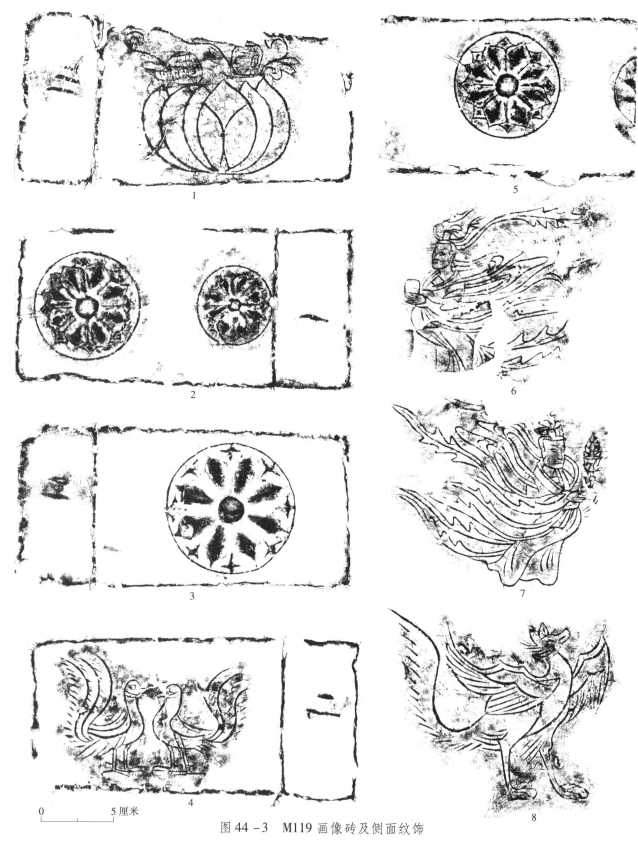

图 44-3　M119 画像砖及侧面纹饰

1. 券门化生　2、5. 券门双莲花　3. 券门东壁莲花　4. 券门东壁对鸟　6. 券门东壁捧盒飞仙　7. 券门西壁捧熏炉飞仙
8. 券门西壁万岁

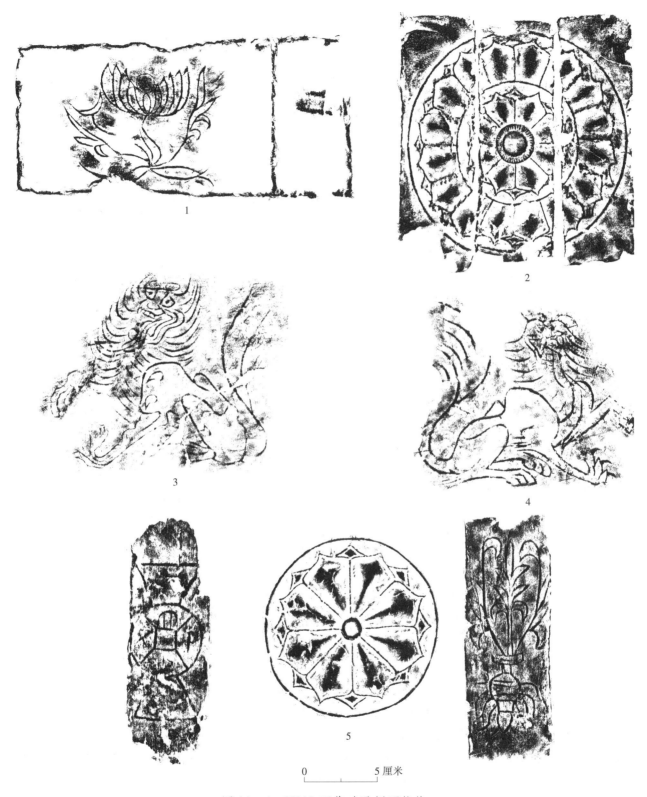

图 44－4 M119 画像砖及侧面纹饰

1. 券门东壁化生 2. 墓壁丁砖三砖竖拼莲花 3. 券门东壁狮子 4. 券门西壁狮子 5. 券门莲花画像砖及侧面纹饰

图 44 - 5　M119 画像砖正面及侧面纹饰
1. 券门千秋　2. 券门万岁　3. 东壁千秋

图 44-6　M119 墓砖文字

1. 门急　2. 大急　3. 中急　4. 小急　5. 门斧　6. 方　7. 六　8. 应大 字 副宽　9. 五　10. 四

11. 三　12. 一　13. 出建　14. 出 副宽

表 31 - 1 M119 墓砖统计表

单位：厘米

种类	长	宽	厚	图案纹饰	字符	备注
纵楔砖	35.4	大 17.2 小 17.9	大 8 小 2		副急	
纵楔砖	35.5	大 17.5 小 16.9	大 6.5 小 2.9		大急	
纵楔砖	34.5	17.5	大 8 小 3		门急	
纵楔砖	35	大 18 小 17.8	大 6 小 5		大字垆	
梯形砖	34	大 17.5 小 8.9	大 5 小 5	单钱纹	六	
梯形砖	35.8	大 10.8 小 10.4	大 5 小 5.3	双钱纹	一	
梯形砖	34.8	大 13 小 10.3	大 4.9 小 5.4	单钱胜纹	三	
纵楔砖	34.5	大 10.4 小 8.5	大 4.3 小 4		副宽	
梯形砖	34.5	大 10.9 小 10.5	大 5.3 小 5	单钱胜纹	出建	
纵楔砖	34.5	大 17.9 小 17.9	大 5 小 3		小急	
梯形砖	34.6	大 14.5~15 小 10.1	大 4.8 小 5.5	单钱纹	四	
纵楔砖	34.6	17~17.5	6~6.3		中急	
纵楔砖	35	大 17.5~18 小 18	大 3.4~3.6 小 3		中宽	
纵楔砖	35	17.8~18	3.6		大宽	
纵楔砖	34.8	大 17.5 小 10.5	大 4.5~5.1 小 5		门斧	
纵楔砖	35.4	大 17~17.7 小 17	大 5.4~5.7 小 5		大字垆	
梯形砖	34.9	大 16.5 小 10	大 5.4~5.7 小 5		五	
纵楔砖		17.5~17.8	4.8~5.6		应大字副宽	

续表 31 - 1

种类	长	宽	厚	图案纹饰	字符	备注
纵楔砖		11.5 ~ 11.8	5		二	
纵楔砖		16.5 ~ 16.6	4.5 ~ 4.6		小急	
纵楔砖		17.3 ~ 17.8	大 4.3 ~ 4.4 小 2.2 ~ 2.4		副宽	
长方砖	33	17.5 ~ 17.8	大 4.6 ~ 5 小 2.5 ~ 2.8		方	
长方砖	34.5 ~ 37.5	17 ~ 17.5	5			一侧印"方"字，个别印莲花

四二　M121

M121 位于小横山西部从上往下第二排，西邻 M118，东邻 M22，南部为 M88、M89、M90。现地表为斜坡，上面长满草木。方向 150°（图 45 - 1 ~ 45 - 3；彩版一七一 ~ 一七四；表 32 - 1）。

M121 由墓道、封门、甬道及墓室四部分组成（图 45 - 1；彩版一七一，1）。

墓道在南。墓道发掘长度 1.9 米，口大底小，上口宽 2.24、底宽 2 米，深 1.2 ~ 1.8 米，外圹为石壁。

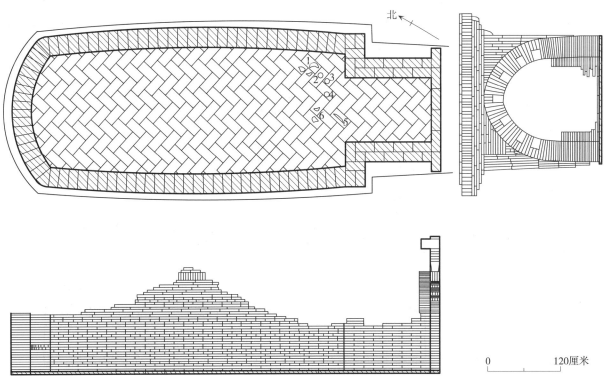

图 45 - 1　M121 平、剖面图

1、6. 青瓷盘口壶　2、3、4. 青瓷小碗　5. 铁刀

图 45-2　M121 墓砖字符

1. 三　2. ✳　3. ✕　4. 丰　5. 圭　6. 士　7. 上一公　8. 上八　9. 甲一
10. 木七　11. 廿长　12. 四出　13. 大

封门通宽 2.06~2.17、厚 0.32、高 2.32 米。中间券门宽 1.29、高 1.6 米。券门外高 1.92 米。券门内的封墙残高 5~36 厘米。拱券顶，券顶以纵楔砖由下往上分别为四顺一丁 2 组、五顺一丁 2 组，丁砖为小梯形砖，砌于拱券下半部（即内面），共 7 组。小梯形砖上部以"✕"字砖顺长立砌 3 砖，同顺砖组成一个整体。纵楔砖外面多模印有"二公"、"上八"、"丰"、"圭"、"王"等字符。封门券顶上平砌 5 层砖再丁一层，上再以梯形砖平砌一层。券顶两侧的弧形三角内侧平砌最多 9 层、外侧并列立砌最多 8 层（图 45-2；彩版一七一，2；彩版一七二、一七三）。

甬道开于墓室南壁正中，平面呈长方形，宽 1.06、进深 1.43、现高 0.52~1 米。

墓室南壁平直，东、西壁微凸，北壁弧凸较甚，平面略呈椭圆形。南壁宽 1.83、高 0.7~1.26 米；北壁垂直宽 1.82、高 0.92 米，垂线长 34 厘米。墓室中部最宽 2.08 米。东壁垂直长 4.9、残高 0.88~1.67 米；西壁长 4.9、残高 0.95~1.58 米。由北壁正中至封门内面长 6.68 米。墓底铺地砖作人字形。北壁以梯形砖平砌，砖长 31.5~32、大宽

15.2～15.5、小宽12～12.4、厚3.8～3.9厘米，外面印"甲一"2字。其余墓壁以长方砖错缝平砌，砖长31～31.5、宽15.6～16、厚3.9～4厘米，一短侧面印"一"字。东西二壁平砌37层后上部各丁砖一层，丁砖长31.9、宽12、大厚4.4、小厚4厘米，一短侧面印"甲"字。丁砖上面为顺砖，砖上模印"二今"，长32、宽15.6～15.8、大厚4、小厚3.5厘米。此外，M121还发现一种方柱形厚砖，一端饰一完整的圆形莲花图案，长30.5、大头宽15、厚8厘米；小头宽9.5、厚8.4厘米（彩版一七四）。

随葬品共计6件。其中1件为铁刀，另5件均为青瓷碎片，散乱分布于墓室南部，其中盘口壶2件、小碗3件。

盘口壶　2件。M121:1，盘口浅而平，外侈不大，束颈较短，圆肩。肩部对称附两组纵向双排系，鼓腹，下腹斜直内收，平底。施青绿色釉，釉色不匀，有的黄绿，有的深绿，釉面光滑莹润。系上、肩部两处对称均施黑褐釉，盘口边缘也发现7处黑褐釉点。口径18.5、腹径25.5、底径11.2、高36.5～37.7厘米（图45-3-1；彩版二五八，3）。M121:6，口、颈残缺，圆溜肩，鼓腹，体形瘦长，凹底。肩部两组双系残存一只，腹部以上施青绿色釉，有流釉现象，釉面有黄白色斑点。腹径16.6、底径9.5、残高29.4厘米（图45-3-2；彩版二五八，4）。

小碗　3件。形制基本相同。皆直口或口微敛，折肩，腹斜直内收，平底或底微凹。碗壁较厚，腹外近底以上均施青绿色釉。M121:2，口径9.2～9.4、底径5.3～5.5、高3.7厘米（图45-3-3；彩版二五七，4）。M121:3，碗底内面现存4个支钉痕，口沿及腹部个别位置有褐彩。口径8.5～8.9、底径5～5.2、高3.7厘米（图45-3-4；彩版二五七，5）。M121:4，口外有一道弦纹，碗底内面现存4个支钉痕，肩部圆折，釉面中发现有灰黑点。口径9、底径5.6～6、高3.9厘米（图45-3-5）。

铁刀　1件。M121:5，仅存刀柄及一部分刀刃，残长20、刃宽3.8厘米。柄残长6厘米（图45-3-6）。

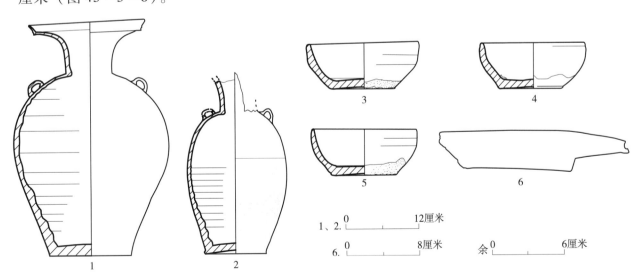

图45-3　M121出土器物

1～2. 青瓷盘口壶（M121:1、M121:6）　　3～5. 青瓷小碗（M121:2、M121:3、M121:4）　　6. 铁刀（M121:5）

表 32 – 1　M121 墓砖统计表

单位：厘米

种类	长	宽	厚	图案纹饰	字符	备注
长条砖	31～31.5	15.6～16	3.9～4		一短侧面印"一"字	墓壁平砌砖
梯形砖	31.5～32	大 15.2～15.5 小 12～12.4	3.8～3.9		外面印"甲一"2 字	北壁平砌砖
楔形砖	31.9	12	大 4.4 小 4		甲	东西壁券第一组丁砖
楔形砖	32	15.6～15.8	大 4 小 3.5		二令	
小梯形砖	15.8～16	大 10.8～11 小 8～8.4	3.8～4		一	
楔形砖	31	15.5～15.7	大 3.7～3.9 小 2.4～2.7		廿长	
楔形砖	31.4～31.2	大 15.6 小 15.5	大 6.2 小 3		丰	
楔形砖	残 29.4	15.2	3.6		士	
楔形砖		15	3.8		木七	
梯形砖	30.5	大 15.5 小 9.5	大 8 小 8.4	莲花		
楔形砖	31.4	大 15.6 小 15.4	大 4.9 小 2.9		丰	
楔形砖		16.1	4.5		×	
楔形砖	31.5	大 15.5～15.9 小 15.8	大 4 小 2.4		三	
楔形砖	30.5～31	大 16 小 15.8	大 5.4 小 3.2		上八	
楔形砖	31.5	大 16 小 15.5	大 3.8 小 3.5		上一令	
楔形砖	30.8	大 12.1 小 9	大 3.9～4 小 3		四出	
楔形砖	31	15.5	大 4.8 小 3.2		工	
横楔砖	33.5	15.5	大 4 小 3.2		＊	
梯形砖	31.4～31.5	大 15.8 小 15.9	大 3 小 2.9		畕	
楔形砖	31.7	大 15.6 小 15.8	大 3.2 小 2.5		王	

第二节　中型墓

中型墓分两种，一种同大型墓一样，南壁平直，北壁弧凸较甚，两侧壁微凸，只是规模小一些，可称之为 A 型。另一种墓室略呈椭圆形，墓室前、后壁平直，两侧壁弧凸较大，称之为 B 型。

A 型　21 座

一　M4

M4 位于小横山顶端第一排中部，其东为 M1，西部为 M6。方向 148°。

M4 砖室由封门、甬道及墓室三部分组成（图 46 - 1；彩版一七五，1）。通长 4.66、内长 4.25 米。砖室外为岩石墓圹，形制同砖室相似，围绕于砖室外。

封门砌于甬道口内外，前端塌陷，致使封门朝外倾斜。通宽 1.52、厚 0.18、高 0.9 米。

甬道宽 0.8、进深 0.65 ~ 0.68、现高 1.1 ~ 1.2 米。顺长错缝平砌。

墓室东、西壁微凸，南壁平直，北壁弧凸较甚，平面略呈椭圆形。墓壁中后部保存相对较多，南部较少。南壁宽 1.48、中部最宽 1.77、北壁垂直宽 1.5 米。东壁垂直长 3.45 米，西壁垂直长 3.38 米。直壁高 1.25 米。东西壁券壁施用横楔砖，横楔砖一种素面无文，长 38 ~ 39.5、宽 19、大厚 5.9、小厚 2.5 ~ 2.7 厘米；另一种为"刀中急"，长 37.5 ~ 40、宽 18.3、大厚 5.5、小厚 3.8 ~ 4 厘米。现存墓壁高度：东、西壁及北壁最高 1.72 米。墓室中后部设有棺床，棺床高

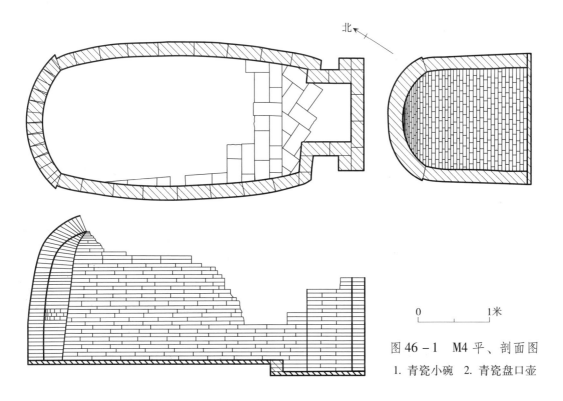

0 ———— 1 米

图 46 - 1　M4 平、剖面图

1. 青瓷小碗　2. 青瓷盘口壶

16～17 厘米，距离南壁 0.24～0.36 米，前端宽 1.52 米，上面铺砖
纵横交错成席纹。墓室前部及甬道铺地砖作人字形。长方砖长 39～
40、宽 18.5～19、厚 4.5～5.5 厘米（彩版一七五，2）。

M4 北壁平砌砖外面多印有"足"字，即北壁主要以"足"字
梯形砖顺长平砌（从底往上 26 层），26 层以上以"出大急"和
"足"字砖相间使用，依次为"出大急" 1 层，"足" 2 层；"出大
急" 1 层，"足" 1 层；"出大急" 2 层，"足" 1 层；"出大急" 2
层，"足" 3 层。"足"字砖长 12～12.5、大宽 16.2～16.5、小宽
13.8～14、厚 4.5～4.8 厘米。"出大急"砖长 12.8、大宽 12.8～
14、厚 5.6～6.1、小宽 10.5、厚 3.3 厘米（彩版一七六）。

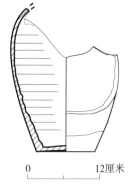

图 46 - 2　M4 出土青瓷
盘口壶（M4：2）

随葬品 2 件，青瓷盘口壶 1 件，出土于墓室南部及甬道内；小碗 1 件，出土于墓室内。

小碗　1 件。M4：1，灰胎，黄绿釉，釉面有细密冰裂纹，底外面施紫褐釉及两周弦纹。敛
口，圆鼓腹，小平底微凹。口径 6.3、腹径 7.5、底径 2.4、高 4.3 厘米（彩版二五九，1）。

盘口壶　1 件。M4：2，仅存下半部及部分盘口残片。腹径 18.7、底径 9～9.8、残高 22.8
厘米（图 46 - 2）。

二　M11

M11 位于小横山顶部第一层的最东端，西邻 M10。方向 170°（图 47 - 1～47 - 3；彩版一七
七；表 33 - 1）。

墓葬西北角及封门被毁，砖壁外露。M11 由甬道和墓室两部分组成（图 47 - 1；彩版一七

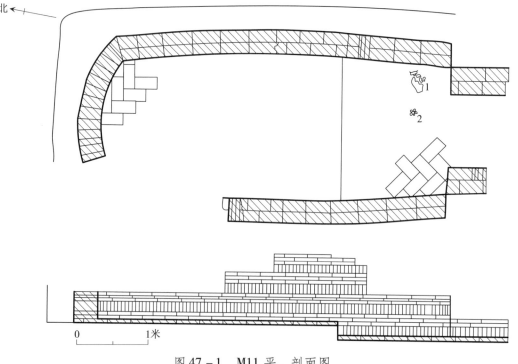

图 47 - 1　M11 平、剖面图
1. 青瓷盘口壶　2. 青瓷小碗

图 47-2 M11 墓砖文字

1. 出王 2. 小平急

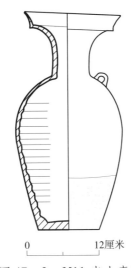

图 47-3 M11 出土青瓷
盘口壶（M11:1）

七,1）。甬道位于墓室南端,内宽 0.96、进深 0.7 ~ 0.83、残高 0.18 ~ 0.25 米。墓室平面呈椭圆形,东、西、北三壁朝外弧凸。墓室中后部设有棺床,棺床距南壁 1.02、前端宽 1.85 米,高 18 厘米。墓室内长 3.54 米,中部最宽 1.95 米,南壁宽 1.65 米。东壁残高 1.12 米,西壁残高 0.78 ~ 1.37 米,北壁残高 0.4 米。砌法:三顺一丁。丁砖一面多模印"大泉五十"双钱纹,少量模印"大泉五十"单钱胜形纹,砖长 31.7、宽 12.5 ~ 13、厚 4.6 ~ 5 厘米。平砌砖一短侧面模印一"方"字,另一面印无字双钱纹,砖长 30 ~ 32、宽 15 ~ 15.5、厚 4.7 ~ 5 厘米。墓室北壁梯形砖长 31.6、大头宽 15 ~ 15.3、小头宽 13.4、厚 4.7 厘米（图 47-2;彩版一七七,2）。

随葬品多为瓷器碎片,出土于墓室南部。经拼对为盘口壶和小碗各一件。

盘口壶 1 件。M11:1,大浅盘口残,细颈,圆肩,肩部对称附两组纵向双排系,系较高,鼓腹较瘦长,平底。紫灰胎,施青绿釉,腹下及底外面呈紫褐色。口径 16、腹径 17.4、底径 10.1、高 34.5 厘米（图 47-3;彩版二五九,2）。

小碗 1 件。M11:2,紫色釉,深灰胎。敛口,腹斜直急收,小平底。口径 6.6、底径 2.5、高 2.7 厘米。

表 33-1 M11 墓砖统计表

单位:厘米

种类	长	宽	厚	图案纹饰	字符	备注
长方砖	30 ~ 32	15 ~ 15.5	4.7 ~ 5	无字或双钱纹	一短侧面有一"方"字	墓壁平砌砖
长方砖	31.7	12.5 ~ 13	4.6 ~ 5	双钱纹或单钱胜形纹		墓壁立砌砖
梯形砖	31.6	大 15 ~ 15.3 小 13.4	4.7			墓室北壁平砌砖
楔形砖	31.2 ~ 32	14.2 ~ 15	大 8.3 ~ 8.6 小 2.4 ~ 2.6		大门垱	大"大头" 小"小头"
楔形砖	30.6 ~ 31	大 14.5 小 15	大 5.4 ~ 5.7 小 2.1			

续表 33 - 1

种类	长	宽	厚	图案纹饰	字符	备注
楔形砖	31.1	大 8.1 小 7.2	大 6 小 2.8		大四出	
楔形砖		大 9.9	大 2.9		中四出	长度不详
楔形砖	残 26.5	小 14.2	小 1.8~2.1			
楔形砖	不详	8.8	2.2		出王	
楔形砖	不详	9~9.2	4		出大宽	
楔形砖	不详	9.8	2.7		小平长（急）	

三　M31

M31 位于小横山顶端西部，东侧为 M32，同 M32 间距 2 米，其墓底比 M32 高 1 米。方向 160°。

M31 仅余南部一段，包括墓室南部、甬道及封门（前面的排水道）（图 48 - 1；彩版一七八）。北部现被开凿为悬崖。

封门由中部的券门及两侧的翼墙组成。券门直壁以长方砖顺长平砌而成，中间为四顺一丁的封墙，封墙仅在两侧保留。丁砖主要为横楔砖，多为残存一半左右的砖块，有两种规格：

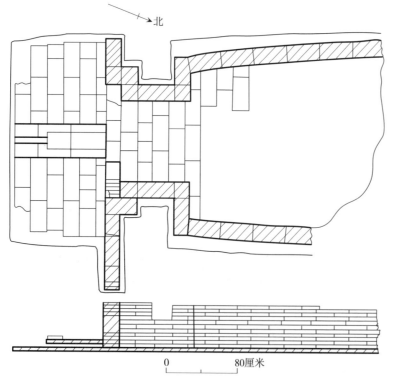

图 48 - 1　M31 平、剖面图　　　　　图 48 - 2　M31 墓砖文字"顶刀"

一种宽 17.8、大厚 4~4.2、小厚 3.3~3.5 厘米；一种宽 18、大厚 4.8、小厚 2.5 厘米。翼墙主要以长方砖平砌而成，西侧的翼墙仅有一砖宽度，东侧翼墙上面宽 0.82、下面宽 0.42、高0.82 米。翼墙平砌砖长 32.3、宽 15.8、厚 4.2~4.3 厘米。封门前的排水道现长 1.1 米，中间的排水槽宽 5 厘米。

甬道平面呈横长方形，宽 0.86、进深 0.76 米。铺地砖横向错缝平砌，一直延伸至封门外。

墓室仅余南部一段，南壁宽 1.56、东壁现长 1.4、西壁长 2.1、现存中部最宽 1.8、残高0.44 米。墓壁以单砖顺长平砌而成。其中西壁一砖侧面刻有"七十"2 字。墓内发现的一块砖上模印有"顶刀口"文字，应代表墓砖的种类。长方砖长 35~35.5、宽 17.5~17.8、厚 5~5.3 厘米（图 48 - 2）。

未发现随葬品。

四　M33

M33 位于小横山中部从上往下第三排，北壁偏西为 M12，东部紧邻 M34。方向 160°。总长 5.85、内长 5.05 米（图 49 - 1；彩版一七九）。

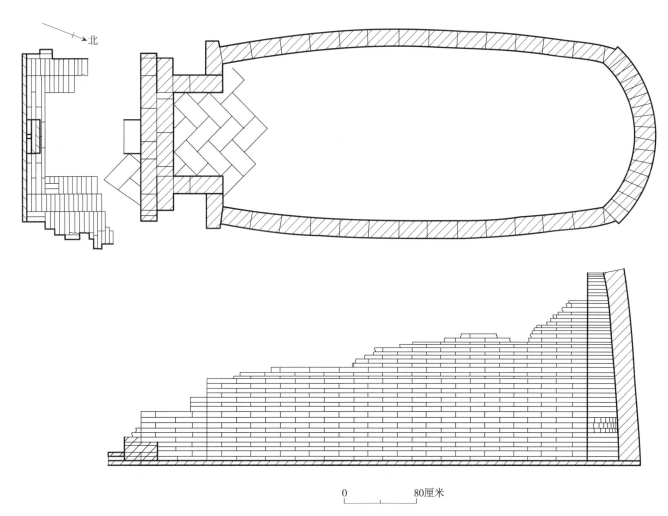

图 49 - 1　M33 平、剖面图

M33 为单室砖券墓，墓葬整体保存状况稍好，券顶坍塌。由封门、甬道及墓室三部分组成。

封门分内、外两重，分别砌于甬道口内外，总厚 0.38 米。甬道口内一道封门宽同甬道，厚 0.18、残高 0.2 米，平砌 4 层砖。甬道口外封门宽 2.06 米，中部为四顺一丁的封墙，宽 1.25 米；封墙两侧为券门直壁，宽 18 厘米；再外侧为平砌的翼墙，上宽下窄，现高 0.2 ~ 0.93 米。封门外中部发现横向垒砌的三层砖，应为排水道的孑遗。人字形铺地砖伸出封门外 0.36 米。

甬道平面呈长方形，宽 0.91、进深 0.72、现高 0.52 ~ 0.77 米，平砌 10 ~ 14 层砖。

墓室平面略呈椭圆形，南壁平直，东、西壁微凸，北壁弧凸较甚。南壁宽 1.54、中部最宽 1.88、北壁垂直宽 1.55 米，北壁垂线长 34 厘米。西壁垂直长 4.14、东壁垂直长 4.15 米。甬道口至北壁正中长 5.23 米（即墓葬内长）。墓壁现存高度：南壁 0.46 ~ 0.68、西壁 0.87 ~ 1.37、东壁 0.76 ~ 1.29、北壁 1.97 米。东、西壁直壁高 0.87 ~ 0.88 米，直壁上以横楔砖起券，上砌 4 ~ 5 层长方砖；再砌一层楔形砖，再平砌 8 层长方砖。长方砖长 34.5 ~ 35.5、宽 16.5 ~ 17.4、厚 4.5 ~ 5.1 厘米，面饰细绳纹，侧面多印一"方"字。楔形砖内厚 2.3 ~ 2.5、长 34.5 ~ 35.5 厘米。此外，券壁上还施用纵楔形砖，砖长 35、大厚 5.8、小厚 3.4 厘米。北壁现存 40 层砖，其中 37 层稍厚，3 层较薄；壁面呈内凹外凸的弧面形，上部逐渐朝室内内收。

M33 还发现一种长方形薄砖，砖长 35.5 ~ 36、宽 17.5 ~ 18、厚 2.8 ~ 3 厘米，上饰细绳纹。

未发现随葬品。

五　M55

M55 位于小横山中部偏东，西部 9 米处为 M54，东部 5 米处为 M56。其墓底比 M56 高 1.5 米，比 M54 高 0.5 米。方向 160°。南北通长 3.4、通宽 1.86 米。

M55 仅余墓室中北部，南部被毁，情况不详（图 50 - 1；彩版一八〇，1）。

墓室平面略呈长方形，北壁平直，东、西壁微凸。北壁宽 1.43、中部最宽 1.53、现南口宽 1.43 米。南北现长 4.2 米（以铺地砖为准）。东壁现高 0.14 ~ 0.39 米，最多存 8 层砖；西壁现高 0.29 ~ 0.68 米，最多存 14 层砖；北壁现高 0.06 ~ 0.14 米，最多存 4 层砖。砖长 31 ~ 32、宽 15.5 ~ 15.7、厚 4.5 ~ 5 厘米，面饰细绳纹。还有一种较窄的长方砖，长 30.5 ~ 31、宽 12.8 ~ 13、厚 4.5 ~ 5 厘米，面饰细绳纹，数量较少。铺地砖为人字形。

随葬品仅 2 件，分别为青瓷盘口壶、碗残片，位于现墓室口。

小碗　1 件。M55：1，仅存底部及下腹一部分。假圈足，平底，腹施淡青绿釉，釉面有细密裂纹，浅灰色胎。底径 6.5、残高 5.5 厘米（彩版二五九，3）。

盘口壶　1 件。M55：2，黄褐色，灰胎，纵向双排系，颈较细，盘口外侈。仅余口、腹、底残块，器壁较薄。底径 11 厘米（图 50 - 2）。

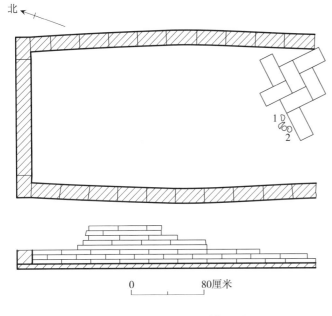

北

0 ———— 80厘米

图 50-1 M55 平、剖面图

1. 青瓷小碗 2. 青瓷盘口壶

0 ———— 12厘米

图 50-2 M55 出土青瓷盘口壶（M55：2）

六 M56

M56 位于小横山中部偏东，西部 5 米处为 M55，东部为 M57。其墓底比 M55 低 1.5 米。方向 165°。南北通长 5.3、通宽 2.53 米。

M56 仅余墓室及部分甬道，南部被毁，情况不详（图 51-1；彩版一八〇，2）。

甬道宽 0.91、残长 0.67 米，仅余一层砖。

墓室平面略呈椭圆形，内长 4.36 米。北壁弧凸较甚，东、西壁微凸，南壁平直。南壁宽 1.59、中部最宽 1.89、北壁垂直宽 1.6 米。北壁垂线长 27 厘米。东、西壁垂直长 4.1 米。东壁现高 0.13～1.46、西壁现高 0.1～1.07、北壁现高 0.63～0.77 米。北壁顺砖为梯形砖，分两种规格，一种长 22.5、厚 4.8、大宽 15.5、小宽 13 厘米，大头稍朝外弧凸，小头饰"大泉五十"双钱纹，钱纹之间以十字相连；另一种长 22～22.5、厚 3.3～3.4、大宽 10.5、小宽 8.2～8.3 厘米，多大头朝外，个别朝内。北壁丁砖多素面，偶有单钱纹，每层饰两砖竖拼的莲花图案 3～4 个，直径 9 厘米（彩版一八一，1）。

砌法：三顺一丁。顺砖层饰三砖平拼的大莲花图案，莲花直径 12.5～14.5 厘米；东、西壁丁砖为整砖的一半左右，外参差内齐平；丁砖内面饰"大泉五十"单钱纹及三砖竖拼的双层莲花图案，直径 12～12.5 厘米。墓壁以单砖顺长平砌，长方砖长 35～36.5、宽 15.9～16.7、厚 4.2～4.5 厘米。铺地砖为人字形，仅在甬道有保留。

随葬品仅 1 件，为青瓷盘口壶颈部残片，出土于墓室南部。

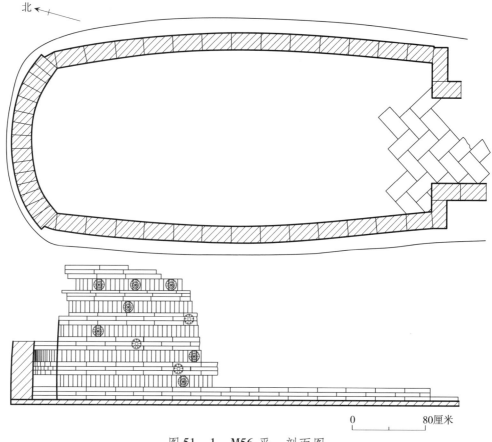

北←

0   80厘米

图 51 - 1 M56 平、剖面图

七 M57

M57 位于小横山中部偏东，西邻 M56，东部 1.5 米为 M58。M57 墓底比 M58 高 0.2 米。方向 175°。南北通长 4.1、通宽 2.2 米（图 52 - 1；彩版一八一，2）。

M56 仅余墓室中北部，南部被毁，情况不详。墓室北壁弧凸较甚，东、西壁微凸，平面略呈椭圆形。内长 3.9 米，中部最宽 1.79、北壁垂直宽 1.48 米。现存南口宽 1.6 米，北壁垂线长 40 厘米。东、西壁现高 1.1～1.23 米，北壁用梯形砖平砌成圆弧形，现高 0.57～0.92 米；梯形砖长 22.5、厚 4.6～5、大宽 16、小宽 13.5 厘米，饰细绳纹。东壁直壁高 0.92 米，券壁以横楔砖平砌，现存 5 层砖。横楔砖长 36、宽 18、大厚 4.8、小厚 2.5 厘米，饰细绳纹。

砌法：墓壁以单砖顺长平砌，长方砖长 35～35.5、宽 17～18、厚 4.7～5.1 厘米，有的短侧面印一"方"字。铺地砖作人字形排列。

随葬品共 5 件。其中青瓷盘口壶残片 1 件、小碗 4 件，出土于墓室南部。

盘口壶 1 件。M57：1，仅余底部及少量腹部残片。胎内红外灰，未施釉。平底，底径 9.6 厘米（图 52 - 2）。

小碗 4 件。M57：2，侈口，肩稍折。斜直腹，小平底。略带假圈足。釉已脱落。口径 9～9.5、底径 3.8～4.4、高 3.8～4.5 厘米（彩版二五九，2）。M57：3，直口，肩微凸，斜直腹，平底，略带假圈足。口径 8、底径 3.5～3.8、高 3.8～4.2 厘米（彩版二五九，3）。M57：4，残存

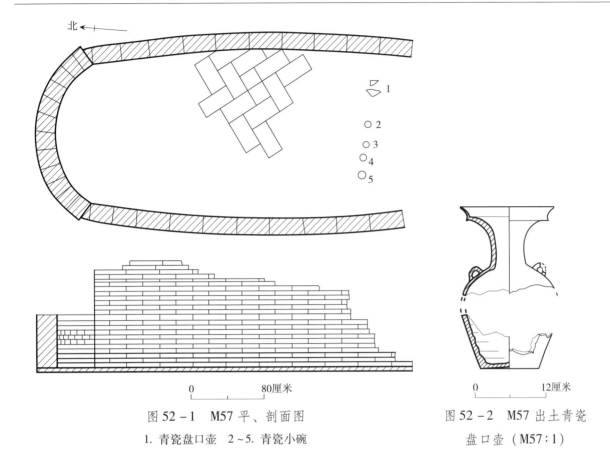

图 52 - 1　M57 平、剖面图

1. 青瓷盘口壶　2～5. 青瓷小碗

图 52 - 2　M57 出土青瓷
盘口壶（M57:1）

一半，直口，肩微凸，斜直腹，平底，略带假圈足。釉基本脱落，灰胎。口径8.1、底径3.9、高4.2厘米。M57:5，口微侈，肩微凸，平底微凹，残存不到一半。施黑褐色釉，灰胎。口径8.2、底径5.2、高4.2~4.4厘米（彩版二五九，4）。

八　M58

M58位于小横山东部，东邻M59，西邻M57，间距1.5米。其底部比M59底部低0.9米，比M57底部低0.3米。方向165°。南北通长5.55米。

M58北部被毁，仅余部分铺地砖。南部大多有保存（图53-1；彩版一八二，1）。

封门砖两砖顺长并列，宽1.63、厚0.37米。

甬道残存2~5层砖，宽0.91、进深0.56、现高0.1~0.24米。

墓室东、西壁微朝外弧凸。南壁宽1.5、中部最宽1.72米。外通宽2.35米。东西壁残长2.12~3.2、现高0.8~0.84米，最多保存18层砖。铺地砖作人字形排列。墓壁以单砖顺长错缝平砌，厚18厘米，墓砖长34.8~35.5、宽17~17.3、厚4.5~4.7厘米，个别砖一短侧面模印一"方"字。

随葬品共2件。墓室中南部发现青瓷盘口壶残片若干，还有1件铁钉。

盘口壶　1件。M58:1，仅余口、底及少量腹部残片。盘口外侈较大，细颈，圆肩，平底，肩附两组纵向双排系，现存一组。施青绿釉，釉面光滑。口径15.2、底径10.4厘米。

铁钉　1件。M58:2，残长12厘米（图53-2）。

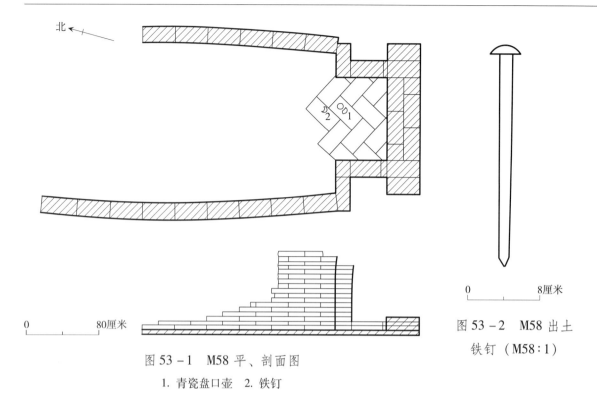

图 53 - 1　M58 平、剖面图

1. 青瓷盘口壶　2. 铁钉

图 53 - 2　M58 出土
铁钉（M58:1）

九　M59

M59 位于小横山东部，西邻 M58，东邻 M60。方向 171°。南北通长 3.45 米（图 54 - 1；彩版一八二，2）。

M59 为单室砖券墓，墓室平面呈长方形，四壁微朝外弧凸。封门以两砖并列砌筑，宽 1.29～1.4、厚 0.31～0.34、残高 0.05 米。南、北壁均宽 1.3、中部最宽 1.38 米。东壁长

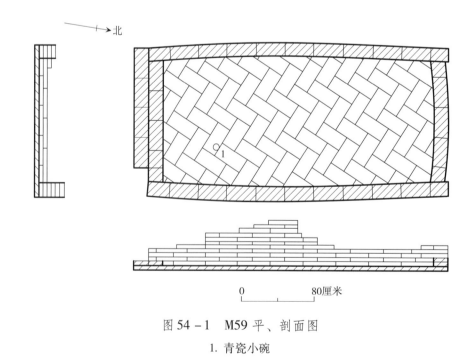

图 54 - 1　M59 平、剖面图

1. 青瓷小碗

2.97、西壁长 2.93 米。墓壁现存高度，东壁存 3～11 层，高 0.14～0.51 米；西壁现存 4～11 层，高 0.17～0.48 米；北壁存 2 层，高 0.09 米。铺地砖作人字形排列。

墓壁以单砖顺长错缝平砌，厚 16 厘米，砖长 32～33.2、宽 15.2～15.5、厚 4～4.8 厘米。

随葬品仅发现一件碗口沿残片，位于墓室中部偏东位置。

小碗　1 件。M59：1，仅余口沿残片，侈口，边缘内面外折。施青绿色釉，釉色泛黄。外面有刻划纹。壁厚 0.45 厘米。

一〇　M61

M61 位于小横山东部，西南为 M59，南部为 M60（M60 为汉墓），东南为 M62。M61 位于 M60 北部 22～25 厘米，二者有部分叠压，即 M61 封门前的铺地砖叠压于 M60 北壁上，但未发现打破关系。M60 墓底比 M61 低 1.22～1.24 米。方向 170°（图 55－1；彩版一八三）。

M61 由封门、甬道及墓室三部分组成。南北通长 5.45、通宽 2.26 米。

封门通宽 2.2、厚 0.38、现高 0.16～1.37 米，东西向并列 2 道，内层伸入甬道内，外层砌于甬道口外。中间的封墙三顺一丁砌筑，现存两组。两侧的平砌砖墙宽 0.38 米，西壁现高 1.42 米，直壁高 0.82 米，直壁上为内收的弧形。封门丁砖中残存一块"副宽"砖，长 35.8、宽 17.5、厚 4～4.3 厘米。

甬道较窄，宽 0.9～0.92、进深 0.71～0.72、现高 0.62～0.72 米。错缝平砌。

墓室南壁平直，东、西壁微凸，北壁弧凸较甚，平面略呈椭圆形。南壁宽 1.42、现高 0.62～0.72 米；北壁垂直宽 1.43、现高 1.42～1.53 米，垂线长 32 厘米。墓室中部最宽 1.71 米。东壁长 3.88、现高 0.67～1.05 米；西壁长 3.85、现高 0.83～1.4 米。东、西壁直壁高 1.15 米，券壁保存较少，其中使用横楔砖，起券处平砌一层"刀副急"横楔砖，砖长 36、宽 17.7、大厚

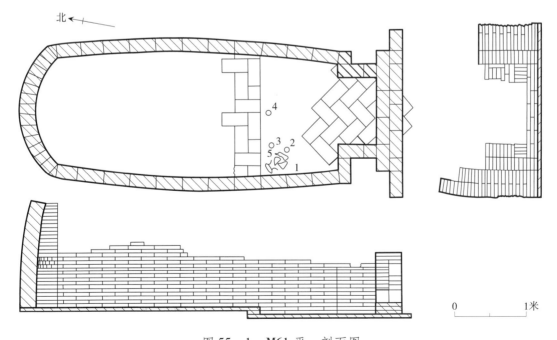

图 55－1　M61 平、剖面图

1. 青瓷盘口壶　2、3、4. 青瓷小碗　5. 青瓷钵

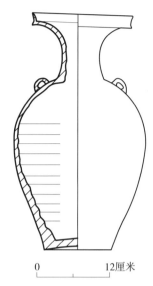

图 55－2　M61 出土青瓷
盘口壶（M61：1）

5.8、小厚 2.2 厘米；券壁上还有"刀大急"横楔砖（长 35、宽 16.6～17.8、大厚 4.7～5、小厚 2.5～2.7 厘米）。北壁以梯形砖平砌，砖长 22.5、厚 4.8～5、大宽 15.8～16、小宽 12.8（12.5～13.5）厘米，少数厚仅 4.2 厘米。北壁上端残存两层"出大急"纵楔砖（长 22～22.2、大宽 11～11.3、厚 5 厘米；小宽 8.3、厚 2.8 厘米），墓室中后部设有棺床，棺床前端宽 1.64、距离南壁 1～1.08 米，高 11 厘米，平砌两层砖，棺床面上铺砖纵横平砌。墓室前部及甬道铺地砖均作人字形排列。长方砖长 35～36、宽 17～17.5、厚 4.8～5.3 厘米。

随葬品共 5 件。主要分布于墓室南部，有盘口壶 1 件、小碗 3 件、钵 1 件。

盘口壶　1 件。M61：1，盘口较浅，壁较直，外侈较少，束颈较长，中部较细，溜肩，肩部对称两组纵向双排系，并饰两周弦纹，鼓腹较圆，下腹斜收，凹底。通体施青绿釉，釉面有细密裂纹，灰胎。口径 16.6、腹径 21.9、底径 11.8、高 38 厘米（图 55－2；彩版二六○，1）。

小碗　3 件。M61：2，直口，尖唇，肩微鼓，腹内收，假圈足，小平底。除底外面，余均施黄绿釉，裂纹细密纵横，灰胎。口径 8.2～8.5、底径 3.3、高 4 厘米（彩版二六○，2）。M61：3，口微侈，凸肩，斜腹，平底。底外及下腹紫红色，余均施黄绿釉，釉多脱落，紫灰胎。口径 8.4、底径 4～4.3、高 3.3～3.9 厘米（彩版二六○，3）。M61：4，口残缺，直口，尖唇，肩腹微鼓，假圈足，小平底。除底外面外，余均施黄绿釉，裂纹细密纵横，灰胎。口径 8.5、底径 3.7～3.8、高 3.9 厘米（彩版二六○，4）。

钵　1 件。M61：5，仅余口部残片，直口，口外面上部稍内凹。施青绿色釉，灰胎。复原口径 9.6 厘米。

—— M62

M62 位于小横山东部，西邻 M60 及 M61，东部 0.3 米为 M63。方向 165°。

M62 平面呈"凸"形，由封门、甬道及墓室三部分组成。南北通长 3.9、墓室内长 3.55 米（图 56－1；彩版一八四，1）。

封门东西横砌一道砖，宽 1.72、厚 0.18、残高 0.1～0.37 米。

甬道平面呈长方形，现存 7～8 层平砌砖，宽 0.81～0.82、进深 0.53～0.54、残高 0.33～0.37 米。

墓室平面呈长方形，东、西、北三壁微朝外弧凸，南壁平直。南壁宽 1.42、北壁宽 1.41、中部宽 1.63 米。东、西壁均长 2.94 米。墓壁现存高度，东壁存 10～22 层、高 0.47～1.05 米；西壁现存 10～18 层，高 0.48～0.87 米；北壁存 20～24 层，高 0.94～1.15 米。铺地砖作人字形排列。墓壁以单砖顺长错缝平砌，厚 17～17.5 厘米，墓砖长 35.5～36、宽 17～17.5、厚 4.2～4.8 厘米。墓室西壁一砖正面刻有"沈逍□"三字，当为人名（图 56－2）。

未发现随葬品。

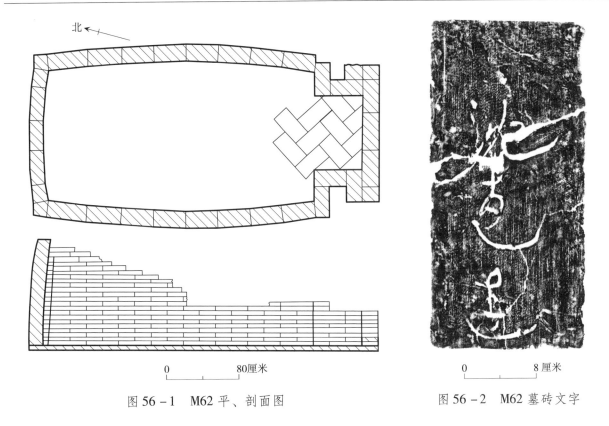

图 56 - 1 M62 平、剖面图　　　　　　　图 56 - 2 M62 墓砖文字

一二 M63

M63 位于小横山东部，西部 0.3 米为 M62，M63 墓底比 M62 底低 1.6 米。东为 M69。方向 140°。

M63 平面呈"刀"形，由封门、甬道及墓室三部分组成。南北通长 5.36、墓室内长 4.8 米（图 57 -1；彩版一八四，2）。

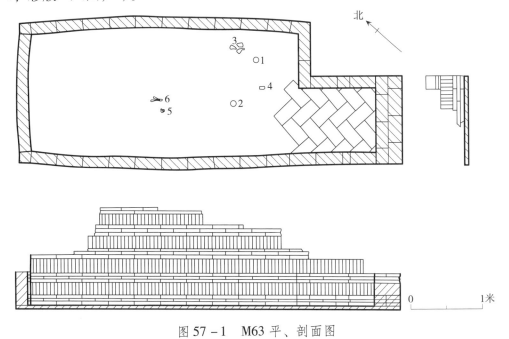

图 57 - 1　M63 平、剖面图

1、2. 青瓷小碗　3. 青瓷盘口壶　4. 石板　5. 铜钱　6. 铜箸

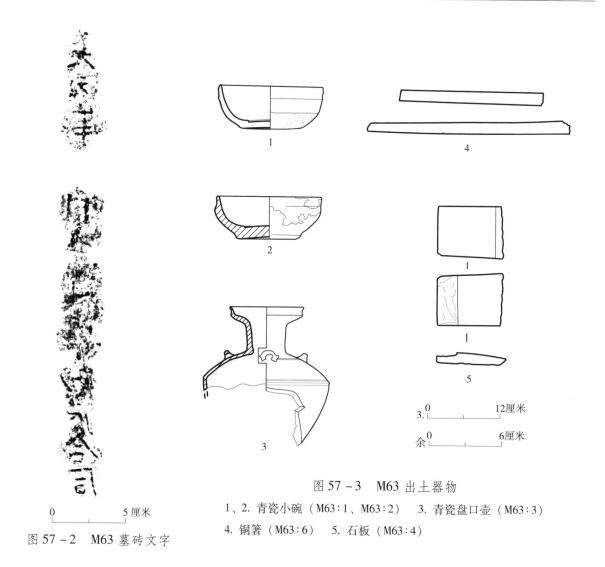

图 57 - 2　M63 墓砖文字

图 57 - 3　M63 出土器物

1、2. 青瓷小碗（M63：1、M63：2）　3. 青瓷盘口壶（M63：3）
4. 铜箸（M63：6）　5. 石板（M63：4）

封门仅余口部偏东一段，厚 0.34～0.37、残高 0.32 米。

甬道偏向墓室西壁，甬道西壁即墓室西壁的延伸。宽 0.86、进深 1.1、残高 0.48～0.62 米。

墓室平面呈长方形，四壁微朝外弧凸。南、北二壁均宽 1.6、中部宽 1.76 米，东壁长 3.7 米，西壁一直延伸至墓口，总长 4.7 米。墓壁现高：西壁 0.77～1.23、东壁 1.07～1.33、北壁 0.46～0.72、南壁 0.62 米。墓壁砌法：三顺一丁。墓壁厚 16 厘米（即一砖宽度）。南壁中部第 3 组平砖侧面模印有"大元年□月□□天合同"文字。铺地砖呈人字形。墓砖长 35～36、宽 17～17.5、厚 4.8～5 厘米（图 57 - 2）。

随葬品共 8 件（铜钱、铜箸只给一个号）。墓室中部发现铜钱币 3 枚、铜箸 1 双；南部及东南部出土青瓷小碗 2 件、盘口壶 1 件及石板 1 件。

小碗　2 件。M63：1，尖唇，直口，肩外有一周凸棱，平底微凹。未施釉，红褐色胎。口径 8.5、底径 4.5～4.8、高 33.5 厘米（图 57 - 3 - 1；彩版二六一，1）。M63：2，尖唇，直口，折腹，假圈足，平底微凹。外施酱褐色釉，釉层多脱落。口径 8.5、底径 4.5、高 3.3 厘米

（图57-3-2；彩版二六一，2）。

盘口壶　1件。M63:3，上半部保留较多，腹及底仅有个别残片。浅盘口，口外面中部内凹，束颈，圆肩，肩部对称分布四横向系，系下饰两道凹弦纹。肩腹结合曲折内收，上饰两道凹弦纹。上半部施青绿色釉，下腹施淡黄绿色釉，胎外灰内红。壁厚0.6~0.8、近底处厚2.1厘米。口径12.5、肩径20.7、残高17厘米（图57-3-3；彩版二六一，3）。

石板　1件。M63:4，表面呈灰白色，断面浅灰色，平面略呈梯形，一端有刃，一端较平直。一面有宽2厘米的敲击剥落痕。长5.5~5.9、宽4.2~4.6、厚0.5~0.8厘米（图57-3-4；彩版二六一，4、5）。

铜钱　3件。M63:5，分"大泉五十"和"货泉"两种。"货泉"直径2.1~2.2厘米。"大泉五十"残。

铜箸　1双。M63:6，略呈扁方形，上宽下窄，均残。完整者长17、宽0.6~1、厚0.4~0.7厘米。另一件残长11.5厘米。断面呈紫褐色，外生蓝绿锈（图57-3-5；彩版二六一，6）。

一三　M69

M69位于小横山下部东端，东邻M70。方向160°（图58-1；彩版一八五，1）。

M69仅余墓室中北部，墓壁微朝外弧凸，通长3米，以单砖顺长错缝平砌，厚17~18厘米。砖一长侧面中部印对称的三角形纹，砖长35~36、宽17~18、厚4.6~5厘米。东、西两壁直壁高1.07~1.08米，平砌21层砖；起券层以两层楔形砖顺长平砌，砖长35.8~36、宽17.5、大厚4~4.2、小厚3.1~3.3厘米，内侧面模印"太元十三年八月戊子"9字，楷体阳文（图58-2；彩版一八五，2）。

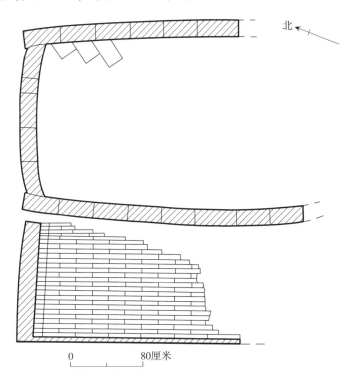

0　　　　　80厘米

图58-1　M69平、剖面图

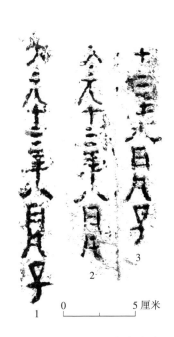

0　　　　5厘米

图58-2　M69墓砖文字

1. 太元十三年八月戊子　2. 太元十三年八月戊　3. 十三年八月戊子

M69 北壁垂直宽 1.62、中部宽 1.82 米。东壁现长 2.2、高 0.94 ~ 1.3 米，平砌 26 层砖；西壁现长 2.82、高 0.87 ~ 1.29 米，最多平砌 26 层砖；北壁现高 1.39 米，平砌 27 层砖。

未发现随葬品。

根据墓砖"太元十三年八月戊子"铭文，结合 M69 所在墓群的整体概况，可以断定 M69 为东晋时期墓葬。太元是东晋孝武帝司马曜所用年号，将近 21 年，太元十三年当 388 年，其年戊子，墓砖铭文与史载吻合。

一四　M70

M70 位于小横山下部东端，东邻 M71，西邻 M69。方向 140°（图 59 – 1；彩版一八六，1）。

M70 仅余墓室中北部，通长 2.86 米。墓壁厚 14 ~ 15 厘米，微朝外弧凸，以单砖顺长错缝平砌，砖红褐色，火候不高，长 34.5 ~ 35、宽 14 ~ 14.5、厚 4.2 ~ 5 厘米。北壁内宽 1.22、中部偏南宽 1.26 ~ 1.27 米；外宽 1.54 ~ 1.68 米。墓壁现存高度：东壁 0.44 ~ 0.59、西壁 0.29 ~ 0.44、北壁 0.44 米。砌法：三顺一丁。丁砖为半砖，外面参差，内面齐平。铺地砖作人字形排列。

随葬品共 2 件。均为瓷器，蛙形尊及碗各一件，均位于墓室中部（彩版一八六，2）。

蛙形尊　1 件。M70：1，直口较高，口外附两个方形系，并施三道弦纹，腹部一端凸出一只宽扁蛙头，另一端粘有一短尾；两侧粘附四肢，四肢上刻有划纹。腹部较扁圆，平底微凹。通体施青绿色釉，上有黄色斑点和细密裂纹。灰胎。口高 5.9、口径 12.5、腹径 15.9 ~ 16.4、底径 10.4、高 14 ~ 14.4 厘米（图 59 – 2 – 1；彩版二六〇，5、6）。

小碗　1 件。M70：2，直口，腹浅而直，平底微凹。底外不施釉，其余均施青绿釉，灰胎。碗内底粘附三处烧结物。口径 8.4、底径 4.4 ~ 4.5、高 3.1 厘米（图 59 – 2 – 2）。

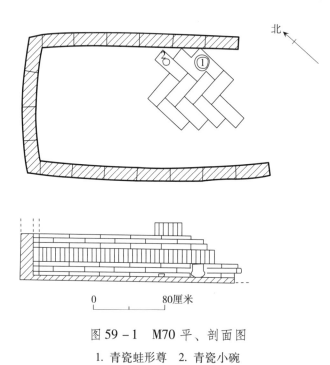

0　　　　　　80厘米

图 59 – 1　M70 平、剖面图
1. 青瓷蛙形尊　2. 青瓷小碗

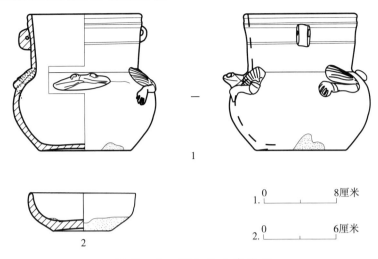

图 59 - 2　M70 出土青瓷器

1. 蛙形尊（M70∶1）　　2. 小碗（M70∶2）

一五　M71

M71 位于小横山下部最东端，同 M69、M70 位于一排，西部 2.3 米为 M70。方向 140°（图 60 - 1；彩版一八七，1）。

M71 仅余墓室中北部，通长 4.5 米。墓壁微朝外弧凸，尤以北壁弧凸较甚。北壁宽 1.36 米，垂线长 20 厘米，由底往上平砌 29 层梯形砖（长 17.3 ~ 17.6、厚 4 ~ 4.4、小头宽 10.6 ~

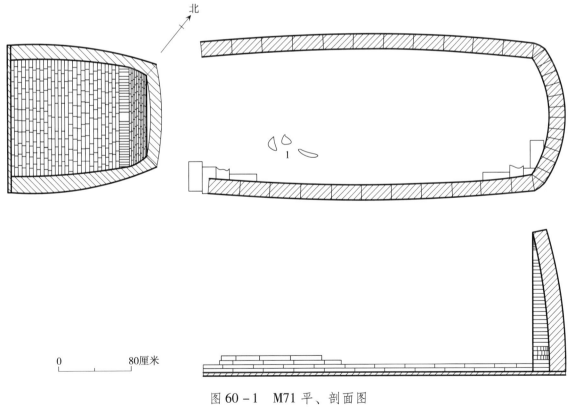

图 60 - 1　M71 平、剖面图

1. 青瓷盘口壶

11 厘米）后丁砖 1 层，丁砖层中部留设一方形小龛，小龛宽 10、高 10 ~ 10.3、进深 9.5 ~ 10.3 厘米，距底 1.28 米；丁砖层之上为 11 层平砌内收的楔形砖，丁砖长 14.7、宽 9.2 ~ 10、厚 3 ~ 3.5 厘米；楔形砖长 23.8 ~ 24、小宽 9.5 ~ 10.2、厚 2.8 ~ 3.4 厘米。东、西壁均长 3.92 米，墓室中部最宽 1.55、南口宽 1.38 米。墓壁单层平砌，壁砖长 36、宽 16.3 ~ 17、厚 4.4 ~ 4.8 厘米。铺地砖东西向错缝平砌，仅在墓壁下有保存。

随葬品仅有 1 件，为青瓷盘口壶残片若干，出土于墓室南部。

盘口壶　1 件。M71:1，仅余盘口及底、腹部残片，无法复原。盘口较浅，颈部内面有数道凹弦纹。现存口径复原 16.5 厘米。釉色青绿泛黄，釉面有细密裂纹，紫灰胎。

一六　M72

M72 位于小横山中部从上往下第四排，东邻 M73，西部偏南为 M79，东北为 M81。方向 160°。

M72 由封门、甬道及墓室三部分组成。通长 5.08、通宽 2.08、内长 4.9 米（图 61 - 1；彩版一八七，2）。

封门宽 1.8、厚 0.42、现高 0.28 ~ 0.32 米。

甬道平面呈长方形，宽 0.81、进深 0.71 ~ 0.73、现高 0.15 ~ 0.32 米。

墓室平面呈长方形，墓壁微朝外弧凸，北壁及东西二壁北端保存相对较多。北壁垂直宽 1.55 米，垂线长 18 厘米。南壁宽 1.56、墓室中部最宽 1.8 米。西壁长 3.53、现高 0.46 ~ 1.57

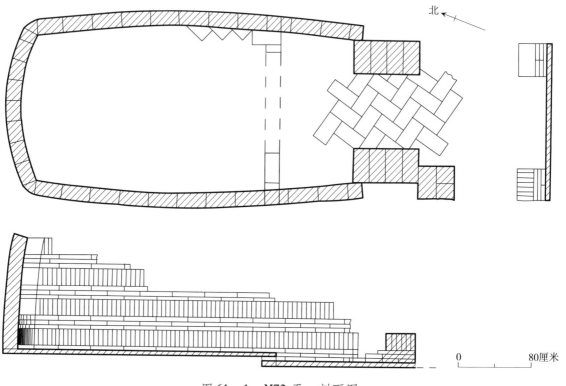

图 61 - 1　M72 平、剖面图

1. 豆

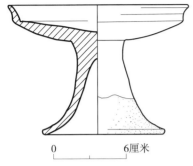

图 61-2　M72 出土青瓷豆（M72:1）

米；东壁现高 0.64~1.29、北壁现高 1.22~1.33 米。墓室中后部留设棺床，棺床前端宽 1.7、距离南壁 0.78~0.85 米，棺床前端砌砖仅在东壁附近有保存，高 9.5 厘米。棺床面及墓底均为人字形铺砖。砖长 34~35.5、宽 16.5~17.5、厚 4.5~5 厘米。个别砖一短侧面印"二"字。墓壁砌法：三顺一丁，丁砖为整砖的二分之一左右，并列立砌，外参差而内齐平。

随葬品仅一件黑褐釉瓷豆。

豆　1件。M72:1，浅盘口外侈，束腰。喇叭形柄。盘内施黑褐色釉。口径 14.8、底径 10、高 10.3 厘米。

一七　M80

M80 位于小横山中部从上往下第三排，南部为 M74 和 M75，西部为 M81。方向 170°（图 62-1、62-2；彩版一八八、一八九；表 34-1）。

M80 由封门、甬道及墓室三部分组成。墓室内长 5.21 米（图 62-1；彩版一八八，1）。

封门通宽 2、厚 0.4、现高 0.14~1 米。共两层，第一层位于甬道口，宽同甬道，横向平砌 3 层。第二层位于甬道口外，由券门及东侧的立墙组成。券门及中间的封墙宽 1.29 米，封墙三顺一丁砌筑，现高 0.14~0.87 米。券门东侧壁现存 22 层砖，宽 0.18、高 1.01

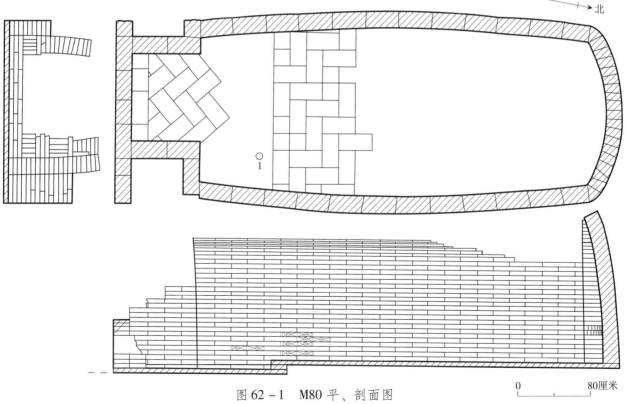

图 62-1　M80 平、剖面图
1. 青瓷小碗

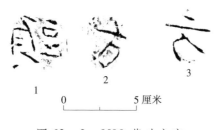

图 62 - 2   M80 墓砖文字
1. 头   2. 方   3. 方

米；直壁高 0.74 米。起券层上下两砖短侧面均印一"头"字，砖宽 17.5 ~ 17.9、厚 5 厘米。东侧立墙宽 30 ~ 32、现高 70 厘米。人字形铺地砖伸出封门外 0.4 米（彩版一八八，2；彩版一八九，1）。

甬道平面呈横长方形，宽 0.91 ~ 0.93、进深 0.73 ~ 0.75、现高 0.88 ~ 0.99 米。甬道偏西，距墓室西壁 17.5 厘米，距东壁 44 ~ 46 厘米。

墓室平面略呈椭圆形，东西较窄、南北较长。南壁平直，东西壁微凸，北壁弧凸较甚。南壁宽 1.55、中部最宽 1.78、北壁垂直宽 1.54 米。北壁垂线长 24 厘米，现高 1.84 米，错缝平砌 41 层。墓室东西二壁均顺长平砌一砖宽，有的砖一长侧面模印两组圆形三角纹。东壁垂直长 4.25、现高 1.36 米；西壁垂直长 4.23、现高 1.48 米。直壁高 1.09 米。东、西券壁上多以横楔砖发券，最上为"刀副急"，下为"刀副宽"及"中方"，再下为"大"字砖。墓室中后部留设棺床，棺床前端距离南壁 0.8、距离北壁 3.65 米，宽 1.69 米，高 9.5 厘米。上面铺砖纵横交错。墓室前部及甬道为人字形铺地砖。砖长 35 ~ 36、宽 17 ~ 18、厚 4.5 ~ 4.8 厘米，个别厚 4 厘米。楔形砖厚薄不一，其薄面厚 1.8 ~ 3.5 厘米（图 62 - 2；彩版一八九，2）。

随葬品仅 1 件。为青瓷小碗，出土于墓室东南部棺床前。

小碗   1 件。M80：1，直口，圆肩，假圈足，平底。施黄绿釉，釉色微泛青。口部釉层有脱落。口径 8.1、底径 3.9、高 4 厘米（彩版二六二，1）。

表 34 - 1   M80 墓砖统计表

单位：厘米

种类	长	宽	厚	字符	备注
纵楔砖	36.8 ~ 36.5	17.5 ~ 17.8	大 5.3 ~ 5.1 小 4 ~ 3.8	头	甬道及封门平砌砖
横楔砖	36.4	18	大 4.6 ~ 5.4 小 2.3	刀副急	
长方砖	35	17	3.5	中方	
横楔砖	35.7	16.5 ~ 17.4	大 4.3 小 3.8 ~ 3.5	刀副宽	
横楔砖	35.6	17.2 ~ 17.6	大 4.6 ~ 5.4 小 3.4 ~ 3.5	大	
横楔砖	37.5	18	4 ~ 4.8	方	

一八   M92

M92 位于小横山西部从上往下第三排，其东南为 M91，西部为 M93。方向 163°。

M92 由封门、甬道及墓室三部分组成。墓室内长 5.02 米（图 63 - 1；彩版一九〇，1）。

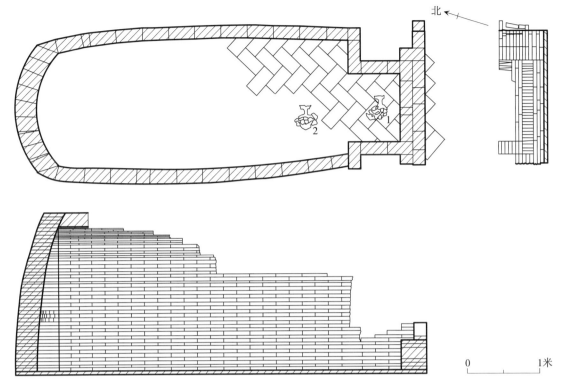

图 63 - 1　M92 平、剖面图
1、2. 青瓷盘口壶

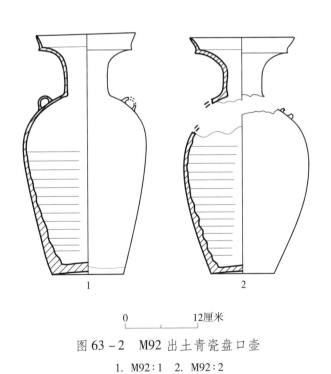

图 63 - 2　M92 出土青瓷盘口壶
1. M92：1　2. M92：2

封门两重，分别位于甬道口内及外面，厚 38 厘米。内封门三顺一丁，以长条砖及楔形砖混砌；外封门通宽 1.88 米，中间封墙宽 1.22、现高 0.4～0.63 米，三顺一丁。东侧平砌墙宽 36～37 厘米，西侧平砌墙宽 24 厘米。封门个别砖上印有"刀"、"急"、"副急"等文字。

甬道平面略呈方形，宽 0.91～0.93、进深 0.71～0.73、现高 0.38～0.62 米。甬道偏向墓室西壁，即墓室南壁东墙宽 45、西墙宽 15～15.5 厘米。

墓室北壁弧凸较甚，东、西壁微凸，南壁平直，平面略呈椭圆形。南壁宽 1.52、北壁垂直宽 1.53、中部最宽 1.79 米。北壁垂线长 28 厘米。东壁垂直长 4.02、西壁垂直长 4 米。拱券顶，顶内高 1.94 米，直壁东高 1.07、西高 1.12 米，起券处砌一层内面较薄的横楔砖（长 34.5～35、宽 18、大厚 5～5.3、小厚 2～2.2 厘米）。东、西二壁前部现高 1.14～1.3 米。北壁以楔形砖平砌而成，砖均小头朝内，上模印"大泉五十"双钱纹，钱纹之间以十字相连（彩版一九〇，2）。北壁内面可见42.5层平砌砖，上部朝内弧形内收。墓底平铺人字形砖，铺地砖仅在前部及中后部墓壁下有保留，未发现棺床。墓壁单砖砌筑，砖长35～36、宽17～17.2、厚4～5.5厘米。北壁平砌砖为梯形，长22～22.3、大头宽15.2、小头宽12.8～13.1、厚4.4～4.7厘米，外面印一"足"字；内面略内凹，印双钱纹。此外，还有一种小的纵楔砖，长22.5、大宽10.6～11、厚6.2～6.6厘米，上印一"急"字；小宽9、厚2.8厘米，素面。

随葬品共2件。均为青瓷盘口壶，出土于甬道及墓室南部。

盘口壶　2件。M92:1，盘口外侈较大，束颈较短，圆肩，鼓腹，腹斜直内收，平底微凹。肩部对称两组纵向双排系。施青绿色釉，上有黄绿色斑点。口径16.2、腹径20.2、底径11.6、高38～38.5厘米（图63－2－1；彩版二六二，3）。M92:2，盘口外侈较大，束颈，圆肩，鼓腹，平底微凹。肩部对称两组纵向双排系，系均残缺，施青绿釉，有的部位为黄绿色，紫灰胎。口径16～16.2、腹径20.5、底径10.3～10.7、高35厘米（图63－2－2）。

一九　M110

M110位于小横山最底下一排西部，东邻M111，暴露于一断面上。方向150°（图64－1；彩版一九一，1）。

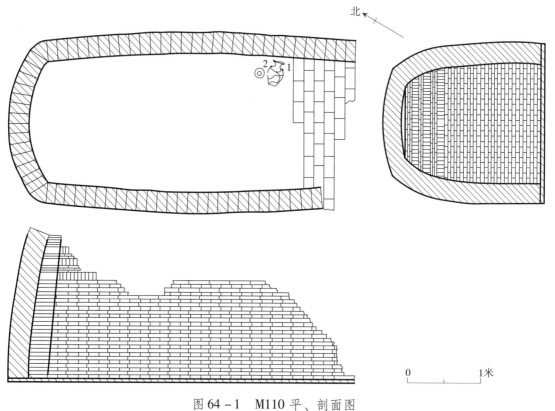

图64－1　M110平、剖面图

1. 青瓷盘口壶　2. 青瓷小碗

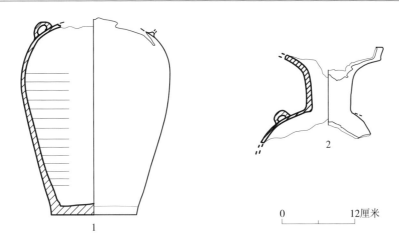

图 64-2　M110 出土青瓷盘口壶
1. M110:1　2. M110:3

M110 南部被毁，仅余墓室中北部。现存墓室平面略呈椭圆形，东、西壁朝外微凸，北壁弧凸较甚。东壁垂长4.2、西壁垂长3.92米。由墓室北壁正中至现墓口长4.45米，现存南口宽1.68米，墓室中部最宽1.84米，北壁垂直宽1.6米，垂线长25厘米。北壁现存高度1.9米，东壁高1.1~1.3米。砌法：墓室直壁均错缝平砌。北壁以梯形砖错缝平砌28层（距底1.3米）后丁砖1层，丁砖层中部留设一方形小龛，小龛宽10、高9.6厘米。由此丁砖层再往上三顺一丁两组至现顶面，现顶面宽0.95米。铺地砖错缝平砌一层。墓砖长28、宽14、厚4.6厘米。墓壁厚度为一砖的长度，即28厘米（彩版一九一，2）。

随葬品仅在墓室口发现一些青瓷残片，经拼对修复为盘口壶2、碗1件。

盘口壶　2件。M110:1，口、颈残缺，圆肩，肩部对称两组纵向双排系，系宽大，鼓腹，平底。施淡青绿色釉。胎外灰内红。腹径23.5、底径13.4、残高30.5厘米（图64-2-1；彩版二六二，4）。M110:3，仅余盘口及肩部残片，盘口稍浅，外侈不大，束颈，圆肩，肩部双系残存一组。施黄绿色釉。复原口径16.8厘米（图64-2-2）。

小碗　1件。M110:2，直口微敛，肩腹微凸，平底。釉色深绿，多脱落。口径8.3、底径5、高3.8~4.1厘米。

二〇　M117

M117 位于小横山下石子加工厂南部，距离山脚100米左右。在 M115 及 M116 南部近20米处。上面原种有树木，现地表较平坦，上有树木被挖后留下的深坑。方向160°（图65-1；彩版一九二）。

M117 平面略呈刀形，残存甬道及墓室两部分。甬道在墓室南部，靠近墓室西壁，宽0.72~0.74、残长0.6米。墓室北壁朝外弧凸较大，东、西二壁微凸。南壁宽1.27、墓室中部最宽1.37米，北壁垂直宽1.3米，垂线长22厘米。M117 南北通长4.5米，东壁长3.52米，墓壁残高0.5~0.7米。墓底铺地砖错缝平砌。墓砖长36、宽18、厚5厘米。

墓葬被盗扰严重，未发现随葬品。

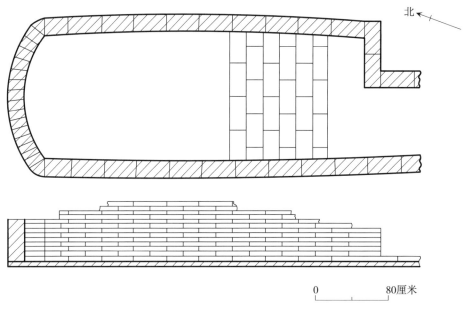

图 65－1　M117 平、剖面图

二一　M120

M120 位于小横山顶部中间第二排，西南 8 米为 M18，东部 1 米处为 M16，南部 5 米处为 M80。现地表为斜坡，上面长满草木，墓顶前部发现一盗洞。方向 165°（图 66－1；彩版一九三，1）。

M120 由封门及墓室两部分组成。封门通宽 1.76～1.82、厚 0.36、残高 0.38～0.95 米。

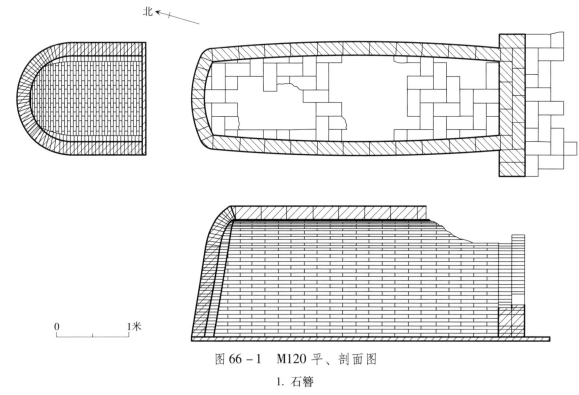

图 66－1　M120 平、剖面图
1. 石簪

中间封墙宽 1.26 米，由底往上三顺一丁 2 组、四顺一丁，丁砖多为"大宽"砖，还有"方"、"门急"、"七"字砖等。铺地砖伸出封门外 0.72 米。"大宽"为横楔砖，长 38、宽 17.5、大厚 3.8、小厚 3 ~ 3.2 厘米。"门急"为纵楔砖，长 36.6 ~ 37、宽 18 ~ 18.3、大厚 6、小厚 3.3 厘米。"七"字砖宽 19、厚 5 厘米。"方"字砖宽 16.5 ~ 18、厚 4.9 ~ 5.5 厘米（彩版一九四，1）。

墓室南壁平直，北壁弧凸较甚，东、西壁微凸，平面略呈椭圆形。墓室中空，内面北部现生长有一层白色苔藓。南壁宽 1.01、墓室中部最宽 1.14 米，北壁垂直宽 0.99 米，垂线长 13 厘米。墓室内长 4.06 米（由北壁正中至封门内面）。通长 5.32 米。拱券顶，内高 1.53 ~ 1.57、外高 1.68 米。墓壁以长方形砖纵向平砌，砖长 36、宽 17.2、厚 4.5 ~ 5 厘米。还有一种较厚的条砖，长 37.3、厚 5.5 厘米，数量较少。墓室西壁中部最下层一砖侧面刻有"方正德五百□一百五十" 10 字，字口深峻，行楷体，砖长 36.2 ~ 36.5、宽 17.3 ~ 18.3、厚 4.7 厘米。另外内壁面有的砖印有单层或双层辐线纹（图 66 - 2；彩版一九三，2；彩版一九四，2、3）。

随葬品被洗劫一空，仅在墓底的淤层中发现半块石簪。

簪 1 件。M120：1，灰白色，滑石质。略呈扁长条形，表面阴刻几何纹。宽 0.6 ~ 0.85、残长 4.1 厘米（图 66 - 3）。

图 66 - 2 M120 墓砖文字

图 66 - 3 M120 出土石簪（M120：1）

B 型 11 座

椭圆形墓室，墓砖较小，砖上模印文字很少。

一 M13

M13 位于小横山顶端中部第二排，其东部为 M14。墓葬砖室东部基本被毁无存，东壁及东北角仅余底层的 2 ~ 3 层平砌砖，西壁及北壁中西部保存相对较好（图 67 - 1；彩版一九五，1）。

M13 墓室北壁较平直，东、西二壁朝外弧凸较大，平面呈椭圆形。现存长度 3.22 米，墓室中部最宽 2.06 米，北壁宽 1.23、现存南部宽 1.73 米。砌法：以西壁为例，由底往上

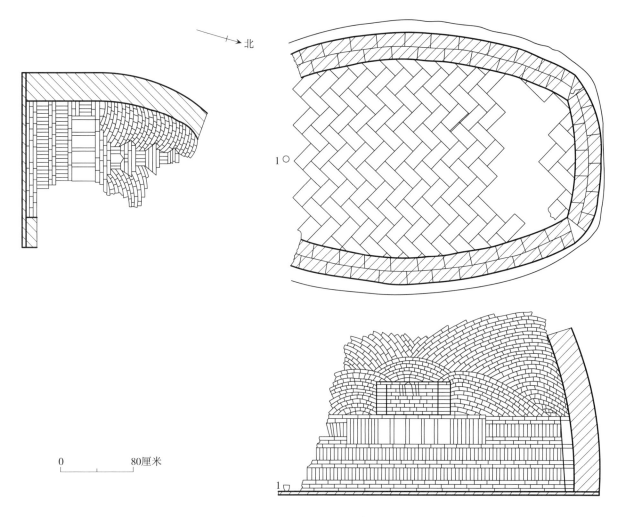

图 67 - 1　M13 平、剖面图

1. 青瓷小碗

三顺一丁、两顺一丁，上再平砌一层。墓壁中部用砖立砌宽窄相间的墙面，两侧各有一扇
凹凸的直棂窗，直棂窗的上面以窄砖砌出 12 层的扇形墙。两个扇形墙之间为一直壁圆拱形
顶的建筑，中间凸出一单层砖塔，塔下有 4 层束腰形座，上为以两砖并列中设小龛的塔身，
再上即为 7 层圆拱形顶。北壁砌法同西壁，其中部凸起三级砖塔，塔体由下往上逐级缩小，
最下一级塔身中间开有小龛（门），塔下建 3 层梯级基座。塔通高 0.89、底座最宽 0.58 米。
墓顶为四隅券进式，西北角保存较好，其余均被破坏，现存室内最高 1.93 米，直壁高 0.8
米。铺地砖作人字形排列，墓壁双层，厚 0.28 米。砖长 27～27.5、宽 12.5～12.8、厚
3.6～4 厘米，上饰绳纹。有的砖一短侧面模印有 "一"、"二"、"三" 文字，当为墓砖种
类的标记文字（图 67 - 2；彩版一九五，2）。

　　随葬品共 2 件，均为瓷碗。一件发现于墓室南部，一件出于墓室填土内。

　　小碗　2 件。M13∶1，直口，深腹，腹微鼓，假圈足，小凹底。器内及外壁上面施青绿
釉，外壁有流釉现象。外壁面及底不施釉，口径 8.4、底径 3、高 5.8 厘米（图 67 - 3；彩版
二六二，2）。M13∶2，出土于填土内，残存不到二分之一。直口微侈，肩微凸，平底。施青绿

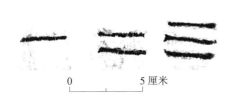

图 67 - 2　M13 墓砖文字　　　　　　　图 67 - 3　M13 出土青瓷小碗（M13∶1）

色釉，外面底部及近底处不施釉。复原口径 8.2、底径 4.4、高 3.8 厘米。

二　M14

M14 位于 M13 西部，形制基本同 M13。方向 190°。

东部被毁，北壁、西壁保存相对较好，东壁已坍塌（图 68 - 1；彩版一九六，1）。

墓室东、西墓壁朝外弧凸明显，北壁微凸，平面呈椭圆形。西北角起券层凸出半砖，距底 0.74 米，应为灯台。墓室直壁高 0.71 米，西北角残高 1.3 米。M14 南北长 2.5 ~ 3.3 米，北壁垂直宽 1.17 米，墓室中部最宽 1.92 米，南端残宽 1.83 米。两顺一丁砌筑。北壁中部砌有凹凸的直棂窗（高为一砖宽度），窗上面建有塔龛，塔下为 4 级梯形座，上为中间开小龛的塔身，塔龛凸出于壁面。西壁也有塔龛残存。长方砖长 26.5 ~ 27.5、宽 12.7 ~ 13、厚 3.5 ~ 4 厘米。梯形券砖长 27.5 ~ 28、大头宽 11.5 ~ 12.5、小头宽 8 ~ 11、厚 3.7 厘米（彩版一九六，2）。

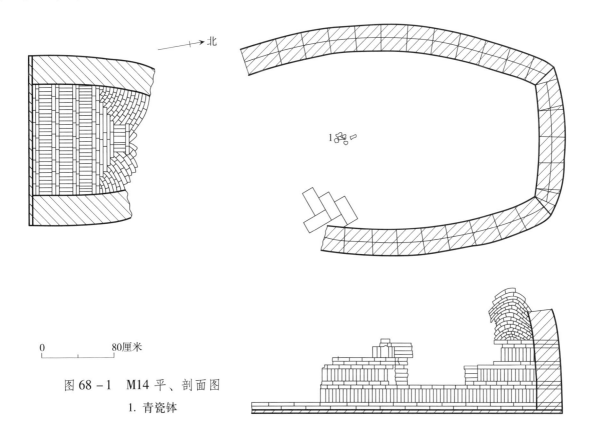

图 68 - 1　M14 平、剖面图

1. 青瓷钵

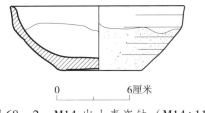

0 _____ 6厘米

图 68 - 2　M14 出土青瓷钵（M14：11）

随葬品仅于墓室发现一件瓷钵。

钵　1件。M14：1，仅余二分之一。口微侈，折肩，斜直腹，平底。口部施黄绿杂深褐色釉，浅灰胎。复原口径 13、底径 6.6、高 5.5 厘米（图 68 - 2）。

三　M24

M24 位于小横山顶部第二排西端，东邻 M27。方向 155°。

M24 由甬道和墓室组成，外有岩石墓圹，墓圹为椭圆形，南部已被破坏，残长 4.8、宽 3 米。墓壁双砖并列，厚 27 厘米（图 69 - 1；彩版一九七，1）。

甬道平面呈长方形，仅余西壁，残长 0.95 米。

墓室北壁微外凸，东、西二壁弧凸较甚，平面呈椭圆形。北壁宽 1.28、中部最宽 2.12 米。西壁垂直长 3.28 米。西壁残高 0.12 ~ 0.4、东壁残高 0.4 ~ 1.1 米。东壁上有一个砖砌的塔龛，长 82.5、残高 50 厘米，凹凸砌于壁面，中心小龛方身尖顶，位于 5 层砖台上。墓葬采用四隅进券砌法（彩版一九七，2）。北壁（后壁）略有弧度，残高 0.12 ~ 0.39 米。下半部分

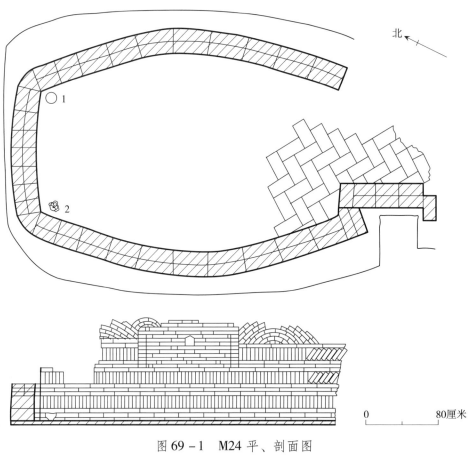

北

0 _____ 80厘米

图 69 - 1　M24 平、剖面图

1、2. 青瓷钵

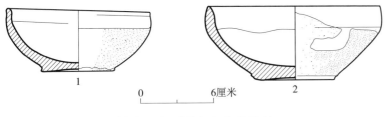

图 69 - 2 M24 出土青瓷钵

1. M24:1 2. M24:2

墓壁为三顺一丁结构，上半部为四隅进券墓顶。墓壁砖多为长方砖，长约 27.5、宽 13.8、厚 4.2 厘米。墓葬起券处有梯形砖，长 27.5、大头宽 8.9、小头宽 7.2、厚 4.2 厘米。

随葬品仅 2 件瓷钵，分别放置于墓室东北角和西北角。墓室东北角一钵（M24:1）距北壁 10、距东壁 6 厘米；墓室西北角亦发现一钵（M24:2），距北壁 10、距西壁 8 厘米。

钵 2 件。M24:1，直口，折肩，斜直腹，平底微凹。仅口部内外施黄褐绿色釉，釉层有脱落现象。灰胎。口径 11.4、底径 5.8、高 4.6～5.1 厘米。（图 69 - 2 - 1；彩版二六二，5）。M24:2，直口，折肩，斜直腹，平底微凹。仅口部内外施深青绿色釉，余均呈紫红及灰色，灰胎。口径 14、底径 6.2、高 6～6.2 厘米（图 69 - 2 - 2；彩版二六二，6）。

四 M25

M25 位于小横山顶部第二排西端部，西侧 2.5 米处为 M26，东侧偏南 4 米为 M23。方向 160°。墓壁和甬道暴露于现代人为形成的断崖上。

M25 由甬道和墓室组成，外有岩石墓圹，墓圹为椭圆形，西南部已被破坏，长 4.4、宽 1.85～2.7 米。墓壁单砖顺长平砌，厚 13～14 厘米（图 70 - 1；彩版一九八，1）。

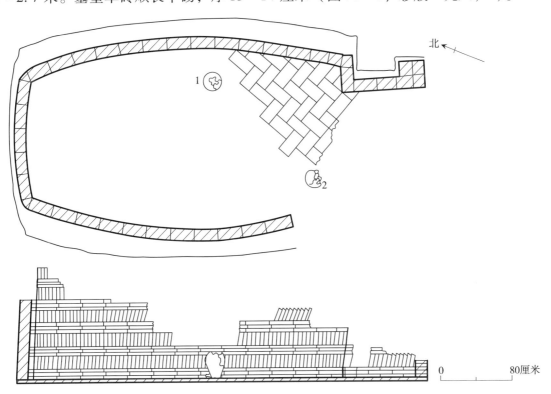

图 70 - 1 M25 平、剖面图

1、2. 青瓷盘口壶

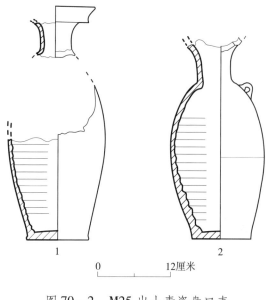

图70-2　M25 出土青瓷盘口壶
1. M25:1　2. M25:2

甬道西壁已不存，东壁有部分保留，现长 1.01、高 0.24～0.31 米，宽度不详。

墓室北壁微外凸，东、西二壁弧凸较甚，平面呈椭圆形。通长 4.65 米。北壁宽 1.24、中部最宽 1.93、现南口宽 1.66 米。东壁垂直长 3.42、残高 0.36～1.2 米。西壁残长 2.85、现高 0.5～1.1 米。北壁现高 0.53～1.05 米。墓室直壁高 1.1 米，现东壁北端残存一层丁砖，属于券壁部分，砖长 14.6～15.1、厚 3.8～4.2、大宽 14～14.5、小宽 12.2～12.8 厘米。铺地砖作人字形排列，长 29.5～30、宽 13.5～14 厘米。墓壁砌法：三顺一丁。丁砖为整砖二分之一，外参差而内齐平。

现存墓砖有三种。第一种为长方砖，长 27、宽 12.5、厚 3.5 厘米，施用于墓壁。第二种为长方砖，长 29.5、宽 14、厚 3.3 厘米，也为墓壁砖。第三种为梯形砖，长 15.2、大头宽 14.5、小头宽 12.7、厚 4 厘米。

随葬品共 2 件，均为盘口壶。墓室西南部一盘口壶（M25:1），距西壁 50、距南壁 36 厘米。墓室中部靠近东壁处一盘口壶（M25:2），距东壁 30、距南壁 150 厘米。另外，在墓室西南部发现一碗口沿残片。

盘口壶　2 件。M25:1，盘口稍浅，外侈较大，溜肩，鼓腹，平底。上半部施青绿釉，釉面有黑褐色小点，灰胎。肩部残缺。口径 13.5、腹径 14.8、底径 9.8、复原高度 36 厘米（图 70-2-1）。M25:2，形体瘦长。盘口残缺，束颈，颈部附两组纵向双排系，溜肩，鼓腹，平底。上施深绿釉，腹部施酱褐色釉，上有流釉。灰胎。腹径 16.1、底径 9.7、残高 34 厘米（图 70-2-2；彩版二六三，1）。

五　M26

M26 位于小横山顶部第二排西端，西北邻 M27，东侧邻 M25。方向 160°。

M26 由甬道和墓室组成，通长 4.7 米。外有岩石墓圹，墓圹呈椭圆形（图 71-1；彩版一九八，2）。

甬道平面呈长方形，南口被毁，宽 0.77 米，东壁残长 0.93、现高 0.59 米，西壁残长 0.53、高 0.12 米。甬道朝东折 0.33、朝西折 0.13 米，形成南壁。墓壁砌法：三顺一丁。墓砖长 25.7～27、宽 12～12.5、厚 3.5～4 厘米，面饰绳纹。

墓室北壁微凸，东、西二壁弧凸较甚，平面呈椭圆形。墓壁仅存底部 1～3 层砖，墓底铺地砖作人字形排列。北壁垂直宽 1.24、南壁宽 1.23、中部最宽 2.01 米；西壁垂直长 3.27、东壁垂直长 3.24 米。M26 发现的梯形砖或楔形砖顶端多印有"二"、"三"、"三"等字符，墓砖最窄的仅 7.7、厚 3.6～3.8 厘米。

未发现随葬品。

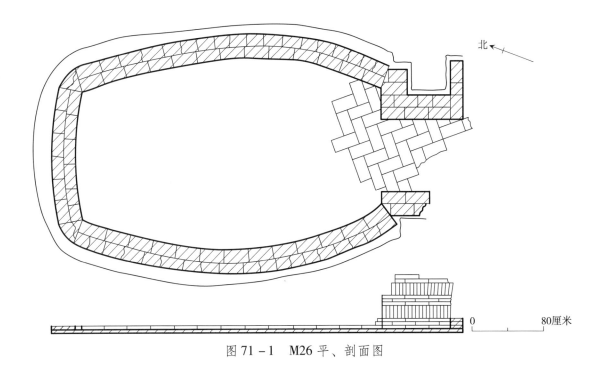

图 71 - 1　M26 平、剖面图

六　M49

M49 位于小横山中部下面，东部 1.2 米为 M50，北部为 M68 及 M67。方向 177°（图 72 -
1；彩版一九九，1）。

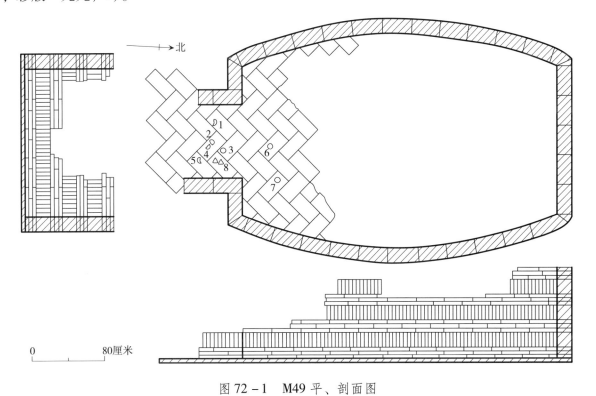

图 72 - 1　M49 平、剖面图

1. 青瓷鸡首壶　2、3、6、7. 青瓷小碗　4、5、8. 青瓷盘口壶

M49 为单室砖券墓，由墓室及甬道两组分组成。南北通长 4.8、通宽 2.65 米。

甬道南部被毁，宽 0.8、残长 0.64、残高 0.28 米。

墓室平面呈椭圆形，南、北壁平直，东、西壁朝外弧凸较甚。南、北二壁均宽 1.6 米，墓室中部最宽 2.32 米，东、西壁垂直长 3.5 米。现存东壁高 0.57～0.97、西壁高 0.33～0.84、北壁高 0.28～0.98 米。砌法：三顺一丁。丁砖为整砖的一半左右，外参差而内齐平。墓室内面平整。砖长 31.1～31.9、宽 15～15.4、厚 4～4.2 厘米。铺地砖作人字形排列。

随葬品共 8 件，出土于甬道及墓室南部。经拼对为青瓷鸡首壶 1、盘口壶 3、小碗 4 件。

鸡首壶 1 件。M49:1，口残缺，残口径 7～7.6 厘米。细颈较长，颈长 13.6 厘米，上窄下宽，肩部附两组方形系，系长 2.1～2.6、宽 1.6～2、高 2.2～2.3 厘米。鸡首高耸，高 5.9 厘米。圆肩，鼓腹，近底处内收外撇，平底。下腹及底外不施釉，余均施黄绿色釉，釉层有脱落现象及裂纹。灰胎。腹径 23.5、底径 14.1、残高 43.4 厘米（图 72-2-1；彩版二六三，2）。

小碗 4 件。形制大致相同。均直口，直腹，假圈足，小平底。外面底部及近底处未施釉，余均施青绿或黄绿釉，灰胎。M49:2，外施黄绿釉，底径较大。口径 7.9、底径 3.6～3.8、高 4.3 厘米（图 72-2-5）。M49:3，施黄绿釉，外面釉层基本脱落。假圈足较高，底径小。口径 7.5、底径 2.6～2.7、高 5 厘米（图 72-2-6）。M49:6，深腹小底，假圈足较高，施青绿釉，釉层较厚，匀净光滑。口径 8.1、底径 3、高 5.7～6 厘米，假圈足高 0.7 厘米（图72-2-7）。M49:7，仅余不到二分之一碗身，施青绿釉，外面下端有堆釉，釉面有细密裂纹。口径 8 厘米。

盘口壶 3 件。M49:4，盘口外侈较大，束颈较细，圆肩，鼓腹，平底。肩部对称两组纵向双排系。外施青绿色釉，口部为灰胎，腹部胎内红外灰。口径 16.5、腹径 21.3、底径 11.4、高

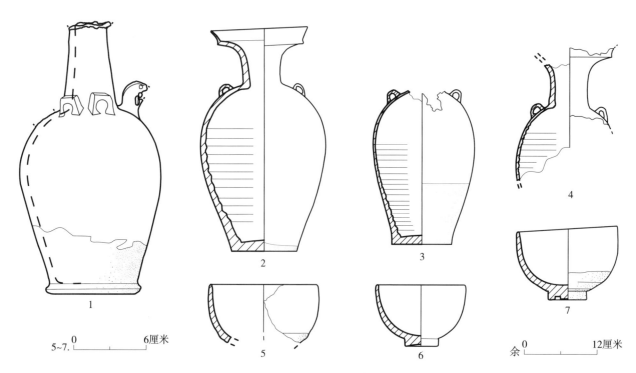

5~7. ⌊_____⌋ 6厘米
0

余 ⌊_____⌋ 12厘米
0

图 72-2 M49 出土青瓷器

1. 鸡首壶（M49:1） 5~7. 小碗（M49:2、M49:3、M49:6） 2~4. 盘口壶（M49:4、M49:5、M49:8）

35.5~36.5 厘米（图72-2-2；彩版二六三, 3）。M49:5, 口、颈缺失, 溜肩, 鼓腹, 平底, 体形瘦长；外施青绿釉, 釉施至腹部一半左右。腹径16.5、底径9.2、残高24.8 厘米（图72-2-3）。M49:8, 仅余口部及少量肩部, 盘口较浅, 外侈较大, 细颈稍长, 溜肩, 肩部对称两组纵向双排系；外施黄绿釉, 灰胎, 胎内有孔隙。口径15.5 厘米（图72-2-4）。

七　M67

M67 位于小横山中部从上往下第四排, 东邻 M68, 西侧 2 米处为 M66。方向163°。

M67 由封门、甬道及墓室三部分组成。现南北通长 4.24 米（图73-1；彩版一九九, 2；彩版二〇〇, 1）。

封门外宽 1.32、现高 0.26 米, 一半位于甬道内, 一半筑于甬道口外, 三顺一丁砌筑。

甬道平面基本呈方形, 宽 0.77~0.78、进深 0.73~0.75、高 0.25~0.5 米。

墓室南、北壁平直, 东、西壁朝外弧凸较甚, 平面呈椭圆形。仅东西壁北部保存相对较多, 其余均存留 1~3 层砖。北壁宽 1.13、南壁宽 1.26、墓室中部最宽 1.98 米。东壁垂直长 3.24、西壁垂直长 3.26 米。墓壁现存高度：北壁仅余 1~2 层砖, 高 0.07 米；南壁高 0.24、东壁高 0.1~0.97、西壁高 0.4~1.03 米。砌法：三顺一丁。丁砖为整砖的一半。墓壁单砖顺长平砌。铺地砖作人字形排列, 保存于甬道、墓室南部及砖壁下。砖长 29、宽 14、厚 3.2~3.6 厘米。

随葬品共 2 件, 青瓷盘口壶及黑釉瓷罐各 1 件, 出土于墓室口南北两侧位置, 东侧为四系罐, 西侧为盘口壶（彩版二〇〇, 2）。

盘口壶　1 件。M67:1, 浅盘口外侈较大, 口下有凸棱, 束颈, 溜肩, 肩部附两组纵向双排系, 腹修长微鼓, 似橄榄形, 凹底。上半部施青绿釉, 其中有深绿色斑点及数道弦纹。灰

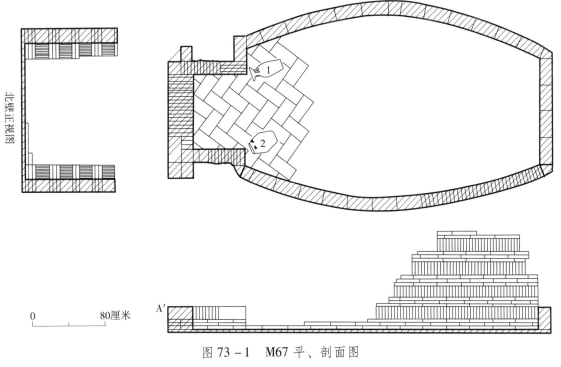

北壁正视图

0　　　　80厘米

A'

图 73-1　M67 平、剖面图

1. 青瓷盘口壶　2. 黑釉四系罐

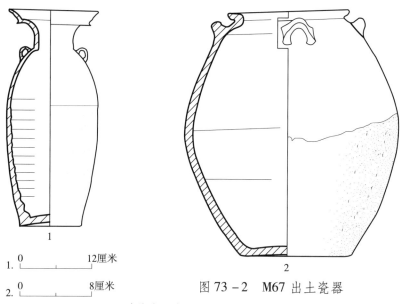

1. $\frac{0 \qquad 12厘米}{}$

2. $\frac{0 \qquad 8厘米}{}$

图 73 - 2　M67 出土瓷器

1. 青瓷盘口壶（M67∶1）　2. 黑釉瓷四系罐（M67∶2）

胎。口径 14.9、腹径 15.8、底径 10.1、高 35 厘米（图 73 - 2 - 1；彩版二六三，4）。

四系罐　1 件。M67∶2，平沿，尖唇，溜肩，折腹，腹微鼓，平底。肩上部对称附 4 个横向弧形系。上半部施酱黑色釉，腹部有个别流釉。灰胎。口径 13.3、腹径 24、底径 12.6、高 26.8 厘米（图 73 - 2 - 2；彩版二六三，5）。

八　M75

M75 位于小横山中部从上往下第四排，东部 0.11~0.4 米为 M76，西部 2.3 米为 M74，M75 墓底比 M76 底部高 0.3 米。方向 160°（图 74 - 1；彩版二〇一，1）。

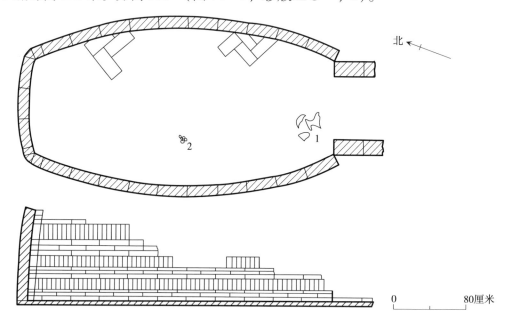

图 74 - 1　M75 平、剖面图

1. 青瓷盘口壶　2. 五铢钱

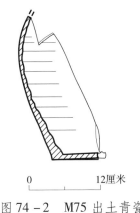

图 74 - 2 M75 出土青瓷
盘口壶（M75：1）

M75 平面呈凸形。仅存甬道及墓室。南北通长 3.7 米。

甬道部分被毁，仅余个别铺地砖，宽 0.65、残长 0.35 米。

墓室南、北壁平直，东、西壁朝外弧凸，平面略呈椭圆形。南、北壁均宽 1.01、中部最宽 1.68 米。东壁垂直长 3.26、西壁垂直长 3.28 米。

墓壁现存高度：东壁 0.27 ~ 0.88、西壁 0.2 ~ 0.64 米。墓壁砌法：三顺一丁，下面两组丁砖长 24.7 ~ 27、宽 12.2 ~ 13、厚 3.5 ~ 4 厘米。最上一层丁砖长 35.5、宽 17 ~ 17.5、厚 4.5 ~ 4.8 厘米。平砌砖层大、小砖混合使用，上面大砖较多，下面小砖多。

随葬品共 2 件。墓室口发现青瓷盘口壶残片若干，墓室中部偏西发现铜五铢钱 14 枚（彩版二○一，2）。

盘口壶 1 件。M75：1，仅余部分腹部及底。釉色黄绿泛灰，釉面光滑有褐绿斑点，紫灰胎。腹径 20.5、底径 10、残高 28 厘米（图 74 - 2）。

五铢钱 14 件。M75：2，分两种，一种直径 2.3 ~ 2.45、穿径 0.85 ~ 0.95 厘米，占出土钱币绝大多数，共 12 枚。"五"字交股稍曲，"铢"字上方折，下圆折。另一种仅 2 枚，直径 2.1、穿径 0.8 ~ 0.85 厘米。"五"字斜直相交，较瘦长，左侧紧倚穿边一竖；"铢"字瘦长，笔画细密（彩版二六三，6）。

九 M79

M79 位于小横山中部从上往下第三至第四排，东北偏上为 M72，北部 1.6 米为 M82。M79 墓底比 M82 底低 1 ~ 2 米。方向 160°。

M79 由封门、甬道及墓室三部分组成。南北通长 4.94 米，内长 4.41 米（图 75 - 1；彩版二○二，1）。

封门通宽 1.31、厚 0.27 米，残存一层砖。

甬道平面呈方形，宽 0.75、进深 0.8、现高 0.04 ~ 0.12 米。残存一至三层砖。

墓室平面略呈椭圆形，南、北二壁平直，东、西壁外凸。南壁宽 1.46、北壁宽 1.37、墓室中部最宽 2.28 米；东壁垂直长 3.52、现高 0.75 ~ 1.11 米。西壁垂直长 3.49、现高 1.08 ~ 1.38 米；北壁现高 0.13 ~ 0.3 米。南壁现高 0.12 ~ 0.36 米。墓壁双层并列，厚 27 ~ 28.5 厘米，个别砖短侧面印"一"字。砌法：三顺一丁。东壁南段砌有高 31 厘米的 8 层拱券砖层，北段残存一幢三级砖塔，塔高 89 厘米，最下一级宽 46 厘米，第二级宽 27.5、第三级宽 21 厘米，顶似为圆拱形，高 12 厘米（彩版二○二，2）。铺地砖作人字形排列。长方砖长 27 ~ 28、宽 12.7 ~ 13、厚 4 厘米。

随葬品共 4 件。均为青瓷器，其中盘口壶 3 件，并列于墓室南部；小碗 1 件，出土于墓室西壁附近。

盘口壶 3 件。M79：1，盘口浅而外侈，束颈，溜肩，肩部附两组纵向双排系，现存一组，腹微鼓修长，平底微凹。腹中部以上施青绿色釉，下部未施釉，灰色。口径 15、腹径 18.7、底径 10.5、高 34.5 ~ 36 厘米（图 75 - 2 - 1；彩版二六四，1）。M79：2，盘口浅而外侈，束颈，溜肩，肩部附两组纵向双排系，腹微鼓修长，平底微凹。腹中部以上施青绿色釉，

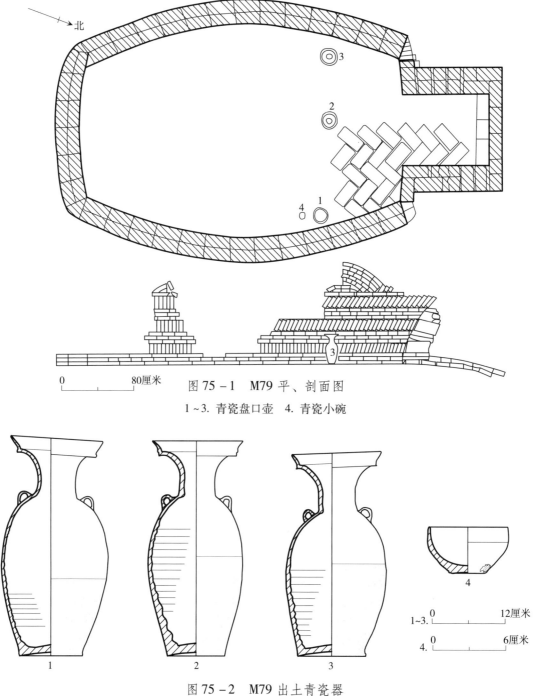

图 75 - 1　M79 平、剖面图

1～3. 青瓷盘口壶　4. 青瓷小碗

图 75 - 2　M79 出土青瓷器

1～3. 盘口壶（M79∶1、M79∶2、M79∶3）　4. 小碗（M79∶4）

下部未施釉，紫灰色。灰胎。复原口径 15.2、腹径 16、底径 9.6、高 34.5 厘米（图 75 - 2 - 2；彩版二六四，2）。M79∶3，盘口外侈，口部倾斜变形，束颈，溜肩，肩部附两组纵向双排系，腹微鼓修长，凹底。腹中部以上青绿色釉仅口、颈部残存，下部未施釉，紫灰色。灰胎。口径 14.4～14.7、腹径 16.8、底径 10.7、高 31.3～32.8 厘米（图 75 - 2 - 3；彩版二六四，3）。

　　小碗　1 件。M79∶4，直口，腹微鼓急收，小平底，略带假圈足。通体施青绿釉，灰胎。碗外近底处有支烧痕。口径 6～6.3、底径 2.9、高 3.6 厘米（图 75 - 2 - 4）。

一〇　M88

M88 位于小横山西部从上往下第三排，东邻 M87，西南为 M89，西部为 M90。方向 160°。

M88 由封门、甬道及墓室三部分组成。内长 5 米（图 76 – 1；彩版二〇三，1）。

封门呈拱券形，中间为 33 层错缝平砌的封墙。拱券以楔形砖并列立砌，两侧直壁三顺一丁砌筑。券门内高 1.35、外高 1.5 米，直壁高 0.82 米。外宽 1.56、内宽 1.1 ~ 1.17 米，厚 0.28 米（彩版二〇四，1）。

甬道宽 0.91、进深 0.8 ~ 0.83、高 1.33 米，拱券顶，券顶纵列立砌，外高 1.5 米，直壁高 0.75 米。三顺一丁砌筑。甬道外面暴露长度 0.56 ~ 0.61 米，顶正中一组丁砖为梯形小砖，往两侧分别八顺一丁、六顺一丁、五顺一丁，再往下为三顺一丁。

墓室南、北二壁平直，东、西二壁朝外弧凸较甚，平面略呈椭圆形。北壁及东西壁中北部仅存 3 层平砌砖，北壁现存 0.8 米厚的塌落砖层，墓室前部及甬道砖壁保存较多。南、北壁均宽 1.47 米，南壁现高 2.09 米（至墓顶）。东、西壁均垂直长 4.15、现高 1.33 ~ 1.88 米。墓壁三顺一丁砌筑 3 组后于其上平砌两层砖，再于其上开始起券，四隅进券，穹窿顶。东、西壁在第三组丁砖层各留设一方形小龛，小龛宽 11.8、高 13、进深 10 厘米，距离墓底 0.62 米，距离南壁 0.74 米。墓顶相接处留有一道缝隙。券顶内面光洁平整，外面砖缝较大，凹凸不平，缝隙间以碎瓷片填充（彩版二〇三，2）。墓室前部于铺地砖上又平铺一层砖，南北长

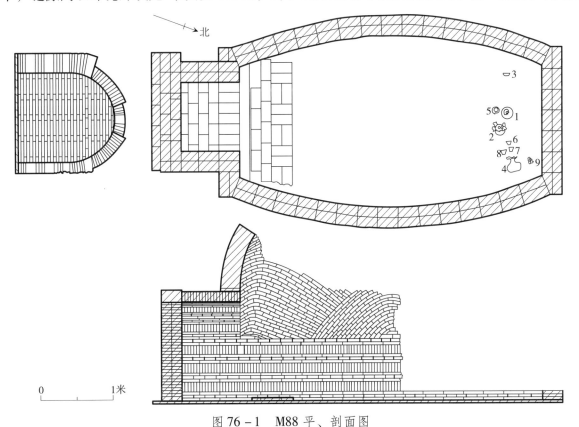

图 76 – 1　M88 平、剖面图
1、2. 青瓷盘口壶　3. 青瓷钵　4. 青瓷唾壶　5 ~ 8. 青瓷小碗　9. 石坠饰

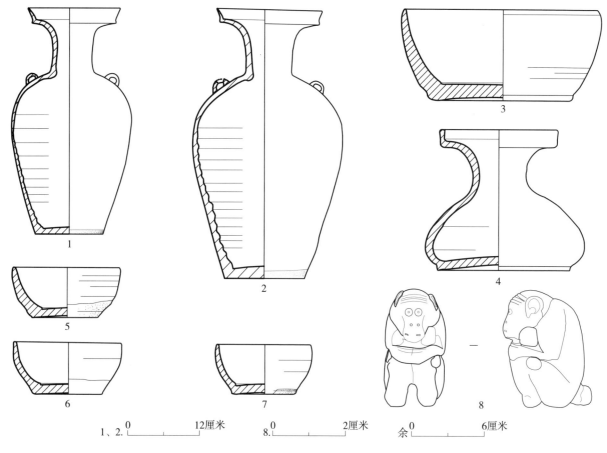

图 76 - 2　M88 出土器物

1、2. 青瓷盘口壶（M88：1、M88：2）　3. 青瓷钵（M88：3）　4. 青瓷唾壶（M88：4）

5 ~ 7. 青瓷小碗（M88：5、M88：6、M88：8）　8. 石坠饰（M88：9）

1.67、东西宽 0.54 米，似为祭台或棺床。墓壁双层砌筑，厚 27 厘米（即一砖的长度）。砖长
26.4 ~ 26.7、宽 12.3 ~ 12.6、厚 3.6 ~ 3.8 厘米。铺地砖纵横平砌，仅于四周及甬道有保留
（彩版二〇四，2；彩版二〇五）。

　　随葬品共 9 件。墓室北部发现青瓷唾壶、小碗、钵、盘口壶碎片，东北近底处发现一石
质猴形坠饰。另墓室乱砖及淤泥内发现大量碎瓷片，同墓顶缝隙间夹塞的瓷片一样。经拼对，
共有盘口壶 2、钵 1、唾壶 1、小碗 4、坠饰 1 件。

　　盘口壶　2 件。M88：1，盘口较深，稍外侈，细颈较长，圆肩，肩部对称两组纵向双排
系，鼓腹斜收至底，平底，底面中心凸起一包。施青绿色釉，釉色较深，肩部有的位置泛白。
口径 14.8、腹径 19.4、底径 11、高 35.8 ~ 36.2 厘米（图 76 - 2 - 1；彩版二六五，1）。
M88：2，盘口较浅，外侈，束颈，溜肩较圆，腹部斜直内收，平底。肩部对称两组纵向双
排系。施青绿色釉，釉面光滑。近底处外面凸起一大包，可能是烧制时膨胀所致，现已破。
口径 16.8、腹径 24.7、底径 13.3、高 42.3 ~ 43 厘米（图 76 - 2 - 2；彩版二六五，2）。

　　钵　1 件。M88：3，敛口，凸肩，深腹，腹微鼓斜收，微带假圈足，平底。施青绿釉，杂
黄白色釉斑。底内面存 5 个支钉痕。口径 15.7、底径 11.4、高 7.4 厘米（图 76 - 2 - 3）。

　　唾壶　1 件。M88：4，盘口残，束颈，溜肩，垂腹，腹部最大径距底仅 2.5 厘米，假圈

足，凹底。通体施青绿釉，浅灰胎。底外面现存 10 余个支钉痕。复原口径 13、腹径 17.3、底径 14.4、高 14.7 厘米（图 76 - 2 - 4；彩版二六五，3）。

小碗　4 件。形制基本相同，均直口，腹微鼓，平底或微凹。施釉至外面近底处。M88：5，施黄绿釉，釉层大多脱落，釉面粗糙不平。口径 8.8、底径 5.4、高 4 厘米（图 76 - 2 - 5；彩版二六五，4）。M88：6，施黄绿釉，釉层大多脱落，体外有流釉，灰胎。口径 8.8、底径 5.6、高 3.9 ~ 4.2 厘米（图 76 - 2 - 6；彩版二六五，5）。M88：7，施青绿釉，釉色较浅，釉面光滑，紫灰胎。施釉至底。口径 10、底径 6.6、高 4.5 ~ 4.7 厘米。M88：8，釉层基本脱落，口径 8.4、底径 5.2、高 4 厘米（图 76 - 2 - 7）。

坠饰　1 件。M88：9，青白石质，整体呈一蹲坐的猴形，额头上皱纹深密，双眼圆大，头微垂，背隆起，神情忧郁。一耳内残留有红色痕迹，双臂合拢置于下肢上，怀中似抱一小猴。臂下有一横穿孔。通高 2.9、宽 2.5 厘米（图 76 - 2 - 8；彩版二六五，6）。

—— M112

M112 位于小横山最下一排西部，位于 M111 东部 0.8 米处，现地表为断面。方向 150°（图 77 - 1；彩版二〇六，1）。

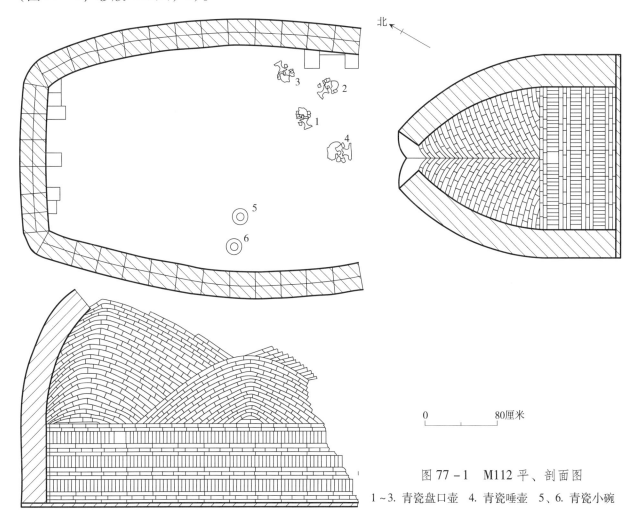

图 77 - 1　M112 平、剖面图

1 ~ 3. 青瓷盘口壶　4. 青瓷唾壶　5、6. 青瓷小碗

　　M112 南部被毁，仅余中北部。平面略呈椭圆形，北壁平直，东西壁朝外弧凸较甚（彩版二〇六，2）。铺地砖纵横平砌一层，仅在墓壁下有保留。砌法：三顺一丁 3 组后再四隅进券至顶，顶已塌，从残存券顶弧度看，应为穹窿顶。墓壁厚度为一块整砖的长度，即 27 厘米。墓室北壁中部及东西壁北部均在第 3 组丁砖层留设一方形小龛，小龛距底 63 厘米。西壁小龛宽 12、高 13、进深 9 厘米；东壁小龛宽 13、高 12.5～12.8、进深 10 厘米；北壁小龛宽 12.5、高 13、进深 9 厘米。墓室现存南口宽 2.24、北壁宽 1.52、中部最宽 2.36 米。现存长度 3.4 米。墓室北壁高 2.1～2.2 米，东西壁高 1.6～2.2 米。

　　随葬品均为青瓷残片，散见于墓室口部附近，经拼对有 6 件。其中盘口壶 3 件、唾壶 1 件、小碗 2 件。

　　盘口壶　3 件。M112:1，盘口浅而外侈，束颈，圆肩，肩部对称两组纵向双排系，鼓腹，腹下斜直内收，平底。施青绿色釉。口径 16.5、腹径 21.8、底径 12.8～13.5、高 38.8～39.2 厘米（图 77-2-1；彩版二六四，4）。M112:2，盘口浅而外侈，束颈较短，圆肩，肩部对称两组纵向双排系，鼓腹，平底。釉色青绿和黄绿间杂，有细密裂纹，莹润光滑。腹部以上器壁较薄，腹下近底处有凹凸。口径 17.1、腹径 23.6、底径 14、高 41.8 厘米（图 77-2-2；彩版二六四，5）。M112:3，残，盘口深，束颈上细下粗，圆肩，肩部对称两个横方形系，两系间刻有连续的椭圆形花瓣，并抹有两道弦纹，鼓腹，平底。釉色淡绿，釉层易脱落，灰白胎。复原腹径 17、底径 10.4～10.8 厘米（图 77-2-3）。

　　唾壶　1 件。M112:4，仅余腹、底部分残片。扁圆腹，假圈足，凹底。施青绿色釉，釉层较厚，光滑莹润。底径 11.5、残高 7.7 厘米（图 77-2-6）。

　　小碗　2 件。形制基本相同。口微敛，腹微凸，平底微凹。M112:5，釉色深绿，釉层基本脱落。口径 8～8.2、底径 5.3、高 3.9～4.2 厘米（图 77-2-5；彩版二六四，6）。M112:6，釉色褐绿，口径 6.9～7、底径 4.2、高 3.2 厘米（图 77-2-4；彩版二六四，7）。

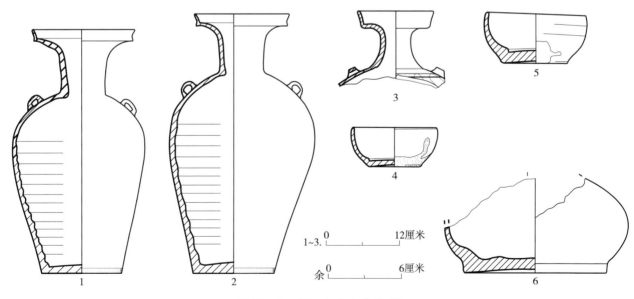

图 77-2　M112 出土青瓷器

1～3. 盘口壶（M112:1、M112:2、M112:3）　　4、5. 小碗（M112:6、M112:5）　　6. 唾壶（M112:4）

第三节　小型墓

共 38 座。墓室一般很窄，仅容一棺，平面呈长方形，其中单室墓 32 座，双室墓 5 座。

一　M5

M5 位于小横山中部顶端一座突兀的山峰上，墓葬北面及东北部被采石取成峭壁，远望如孤峰干云，其北壁及东北壁均暴露于外，略呈悬空状。南面为山坡斜面，上长满树木。揭去表土，下挖 40～50 厘米即进入墓室，墓葬北部墓顶尚有保留，中部、南部顶部被毁。方向 164°。砖室平面呈南北向的长方形，东壁及封门被破坏，内部残长 3.36、宽 0.71～0.73、高 1.05 米。拱券顶，直壁高 0.83 米，顶为并列纵向立砌，中间夹有一排横向梯形砖。北壁平砌 26 层砖。墓葬外宽 0.86、高 1.21 米。铺地砖作席纹排列。墓砖分三种。（1）长条形砖，施用于墓壁及墓底，长 30～31.2、宽 13.6～15、厚 3.4～5.8 厘米。（2）楔形砖，施用于券顶，上端厚 5.2、下端厚 2.2～2.4、宽 17.2、长 36 厘米。（3）梯形砖，施用于券顶中间，上宽 15、下宽 9.1、长 5.6、厚 4.4 厘米，个别窄端一面模印有半圆三瓣莲花图案（图 78－1；彩版二〇七）。

随葬品共 2 件。均为瓷器，盘口壶和粉盒各 1 件，均位于墓室口偏东位置。

盘口壶　1 件。M5:1，大浅盘口，细颈较长，圆肩，肩部附两组纵向双排系，鼓腹浑圆修长，平底。青釉，紫胎，上半部施釉，下半部未施釉，釉面有脱落现象。口径 17～17.8、腹径 21.5、底径 11.4、高 36.3 厘米（图 78－2－1）。

粉盒　1 件。M5:2，子母口，直壁，平底微凹。青灰胎，外壁及内面施黑褐釉，底不施釉，釉面大多脱落。口径 9.5、底径 9、高 4.4 厘米（图 78－2－2；彩版二六六，1）。

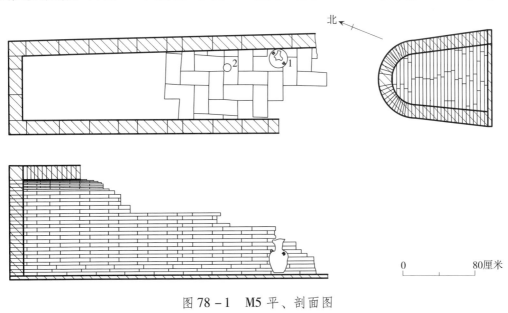

图 78－1　M5 平、剖面图
1. 青瓷盘口壶　2. 黑釉粉盒

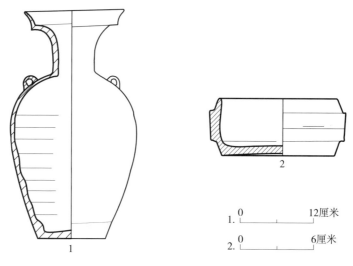

图 78 - 2　M5 出土瓷器

1. 青瓷盘口壶（M5:1）　　2. 黑釉粉盒（M5:2）

二　M15

M15 位于 M8 西部 2.2 米处。方向 160°。墓室中部及北部被毁，仅余南部一段。墓室残长 1.45、外宽 1.06、内宽 0.67 ~ 0.72、残高 0.2 ~ 0.54 米。封门宽 1.42、厚 0.16 ~ 0.19 米。铺地砖作人字形排列。砖长 35、宽 17、厚 4.5 ~ 5 厘米。随葬品发现 3 件，其中瓷碗 2 件、盘口壶 1 件，均位于墓室南部（图 79 - 1；彩版二〇八）。

小碗　2 件。M15:1，底外及近底处不施釉，余均施黄绿釉，釉面有裂纹，釉层脱落明显。浅灰胎。侈口，腹深直微鼓，假圈足，平底。口径 10.9 ~ 11、底径 4.2、高 5.6 厘米（彩版二六六，2）。M15:2，底外及近底处不施釉，余均施黄绿釉，釉面有裂纹，釉层脱落明显。浅灰胎。侈口，腹深直微鼓，假圈足，平底。口径 8.6、底径 4.2、高 4.4 厘米（彩版二六六，3）。

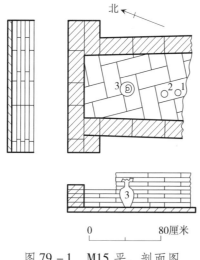

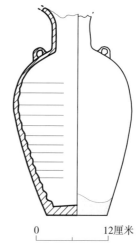

图 79 - 1　M15 平、剖面图

1、2. 青瓷小碗　3. 青瓷盘口壶

图 79 - 2　M15 出土青瓷

盘口壶（M15:3）

盘口壶 1件。M15:3，口残缺。束颈，肩部两组双系靠近颈部，圆肩，鼓腹，平底。黄绿色釉，釉面有部分脱落，紫灰胎。底外面施酱褐色釉。口径19.6、底径9.6~10.4、残高33厘米（图79-2）。

三 M16

M16位于小横山顶端第一排中部，其东部为M17，西部为M120。方向165°。

M16为南北向长方形单室砖券墓，通长3.77米，砖室外为方形墓圹。墓室前端有封门，封门宽1.54、现高0.36米（图80-1；彩版二〇九，1）。

墓室内长3.05、外长3.42米；内宽0.75、外宽1.14~1.16米。墓壁以单砖错缝平砌，北壁残存2层砖，两壁前端残存7层砖。券壁砌有横楔砖，砖长35、宽16.5、大厚5、小厚2.6~2.7厘米。铺地砖错缝横向排列。砖长35、宽16.5~17.8、厚5~5.4厘米（彩版二〇九，2）。

随葬品共5件。其中小碗2件、钵1件、盘口壶1件，均位于墓室南部。另外，在1件小碗内发现料钗一根。

小碗 2件。M16:1，侈口，腹微弧凸，假圈足，施青黄绿色釉，釉面有细小裂纹，釉层有脱落。碗内面底部堆釉并有凸出的小点，似为支烧痕；壁面有两个凸起的小包。外面假圈足及近底处未施釉。口径9.5、底径3.1、高4厘米（彩版二六六，4）。M16:5，灰胎，施青绿釉，上有细密裂纹。侈口，腹上微凸出，假圈足。口径10、高5.5厘米。

钗 1件。M16:2，出土时放置于M16:1碗内，料器。天蓝色，呈U形，断裂破碎，长度不详，宽2.6厘米（图80-2-1）。

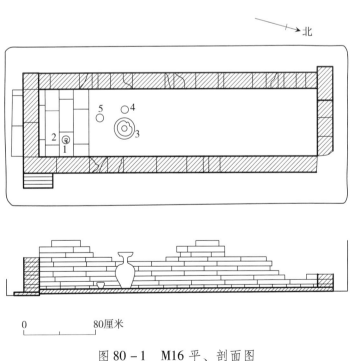
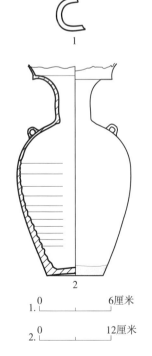

图80-1 M16平、剖面图
1、5.青瓷小碗 2.料钗 3.青瓷盘口壶 4.青瓷钵

图80-2 M16出土器物
1.料钗（M16:2） 2.青瓷盘口壶（M16:3）

盘口壶　1件。M16:3，盘口较浅外侈，束颈，溜肩，肩部附两组纵向双排系，鼓腹斜收，残底微凹。黄绿釉，釉面有突出小点。紫灰胎。底外施紫褐釉。口径14.9、腹径19.4、底径9.2~9.6、高33.2厘米（图80-2-2）。

钵　1件。M16:4，直口，口外饰一周弦纹，腹微鼓，平底微凹。钵内有支烧痕，底外面不施釉，余均施淡青绿色釉，灰胎。口径8.1、腹径8.4、底径4.6、高3厘米（彩版二六六，5）。

四　M19

M19位于小横山顶端第二排中部，其东部为M18，西侧邻M20。方向157°。

M19仅余墓室后部，砖室现暴露于人工形成的断崖上（图81-1；彩版二一〇，1）。

墓室平面呈长方形，残长约1.88、宽0.73~0.75、现高0.96米。墓壁以单砖顺长平砌，厚16.5~17厘米。砖长36~37、宽16~17、厚3.2~4.8厘米。铺地砖作人字形排列，砖长34.5~35.5、宽16~17厘米。

仅在墓葬西南角发现一块青瓷盘口壶残片。

五　M20

M20位于小横山顶端第二排中部，其东部为M19，西侧邻M21。方向160°（图82-1；彩版二一〇，2）。

M20为一长方形砖室墓，破坏严重。砖室现位于一现代人为形成的断崖上，坐北朝南。墓室仅余后部一段，残长0.74~0.88、宽0.65、残高1.1米。直壁高0.54米，拱券顶。墓壁厚17厘米。墓砖长35~35.5、宽16~17.2、厚4~4.6厘米。铺地砖作人字形排列，规格同上。

该墓被扰甚重，未发现随葬品。

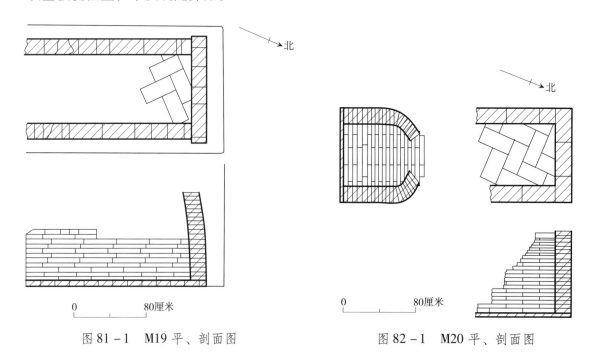

图81-1　M19平、剖面图　　　　　　　图82-1　M20平、剖面图

六　M21

M21 位于小横山顶端第二排中部，其东邻 M20，西邻 M22。方向 155°（图 83 - 1；彩版二一一，1）。

M21 为长方形砖室墓，墓葬南部已被破坏，北部券顶保存完好。东、西两壁中部微朝外凸。现长 3.74、北壁宽 1.21 米，墓室中部最宽 1.25 米。西壁残高 0.1 ~ 1.46、东壁残高 0.05 ~ 1.46、北壁残高 0.25 ~ 0.97 米。墓壁厚 17 ~ 17.5 厘米，三顺一丁砌筑。墓壁砖为长方砖，砖长 35.6 ~ 37.5、宽 17.5、厚 4 ~ 5.3 厘米。券顶以楔形砖砌筑，长 34、宽 16.5、小厚 3.8、大厚 4.3 厘米，有的上面刻有"二"字。铺地砖作人字形排列，长 35 ~ 36、宽 16.6 ~ 17.7 厘米。

随葬品仅 1 件，为一青瓷小碗，发现于墓室东南部，距东壁 40、距南壁 20 厘米。

小碗　1 件。M21:1，直口，腹微鼓，假圈足，小平底。通体施青绿色釉，碗内面底部有凸出的小点。口径 6.4、底径 3.1、高 3.7 厘米（图 83 - 2；彩版二六六，6）。

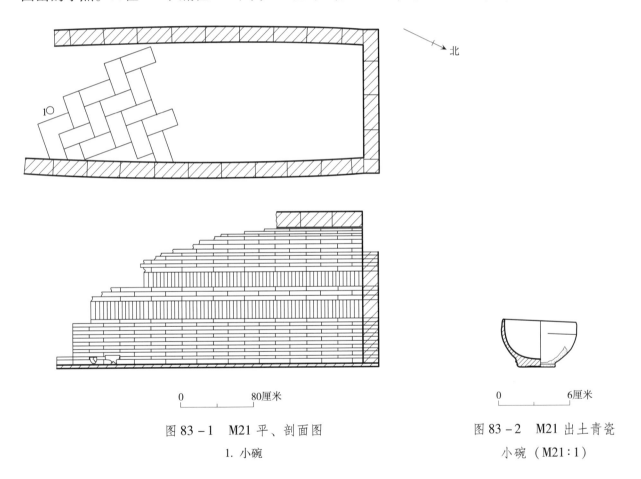

北

| 0 | | 80厘米 |

图 83 - 1　M21 平、剖面图
1. 小碗

| 0 | | 6厘米 |

图 83 - 2　M21 出土青瓷
小碗（M21:1）

七　M22

M22 位于小横山顶端第二排中部，其东邻 M21，西侧约 30 米处为 M23。方向 160°（图 84 - 1；彩版二一一，2）。

墓葬被破坏，平面基本呈长方形，东、西两壁中部略朝外凸。通长 3.02、通宽 1.64 米。

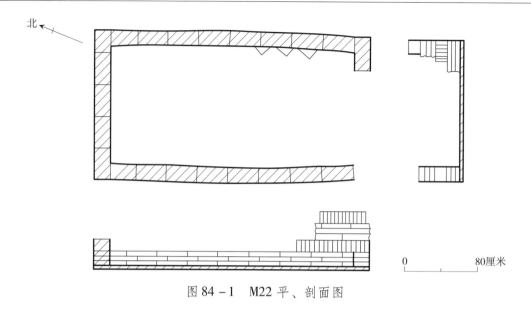

图 84 - 1　M22 平、剖面图

墓葬现内长 2. 8 米。北壁宽 1. 25、墓室中部最宽 1. 3 米。墓壁残高 0. 04 ~ 0. 6 米，厚 16. 5 ~ 23 厘米。墓砖均为长方砖，规格基本一致，长 33. 5 ~ 35. 4、宽 16. 6 ~ 17. 3、厚 2. 5 ~ 4. 5 厘米。铺地砖多已不存，从残存部分看为人字形排列。墓壁三顺一丁砌筑。未发现随葬品。

八　M28

M28 位于小横山顶端中部，东侧为 M1，南侧为 M19。通过开挖探沟发现。方向 160°（图 85 - 1；彩版二一二，1）。

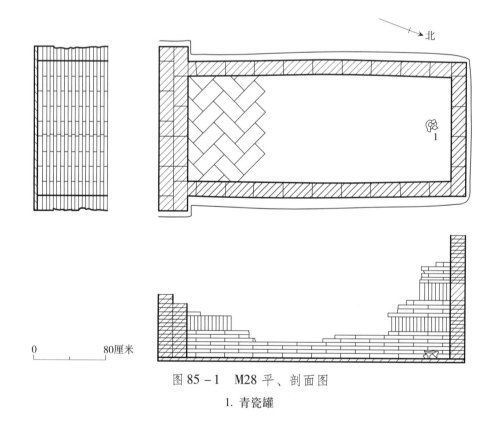

图 85 - 1　M28 平、剖面图
1. 青瓷罐

M28 为一长方形砖券单室墓，通长 3.4 米。墓室内部尺寸：北壁宽 1.1、南壁宽 1.12、中部最宽 1.16 米。东、西两壁长 2.97、残高 0.18～1.03 米，由底往上七顺一丁、四顺一丁、再六顺至现顶，壁厚 15 厘米。北壁高 1.33 米，由底往上七顺一丁、四顺一丁，再平砌 13 层至现顶。

南壁为封门，宽 1.76、残高 0.5～0.65、厚 0.31 米，并列两砖平砌而成。

墓壁砌砖为长方砖，砖长 30.7～31.5、宽 15～15.5、厚 3.8～4.6 厘米。铺地砖作人字形排列，长 30、宽 15 厘米。另外，在墓葬填土中还发现一种长方砖，砖长 28.5、宽 13.9、厚 5 厘米，一短侧面有莲瓣纹。

随葬品仅 1 件，为青绿釉瓷罐口沿残片，位于墓室中部。

罐　1 件。M28：1，直口，尖唇，圆肩。外施青绿间黄白色釉。紫灰胎。壁厚 0.4～0.6 厘米。

九　M29

M29 位于小横山顶端东部，东侧为 M15，西侧为 M12。现地表为现代开辟的道路，十分坚硬。方向 160°（图 86 - 1；彩版二一二，2）。

M29 为一长方形砖券单室墓，墓室窄小，仅余南部一段。残长 2.36、宽 0.68 米，东壁现高 0.56、西壁现高 0.19 米。南壁为封门，现高 0.8 米，从底往上六顺一丁、三顺一丁砌筑。墓壁顺长并列两砖平砌而成。

随葬品仅 1 件，为一青瓷盘口壶，位于墓室南部。

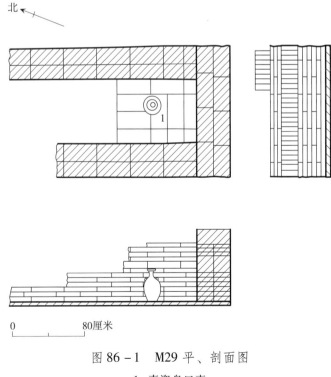

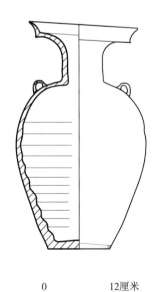

图 86 - 2　M29 出土青瓷
盘口壶（M29：1）

图 86 - 1　M29 平、剖面图

1. 青瓷盘口壶

盘口壶　1件。M29：1，浅盘口，束颈，圆肩，肩部附两组纵向双排系，鼓腹，腹部稍凹凸不平，平底。通体施青绿釉，紫灰胎。盘口内黄绿色釉，内有青绿色斑点。口径18.4、腹径22.6、底径10.7、高36厘米（图86－2；彩版二六七，1）。

一〇　M30

M30位于小横山顶端西部，东侧为M5，西侧为M32，同M32间距0.15～0.35米，其墓底比M32低0.44米。方向150°（图87－1；彩版二一三）。

M30为一长方形砖券单室墓，墓室窄小，仅余南部一段。北部现为悬崖。墓室内宽0.8米。西壁残长2.84、现高0.25～0.44米；东壁残长1.4、现高0.05～0.4米。南壁即为封门，现高0.58、宽1.4米。墓壁以单砖顺长平砌而成。墓底铺地砖作人字形排列。长方砖长34～34.5、宽16.5～17、厚5厘米，有的一短侧面印双钱纹。

未发现随葬品。

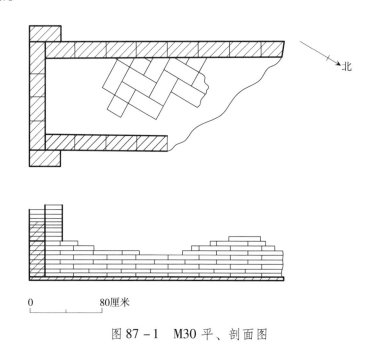

图87－1　M30平、剖面图

一一　M32

M32位于小横山顶端西部，东侧为M30，西侧为M31。方向160°（图88－1；见彩版二一三）。

M31为一单室砖券墓，东北角被毁。北部现为悬崖。砖室南北通长3.65、通宽1.12米。

墓室南、北二壁平直，东西二壁微外凸，平面基本呈长方形。南壁宽0.65、中部最宽0.75米。东、西壁均内长3.08米。墓壁以单砖顺长平砌而成，现存高度0.38～0.66米。南壁横向并列两排砖，即属封门所在。长方砖长36～37、宽18～19、厚4.5～5.3厘米。铺地砖横向平砌而成。

随葬品共2件，其中青瓷盘口壶和四系盘口壶各1件，位于墓室中部偏南。

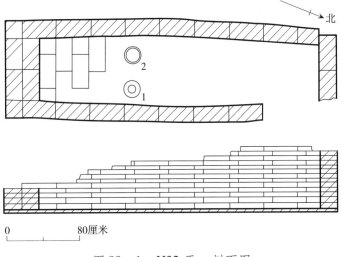

0　　　　　80厘米

图 88 - 1　M32 平、剖面图

1. 青瓷四系盘口壶　2. 青瓷盘口壶

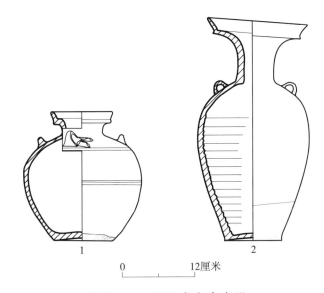

0　　　　　12厘米

图 88 - 2　M32 出土青瓷器

1. 四系盘口壶（M32∶1）　2. 盘口壶（M32∶2）

　　四系盘口壶　1 件。M32∶1，盘口浅小，口有残缺，束颈极短，圆肩，肩部对称附四组
系，两组双排纵向，两组单个横向，肩、腹部施两道弦纹，鼓腹，凹底。腹部以上施青绿色
釉，腹部下面施黄绿色釉，底部紫灰色。残口径 9.6 ~ 9.8、腹径 20.1、底径 9.6、高 20.4 厘
米（图 88 - 2 - 1；彩版二六七，3）。

　　盘口壶　1 件。M32∶2，浅盘口，束颈较细长，圆肩，肩部附两组纵向双排系，鼓腹，平
底微凹。中上部施黄褐色釉，基本脱落，下部呈灰色。紫灰色、红褐色胎。口径 16.4、腹径
18.9、底径 9.3、高 34.2 ~ 36 厘米（图 88 - 2 - 2；彩版二六七，2）。

　　一二　M35

　　M35 位于小横山下部西南侧，西侧为 M36，东邻 M37。方向 116°。总长 4.3 米（图 89 -

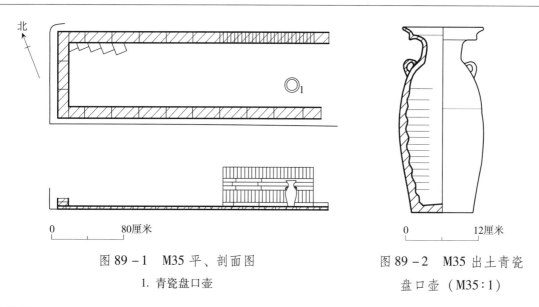

图 89 - 1　M35 平、剖面图
1. 青瓷盘口壶

图 89 - 2　M35 出土青瓷
盘口壶（M35∶1）

1；彩版二一四，1）。

M35 为单室砖券墓，墓葬南部被毁，仅余中北部，平面呈长方形，破坏严重，墓壁残高约 0.4、残长约 3 米，内宽 0.68、外宽 0.93 米，墓壁单砖平砌，最下组一顺一丁，往上三顺一丁，厚 12～15 厘米。墓底用砖平行铺砌，共四列。

随葬品仅有青瓷盘口壶 1 件，出土于墓室南部，距离东壁 30 厘米，距离南部残余墓边 27 厘米。

盘口壶　1 件。M35∶1，形体瘦长。盘口浅而外侈，束颈较短，溜肩，肩部附两组纵向双排系，腹微鼓，平底。盘口施青绿色釉，釉层脱落。口径 13、腹径 14.2、底径 10.2、高 29.8 厘米（图 89 - 2；彩版二六七，4）。

一三　M43

M43 位于小横山中部，西邻 M42，东邻 M44。方向 156°。总长 4.3 米（图 90 - 1；彩版二一五，1）。

M43 为单室砖券墓，墓葬整体保存状况较好，前部券顶部分坍塌，中后部券顶保存完好。拱券顶，墓壁以单砖顺长错缝平砌。墓室平面呈长方形，内宽 0.66、外宽 0.96、高 1.28 米。长方砖长 35～35.5、宽 17.5～17.6、厚 4.8～5 厘米，一短侧面印一"方"字。券顶使用横楔砖，砖长 36、宽 17.6～18、大厚 4.5～4.6、小厚 2.6～2.8 厘米。

随葬品共 4 件。其中第 1 件为盘口壶，位置距离墓室东壁 33 厘米，距离南壁 80 厘米；第 2 件为青瓷碗，位置距离墓室西壁 22 厘米，距离南壁 113 厘米；第 3 件为铜簪，距离东壁 38 厘米，距离南壁 106 厘米；第 4 件为青瓷碗，距离东壁 33 厘米，距离北壁 132 厘米（彩版二一五，2）。

盘口壶　1 件。M43∶1，盘口较深，外侈稍大，束颈，溜肩，鼓腹平底。肩部对称附有两组纵向双排系。体形修长。通体施黄绿釉，釉面有凸起的小包，紫灰胎。口径 18～18.4、腹径 22、底径 11～11.4、高 40.5 厘米（图 90 - 2 - 1；彩版二六七，5）。

小碗　2 件。M43∶2，敛口，肩部微鼓，小平底微凹。外施黄绿、黑褐色釉，底外及四周施深灰色釉。灰胎。口径 6.9～7.2、底径 3.7、高 3.2～3.4 厘米（彩版二六八，1）。M43∶4，

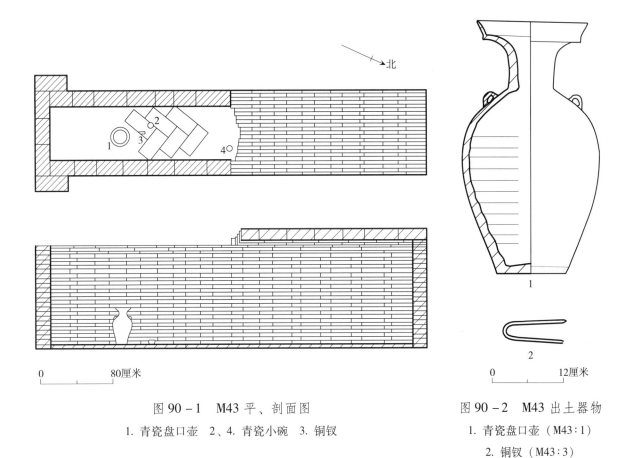

图 90 - 1　M43 平、剖面图
1. 青瓷盘口壶　2、4. 青瓷小碗　3. 铜钗

图 90 - 2　M43 出土器物
1. 青瓷盘口壶（M43：1）
2. 铜钗（M43：3）

敛口，肩部微鼓，小平底微凹。口部变形。口径 7.7～9.1、底径 4.2～4.5、高 3.5～4.1 厘米（彩版二六八，2）。

钗　1件。M43：3，表面呈青绿色，断面呈蓝色，料器。平面略呈 U 形。长 5.3～5.4、最宽 1.8 厘米（图 90 - 2 - 2；彩版二六八，3）。

一四　M47

M47 位于小横山中部，西南为 M44，东北为 M65。方向 171°。南北通长 3.6、通宽 1 米（图 91 - 1；彩版二一四，2）。

M47 为单室砖券墓，拱券顶。大部分券顶无存，仅后部保留有一部分长 0.6 米的券顶。内高 0.98、外高 1.17 米。券顶横楔砖长 34.9、宽 16.1、大厚 5、小厚 2.3 厘米。券顶同墓壁之间的过渡砖为"大宽"砖，砖长 36.8、宽 16、大厚 4、小厚 3.6 厘米。墓室平面呈长方形，南、北壁平直，东、西壁朝外微凸。南壁宽 0.7、北壁宽 0.7、墓室中部最宽 0.73 米；东壁长 3.27 米。现存东壁高 0.57～1.05、西壁高 0.61～1.05、南壁高 0.47～0.69 米。北壁完整，高 1.05 米。砌法：单砖顺长平砌。砖长 37.1、宽 15.9～16.2、厚 3.6 厘米。还有一种稍窄的长方砖，长 32、宽 14.5、厚 3.8 厘米。此外，还有"十"字长方砖，砖长 30.3、宽 14.3、厚 3.4 厘米。铺地砖顺长纵横平砌。

墓砖现有三种规格。第一种为长方砖，长 30～31、宽 15、厚 3.5～4 厘米，砌于墓室直壁

北

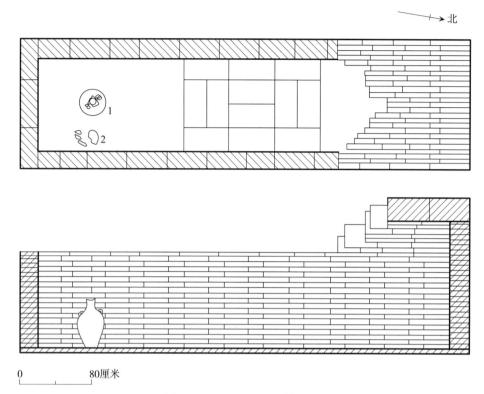

0 ————— 80厘米

图 91 - 1　M47 平、剖面图

1. 青瓷盘口壶　2. 青瓷钵

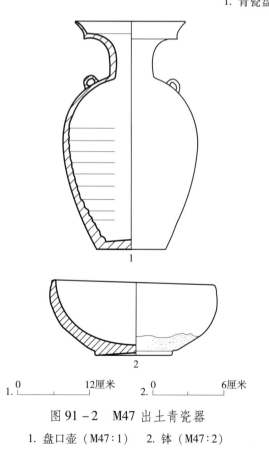

1.　0 ————— 12厘米　　2.　0 ————— 6厘米

图 91 - 2　M47 出土青瓷器

1. 盘口壶（M47∶1）　2. 钵（M47∶2）

（东、西两壁 1～18 层）。第二种也为长方砖，长 37、宽 16、厚 3.5 厘米，一短侧面有"大宽"2 字，位于墓壁和券顶过渡处。第三种为楔形砖，长 36～37、宽 16.5～17.3、内厚 2.3～2.6、外厚 5.2～5.5 厘米，属券顶砌砖。铺地砖排列不甚规则，砖长约 30、宽 14 厘米，与第一种砖为同一规格。

随葬品共 2 件。位于墓室南部，青瓷盘口壶和钵各 1 件。

盘口壶　1 件。M47∶1，盘口大而外侈，口外斜向内收，束颈，圆肩，肩部饰两组纵向双排系，鼓腹，平底。通体施黄绿釉，釉面不太光滑。口径 18.3、腹径 22.5、底径 11.1、高 35.6 厘米（图 91 - 2 - 1；彩版二六七，6）。

钵　1 件。M47∶2，敛口，肩部圆鼓，假圈足，平底。紫灰胎，釉面已脱落，黄褐色釉。口径 13.9、底径 6.5、腹径 12.7、高 5.9 厘米（图 91 - 2 - 2）。

一五 M48

M48 位于小横山中部，西部为 M78。方向 160°。

M48 为单室砖券墓，南北通长 3.4、通宽 0.85～1.1 米（图 92－1；彩版二一六，1）。

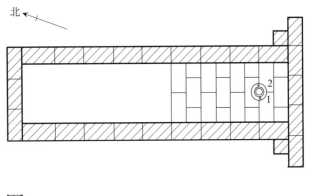

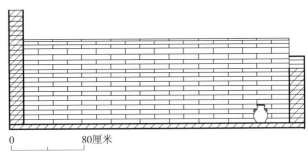

图 92－1 M48 平、剖面图

1. 黑釉瓷罐 2. 青瓷小碗

封门宽 0.8、残高 0.58～0.86 米，单砖顺长平砌，砌法：平砌 7 层后丁 1 层，丁砖为楔形砖一正一反合砌，有的砖上印有"急"字。

墓室南、北壁平直，东、西壁朝外微凸，平面呈长方形。南壁宽 0.65、北壁宽 0.64、墓室中部最宽 0.67 米，东壁长 2.93 米。现存东壁高 0.9、西壁高 0.98、北壁高 1.21 米。拱券顶，直壁高 0.66 米。砌法：单砖顺长平砌。砖长 35、宽 17、厚 5 厘米。还有一种稍窄的长方砖，长 35、宽 16、厚 3.5～3.7 厘米。铺地砖横向错缝平砌。

随葬品共两件，黑褐釉瓷罐和小碗各一，均位于墓室南部，其中小碗放置于瓷罐口上（彩版二一六，2）。

罐 1 件。M48:1，侈口，尖唇，溜肩，肩部附双立耳，折腹，平底。器内及外面腹部以上均施黑褐釉，下腹有流釉，粗瓷灰胎。口径 10.4～11、腹径 17.4、底径 9.8～10、高 18.8 厘米（图 92－2）。

小碗 1 件。M48:2，侈口，尖唇，深直腹，假圈足，小平底微凹，底面中心凹进一圆槽。釉层全部脱落，紫灰胎。口径 9.4、底径 3.5、高 4.6 厘米。

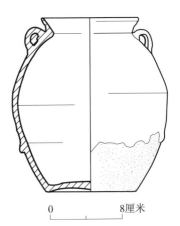

图 92－2 M48 出土
黑釉瓷罐（M48:1）

一六　M50

M50 位于小横山中部，西邻 M49，东部紧挨 M51，北部为 M68。方向 177°。南北通长 3.15、通宽 1.05 米（图 93 - 1；彩版二一七，1）。

M50 为单室砖券墓，墓壁基本平直，中部微凸，平面呈长方形。内长 2.86、宽 0.76 米。现存东、西壁高 0.2 ~ 0.4、北壁高 0.67 米。砌法：三顺一丁。丁砖为整砖的一半左右，外参差而内齐平。砖长 29、宽 13.7 ~ 14、厚 3.4 ~ 3.7 厘米。铺地砖作人字形排列。

随葬品共 2 件，均为残片，出土于墓室南部。经拼对为青瓷盘口壶 1 件、小碗 1 件。还有后期扰进的一个瓷碗。

盘口壶　1 件。M50：1，盘口浅而外侈，盘口外内收，束颈，溜肩，肩附两组纵向双排系，鼓腹，凹底。身体略呈橄榄形。口及腹部施黄绿色釉，腹下及底未施釉，釉层脱落严重。

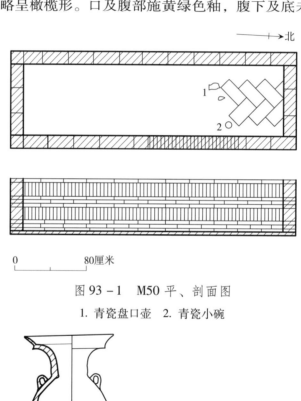

0　　　　　　80厘米

图 93 - 1　M50 平、剖面图

1. 青瓷盘口壶　2. 青瓷小碗

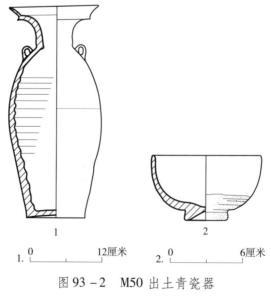

1. 0　　　12厘米　　　2. 0　　　6厘米

图 93 - 2　M50 出土青瓷器

1. 盘口壶（M50：1）　2. 小碗（M50：2）

口径 14.7、腹径 15.9、高 34、底径 9.5 厘米（图 93 - 2 - 1；彩版二六八，5）。

小碗　1 件。M50:2，直口，口外饰一周弦纹，腹微鼓较深，假圈足，小凹底。浅黄绿色釉，灰胎。底外面及四周不施釉。口径 9.1、底径 3.6、高 5.2 厘米（图 93 - 2 - 2；彩版二六八，6）。

碗　1 件。M50:3，侈口，尖唇，斜沿，斜直腹，假圈足，平底微凹。底内凹。底外面及腹下不施釉，余均施青白釉。口沿有流釉，白胎。口径 14.9、底径 6.3、高 5.3 ~ 5.6 厘米。属于后期扰动进入室内。

一七　M51

M51 位于小横山中部，西邻 M50，东北邻 M53，北部为 M68。方向 132°（图 94 - 1；彩版二一七，2）。

M51 为单室砖券墓，平面略呈梯形，东壁基本平直，西壁朝外斜凸。墓室南部被毁，仅余北部一段。东壁残长 1.63、现高 0.16 ~ 0.61 米；西壁残长 0.76、现高 0.25 ~ 0.71 米；北壁宽 0.65、现高 0.68 米。砌法：三顺一丁或四顺一丁。个别二顶一丁。东、西二壁第 2 层丁砖为整砖顺长斜向立砌成波折状，致使表面形成三角形凸凹，较为罕见。丁砖为整砖的一半左右，外参差而内齐平。砖长 21.3、宽

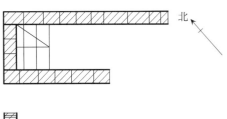
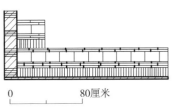

0　　　　　　80厘米

图 94 - 1　M51 平、剖面图

9.6、厚 2.3 ~ 2.7 厘米。铺地砖作人字形排列（彩版二一八，1）。

未发现随葬品。

一八　M53

M53 位于小横山中部，东邻 M52，西南邻 M51。方向 159°（图 95 - 1 ~ 95 - 3；彩版二一八，2；表 35 - 1）。

墓葬平面呈长方形，南北通长 3 米，内长 2.66、宽 0.64 米。拱券顶，墓顶中前部有部分保留，券顶以大量横楔砖及少数纵楔砖顺长砌成弧顶，内高 0.88、外高 1.04 米。墓壁也大量使用楔形砖。封门砖以楔形砖、长方砖等平砌 10 层，砖的种类有"疾竚"、"刀丁宁"、"薄方"、"大急"等，还有一种横楔砖上印"斜刀竚" 3 字，仅在封门中发现一块。墓底铺地砖横向错缝平砌。墓壁单层错缝平砌。长方砖长 35.2、宽 17、厚 5 厘米（图 95 - 2）。

随葬品仅 1 件。为褐釉盘口壶，出土于墓室南部。

盘口壶　1 件。M53:1，盘口较深，束颈较短，圆肩较平，肩部饰两组纵向双排系，系间距较大，最大径靠近肩部，腹部斜直内收，凹底。上半部施酱褐色釉，釉下显露绳纹。深灰色胎。口径 12.6、腹径 25.2、底径 14.1、高 23.9 厘米（图 95 - 3；彩版二六八，4）。

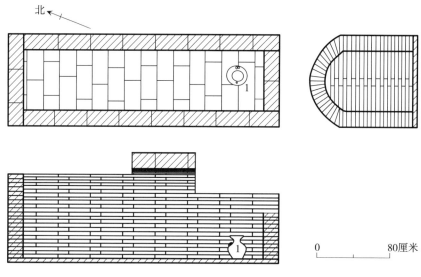

图 95 - 1   M53 平、剖面图

1. 青瓷盘口壶

图 95 - 2   M53 墓砖文字

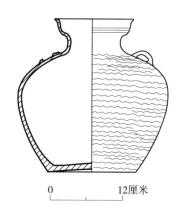

图 95 - 3   M53 出土褐釉瓷盘口壶（M53：1）

表 35 - 1   M53 墓砖统计表

单位：厘米

种类	长	宽	厚	字符	备注
长方砖	35.2	17	5		墓壁平砌砖
长方砖	31.3	14	2.3 ~ 2.7	薄方	
纵楔砖	34.8	17	大 4.9 小 3.5		

续表 35 – 1

种类	长	宽	厚	字符	备注
纵楔砖	30. 7 ~ 31	14. 5	大 5. 4 ~ 5. 6 小 2	大急	
纵楔砖	31. 1	14. 5 ~ 14. 8	大 5. 1 小 2. 5	疾圬	
横楔砖	34. 8	17 ~ 17. 3	大 4. 8 小 2. 6		无字
横楔砖	30. 7 ~ 30. 9	15 ~ 15. 2	大 3. 6 ~ 3. 8 小 2. 5 ~ 2. 8	刀丁宁	
横楔砖	残 30	15 ~ 15. 5	大 3. 5 小 2. 7	钭刀圬	

一九　M66

M66 位于小横山中部从上往下第四排，东邻 M67，西侧 1. 2 米处为 M65。方向 159°。

M67 仅存墓室中北部，现南北通长 4 米（图 96 – 1；彩版二一九，1）。

墓室平面基本呈长方形，南、北壁平直，东、西壁稍微朝外弧凸。北壁宽 1. 26、现高 0. 3 ~ 0. 64 米；东壁长 3. 66、现高 0. 4 ~ 1. 1 米；西壁长 1. 76、现高 0. 28 ~ 0. 87 米。墓室中部

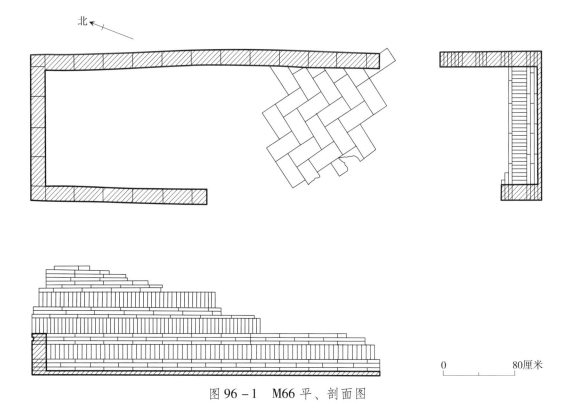

0　　　　　　80厘米

图 96 – 1　M66 平、剖面图

最宽 1.34 米。南壁无存。墓壁单砖顺长平砌,砌法:三顺一丁;丁砖为整砖的一半,外参差而内齐平(彩版二一九,2)。铺地砖作人字形排列。砖长 33.5~34.5、宽 16~16.8、厚 3.4~4 厘米。

未发现随葬品。

二〇 M68

M68 位于小横山中部从上往下第四排,南邻 M49 和 M50,西部 2 米处为 M67,其墓底比 M67 低 0.7 米。方向 178°。

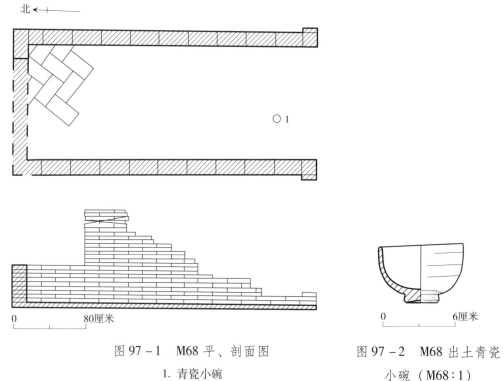

北←

0   80厘米

0   6厘米

图 97-1 M68 平、剖面图
1. 青瓷小碗

图 97-2 M68 出土青瓷
小碗(M68:1)

M68 仅余墓室中北部,现南北通长 3.34 米(图 97-1;彩版二二〇,1)。

墓室平面呈长方形,北壁宽 1.21、现南口宽 1.19、墓室中部最宽 1.26 米。

北壁现高 0.39 米。东壁现长 3.14、现高 0.26~1 米;西壁现长 3.06、现高 0.24~1.02 米;直壁高 0.79 米,起券处以楔形砖平砌。人字形铺砖仅在墓壁下有保留。墓壁单砖错缝平砌,壁厚 16~17 厘米。砖长 32、宽 15.5~16、厚 4~4.4 厘米。

随葬品仅 1 件,为青瓷小碗,出土于墓室南部偏西位置。

小碗 1 件。M68:1,直口,直腹,假圈足,小平底微凹。除底外面外,余均施青绿釉,釉面有细密裂纹,浅灰色胎。口径 6.8、底径 2.5、高 4.6 厘米(图 97-2;彩版二六八,7)。

二一 M73

M73 位于小横山中部从上往下第四排,东邻 M74,西邻 M72,北部为 M81。M73 北距 M81

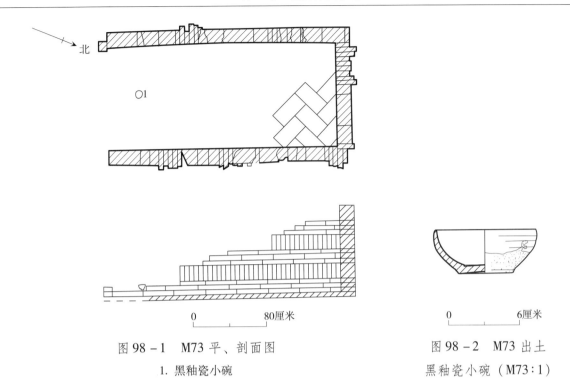

图 98 - 1　M73 平、剖面图
1. 黑釉瓷小碗

图 98 - 2　M73 出土
黑釉瓷小碗（M73：1）

封门仅 13 厘米，其墓底比 M81 低 77 厘米。方向 157°（图 98 - 1；彩版二二〇，2）。

M73 仅存墓室中北部，平面呈长方形。北壁内宽 1.1、中部宽 1.15 米。东壁内长 2.14 ~ 2.64、西壁长 2.57 米。墓壁现高：东壁 0.31 ~ 0.94、西壁 0.31 ~ 0.77、北壁 0.77 ~ 0.94 米。墓壁外宽 1.46 ~ 1.6 米。人字形铺地砖，砖长 34.2 ~ 35、宽 16 ~ 16.5、厚 4.5 厘米。墓壁砌法：三顺一丁，丁砖为整砖的二分之一左右，并列立砌，外参差而内齐平。

随葬品仅 1 件黑褐釉瓷碗，位于墓室南部中间。还发现有盘口壶残片。

小碗　1 件。M73：1，直口，尖唇，肩部微凸，腹部斜直，平底。外施黑褐色釉，底外面及下腹施红褐色釉。紫灰胎。口径 8.5、底径 4.5、高 3.5 厘米（图 98 -2；彩版二六九，1）。

二二　M74

M74 位于小横山中部从上往下第四排，东部 1.3 ~ 2.3 米为 M75，西部 2.3 米为 M73，北部为 M80。M80 墓底比 M74 底部高 1.95 米。方向 168°。

M74 平面呈凸形，由封门、甬道及墓室三部分组成（图 99 - 1；彩版二二一，1）。

封门现存一排横向平砌砖，共 3 层，宽 1.26、厚 0.17、现高 0.16 米，人字形铺地砖伸出封门外 32 厘米。

甬道平面呈长方形，宽 0.83、进深 0.54、残高 0.05 ~ 0.13 米。甬道偏向墓室东部，往东折 0.11、往西折 0.36 米（形成墓室南壁东墙宽 0.11、西墙宽 0.36 米）。

墓室南、北壁平直，东、西壁微朝外凸。北壁内宽 1.31、南壁宽 1.32、中部最宽 1.4 米。东、西壁均长 2.81 米。墓壁现存高度：东壁 0.14 ~ 1.11、西壁 0.3 ~ 1.37、北壁 0.14 ~ 1.45 米。西壁由底往上第四组平砌砖层模印有半朵莲花。墓砖长 34.5 ~ 36、宽 15.5 ~ 16.5、厚 4.3 ~ 4.7 厘米。墓壁砌法：三顺一丁，丁砖为整砖的二分之一左右，并列立砌，外参差而内

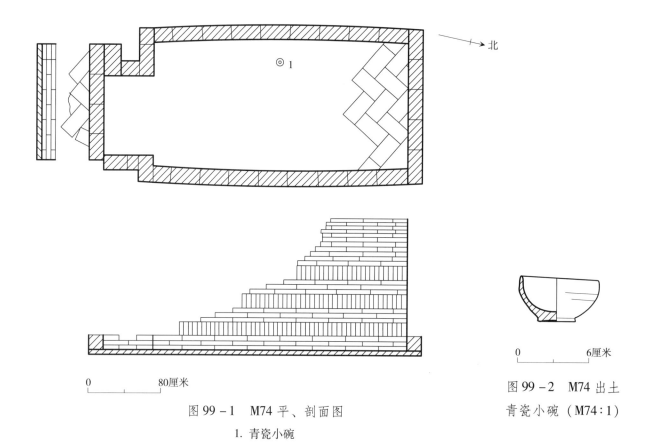

图 99 - 1　M74 平、剖面图
1. 青瓷小碗

图 99 - 2　M74 出土
青瓷小碗（M74:1）

齐平（彩版二二一，2）。

随葬品仅 1 件，为青瓷小碗，出土于墓室西部。

小碗　1 件。M74:1，直口，腹微鼓急收，小平底，略带假圈足。施青绿釉，釉层多脱落。灰胎。口径 6.5、底径 3 ~ 3.2、高 3.6 厘米（图 99 - 2；彩版二六九，2）。

二三　M76

M76 位于小横山中部从上往下第四排，东邻 M77，西邻 M75。方向 165°（图 100 - 1；彩版二二二，1）。

M76 为南北向窄长形单室砖券墓。封门三顺一丁砌筑，宽 0.62、厚 0.22、现高 0.44 米，其中一块丁砖上印 "大字" 2 字，砖宽 15、厚 6 厘米。墓室平面呈长方形，东西窄、南北长，墓壁中部略朝外弧凸。南北通长 3.45、通宽 0.85 ~ 0.98 米。北壁内宽 0.66、南壁宽 0.67、中部最宽 0.69 米。东壁内长 3.15、西壁长 3.12 米。拱券顶已塌，直壁高 0.62 米，起券处用纵楔形砖一正一反平砌，楔形砖长 31、大厚 5.1 ~ 5.2、小厚 2.6 ~ 3.2 厘米。墓壁现高：北壁 0.85、西壁 0.69 ~ 0.78、东壁 0.69 ~ 0.74 米。墓底铺砖作人字形排列。墓壁单砖平砌。

长方砖长 31.5 ~ 32、宽 14.6 ~ 15、厚 4.8 ~ 5 厘米。

未发现随葬品。

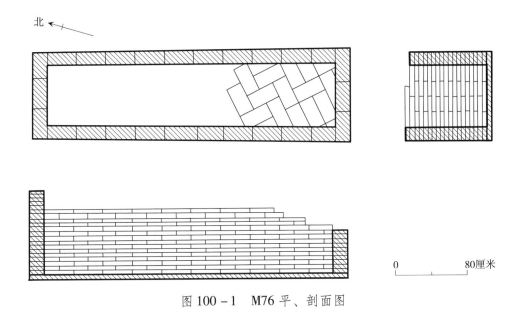

图 100 – 1　M76 平、剖面图

二四　M78

M78 位于小横山中部从上往下第四排，东部偏上为 M109，西部 0.39 ~ 0.47 米为 M77。M77 墓底比 M78 底高 0.82 米；M78 北壁比 M77 偏北 0.4 米。方向 165°。

M78 由封门、甬道及墓室三部分组成。南北通长 4.8 米（图 101 – 1）。

封门仅存甬道口外两端伸出部分，通宽 1.8、厚 0.36、现高 0.36 米。

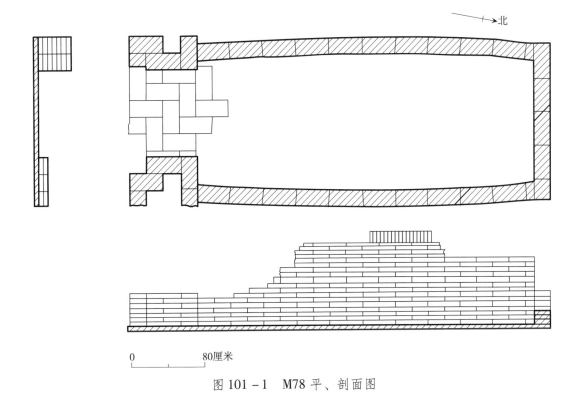

图 101 – 1　M78 平、剖面图

甬道平面呈横长方形，宽0.87、进深0.56、现高0.1～0.36米。

墓室南、北二壁平直，东、西壁微外凸，平面基本呈长方形。南壁宽1.27、北壁宽1.29、墓室中部最宽1.45米；东壁垂直长3.64米，直壁高0.82～0.86米。起券处砌一层楔形砖，砖宽17.5、外厚3.5、内厚2.6～2.7厘米。丁砖为整砖的一半左右，并列立砌，上印"大泉五十"双钱纹，砖宽13.6、厚3.8～4.3、现长16～20厘米。墓壁单砖砌筑，东壁现高0.31～0.88米，现存18层砖；西壁现高0.7～0.99米；北壁现高0.15～0.61米。铺地砖纵横平铺，仅在四壁下有保留。长方砖长36.5～37、宽16.5～17.7、厚4.2～4.9厘米。

仅于墓室西北部发现2块盘口壶残片，不可复原。

二五　M83

M83位于小横山中部从上往下第三排，东部偏南3.7～4.2米为M82，西部1.2～1.7米为M84，墓底比M84底部高1米。方向145°（图102-1；彩版二二二，2）。

M83仅余墓室中北部，西壁北部保存相对较多。北壁内宽1.43、中部最宽1.53、现南口宽1.49米。东壁现长2.48、西壁现长2.57米，南北通长2.95米。东、西、北三壁朝外微凸。墓壁现存高度：东壁0.14～0.47、西壁0.32～1.16、北壁0.14米，直壁高1.1～1.11米，直壁上平砌3层砖，上再以内薄外厚的楔形砖发券。楔形砖宽17.8～18.3、外厚4.3～4.5、内厚2.4～2.5厘米。墓底铺地砖作人字形排列。墓壁砌法三顺一丁，丁砖为整砖的二分之一左右，并列立砌，外参差而内齐平。长方砖长35.5～36.5、宽17～18、厚4.5～4.8厘米，面饰细绳纹。

墓葬被扰太甚，未发现随葬品。

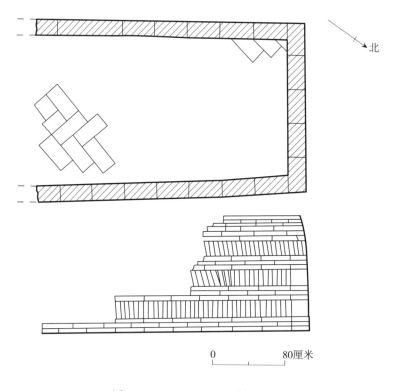

0　　　　　　　80厘米

图102-1　M83平、剖面图

二六　M84

M84 位于小横山中部从上往下第三排，西部为 M85，东部 1.2～1.7 米为 M83，墓底比 M83 底部低 1 米。方向 158°（图 103 - 1；彩版二二三，1）。

M84 平面略呈长方形，墓口有砖砌封门，封门宽 1.76、现高 0.68～1.27、厚 0.34 米，三顺一丁砌筑（其中第二层平砖四顺）（彩版二二三，2）。墓室南壁宽 0.98、往北 1 米宽 1.02 米，北壁被毁。南北长 3.7 米。墓底铺地砖前三排纵向平铺，再往后二顺一丁平铺。墓壁砌法三顺一丁。墓砖长 31～32.5、宽 15～16、厚 4.7～5.3 厘米。

墓葬被扰太甚，未发现随葬品。

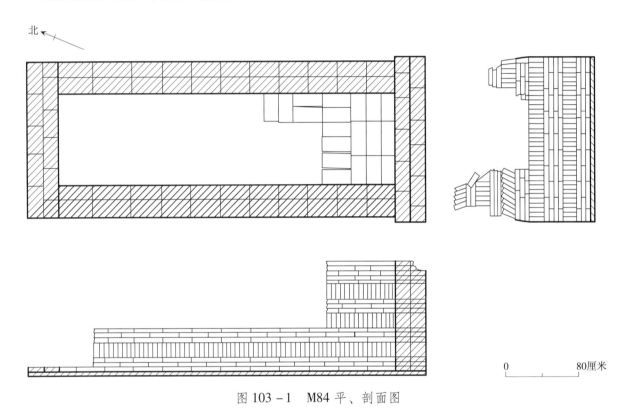

图 103 - 1　M84 平、剖面图

二七　M89

M89 位于小横山西部从上往下第三排，东邻 M88，西部为 M90，墓位比 M90、M88 偏南 3 米，规模较小。方向 160°（图 104 - 1；彩版二二四）。

M89 仅存墓室北半部，南部被毁。墓葬平面呈长方形，拱券顶。北壁内宽 0.62、内高 0.86、外高 1 米。直壁高 0.64 米。墓室中部宽 0.62、现南口宽 0.63 米，墓壁东西残长 2.7、铺地砖长 3 米，通长 3.18 米。墓壁顺长平砌，壁厚 17～18 厘米。墓砖长 34.5～36、宽 17～18、厚 4～4.5 厘米，面饰细绳纹。券顶施用楔形砖，砖长 36、大厚 4.3～4.5、小厚 2.5～2.8 厘米。铺地砖作人字形排列。

未发现随葬品。

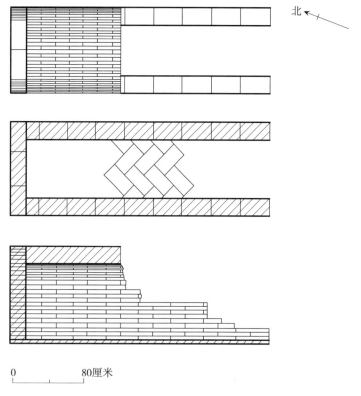

图 104 - 1　M89 平、剖面图

二八　M91

　　M91 位于小横山西部从上往下第三排，东北 0.9 米为 M90，西北 1.8 米为 M92，墓位比 M92、M90 偏南，规模较小。方向 150°（图 105 - 1；彩版二二五，1）。

　　M91 仅存墓室北部。现存墓长 2.52、外宽 1.5 米，东、西二壁仅存 2~3 层平砌砖，高仅

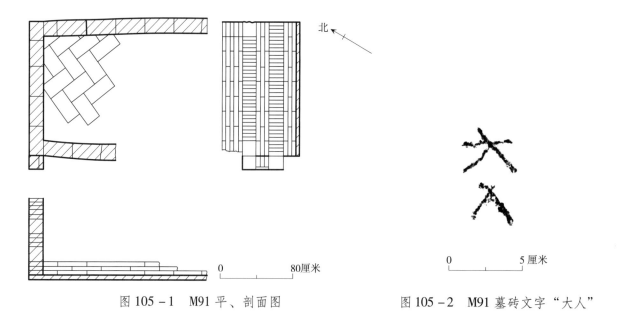

图 105 - 1　M91 平、剖面图　　　　　　　　图 105 - 2　M91 墓砖文字"大人"

0.14 米。北壁内宽 1.14、外宽 1.58、现高 0.83 米。由底往上三顺一丁，有的丁砖内面模印"二"、"三"、"三"、"大"、"大人"等字符（图 105－2）。从第三组顺砖上似为墓壁起券位置，往上均为平砌层。丁砖宽度基本相同，为 14.5～15 厘米，厚薄不一。"二"砖厚 4.2～4.5 厘米；"三"砖厚 4.7 厘米；"大"砖厚 4.5～5 厘米（彩版二二五，2）。还有一种仅厚 2.6 厘米的砖。墓底人字形铺砖。砖长 33.5～34.5、宽 15～16.7（个别仅 14）、厚 4.5～4.7 厘米（薄者仅 3.2 厘米）。

未发现随葬品。

二九　M94

M94 位于小横山西部从上往下第二排和第三排之间，西北 2 米处为 M23，北邻 M95。方向 160°（图 106－1；彩版二二六，1）。

M94 仅余墓室中北部，南部被毁无存。平面呈长方形，北壁内宽 0.98、外宽 1.3 米，现高 0.48～0.55 米，留存 12～14 层砖；墓室中部内宽 1.05、外宽 1.34 米，现存长度 2.6～2.9 米。西壁现高 0.15～0.56 米，留存 3～13 层砖，现长 2.36 米。东壁现高 0.19～0.55 米，留存 4～13 层砖，现长 1.83 米。墓壁单层砌筑，人字形铺地砖伸出墓壁外 15 厘米。墓壁长方砖长 35～36、宽 16.2～17、厚 4.5～5 厘米。铺地砖长 30～31、宽 14.8～15、厚 4 厘米。

此外，M94 墓砖还有楔形砖和梯形砖。梯形砖长 32.5、厚 4.6、大宽 12、小宽 10.2 厘米。楔形砖有以下几种规格：（1）长 34.2、宽 15.1、大厚 4、小厚 2.6 厘米。（2）长 30.8、宽 14.5～14.6、大厚 3.9、小厚 2.6 厘米。（3）长 32、大宽 12.2～12.5、厚 6.8 厘米；小宽 10.2、厚 3 厘米。（4）长 28、大宽 12.5、厚 7 厘米。

随葬品仅发现残片两件，分别为砚及盘口壶残片。盘口壶不可复原。

砚　1 件。M94：1，残存不到二分之一。施褐绿色釉，釉层脱落较多，圆形，凹底，内面凸起较高，残存三足。直径 12.4、残高 3.2

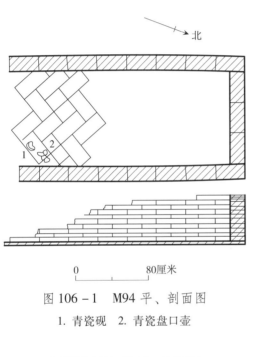

图 106－1　M94 平、剖面图
1. 青瓷砚　2. 青瓷盘口壶

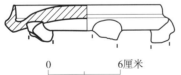

图 106－2　M94 出土青瓷砚（M94：1）

厘米（图 106－2；彩版二六九，3）。

三〇　M101

M101 位于小横山东部从上往下第二排，西邻 M100，东北部 1 米为 M102。方向 158°（图 107－1；彩版二二六，2）。

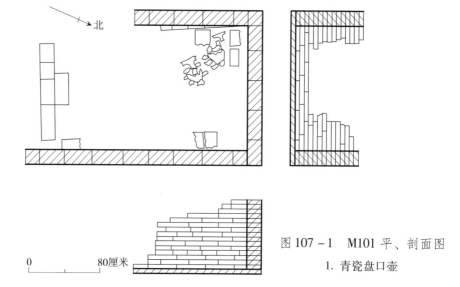

图 107 - 1　M101 平、剖面图

1. 青瓷盘口壶

0　　　　80厘米

M101 仅存墓室中北部，平面呈长方形。北壁宽 1.32、现高 0.15～0.73 米；西壁现长 1.4、高 0.19～0.73 米；东壁现长 2.3、高 0.39～0.68 米；南壁无存。墓室中部最宽 1.39、外宽 1.7 米。墓室铺地砖纵横平铺，仅在墓壁下有保存。墓砖长 31.5～32、宽 15.4～17、厚 4.6～5 厘米，面饰细绳纹。

随葬品仅发现盘口壶残片，位于现室口偏东位置。

三一　M102

M102 位于小横山东部从上往下第二排，西邻 M101。方向 169°（图 108 - 1；彩版二二七，1）。

M102 由封门及墓室两部分组成。封门仅余两侧立墙，系直接砌于砖壁外面，宽 1.21、厚 0.16～0.31、高 0.9～0.95 米。墓室北部券顶保存完整，南部券顶被毁无存，内中空，仅有部

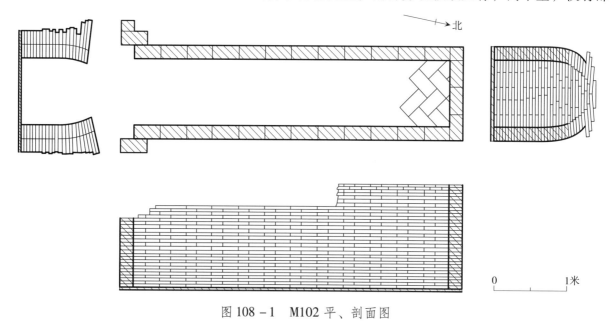

0　　　　　　　　1米

图 108 - 1　M102 平、剖面图

分淤土，平面呈长方形。北壁宽 0.87、内高 1.3 米，直壁高 0.83 米；西壁长 4.31、东壁长 4.3 米；南口宽 0.86、墓室中部最宽 0.9 米。墓室铺地砖作人字形排列，仅在墓壁下有保存。券顶略呈叠涩状，逐层往内收缩成梯级，至中心为两块平砌砖各伸出半砖拼合成平顶（彩版二二七，2）。

墓砖长 35.5~36、宽 17.3~17.7、厚 4.3~4.6 厘米，面饰细绳纹。个别砖一长侧面印 1~4 个辐线纹（直径 2.3~2.8 厘米）（彩版二二七，3）。

墓葬被扰，未发现随葬品。

三二　M104

M104 位于小横山东部从上往下第二排，东部为 M107，西侧为 M103。方向 162°。

M104 由封门及墓室两部分组成（图 109-1；彩版二二八，1）。

墓室北部保存较多，拱券顶。封门即为墓室南壁，东西向并列两砖，以条砖、楔形转、薄砖混砌而成，部分砖上印有"大字"、"方"等文字。其中薄砖长 31、宽 14.9、厚 2.4~2.6 厘米；楔形砖厚端达 6.2 厘米。封门宽 1.63、厚 0.31~0.34、残高 0.55~0.7 米。

墓室平面呈长方形，北壁内宽 0.87、南壁宽 0.9、中部最宽 0.96 米；南北长 3.36 米。北壁现高 1.39 米，现存 26 层平砌砖，中部一砖模印三分之一莲花图案。东、西壁北部弧券现保留 0.78~1.08 米，直壁高 0.64~0.66 米，拱券顶，起券处砌有一层楔形砖，内面仅厚 2.3~2.4 厘米。

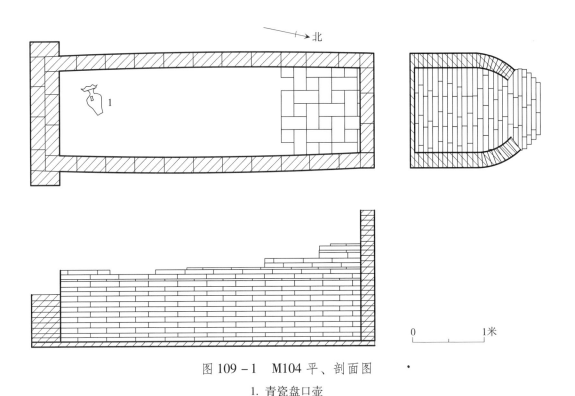

图 109-1　M104 平、剖面图
1. 青瓷盘口壶

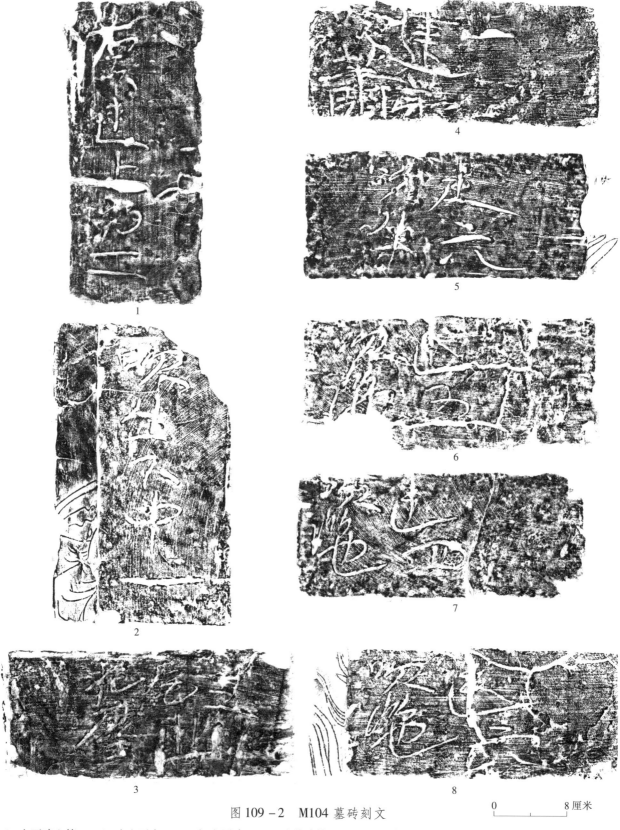

图 109－2　M104 墓砖刻文

0　　　　　　8厘米

1. 右下建上第二　2. 吹生下中一　3. 杷麈尾建三　4. 吹萧建第一　5. 吹生建六　6. 吹箷建五　7. 吹箷建四　8. 吹箷建六

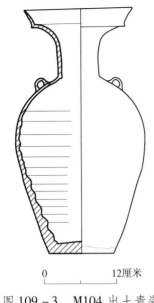

铺地砖纵横平砌一层，砖长 31.5～33、宽 15.7～16.6、厚 4.8～5.3 厘米；还有一种较窄的长条砖，主要分布于东西两壁起券层下及封门内，长 32.5、宽 13.8、厚 4.8～5.3 厘米，个别砖上刻有文字，文字均刻写于砖正面，楷体或行楷，分别为：（1）"右下建上第二"，一行 6 字。（2）"吹箉建四"，两行 4 字。（3）"吹箉建五"，两行 4 字。（4）"吹箉建六"，两行 4 字，一短侧面模印线雕衣带纹。（5）"杷麈尾建三"，三行 5 字。（6）"杷麈尾下中第一"，两行 7 字。（7）"吹萧建第一"，三行 5 字。（8）"吹生建六"两行 4 字。（9）"吹生下中一"，一行 5 字，侧面模印线雕服饰纹。（10）"右下□第一"，两行 5 字。（11）"右下中"，一行 3 字，残砖（图 109－2；彩版二二九）。

图 109－3　M104 出土青瓷
盘口壶（M104∶1）

随葬品仅有 1 件青瓷盘口壶，出土于墓室南部（彩版二二八，2）。

盘口壶　1 件。M104∶1，盘口较深，外侈较大，束颈，圆溜肩，肩部对称附两组纵向双排系，鼓腹，平底。施青绿色釉，表面有个别凸起小包。口径 17.5～18、腹径 21.1、底径 10.4、高 38.5～39.2 厘米（图 109－3；彩版二六九，5）。

三三　M116

M116 位于小横山下石子加工厂南部，距离山脚 80 米左右。上面原种有树木，现地表较平坦，上有树木被挖后留下的深坑。方向 155°。

M116 处于 M115 东部，紧贴 M115，墓位比 M115 偏北一砖宽度，即 19 厘米，墓底比 M115 要低 20 厘米（图 110－1；彩版二三〇）。

单室砖券墓，室内充满淤土，平面基本呈长方形，墓室中部稍微外凸，墓顶保存基本完整，顶面正中平砌 2～3 层砖，每层横向砌一砖；再往下为叠涩内收的弧形券顶。墓室南北长 3.6、东西宽 0.9～0.95、高 0.8～1.1 米。墓底铺地砖两砖一组纵横平砌。墓砖长 36、宽 19、厚 5 厘米。

随葬品共 2 件，均放置于墓室南部，其中青瓷盘口壶 1 件、小碗 1 件（彩版二三一，1）。

盘口壶　1 件。M116∶1，盘口较深，外侈较大，束颈较短，圆肩，肩部对称附两组纵向双排系，鼓腹，平底。施青绿色釉，泛青白色。口径 16.6～17.5、腹径 20.8、底径 10.5～10.8、高 36 厘米（图 110－2－1；彩版二六九，6）。

小碗　1 件。M116∶2，直口，肩微凸，浅腹，平底微凹。口部略变形，呈椭圆形，施青绿色釉。口径 8.3～9.1、底径 4.5、高 3.4～3.8 厘米（图 110－2－2；彩版二六九，4）。

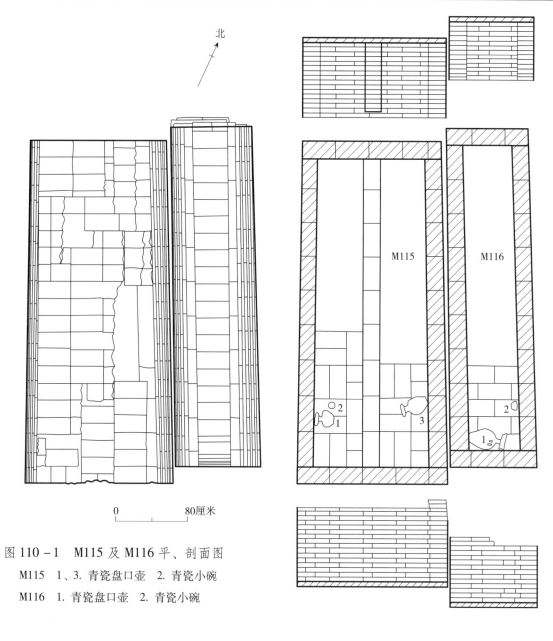

北

0　　　　　80厘米

图 110 - 1　M115 及 M116 平、剖面图

M115　1、3. 青瓷盘口壶　2. 青瓷小碗

M116　1. 青瓷盘口壶　2. 青瓷小碗

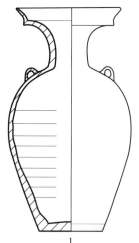

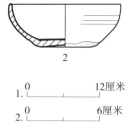

1.　0　　　　　12厘米

2.　0　　　　　6厘米

图 110 - 2　M116 出土青瓷器

1. 盘口壶（M116：1）　2. 小碗（M116：2）

第四节　并列双室墓

一　M39

M39 位于小横山西部，西邻 M38，东邻 M40。方向 176°（图 111-1；彩版二三二，1）。

M39 为双室砖券墓，被扰严重，保存状况差。墓葬残长 2、宽 1.9 米（双室总宽），残高 0.5 米。其中西室内宽 0.85 米，东室内宽 0.82 米。西室铺地砖南北向排列，共 3 排，东侧墓室仅有 2 排，两个墓室均有壁龛 1 个，西侧墓室壁龛位于西壁北侧，东墓室壁龛位于东壁北侧。墓砖较小，长 26、宽 10、厚 4 厘米。

未发现随葬品。

二　M45

M45 位于小横山中部，西邻 M52，东邻 M46。方向 160°。南北通长 2.25~2.7、通宽 1.98 米（图 112-1；彩版二三二，2）。

M45 为双室砖券墓，拱券顶。大部分券顶无存，仅东室西壁的券顶有部分保留。东室内宽 0.64~0.65 米，北壁高 1.02 米，西壁现高 0.86、东壁最高 0.68 米；残存长度 1.9 米。铺地砖横向错缝平砌。

西室大小、规模同东室，唯墓位朝北伸出 0.32 米，二者的墓壁相接。北壁宽 0.66、现高 0.51 米；西壁现高 0.7、东壁现高 0.42 米，残长 2.25 米。

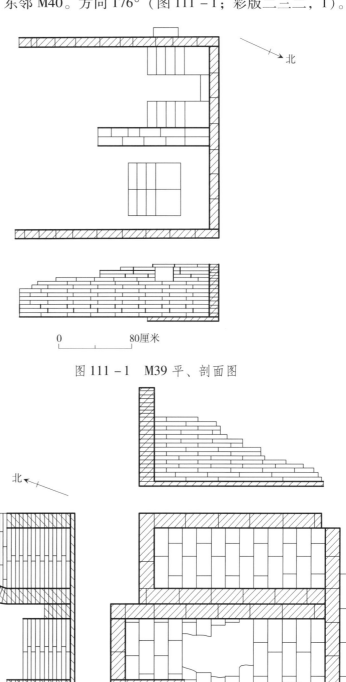

图 111-1　M39 平、剖面图

图 112-1　M45 平、剖面图

墓壁单砖顺长平砌，砖长36.4、宽17.5、厚4.2厘米。券壁使用"刀副宽"楔形砖，砖长36、宽17.8、大厚4.2、小厚3.8～3.9厘米。

墓葬被扰严重，未发现随葬品。

三　M77

M77位于小横山中部从上往下第四排，东邻M78，西邻M76。方向169°。

墓室仅存东北墓底部分，复原平面呈长方形（图113-1；彩版二三三，1）。

北壁内长2.02、外长2.25米；东端现长2.6米。西壁无存。现存南北通长3.06米。墓室北端中部残存一道东西向砖壁，将墓室一分为二。墓壁单砖顺长平砌，壁面平直。铺地砖作人字形排列。墓砖长28～29.5、宽13.3～14、厚3～3.3厘米，面饰细绳纹。

随葬品仅2件，均为残片，器形分别为盘口壶、罐。

罐　1件。M77:1，仅余口部残片。直口，凸肩，肩部残存一系。施青绿釉，釉面光滑，上有细密裂纹，紫灰胎（图113-2）。

盘口壶　1件。M77:2，仅余腹部残片2块。施青绿釉。

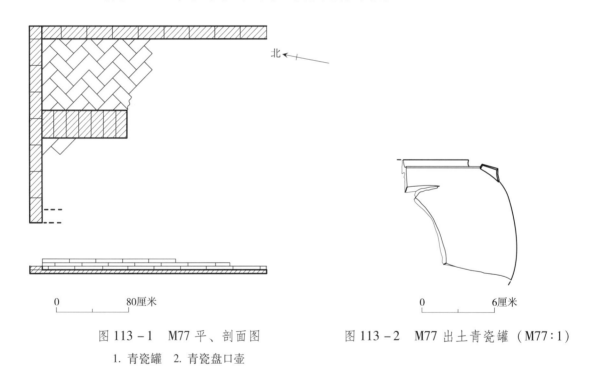

　　　　　　0　　　　80厘米

图113-1　M77平、剖面图　　　　　　图113-2　M77出土青瓷罐（M77:1）
1.青瓷罐　2.青瓷盘口壶

四　M99

M99位于小横山西部，其北部为M98及M118，东南部为M93，其墓底比相邻的M93高2米左右。方向170°（图114-1；彩版二三三，2）。

M99为双室并列的小型砖室墓，墓葬中部及南部被毁无存，仅余北部三分之一，通宽2.25、残长2.2米。东侧墓室内宽0.62、残长1.65、残高0.2～0.3米，其铺地砖纵横排列。西侧墓室内宽0.84～0.9、残高0.9、残长2.2米，铺地砖错缝平砌。墓壁以单砖顺长平砌，

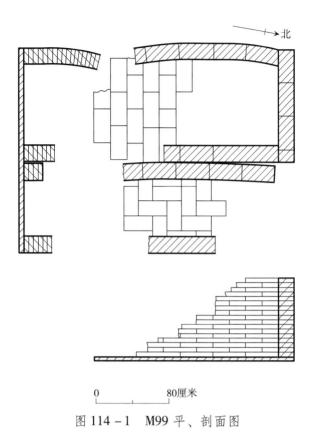

0　　　　　　80厘米

图 114 - 1　M99 平、剖面图

砖长 35、宽 18、厚 5 厘米。

随葬品仅发现盘口壶残片 2 块，无法复原。

五　M115

M115 位于小横山下石子加工厂南部，距离山脚 80 米左右。上面原种有树木，现地表较平坦，上有树木被挖后留下的深坑。方向 155°。

M115 为并列双室砖券墓，室内充满淤土，平面基本呈长方形，墓室中部稍微外凸，墓顶保存基本完整，顶面正中平砌 2 ~ 3 层砖，每层横向砌一砖；再往下为叠涩内收的弧形券顶。墓室南北通长 3.64、东西宽 1.51 ~ 1.64、高 0.8 ~ 1.1 米。其中东、西二室内宽各 0.5 ~ 0.54 米，二室共用中间一墙，形制、大小、构造相同，墓底铺地砖两砖一组纵横平砌。墓砖长 36、宽 19、厚 5 厘米（见图 110 - 1；见彩版二三〇）。

随葬品共 3 件，均放置于墓室南部，东室有青瓷盘口壶 1 件；西室有青瓷盘口壶 1 件、小碗 1 件（彩版二三一，2）。

盘口壶　2 件。M115:1，盘口稍浅，外侈，束颈稍高，圆肩，肩部对称附两组纵向双排系，腹斜直内收，平底，体形修长。施淡绿色釉。口径 17.8、腹径 22、底径 12.7、高 44 厘米（图 115 - 1 - 1；彩版二七〇，1）。M115:3，盘口外侈，口外下端内收，束颈，圆肩较平，肩部对称附两组纵向双排系，鼓腹，平底微凹。施青绿色釉，有流釉现象。口径 14.3、腹径 18.6、底径 9.8、高 30 厘米（图 115 - 1 - 2；彩版二七〇，2）。

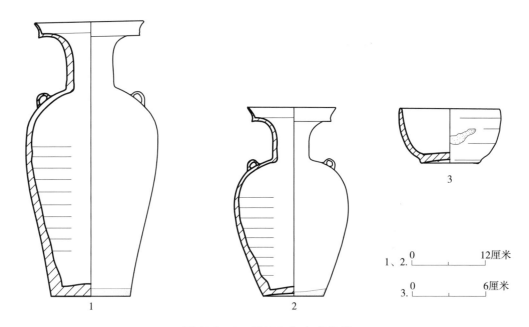

图 115 - 1　M115 出土青瓷器
1、2. 盘口壶（M115：1、M115：3）　　3. 小碗（M115：2）

　　小碗　1 件。M115：2，直口，腹微鼓，稍深，略带假圈足，平底微凹。通体施青绿色釉，灰胎。口径 8~8.3、底径 4.7、高 4.5 厘米（图 115 - 1 - 3；彩版二七〇，3、4）。

第三章　墓葬分布及形制

小横山墓地共发现东晋南朝墓 112 座，其中 109 座位于小横山南坡，有 3 座位于山前的平地上。墓葬均为砖室墓，南北向。从山顶至山脚共分五排，其间还错杂有个别小型墓。同一排墓葬并非处于一条水平线上，而是随着山势的高低起伏有变化，有时相邻的墓葬高低相差一米左右。墓葬分布较为密集，有的下面一层墓葬墓室后部已经伸到了上面一排墓葬的下面。总体来看，东晋墓多分布于山体中下部，南朝墓多分布于山体中上部，尤其是画像砖墓及墓壁装饰莲花的墓葬以靠近山顶两层数量最多，从山下到山上，墓葬分布大致呈现出由早到晚的趋势。

第一节　墓葬分组

小横山东晋南朝墓群根据墓葬形制及相对位置大致可以分为几个组群，一个组群的墓葬往往相距较近，呈平行布列或品字形排列，形制相同，规模相当或相差不大。

1. 第一组群　首先可以确定有一定关系的是 M95、M96、M97、M98、M118、M121 六座墓葬，墓葬位于小横山中部偏西从上往下第二层，六墓相临，平行排列，均为大型墓，墓壁砌法、规模相同，间距 1～3 米。墓室壁面没有画像或莲花图案。从各墓出土的盘口壶来看，以 M121 和 M98 较早，M118 和 M95 稍晚。同这六座墓有关联的是 M93 和 M23，M93 位于 M118 下面一排，南北正对；M23 位于 M95 紧西侧，同 M95 属于同一排。这两座墓也是大型墓，墓壁均装饰有莲花，券门上镶嵌小幅画像砖，时代要晚于上述六座墓。所以，这 8 座墓可以分为两组，一组为 M121、M118、M93 三座墓，M121 最早，M118 次之，M93 最晚，大致呈品字形排列。另一组为 M98、M97、M96、M95、M23，以 M98 最早，M23 最晚，呈现出从东往西排列的早晚顺序。

2. 第二组群　M85、M86、M87 和 M40、M41、M42 两组。M85、M86、M87 位于小横山中部第三排，东西并列，规模和形制同 M98 等四墓相同，时代也接近。从随葬的盘口壶来看，M85 时代较早，M86 同 M85 基本同时，M87 较 M85 稍晚，墓葬的排序可以认为是从东到西时代变晚。M40、M41、M42 同 M85、M86、M87 一样，也是东西并列，位于从上往下第四排，从盘口壶的形制及墓壁弧度来看，M42 较早，M41 明显晚于 M42，其排序同 M85 一组基本相似。

3. 第三组群　M8、M9、M10、M11 四座。位于小横山东部山顶，地势东高西低，由西往东斜向平行排列。M8、M9、M10 三座墓均发现有左右将军画像，M8 规模稍小，M9 次之，M10 规模较大，从画像题材来看，M8、M9 墓壁均装饰有线雕的伎乐，M10 墓壁伎乐为高浮雕，大体可以判定 M10 比 M8、M9 稍晚。M11 位于 M10 东部，地势比 M10 高 2 米多，墓葬规模较小，墓壁仅装饰"大泉五十"双钱纹，随葬的盘口壶施釉仅至腹下，时代明显晚于 M8、M9 的盘口壶，所以，M8、M9、M10、M11 四座墓的早晚排序是由西到东，M11 最晚。

4. 第四组群　M64、M46、M54 三墓，位于小横山中部偏东从上往下第三、四排，三墓呈品字形排列，M64 位于上端，其东南 2.5 米处为 M54，西南 3 米处为 M46，三墓规模、形制相同，墓壁均装饰有莲花、"大泉五十"双钱纹。从随葬的盘口壶分析，M46 和 M54 时代接近，M64 未发现随葬品，但从墓室两侧壁外凸的弧度来看，M64 墓壁弧度要小于 M46、M54 墓壁弯曲弧度，所以，M64 比 M46、M54 时代要稍早一些，三墓的排序是上早下晚。

5. 第五组群　M2、M3、M119、M7、M114、M113、M12 七座墓。位于小横山山顶偏东位置，可分为上下两排，M114、M113、M12 三墓位于下面一排，M2、M3、M119、M7 位于上面一排。其中 M119、M7 规模最大，二墓相邻，排列整齐，封门或墓壁装饰有小幅画像；其余四座规模相对要小，墓壁装饰有莲花，M2 墓室南壁东西两侧各镶嵌有一块长方形画像砖。从墓葬形制和装饰来看，M114、M113、M12 三墓稍晚一些，上面一排 M2、M3、M119、M7 稍早一点。其排序是左右平行排列结合上下排列。

6. 第六组群　M13、M14 及 M24、M25、M26 两组墓葬。M13、M14 位于第五组群两排墓葬之间，时代要晚于第五组群，均为南北壁平直、东西壁弧凸较大的椭圆形墓室，四隅券进式穹窿顶，墓壁还装饰有直棂窗及砖塔。M24、M25、M26 三墓位于小横山西端，其中 M24 位于 M27 紧西侧，M25 和 M26 位于 M23 西侧偏北，三墓的形制及砌法与 M13、M14 相同，时代也应接近，而晚于相邻的 M23 和 M27。

从墓葬规模和装饰来看，位于东部的 M103 同斜上方的 M7 以及西部的 M93 和 M23 十分相似；M18 同 M119 从画像题材和风格上极为相似；位于东端的 M10 和最西端的 M27 在画像题材和技法上十分相似，这种情况可能表明了两个问题，第一，在墓葬分布比较密集和集中的小横山墓地，这些风格相同、时代接近、间距又相对较远的大型墓葬，建造的时间应是比较接近的，也就是说墓主的死亡时间十分接近，或许是由于某种突然发生的事件或自然的或人为的因素所导致的结果。第二，这些建造技法和画像风格相同的墓葬反映了当时存在着一个专门为当地实力较强的大族设计、雕刻和建造墓葬的专业队伍，在绘画、雕塑和建筑技术上相互学习、借鉴并加以传承。第三，小横山东晋南朝墓地墓葬分布密集，延续时间较长，墓葬规模差距较大，说明当时居住在周围的人群相对比较稳定，在盛行家族合葬的东晋南朝时期，小横山墓地不但是当地豪强大族的家族墓地，也是附近民众来世的理想归宿。

第二节　墓葬形制和结构

小横山墓葬的营建方法是一般先在山体岩层中开凿墓圹，墓圹的形制同砖室基本相同，围绕于砖室外 20～30 厘米。由于墓葬直接从山坡面上朝内开凿，所以墓圹的形制随山坡斜面形成前低后高的形态，圹壁从底往上呈弧形收分，即中部壁面略朝外凸，上部壁面略朝内弧收，圹壁表面经过修整，较为光滑。墓圹后部高度一般超过墓顶 1 米以上，这样既可以将砖室全部覆盖于墓圹内，同时便于墓室主券顶和前后穹窿顶的建造和结合。

小横山东晋南朝墓根据墓葬规模可分为大型、中型和小型三类。大、中型墓均为单室墓；小型墓大多也为单室墓，个别为双室墓。根据墓室的形制，小横山东晋南朝墓可分为 A、B、C、D 四型。

A 型　墓室南壁平直，其他墓壁弧凸，为平面呈纵长方弧形的凸字形墓，占小横山东晋南朝墓群中的多数，根据墓壁外凸的幅度分为两式。

Ⅰ式，仅一座（M81），墓室拱券顶，北壁微外凸，墓砖模印几何纹，比较厚重，墓砖模印有"咸康二年"等文字，"咸康"为东晋成帝司马衍年号，咸康二年当 335 年。墓葬被扰严重，未发现随葬品。

Ⅱ式，墓室东西壁朝外微凸，北壁弧凸很大，呈圆弧形。墓顶由中部的拱券顶及前后的半穹窿顶三部分组成。早期的墓壁多素面，纵横平砌而成；稍后墓壁多三顺一丁砌筑，墓室东西及北壁出现方形小龛或板棂窗；晚期的墓壁多设置破子棂窗和桃形小龛，壁面装饰有莲花或画像。A 型Ⅱ式墓同南京铁心桥镇马家店村南朝墓[1]、南京南郊景家村南朝中晚期的 M11 墓室平面较为相似[2]，北壁弧凸较大，南壁平直，墓壁装饰有莲花。马家店村南朝墓砖室全长 8.11 米，甬道内安装有石门一道，墓室中部有砖砌棺床，墓壁对称分布 5 个直棂窗，窗上有凸形小龛。景家村 M11 甬道较长，达 3.1 米，甬道中部有一道宽 24 厘米的横向沟槽，原来可能装有木门；丁砖层有两砖竖拼的莲花，顺砖层中间为网格纹，两侧为小莲花纹，同小横山 M7、M23、M103 等墓壁装饰相似。

B 型　墓室南、北二壁平直，东、西两壁弧凸很大，平面略呈椭圆形，四隅券进式穹窿顶，墓壁多素面，墓砖规格较小，很少模印类别文字。可分两式。

Ⅰ式，墓室东、西、北三壁留设方形小龛。属于这一式的有 M88、M112 等。

Ⅱ式，墓壁留设板棂窗和弧顶长方形小龛，有的墓壁砌有砖塔。属于这一式的有 M13、M14、M79 等。

C 型　平面呈刀型，甬道偏向一侧，同墓室西壁连成一线，仅发现一座（M63），墓砖模印有东晋"太元"年号。

D 型　平面呈窄长的长方形，墓室东、西两壁微外凸。这一型墓中还有个别为两座墓室平行相连的双室墓。

一　大型墓

大型墓均属于 A 型。长度一般在 6 米以上，宽 2.5～3.25 米，砖室券顶高 3 米左右，由封门、甬道及墓室组成，个别发现有墓道，一部分墓葬在墓前发现有砖砌的排水道，排水道较短。

封门砌筑于甬道口，宽广高大。封门中间砌成拱券形顶的券门，同甬道连为一体，券门内以青砖封砌门洞；券门两侧的翼墙大致呈弧形三角结构，错缝平砌，下面直壁呈长方体形，宽度多为一块整砖长度，往上至券顶部位随着拱券顶面逐级内伸形成弧形，至券顶上面连通，

① 南京市博物馆、雨花台区文化局：《南京铁心桥镇马家店村南朝墓清理简报》，《南京文物考古新发现》，江苏人民出版社，2006 年。

② 南京市博物馆、江宁区博物馆：《南京南郊景家村六朝墓葬》，《南京文物考古新发现》，江苏人民出版社，2006 年。

再平砌数层砖，使整个封门形成一个完整的墙面结构。封门墙高出甬道券顶。券门多为三顺一丁砌筑，丁砖为小方砖或小梯形砖，小方砖的长度基本是长方砖的一半。券门同外侧的翼墙中间砌有一层立砖，可以称之为夹层。券门呈三层梯级内收里缩的拱券结构，每级券门的结构、形制相同，层层收缩相套，中券门外壁即是外券门内壁，中券门内壁即是内券门的外壁，内券门即为甬道券顶。

甬道一般位于墓室中部，平面呈长方形或近方形，进深较短，拱券顶。甬道尽头朝两侧转折即形成墓室南壁，即墓室南壁同甬道合为一体，甬道尽头即为墓室券门，墓室券门两侧分别为南壁东墙和西墙。

墓室平面略呈椭圆形，南壁平直，东、西二壁（即两侧壁）微朝外弧凸，北壁弧凸较甚，垂线长20~40厘米。墓壁砌砖分两类，一类为单砖砌筑，可分两种。一种顺长平砌至券顶，另一种顺砖和丁砖组合垒砌，丁砖为半砖，内面齐平，外面参差不齐。第二类墓壁为双砖，也分两种，一种顺长并列两砖，上再横向平砌一层，如此交替至券顶；另一种顺砖和丁砖组合垒砌，直壁部分丁砖为长方砖，券顶丁砖为梯形砖。

墓壁内面一般留设直棂窗和小龛，直棂窗和小龛位于东西两壁和北壁起券层下，有时单独使用，有时两者组合使用。直棂窗一般每墓开设三组，东、西、北壁各一组；有的仅在北壁正中开设一组。窗按形制分两种，一种为板棂窗，窗棂表面呈平直的长条形，为一块凸出的长方砖的长侧面。另一种为破子棂窗①，窗棂表面呈三角尖圆形状，两侧各以一块长方砖长侧面朝外镶边。直棂窗的高度即为一砖的长度。板棂窗发现较少，仅见于M82墓室东西壁；破子棂发现较多，共有10座墓。小龛形制有方形和桃形两种。方形小龛主要发现于东晋时期墓葬中，一般每墓有5个，东、西两壁各两个，北壁正中一个；M114北壁同一层开有两个小龛，一个为方形，一个为长方形，属于特例。小龛的宽度一般为并列两砖的厚度，高度为一砖的宽度。另一种为桃形小龛，小龛尖端朝上，发现较多，主要在南朝时期的墓中。桃形小龛一般配合直棂窗使用，具体的组合为：东西两壁直棂窗后各留设一个桃形小龛，北壁小龛以两个居多，分列破子棂窗的两侧，仅M93北壁围绕直棂窗设有3个桃形小龛，分别位于窗上面正中及左右两侧。桃形小龛还有一种比较特殊的例子，即小龛开于力士的胸腹部，如M107墓室东壁；M10墓壁砖中也发现有两组力士小龛。南京地区东晋南朝墓普遍使用直棂窗和小龛，但同小横山的相比有一定差别。南京地区直棂窗的兴起始于东晋，小龛位于直棂窗的上面，呈凸字形；到了南朝刘宋以后，凸字形小龛逐级被桃形小龛代替，直棂窗则无变化，小龛一般开设于直棂窗上面。至于窗棂的根数，往往是由墓葬规模所决定②（表36-1）。

表36-1 小横山墓地直棂窗和小龛统计表

墓号	北壁	东壁	西壁	备注
M3	破子棂窗	无	无	
M9	被毁不详	破子棂窗、桃形小龛1	被毁不详	

① 直棂窗分为板棂窗和破子棂窗，采用的是浙江大学文化遗产研究院李志荣教授的观点。
② 阮国林（南京市博物馆考古组）：《南京郊区三座东晋墓》，《考古》1983年4期。

续表 36 - 1

墓号	北壁	东壁	西壁	备注
M10				发现力士小龛砖两组
M12	破子棂窗、长方弧顶小龛 1	破子棂窗	被毁不详	小龛位于窗上面
M13	长方弧顶小龛 1	被毁不详	板棂窗 2 组,长方形小龛 1	
M14	板棂窗 1 组,长方弧顶小龛 1	被毁不详	被毁不详	
M18	被毁不详	破子棂窗、桃形小龛 1	破子棂窗、桃形小龛 1	
M23	破子棂窗、桃形小龛 2	被毁不详	被毁不详	小龛位于窗两侧
M24	被毁不详	方形尖顶小龛 1	被毁不详	
M40	方形小龛 1	被毁不详	被毁不详	
M42	方形小龛 1	方形小龛 2	方形小龛 2	
M52	破子棂窗、桃形小龛 2	被毁不详	被毁不详	小龛位于窗两侧
M65	桃形小龛 1	被毁不详	被毁不详	小龛尖头朝下
M71	方形小龛 1	被毁不详	被毁不详	
M82	被毁不详	板棂窗	板棂窗	
M85	方形小龛 1	方形小龛 2	方形小龛 2	
M86	被毁不详	残存方形小龛 1	被毁不详	
M87	方形小龛 1	被毁不详	被毁不详	
M88		残存方形小龛 1	残存方形小龛 1	
M93	破子棂窗、桃形小龛 3	被毁不详	被毁不详	窗左右和上面各一个小龛
M96	被毁不详	被毁不详	残存方形小龛 1	
M97	被毁不详	方形小龛 2	被毁不详	
M100	被毁不详	破子棂窗、桃形小龛 1	破子棂窗、桃形小龛 1	
M103	破子棂窗、桃形小龛 2	被毁不详	被毁不详	小龛位于窗两侧
M107	被毁不详	力士小龛 1	被毁不详	小龛开于力士胸腹部
M109	被毁不详	破子棂窗、桃形小龛	被毁不详	
M110	方形小龛 1			
M112	方形小龛 1	方形小龛 1	方形小龛 1	
M114	方形和长方形小龛各 1			

墓顶结构较有特色,为三块组合结构。横跨墓室左右侧壁的为纵长的拱形券顶,为主券顶,多三顺一丁砌筑,有的四顺一丁或五顺一丁;前顶和后顶均为弧形内收的半穹窿顶,从直壁开始顺砖和丁砖组合砌筑,逐级朝内弧收,随着墓壁宽度的逐渐缩小,垂直于墓室中轴

线的弧面也朝内渐渐弯曲，快接近主券顶顶面时，以内薄外厚的楔形砖连续垒砌形成穹窿顶，最后同墓室主券顶相接，两个顶面内面结合较为紧密，外面则留有较大的缝隙，缝隙内用砖块填塞。由于墓顶弧券变化较大，对墓砖的要求也比较高，墓砖种类复杂繁多，为了便于辨认和施工，墓砖的外面普遍模印有表示种类的文字，如"第一斧"、"第二斧"、"第三斧"、"中斧"、"后斧"、"大圬"、"中圬"、"小圬"等。

墓室中后部一般有砖砌的棺床。棺床分两种，一种为通壁式棺床，小横山东晋南朝墓棺床绝大部分属于此类。棺床前面以青砖砌边，直接同墓室两侧壁相连，后面一直延伸至后壁，即整个墓室中后部属于棺床，前端平直，后端弧凸，棺床直接建造于生土上，棺床生土高出墓底一块长方砖的宽度，前端以长方砖纵向并列立砌一层，组成棺床前端面，上面再整个平铺一层砖，铺砖两两纵横排列。棺床前的墓室及甬道底面均平砌一层人字形砖。另一种为独立式棺床，发现于 M42、M86、M97、M109 等墓葬中，数量相对较少。棺床位于墓室中部，平面呈长方形，直接建造于砖铺墓底上，于底面上平砌两至三层砖，四边同墓室四壁均有距离。四面间距以南面最大，北壁次之，东、西两壁最小。棺床下面一层铺砖于两侧及后部均留设排水槽，形成一个朝外的 U 形排水结构，经过甬道和封门，通过墓前的排水道将墓内的水排出去。

二　中型墓

中型墓有 A、B、C 三型。A 型形制和构造同大型墓，只是规模稍小，墓壁多为单砖砌筑，墓葬长度一般在 3~5、宽 1.5~2.5、高 1.6~2 米。室内棺床很少发现，墓砖外面模印文字很少。

B 型墓室平面呈两端齐平的椭圆形，南、北二壁平直，东、西二壁朝外弧凸较大，墓壁下端三顺一丁砌筑三组，形成一个平台，然后在其上从墓室四角起券，聚集于顶面，属四隅进券式穹窿顶。墓室两侧壁及后壁多留设方形小龛，有的后壁有砖砌的三级塔形建筑。墓砖较小，一般长 26~28、宽 12~13、厚 3.2~4 厘米。

C 仅有一座，为 M63，位于小横山东部。

三　小型墓

小型墓错落于大、中型墓中，均为 D 型。墓室平面基本呈长方形，东西窄短，南北狭长，东、西两壁中部微朝外弧凸，长 2.1~3.4、宽 0.8~1.3、高 0.8~1.3 米。其中单室墓 32 座，双室墓 5 座。随葬品一般陈放于墓室南部，一般每墓 1~3 件，主要有盘口壶、小碗、罐等。5 座双室墓均由两座窄长的单室墓并列相连而成，应属夫妻合葬墓，墓室形制和规模同单室墓。小型墓墓砖很少模印文字，墓壁没有装饰，大多数为拱券顶。有一座（M102）为叠涩顶，逐层往内收缩成梯级，至中心为两块平砌砖各伸出半砖拼合成平顶。

第四章　器物型式及分期

  小横山东晋南朝墓群随葬器物主要为盘口壶、鸡首壶、唾壶、小碗、钵、罐，绝大部分为青瓷，个别为黑褐釉瓷（仅限于罐、砚、唾壶）。随葬器物主要放置于甬道及墓室南部东西两侧，位于棺床前。其中盘口壶数量最多，器形变化有一定规律。鸡首壶和唾壶的发展演变也有规律可循，现将器物型式划分如下。

第一节　器物型式

一　盘口壶

  盘口壶出土数量最多，大部分墓葬都有发现，如果排除被盗扰和破坏的因素，基本上每座墓葬都随葬有盘口壶，推测盘口壶应该是小横山东晋南朝墓随葬必备之物。除了基本能够修复的以外，还有相当一部分盘口壶只保存有部分碎片，无法参与分型分式。能够型式划分的盘口壶共89件，分四型。

  A 型　69件。盘口较大，束颈，鼓腹。肩部对称两组纵向双排系。体外施釉几近底。根据器物形体大小分 a、b 两亚型。

  Aa 型　54件。体形较大，高度一般在35厘米以上。根据盘口结合颈腹的变化分五式。

  Ⅰ式，1件（M82：5）。器形矮胖厚重，盘口极浅，稍外侈，口沿外饰两道凹弦纹，束颈粗短，肩较平，鼓腹肥圆，最大径在腹中部。

  Ⅱ式，12件（M98：1、M86：5、M42：1、M121：1、M42：3、M85：1、M95：3、M85：3、M90：1、M112：2、M96：4、M97：3）。盘口浅平外侈，束颈较短，颈部上粗下细，平肩或圆肩，鼓腹较肥，腹下斜收较大。

  Ⅲ式，9件。盘口比Ⅱ式稍深，口沿微外侈，束颈增高，颈较直，体形较修长，圆肩，斜直腹，腹部修长。属于这一式的有 M90：2、M88：2、M115：1、M112：1、M37：5、M95：2、M61：1、M40：1（仅存口颈）、M40：2（仅存口颈）。

  Ⅳ式，9件（M18：1、M23：4、M29：1、M47：1、M54：1、M93：1、M93：2、M108：1、M108：2）。盘口加深，外侈较大，束颈变细，颈部稍变长，圆肩或溜肩，鼓腹，底径稍大。

  Ⅴ式，23件（M1：1、M2：2、M3：1、M5：1、M6：1、M7：1、M8：1、M9：2、M9：4、M12：1、M12：2、M43：1、M49：4、M54：2、M92：1、M92：2、M100：1、M104：1、M109：5、M109：4、M116：1、M119：1、M119：2）。盘口较深，口沿宽大，外侈较大，口外壁下部内收，束颈较高，圆肩，腹微鼓，肩、腹曲线圆滑流畅。

  Ab 型　15件。体形较小，高度一般在35厘米以下。根据盘口结合颈、腹的变化分三式。

Ⅰ式，3件（M85：2、M96：1、M97：1）。形体矮胖，盘口很浅，口沿较直或微侈，束颈粗短，圆肩或圆折肩，鼓腹，器物最大径靠近肩部，腹较短。

Ⅱ式，2件（M86：17、M118：1）。盘口比Ⅰ式稍深，颈部稍高，腹部较修长，形体较Ⅰ式瘦而高。

Ⅲ式，10件（M3：2、M8：2、M16：3、M18：2、M23：1、M23：2、M33：1、M46：4、M88：1、M115：3）。盘口较深，口沿宽大，外侈加剧，束颈细而高，圆肩或溜肩，鼓腹，器物最大径靠近腹中部。

变化规律：盘口由浅变深，口沿由窄变宽，外侈加大，束颈由粗短到细长，腹部由肥矮到瘦高，底径逐渐缩小。

B型　17件。体形瘦长，外面施釉不到底。根据口、腹变化分四式。

Ⅰ式，4件（M11：1、M32：2、M33：2、M86：16）。口沿宽而深，束颈较长，圆肩，鼓腹，腹径较大。施釉至腹中部以下。

Ⅱ式，8件（M79：1、M79：2、M79：3、M23：5、M25：2、M49：5、M121：6、M57：4）。盘口外侈加大，束颈较粗，溜肩，鼓腹，腹径比Ⅰ式更小。

Ⅲ式，4件（M25：1、M49：8、M50：1、M67：1）。盘口外侈更大，束颈粗短，溜肩，体形更瘦，施釉至腹中部稍上。

Ⅳ式，1件（M35：1）。盘口外侈近平，束颈极短，溜肩，腹部直而瘦，施釉至腹中部以上。

变化规律：盘口外侈不断加大，最后几近成平沿；束颈由细长变粗短，圆肩到溜肩，腹部由肥鼓到瘦直。

C型　1件（M53：1）。器形肥矮，盘口较小，束颈极粗短，斜平肩，肩部圆折，双系间距较大，最大径位于肩、腹结合处，腹斜直内收，黑褐色釉，施釉至腹中部稍偏下。

D型　2件。肩部对称饰四系。根据颈、腹变化分二式。

Ⅰ式，1件（M63：3）。盘口较浅，稍外侈，束颈，斜圆肩，肩部圆折，腹斜直内收。颈下及折肩处各饰两道弦纹。

Ⅱ式，1件（M32：1）。束颈较短，圆肩，鼓腹，肩、腹各饰一两道弦纹。

二　鸡首壶

共6件。分A、B两型。

A型　5件。形体较小。肩部对称两个方形横向系。根据腹部变化分两式。

Ⅰ式，1件（M41：2）。执柄为单股，细颈，肩、腹结合处浑圆，腹部较肥矮，微鼓。

Ⅱ式，4件（M37：4、M95：4、M118：2、M118：3）。执柄为双股并联，腹部稍瘦高，肩、腹结合处转折明显，腹部斜直内收。其中M118：2为双鸡首，M118：3肩部两系为横向弧形。

B型　1件（M49：1）。形体高大，盘口残，束颈细长，肩部对称附两组双排横向方系。腹部瘦长，下部内收。

三　唾壶

共8件。比较完整的有5件，其余的仅余腹部及口部。一般外面施釉至假圈足，口内施釉至颈部。其中 M40：3 通体施釉，M82：1 施黑褐色釉，其余均施青绿釉。根据其腹部变化分四式。

Ⅰ式，1 件（M82：1）。腹部扁圆，束颈较短，颈上粗下细，颈、肩结合处转折较为明显，肩部稍鼓较平，假圈足较直。

Ⅱ式，5 件（M86：6、M40：3、M41：1、M97：2、M112：4）。束颈较长，颈、肩结合处圆滑，溜肩，腹部扁圆。其中 M86：6，假圈足略外撇。

Ⅲ式，1 件（M37：3）。束颈中部较细，溜肩，垂腹更扁圆。器形稍矮。

Ⅳ式，1 件（M88：4）。盘口稍外侈，溜肩，垂腹扁圆近底。

演变规律：肩部由平而微鼓到溜肩，扁圆腹由圆鼓发展为垂腹，腹部最大径靠近底部。即腹部呈扁圆下垂之势。

四　钵

分 A、B 两型。

A 型　11 件。侈口或直口，腹急剧内收，平底。分三式。

Ⅰ式，3 件（M86：11、M86：12、M86：15）。侈口，折肩，腹急剧内收，较浅。仅于口沿及肩部施釉。标本 M86：11，施青绿色釉，釉色较深。

Ⅱ式，6 件（M98：8、M54：3、M24：1、M24：2、M4：1、M114：1）。侈口或直口，折肩或圆肩，个别微有假圈足，施釉至口沿及肩部。其中 M98：8 施釉至近底处；M14：1 施黑褐色釉；M24：1 施黄褐色釉。

Ⅲ式，2 件（M88：3、M90：3）。直口微敛，圆肩，弧腹，腹较深，假圈足较矮。

演变规律：口由侈口到直口微敛，肩部由折肩到圆肩，腹部由斜收到内收较直，底由平底到假圈足。

B 型　4 件。敛口，圆肩，弧腹。分三式。

Ⅰ式，1 件（M82：3）。口微敛，腹圆曲，下为假圈足，圈足极矮，底径较大。

Ⅱ式，2 件（M42：7、M108：4）。肩微凸，腹较平直，平底，底外面以上全施釉。

Ⅲ式，1 件（M47：2）。圆肩外凸，弧腹，假圈足，底径较小。

演变规律：腹部向圆、曲发展，底由平底到假圈足，假圈足底径由大到小。

五　小碗

127 件。小碗同盘口壶均是小横山东晋南朝墓中常见的随葬品，一般每墓随葬 2 ~ 4 件，多的可达 9 件。小碗的种类比较复杂，形式多样，根据腹部和底的变化分五型。

A 型　54 件。折腹斜直，平底。分四式。

Ⅰ式，2 件（M63：2、M70：2）。浅腹。

Ⅱ式，13 件（M42：4、M42：5、M72：1、M85：5、M85：6、M86：2、M86：10、M96：2、M96：3、M116：2、M121：2、M121：3、M121：4）。腹部稍加深。

Ⅲ式，36 件（M3：4、M8：3、M8：4、M7：3、M11：2、M13：2、M18：4、M18：5、M23：6、M23：7、M23：8、M23：9、M23：10、M23：11、M23：12、M23：13、M23：14、M43：2、M43：4、

M46：1、M46：2、M57：2、M57：3、M57：4、M57：5、M61：3、M61：5、M93：5、M93：7、M96：4、M107：1、M108：3、M108：4、M108：5、M109：1、M109：6）。腹比Ⅱ式稍深，底径变小，折腹不明显。

Ⅳ式，3件（M21：1、M74：1、M79：4）。形体小，底径小，平底，下略带假圈足。

B型　39件。直口，弧腹，腹相对较深，底径较大。分三式。

Ⅰ式，1件（M63：1）。直口微侈，弧腹微折。

Ⅱ式，36件（M41：5、M41：6、M42：6、M86：7、M86：13、M86：14、M87：1、M88：5、M88：6、M88：8、M90：4、M93：6、M98：3、M98：4、M98：5、M98：6、M109：7、M112：5、M112：6、M115：2、M118：5）。直口或口微敛，肩、腹略弧凸，大多数平底，个别略带假圈足。

Ⅲ式，2件（M37：1、M37：2）。假圈足出现，稍高，器外壁饰莲瓣纹。

演变规律：腹部由浅变深，由平底到假圈足。

C型　9件。直腹，假圈足较高，小平底或凹底。根据腹部及釉色变化分五式。

Ⅰ式，1件（M3：3）。直腹较浅，腹径同高度之比较大，施釉近底。

Ⅱ式，1件（M86：8）。腹相对较浅，下腹弧收，假圈足较矮，施釉近底，釉色青绿，口沿外施一道弦纹。

Ⅲ式，5件（M49：2、M49：3、M49：6、M68：1、M109：2）。腹稍加深，假圈足略增高，足壁垂直，施釉近底，釉色青绿略泛黄。

Ⅳ式，1件（M13：1）。假圈足略朝外撇，平底微凹，施釉至腹上部，釉色青绿泛黄。

Ⅴ式，1件（M50：2）。腹径增大，假圈足外撇，凹底，腹下外曲弧度较大。施釉至腹下，釉色淡青绿，泛黄白色。

演变规律：腹由浅变深，假圈足由矮到高，足壁由垂直到外撇。

D型　9件。斜腹稍曲，小饼形足，分四式。

Ⅰ式，4件（M93：3、M93：4、M93：8、M100：2）。直口或微侈，腹部弧凸，饼形足较矮，足以上施青绿色釉。

Ⅱ式，2件（M61：2、M109：3）。直口或微敛，肩微凸，腹斜直，饼形足稍增高，釉色黄绿。

Ⅲ式，2件（M15：1、M15：2）。侈口，斜腹较深，黄绿釉近底。

Ⅳ式，1件（M16：1）。口外侈更大，腹斜直微凸，饼形足直径缩小，足壁增高。

演变规律：口由直口到侈口再发展到大侈口，饼形足由矮增高。

E型　6件。曲腹，饼形足。分四式。

Ⅰ式，1件（M18：3）。饼形足低矮，施青绿色釉。

Ⅱ式，2件（M9：3、M80：1）。器壁较厚，饼形足增高，青绿色釉。

Ⅲ式，2件（M54：4、M61：4）。腹外凸弧度较大，釉色黄绿。

Ⅳ式，1件（M49：7）。腹变深，饼形足外撇，施釉至腹下。

演变规律：腹由浅到深，饼形足由低矮到瘦高，足壁由垂直到外撇，釉色由青绿到黄绿。

六　罐

4件。分A、B、C三型。

A 型　2 件。敛口，溜肩，折腹。根据口沿和腹部的变化分两式。

Ⅰ式，1 件（M48：1）。侈口，尖唇，溜肩，肩部附双立耳，折腹，平底。器内及外面腹部以上均施黑褐釉，下腹有流釉，粗瓷，灰胎。

Ⅱ式，1 件（M67：2）。平沿，尖唇，溜肩，折腹，腹微鼓，平底。肩上部对称附 4 个横向弧形系。上半部施酱黑色釉，腹部有个别流釉痕。灰胎。

B 型　1 件（M86：1）。侈口，圆唇，直领，凸肩，肩部对称贴附两个实心兽首装饰。

C 型　1 件（M86：9）。侈口，双唇，形似泡菜坛。内口微敛，耸起稍高；外唇低平突出。溜肩，肩对称附两个纵向束腰弧形系，鼓腹较直，腹下急收，平底。施深青绿色釉至肩部。

七　盘

3 件。均侈口，尖圆唇，平底微凹，底较厚。底内面中央饰一个小圆圈，应为放置小碗的标志。内面全釉，外壁施釉至底或近底处。釉色呈淡青绿色。分二式。

Ⅰ式，2 件（M42：8、M42：9）。盘口外侈较大，底较厚。底内面饰内、外两周圆圈，外圈位于盘壁下。

Ⅱ式，1 件（M85：4）。盘口外侈较小，底较薄。外壁相对较高。釉层脱落较甚，内面轮制圈痕密集。

八　盏托

1 件（M118：4）。侈口，圆唇，弧壁，内面中心凹陷，形成一圆形，可放一小碗。盘内面刻有两层相连的莲瓣纹，下附假圈足，假圈足较高，平底。假圈足以上施淡绿色釉，釉层较厚，有脱落现象。

九　砚

2 件。均呈圆形，砚盘内收，直口，腹下凸出，折腹，凹底，下附蹄形足，外壁及底外面施黑褐色釉。分二式。

Ⅰ式，1 件（M82：2）。底内面较平，中心略凸。底外面内凹幅度稍小，下附三蹄形足，施釉至口部。

Ⅱ式，1 件（M94：1）。底内面凸出极高，外面内凹较大，残存一半，下附三蹄形足，完整者应有 6 或 7 个蹄形足。施釉至口内及砚盘内面边缘。

第二节　分期及年代

小横山东晋南朝墓群随葬器物根据其形制和组合分为七组。

第一组　AaⅠ式盘口壶、Ⅰ式唾壶、BⅠ式钵、Ⅰ式砚或 DⅠ式盘口壶、AⅠ式小碗、BⅠ式小碗。

第二组　AaⅡ式盘口壶、DⅡ式盘口壶、AⅠ式钵、BⅡ式钵、Ⅱ式唾壶、Ⅰ式盘、AⅡ式小碗、BⅡ式小碗或 AbⅠ式盘口壶、CⅠ式小碗、B 型和 C 型罐。

第三组　AaⅢ式盘口壶、AbⅡ式盘口壶、AⅠ式鸡首壶、Ⅱ式或Ⅲ式唾壶、AⅡ式钵、A式Ⅲ小碗、BⅡ式小碗、CⅡ式小碗、DⅠ式小碗、EⅠ式小碗、Ⅱ式盘。

第四组　AaⅣ式盘口壶、AbⅡ式盘口壶、AⅢ式小碗、BⅡ式小碗、DⅡ式小碗、EⅡ式小碗、BⅢ式钵、Ⅲ式或Ⅳ式唾壶、AⅡ式鸡首壶。

第五组　AaⅤ式盘口壶、BⅠ式盘口壶、AbⅢ式盘口壶、AⅢ式和AⅣ式小碗、DⅢ式小碗、EⅢ式小碗、BⅢ式小碗、Ⅱ式砚、AⅡ式或AⅢ式钵。

第六组　BⅡ式或BⅢ式盘口壶、B型鸡首壶、AⅣ式小碗、CⅢ式小碗、EⅣ式小碗、DⅣ式小碗。

第七组　BⅢ式或BⅣ式盘口壶、AⅠ式或AⅡ式罐、CⅣ式小碗、CⅤ式小碗、DⅣ式小碗。

根据以上七组器物，在墓葬中的组合占每组器物的两至四种，多的可达六种，而盘口壶及小碗是最稳定和普遍的组合，结合墓葬形制的变化将小横山东晋南朝墓群分为五期。

第一期　属于这一期的有第一组和第二组器物。

M82 出土的 AaⅠ式盘口壶和Ⅰ式唾壶同杭州老和山东晋兴宁二年（364 年）墓出土的四系青釉壶和黑褐釉唾壶[1]较为相似；南京大学北园东晋墓出土的青瓷双耳壶[2]、镇江谏壁东晋 M27 出土的Ⅱ型盘口壶[3]、江苏吴县何山东晋墓出土的盘口壶[4]也与之相似，肩部较平，鼓腹滚圆，器形较矮。小横山 M82 出土的 AaⅠ式盘口壶盘口极浅，器壁厚重，表面釉层基本脱落；Ⅰ式唾壶施黑褐釉，釉面光滑，颈部上粗下细，腹部扁圆。南京东郊吕家山东晋 M1 随葬的茶黄釉唾壶[5]也与小横山 M82 出土的唾壶相似。

小横山 AaⅡ式盘口壶同杭州萧山航坞山东晋 M1 出土的盘口壶[6]相似；南京象山王闽之墓[7]、象山 8 号和 9 号墓[8]、南京北郊郭家山东晋墓[9]等墓葬出土的盘口壶也与之类似，盘口大而浅，束颈较短，上粗下细。南京地区东晋后期至南朝早期器物口、腹装饰酱褐釉斑比较普遍[10]，这一做法在小横山 AaⅡ式盘口壶上也有发现。小横山 M42 随葬的 AaⅡ式盘口壶及Ⅰ式盘和 BⅡ式小碗同南京南郊南朝宋谢珫墓出土的盘口壶（M6：2）、盘和小碗[11]相似。AbⅠ式盘口壶同南京江宁县下坊村东晋墓[12]随葬的盘口壶相似。

小横山 DⅠ式（M63：3）四系盘口壶为小盘口，颈粗短，折肩，肩上部对称附四个横向系，下腹残缺；M63 墓砖模印有"大元年□月□□天合同"铭文，墓葬形制也同杭州萧山航

① 浙江省文物管理委员会：《杭州晋兴宁二年墓发掘简报》，《考古》1961 年 7 期。
② 南京大学历史系考古组：《南京大学北园东晋墓》，《文物》1973 年 4 期。
③ 镇江博物馆：《江苏镇江谏壁砖瓦厂东晋墓》，《考古》1988 年 7 期。
④ 南京博物院：《江苏吴县何山东晋墓》，《考古》1987 年 3 期。
⑤ 南京市博物馆考古组：《南京郊区三座东晋墓》，《考古》1983 年 4 期。
⑥ 王屹峰、施加农：《浙江萧山航坞山晋墓》，《南方文物》2000 年 3 期。
⑦ 南京市博物馆：《南京象山 5 号、6 号、7 号墓清理简报》，《文物》1972 年 11 期。
⑧ 南京市博物馆：《南京象山 8 号、9 号、10 号墓发掘简报》，《文物》2000 年 7 期。
⑨ 南京市博物馆：《南京北郊郭家山东晋墓发掘简报》，《文物》1981 年 12 期。
⑩ 魏正瑾、易家胜：《南京出土六朝青瓷分期探讨》，《考古》1983 年 4 期。
⑪ 南京市博物馆、雨花区文化局：《南京南郊六朝谢珫墓》，《文物》1998 年 5 期。
⑫ 南京市博物馆、江宁县文管会：《江苏江宁县下坊村东晋墓的清理》，《考古》1998 年 8 期。

坞山 M3 相似，平面呈刀形。萧山航坞山 M3 墓砖有"太元十二年"的铭记①，据此可以确定小横山 M63 为东晋太元年间墓葬无疑。小横山 DⅡ式四系盘口壶同南京富贵山 M2 出土的 AⅠ式青瓷盘口壶②和南京象山东晋 M8∶15 盘口壶相似③，唯口径比象山 M8∶15 的要小，颈部比富贵山 M2 的更短，肩部更加浑圆，南京富贵山 M2 属于东晋早期，从器形演变来看，小横山 M32 随葬的 DⅡ式四系盘口壶比富贵山 M2 出土的要稍晚一些。

所以，第一期墓葬的时代为东晋时期。属于这一期的墓葬有大型墓中的 M81、M82、M42、M85、M86、M87、M121、M95、M96、M97、M98 等，墓葬形制为 AⅠ式和 AⅡ式；中型墓中的 M63、M69、M70 等也属于这一期。其中小横山 M81（AⅠ式）属于这一期较早的墓葬，墓室四壁比较平直，拱券顶，墓砖比较厚重，砖厚 5.3～5.8 厘米（一般厚 5.5），正面印绳纹，一长侧面印几何纹；墓砖模印有"咸康二年"等文字，"咸康"为东晋成帝司马衍年号，咸康二年当为 335 年。墓葬被扰严重，未发现随葬品。M70 出土的蛙形尊同浙江瑞安市汀田镇凤凰山东晋 M1 出土的青瓷点彩蛙形尊④相似，镇江南门虎头山西晋墓也出土有类似的青釉蛙形尊⑤，可见，这种蛙形尊流行时间为两晋时期，小横山 M70 出土的蛙形尊当为东晋时期。M82、M42、M85、M86、M87 等大型墓（AⅡ式）墓室北壁弧凸较大，东西两壁朝外微凸，墓壁东、西、北壁开有方形小龛或板棂窗，墓砖外面多模印有标明种类的文字，墓壁素面，砌法多纵横平砌。中型墓中的 M63、M69 均为东晋太元年间墓葬，M63 平面呈刀形，墓壁平直，属 C 型；M69 墓壁微朝外弧凸。

第二期　属于这一期的有第三组、第四组器物。

第三组的 AaⅢ式盘口壶同浙江武义东晋墓出土的青瓷盘口壶⑥及南京北郊涂家村南朝早期墓出土的青釉盘口壶⑦相似；第四组的 AaⅣ式盘口壶同浙江东阳南朝宋墓出土的盘口壶⑧相似；AⅡ式鸡首壶同浙江黄岩秀岭水库南朝宋元嘉二十四年 M49 出土的鸡首壶⑨较为相似，唯鸡首比黄岩 M49∶6 的要高一些，鸡颈也更细。小横山Ⅳ式唾壶（M88∶4）同浙江嵊县东晋中晚期 M14 随葬的唾壶⑩相似。AaⅢ式盘口壶及 M118 出土的莲花纹盏托同南京江宁县东善桥吉山南朝墓⑪出土的盘口壶和莲瓣纹盏托相似。浙江上虞后头山南朝 M22 出土的莲瓣纹盏托⑫、宁波鄞州老虎岩 M7 出土的莲瓣纹托盘⑬也与小横山 M118 出土的莲花纹盏托相似。可见，这种莲瓣纹盏托东晋就开始出现，流行于南朝。

所以，第二期墓葬的时代大致在东晋晚期至南朝早期。属于这一期的墓葬有大型墓中的

①　王屹峰、施加农：《浙江萧山航坞山晋墓》，《南方文物》2000 年 3 期。
②　南京市博物馆、南京市玄武区文化局：《江苏南京市富贵山六朝墓地发掘简报》，《考古》1998 年 8 期。
③　南京市博物馆：《南京象山 8 号、9 号、10 号墓发掘简报》，《文物》2000 年 7 期。
④　瑞安市文物馆：《瑞安六朝墓》，《浙江汉六朝墓报告集》，科学出版社，2012 年。
⑤　杨正宏等主编：《镇江出土陶瓷器》图版 69，文物出版社，2010 年。
⑥　武义县文物管理委员会：《从浙江省武义县墓葬出土物谈婺州窑早期青瓷》，《文物》1981 年 2 期。
⑦　南京博物院：《南京北郊涂家村六朝墓清理简报》，《考古》1963 年 5 期。
⑧　赵宁：《浙江东阳县李宅镇南朝墓》，《考古》1991 年 8 期。
⑨　浙江省文管会：《黄岩秀岭水库古墓发掘报告》，《考古学报》1958 年 1 期。
⑩　嵊县文管会：《浙江嵊县六朝墓》，《考古》1988 年 9 期。
⑪　吴学文：《江苏江宁东善桥南朝墓》，《考古》1978 年 2 期。
⑫　浙江省文物考古研究所：《上虞驿亭谢家岸后头山古墓葬发掘》，《沪杭甬高速公路考古报告》，文物出版社，2002 年。
⑬　宁波市文物考古研究所、鄞州区文物管理委员会：《宁波鄞州老虎岩三国至唐代墓葬发掘报告》，《东南文化》2011 年 2 期。

M7、M18、M23、M37、M40、M54、M90、M93、M103、M108、M118、M119 等，墓葬形制属 AⅡ式，但墓壁多三顺一丁砌筑，壁面多装饰有莲花、破子棂窗及桃形小龛；有的封门或墓壁上镶嵌有小幅画像砖，但墓室壁面一般很少装饰画像砖。

M88、M112 属于 BⅠ式中型墓，墓室东、西及北壁各开设有一方形小龛，四隅进券式穹窿顶，墓壁内面光滑平整；M88 墓顶外面缝隙内还夹有各种瓷片早期粗瓷片。M61 属于中型墓中的 A 型，墓壁素面，墓砖外面文字也极少。其他的 M29、M47、M115 等均属于平面呈长方形的 D 型墓。

第三期　属于这一期的有第五组器物。

小横山第五组的 AaⅤ式盘口壶同南京童家山南朝墓的Ⅰ式盘口壶[①]、南京仙鹤门南朝墓出土的Ⅰ式盘口壶[②]、南京花神庙南朝 M1 出土的盘口壶[③]、南京南郊景家村南朝 M15 出土的盘口壶[④]、江宁区胡村南朝墓出土的盘口壶[⑤]相似。余杭闲林镇平风山一座古墓出土的盘口壶[⑥]也与之相似，该墓被定于唐代，但从墓葬形制和砌法、墓砖装饰的莲花和钱纹以及盘口壶的形制来看，此墓属于南朝无疑。小横山 M1 墓壁画像题材和风格同江苏丹阳胡桥吴家村和建山金家村的三座南朝大墓[⑦]的画像十分相似，丹阳胡桥和建山的三处南朝大墓一般被认为是南朝齐的帝陵[⑧]，考虑到地域差异及葬制流变的滞后性，推测小横山 M1 的时代为南朝的齐梁时期。小横山 M27 墓砖上装饰的四叶忍冬纹、M7 和 M119 墓砖侧壁装饰的缠枝草叶纹同安徽淮南唐山乡梁郢村南朝墓[⑨]砖上的同类纹饰相似；M10、M27、M65 飞仙画像的风格和制法同江苏常州南郊田舍村南朝墓飞仙画像[⑩]较为相似，常州田舍村南朝墓被定为南朝的梁陈时期。

据此，可以将小横山第三期墓葬定于南朝中晚期。

属于这一期的大型墓有 M1、M2、M3、M6、M8、M9、M10、M27、M65、M100、M107、M109 等。墓壁多模印莲花，设置破子棂窗和桃形小龛。桃形小龛及直棂窗南京地区南朝墓普遍采用的设施之一，小龛一般位于直棂窗上部正中，浙北地区南朝墓也受到这一风气的影响，浙江上虞牛头山 M6 和 M15 墓室后壁正中均砌筑一组破子棂窗，窗上正中开一桃形小龛，两侧壁也发现有破子棂窗[⑪]，同南京地区的相似。小横山南朝大型墓也普遍砌设破子棂窗和桃形小龛，但小龛一般位于窗一侧或两侧，个别位于窗上面，两者还是有一定的差别。画像砖除了单砖小幅画像外，多砖拼合的中幅和大幅画像砖流行，尤其是 M1 东西两壁残存的大型龙虎图达到了小横山南朝画像砖墓的最高峰，也是同类题材、相同技法和相近规模的画像在南京地区以外的首次发现，可以确定浙江地区是同建康联系紧密的一处重要的画像砖分布区域。

① 南京博物院：《南京童家山南朝墓清理简报》，《考古》1985 年 1 期。
② 南京市博物馆：《南京郊区两座南朝墓》，《考古》1983 年 4 期。
③ 南京市博物馆、南京市雨花台区文管会：《江苏南京市花神庙南朝墓发掘简报》，《考古》1998 年 8 期。
④ 南京市博物馆、江宁区博物馆：《南京南郊景家村六朝墓葬》，《南京文物考古新发现》，江苏人民出版社，2006 年。
⑤ 南京市博物馆：《南京市江宁区胡村南朝墓》，《考古》2008 年 6 期。
⑥ 牟永抗：《浙江余杭闲林唐墓的发掘》，《考古》1958 年 6 期。
⑦ 南京博物院：《江苏丹阳县胡桥、建山两座南朝墓葬》，《文物》1980 年 2 期。南京博物院：《江苏丹阳胡桥南朝大墓及砖刻壁画》，《文物》1974 年 2 期。
⑧ 罗宗真：《六朝考古》，南京大学出版社，1996 年。
⑨ 淮南市博物馆：《安徽淮南发现南朝墓》，《考古》1994 年 3 期。
⑩ 常州市博物馆、武进县博物馆：《江苏常州南郊画像、花纹砖墓》，《考古》1994 年 12 期。
⑪ 浙江省文物考古研究所：《上虞牛头山古墓葬发掘》，《沪杭甬高速公路考古报告》，文物出版社，2002 年。

画像除了浅的线雕外，高浮雕画像也占有一定比例。多砖拼合的画像砖内面多刻有说明文字。中型墓有 M92 等；小型墓有 M5、M43、M104、M116 等墓葬。可以说，小横山大部分墓葬属于这一期，以侈口深大、腹部弧线优美的盘口壶和画像砖最为显著和流行。

　　第四期　属于这一期的为第六组。

　　第六组的 BⅢ式盘口壶同南京理工大学南朝晚期至隋初墓①出土的青瓷盘口壶（M1∶2）相似；B 型鸡首壶同南京蔡家塘一号墓②出土的鸡首壶相似；CⅢ式小碗同江苏句容西斛村南朝晚期至隋初墓出土的小碗③相似，其时代为南朝晚期至隋初。属于这一期的墓葬主要为 BⅡ式中型墓中的 M13、M14、M24、M25、M26、M49、M75、M79 等，四隅进券式穹窿顶，有的墓室北壁砌有砖塔，侧壁砌筑直棂窗。此类墓葬与常州南郊戚家村画像砖墓④从平面形制到砌法均十分相似，尤其是 M13 保存相对较多的墓室西壁从砌法到直棂窗的设置几乎同常州戚家村的完全相同。常州戚家村画像砖墓的时代虽有一定争议，但综合墓葬形制、结构、画像的风格，大多数研究者都认为具有南朝末期至隋代的特征。另外，A 型墓中的 M12 东西两壁弧凸较大，东壁镶嵌的高浮雕画像砖同常州南郊戚家村画像砖墓中的仪卫、侍女画像大致相同，均为一砖一画的站立人物，尤其是人物足下的宽缘翻头履十分相似，所以可以推知 M12 的时代同常州戚家村画像砖墓的基本相近，为南朝晚期至隋初。而于第二期开始出现的 C 型小碗在这一期比较流行，碗壁厚，曲度加大，底足向外斜张，底心向上微凹；外壁露胎，垂釉处釉层较厚且呈草绿色⑤，这些都具有隋代瓷碗的特征，发掘简报中经常称之为瓷盅⑥或盏⑦。属于这一期的墓葬不多，以平面略呈椭圆形的 BⅡ式墓及盘口深大、腹部瘦长的 BⅡ式和 BⅢ式盘口壶最具特色。

　　四隅进券式穹窿顶墓葬在南京地区一般流行于孙吴、西晋时期，东晋时期少见⑧。而杭州地区萧山船坞山⑨、余杭星桥镇马家山⑩东晋墓也发现有四隅进券式穹窿顶。湖州市白龙山也发现 3 座类似的墓葬，其中的 M14 发现有一块青灰色覆顶石，石呈斗形，上有捉手，通高 35.4 厘米⑪。余杭星桥镇里山发现有 5 座隋代钱氏家族墓，形制同小横山 BⅡ式墓，有的墓砖模印有"钱氏作"、"钱墓"、"钱氏墓"文字⑫，可见，此类墓葬在浙江从东晋流行至隋代。韦正认为四隅进券式墓顶在汉末三国早期出现，在东晋早期以后突然消失⑬。但从浙江发现的材料来看，这种规律似不符合。小横山 BⅡ式墓中的 M13 北壁有一座砖砌的三层塔形建筑，

①　南京市博物馆：《南京理工大学南朝墓发掘简报》，《南京文物考古新发现》，江苏人民出版社，2006 年。

②　金琦：《南京甘家巷和童家山六朝墓》，《考古》1963 年 6 期。

③　江苏省文物管理委员会：《江苏句容陈家村西晋南朝墓》，《考古》1966 年 3 期。

④　常州市博物馆：《常州南郊戚家村画像砖墓》，《文物》1979 年 3 期。

⑤　河南省博物馆、安阳地区文化局：《河南安阳隋代瓷窑址的试掘》，《文物》1977 年 2 期。

⑥　安阳县文教局：《河南安阳隋墓清理简记》，《考古》1973 年 4 期。

⑦　安徽省展览、博物馆：《合肥西郊隋墓》，《考古》1976 年 2 期。

⑧　南京象山 M7、老虎山 M1、郭家山 M1～M4 等均为四隅进券式穹窿顶。

⑨　王屹峰、施加农：《浙江萧山航坞山晋墓》，《南方文物》2000 年 3 期。

⑩　杭州市文物考古研究所 2011 年曾在相距余杭小横山不远的余杭星桥镇马家山发掘了一批东晋墓葬，其中的一座即为四隅进券式穹窿顶墓，墓葬规模较大。

⑪　浙江省文物考古研究所、湖州市博物馆：《湖州市白龙山汉六朝墓葬发掘报告》，《浙江汉六朝墓报告集》，科学出版社，2012 年。

⑫　资料现存杭州市文物考古研究所。

⑬　韦正：《六朝墓葬的考古学研究》第 141 页，北京大学出版社，2011 年。

稍凸出于壁面。墓壁设塔的墓葬发现较少，分布地点较为零散，时代多集中于南朝及隋代。南京江宁胡村南朝墓墓室后壁中部用画像砖及花纹砖砌成三座凸出的、呈品字形排列的塔形结构，下面两座塔较大，均为三层，高 1.44、最高处 0.9 米；两座塔下分别有高 0.86、宽 0.47 米的长方形底座，顶部一塔较小，为一层①。湖南郴州隋代 M5 墓室北壁中间用砖砌成五级宝塔状，该墓墓砖还模印有"曹体一"、"邓净鉴"、"康玄庆"等人名②，显然是受到了佛教的影响。

　　第五期　属于这一期的为第七组。

　　第七组的 BⅢ式盘口壶（M67：1）同江苏扬州凤凰河隋墓出土的双复耳瓷瓶③、衢州北门外衢江北岸隋代 M6 出土的双复系盘口壶④和嵊县城西隋大业二年（606 年）M10 出土的盘口壶⑤相似。而 BⅣ式盘口壶颈部更短，盘口几近水平，其时代应比 BⅢ式盘口壶更晚。CⅣ式小碗同湖南湘阴隋大业六年墓⑥出土的小平底杯极为相似，施釉腹外中部。AⅡ式罐同西安郊区隋代 M539 出土的Ⅰ型三式四系罐⑦相似，施黑褐色釉至腹中部以上，唯体形比西安 M539 的瘦长一些。所以第五期的年代为隋代。属于这一期的墓葬较少，主要为小型墓，目前可以确定的仅有 M35、M48、M67 三座，以 BⅢ式和 BⅣ式盘口壶、AⅠ式和 AⅡ式罐及 CⅣ和 CⅤ式小碗最具代表性。

① 南京市博物馆：《南京市江宁区胡村南朝墓》，《考古》2008 年 6 期。
② 李荆林：《湖南郴州发现两座隋墓》，《考古》1985 年 8 期。
③ 屠思华：《江苏凤凰河汉、隋、宋、明墓的清理》，《考古通讯》1958 年 2 期。
④ 衢州市文物馆：《浙江衢州市隋唐墓清理简报》，《考古》1985 年 5 期。
⑤ 嵊县文物管理委员会：《浙江嵊县发现隋代纪年墓》，《文物》1987 年 11 期。
⑥ 熊传新：《湖南湘阴县隋大业六年墓》，《文物》1981 年 4 期。
⑦ 中国科学院考古研究所：《西安郊区隋唐墓》，科学出版社，1966 年。

第五章　画像砖

小横山东晋南朝墓中共有20座墓发现了画像，画像砖主要施用于封门券门正面、墓室南壁及东西两壁，北壁也偶有分布，种类丰富，形式多样。

第一节　画像砖的种类

小横山东晋南朝墓画像砖可分为四式。第一式，仅在封门券门正面镶嵌小幅画像方砖，墓室南壁、北壁或两侧壁偶尔也镶嵌小幅画像方砖或长方形画像砖，属于这一式的有 M2、M7、M18、M23、M52、M54、M93、M103、M119 等墓葬。第二式，封门券门镶嵌小幅画像方砖，墓室南壁一般有多砖拼合的左右将军画像一组，两侧壁有多砖拼合的伎乐飞仙画像，均为线雕，属于这一式的有 M1、M8、M9、M100、M109、M113 六座墓葬。第三式，封门画像不详，墓室两侧壁有多砖拼合的伎乐或捧物飞仙画像，高浮雕，属于这一式的有 M10、M27、M65、M107 四座墓葬，其中 M107 墓壁仅存一力士小龛，出土的墓砖有"生"、"萧"、"琶"、"仙"等文字及部分画像，应当是飞仙画像的一部分，所持乐器有笙、箫、琵琶等。可以看出，以上三式画像题材由少到多，分布范围由墓门到墓室，画像技法由线雕到高浮雕有一个变化过程。第四式仅 M12 一座，封门残缺，仅墓室东壁画像有保存，为四幅人物画像，两名持刀仪卫和两名捧物侍女，画像均模印于一块长方砖正面，一砖一画，高浮雕，画像题材和做法相对简单，同常州南郊戚家村南朝晚期至隋代画像砖墓[①]的画像相似，时代上要晚于以上三式画像砖墓。

画像的内容有四神、凤鸟、千秋、万岁、狮子、飞仙、莲花化生、宝珠、人物等。现分类叙述。

一　四神

四神画像仅在 M1 内有发现，墓室东壁残存大幅拼合的龙的下肢部分，龙残长1.5、高0.15 米；西壁残存大幅拼合的虎的下肢部分，虎残长1.8、高0.15 米。龙、虎的前面均残存一人形下肢部分，当为羽人的双腿。画像砖上均刻有画像名称、施用部位及编号等，如"龙上建第卅七"、"虎下建第卅四"、"化生下第二"等。北壁被毁，画像不存，但在墓内出土的砖块中发现有刻有"玄武下三第四"等字样的画像砖，画像砖侧面模印有蛇的部分躯体，推测北壁应该是拼合的玄武画像。墓室南壁基本被毁，在南部发现的一块梯形小砖

---

① 常州市博物馆：《常州南郊戚家村画像砖墓》，《文物》1979 年 3 期。

图 116　丹阳建山金家村南朝大墓羽人戏虎局部

（采自《文物》1977 年 1 期）

上模印有一展翅的朱雀，朱雀细颈尖喙，奋翅欲飞，砖的一侧还模印有半朵莲花，推测是镶嵌于券门中部、正面朝南的朱雀，类似的例子在小横山 M93 封门中券门顶正中部有发现，二者形制相同。

　　江苏丹阳建山金家村和胡桥吴家村南朝大墓中均发现有大幅拼镶的龙虎图，保存比较完整[1]；胡桥仙圹湾南朝大墓也有类似发现[2]。以金家村南朝大墓为例，墓室两侧壁嵌砌上下两栏砖画，上栏靠前部分别为 2.4×0.94 米的大幅拼镶龙虎图，东侧为青龙，砖侧铭为"大龙"；西侧为白虎，铭为"大虎"。龙、虎的前面，各有一遍体毛羽的仙人，手执仙草，回身逗引身后的龙虎向天空飞去（图 116）。在龙、虎身躯的上方，有三位凌空飞舞的"天人"，或捧仙果、或捧丹鼎。上栏后半部，是"竹林七贤和荣启期"砖画，一侧四人，对称排列。两壁下栏，由前往后依次是甲骑具装、立戟侍卫、持伞盖的仪仗、骑马鼓吹，组成一幅仪卫卤簿图。这座大墓，推测可能是齐东昏侯萧宝卷的陵墓，而这种造工精细的大型拼镶砖画，大约只是帝王勋贵墓中才能享用的艺术品[3]。小横山 M1 东、西两壁残存的龙虎砖画的形象和做法同丹阳南朝大墓的相同，龙、虎前也有引导的羽人；同时，小横山 M1 还发现有玄武、朱雀和化生的形象，四神具备，但墓室的规模要比丹阳大墓小的多，墓主很可能属于南朝统治阶层成员之一。"四神图"中仙人与神兽共同嬉戏的表现形式是南朝的特点，从中可以看出南朝贵族的优裕自在，采取汉化政策的北魏画像石棺也刻有仙人骑龙虎及朱雀和玄武图像，应是受到南朝的影响而产生的类似的四神图[4]。

二　千秋、万岁

　　千秋、万岁画像发现较多，小横山大部分画像砖墓中均有出土，均模印于一块小方砖正

　① 南京博物院：《江苏丹阳县胡桥、建山两座南朝墓葬》，《文物》1980 年 2 期。
　② 南京博物院：《江苏丹阳胡桥南朝大墓及砖刻壁画》，《文物》1974 年 2 期。
　③ 杨泓：《东晋、南朝拼镶砖画的源流及演变》，《汉唐美术考古和佛教艺术》，科学出版社，2000 年。
　④ （日）曾布川宽著，傅江译：《六朝帝陵》，南京出版社，2004 年。

面，主要分布于封门中部券门两侧立墙上、墓室南壁左右，偶有嵌于墓室北壁的，一般呈对称分布，千秋在左、万岁在右。具体到封门立墙上，千秋在西侧，万岁在东侧；墓室南壁画像面朝北方，千秋在东侧，万岁在西侧。M23 墓室北壁正中的直棂窗下两侧，西面为千秋，东面是万岁。千秋为人面鸟身，头顶一侧有兽耳，顶部正中似耸立一向后弯曲的长角（或翎毛），双翼开展，长尾后翘飘扬，下为双鸟足。万岁兽面鸟身，昂首前视，头生双耳，双翼展开，长尾后翘，下为双兽足。小横山千秋、万岁主要有两种，一种是以 M18 和 M119 为代表，千秋、万岁面目清瘦，数量较少。千秋头部瘦长，头顶一根翎毛较短，脑后呈 S 形曲折线，眉眼细小，长尾呈 U 形展开。万岁头稍昂起，吻部收缩，长尾呈 S 形展开。第二种以 M7、M9、M23、M93、M103、M109 等为代表，占绝大多数。千秋眉目长大，头顶一根翎毛较长，长尾双股，略呈 S 形上翘。万岁头部平举，正视前方，吻部基本不收缩，对称六根须毛，长尾呈 U 形展开。

　　千秋、万岁成对出现，其得名已为文献和考古双重印证。晋人葛洪所著《抱朴子·对俗》云："千岁之鸟，万岁之禽，皆人面而鸟身，寿亦如其名。"[1]《太平御览》卷九二八记为"千秋鸟人面寿如其名"[2]。《隋书·王劭传》记载"有却非及二鸟，其鸟皆人面，则《抱朴子》所谓'千秋万岁'也"[3]。邓县南朝画像砖墓中出土的千秋万岁画像砖上，人面的千秋和兽面的万岁以中间的一束莲花为界相对站立，身后下方的空白处分别模印有"千秋"和"万岁"铭文[4]，明确地标明了其名称。东晋南朝时千秋万岁画像比较流行，除上述邓县南朝画像砖墓外，镇江东晋隆安二年墓[5]、江苏邗江酒甸南朝梁墓[6]、南京铁心桥王家洼南朝墓[7]、常州戚家村南朝晚期墓[8]、襄阳贾家冲南朝墓[9]中均有发现（图 117 ~ 120）。这些画像形象大致相似，但细部刻划各有不同，姿态各异，线雕、高浮雕均有。襄阳贾家冲南朝墓墓室和甬道中还发现有一种模印于长方砖侧面的千秋万岁形象，以中间的一朵莲花为中心相向飞翔，当属比较罕见的例子。其实，汉代的壁画墓及画像砖墓中甚至是陶器的装饰纹样中经常可以见到人面鸟身的形象，《山海经》中也可以看到与此类似的记载，南北朝时期的千秋万岁同两汉时期的人面鸟身神兽一脉相承，在墓葬中的作用基本一致；可能使用于建筑中，代表某种神灵或均有祥瑞的意义[10]，千秋万岁继承了汉代的传统，是谶纬思想的反映，但也不排除佛教的影响。《婆须蜜经》卷八云："千秋，人面鸟身，生子还害其母。复学得罗汉果，畜生无有是智，及有尊卑想，不受五逆罪。"[11]但佛经中只记载有千秋，未见万岁。北魏冯邕妻元氏墓志、苟景墓志志盖斜杀之一刻有两个人首鸟身、相对而立的形象[12]，中间为三朵盛开的莲花，其中左边

① 王明撰：《抱朴子内篇校释》第 47 页，中华书局，2002 年。
② （宋）李昉等撰：《太平御览》第 4125 页，中华书局，1995 年。
③ 《隋书》第 1607 ~ 1608 页，中华书局，1973 年。
④ 河南省文化局文物工作队：《邓县彩色画象砖墓》，文物出版社，1959 年。
⑤ 镇江市博物馆：《镇江东晋画像砖墓》，《文物》1973 年 4 期。
⑥ 扬州市博物馆：《江苏邗江发现两座南朝画像砖墓》，《考古》1984 年 3 期。
⑦ 姚迁、古兵：《六朝艺术》，文物出版社，1981 年。
⑧ 常州市博物馆：《常州南郊戚家村画像砖墓》，《文物》1979 年 3 期。
⑨ 襄樊市文物管理处：《襄阳贾家冲画像砖墓》，《江汉考古》1986 年 1 期。
⑩ 朱岩石：《"千秋万岁"图像浅识》，《汉唐与边疆考古研究》第一辑，科学出版社，1994 年。
⑪ （南朝·梁）僧旻、宝唱等撰集：《经律异相》第 258 页，上海古籍出版社，1995 年。
⑫ 施安昌：《北魏苟景墓志及纹饰考》，见氏著《火坛与祭司鸟身》，紫禁城出版社，2004 年。

为一双手捧果盘的女子，右边为一头小冠、手捧瓶花的男子，应该就是东晋南朝时期流行的千秋和万岁形象。合肥西郊隋墓也出土有一男一女两个人面鸟身形状的陶俑（图121），应该同上述北魏墓志中的形象一样，为千秋和万岁①，同《隋书·王劭传》记载的相符，王去非早已对此做了考证②。

图 117   镇江东晋墓万岁和千秋画像

（采自《文物》1973 年 4 期）

图 118   襄阳贾家冲南朝墓千秋和万岁画像

（采自《江汉考古》1986 年 1 期）

---

① 安徽省展览博物馆：《合肥西郊隋墓》，《考古》1976 年 2 期。
② 王去非：《隋墓出土的陶"千秋万岁"及其他》，《考古》1979 年 3 期。

图 119　南京铁心桥王家洼南朝墓千秋和万岁画像
（采自《六朝艺术》）

图 120　邓县南朝画像砖墓千秋和万岁画像
（采自郑岩《魏晋南北朝壁画墓研究》83 页）

图 121　安徽隋墓千秋和万岁陶俑

（采自《考古》1976 年 2 期）

三　狮子

狮子同千秋万岁一样，均模印于一块小方砖正面，也是成对配置于封门的券门立墙下部或墓室南壁下面。其形象为一雌一雄。雄狮大头，鬣毛发散，张口吐舌，面目狰狞，侧首，蹲坐，前爪抬起，长尾耸起，尾毛飘扬。雌狮头稍小，双耳斜立，双眼圆睁，鬣毛飘飞，表情温顺，前爪抬起，长尾耸起，尾毛飘扬。一般雌狮位于封门西侧，雄狮位于封门东侧；墓室南壁下面，雄狮位于西侧，雌狮位于东侧。同千秋、万岁画像一样，小横山南朝墓狮子画像砖可分两式，一式以 M18 和 M119 为代表，雄狮头、眼稍小，双耳在头顶两侧凸出，两鬓鬣毛向斜下方飘拂，尾部呈 S 形上翘，尾端较大；雌狮头较小，回首张望，两鬓鬣毛向斜下方飘展，身上有花斑，尾部呈 S 形上翘，尾端较大。其中 M18 墓室东、西两侧壁前部各嵌有一块狮子画像砖，狮子均头朝向墓口，东壁为雌狮，西壁为雄狮，雄狮的形状同下面要说的二式大致相似，形体要小一些。二式广泛出现于其他画像砖墓中，雄狮头、眼较大，两鬓鬣毛朝上方飘扬，身上也有少量花斑，尾部呈 S 形上翘，尾端较小，S 形曲线弧度也较小；雌狮和一式的相同。

狮子在南北朝佛教石窟及造像中非常普遍，一般成对蹲坐于像龛前或主尊两侧，或为护法畏兽，或为佛座。文献或佛经中常作"师子"。《佛说长阿含经》卷第十六："所谓师子者，是如来，至真，等正觉。如来於大众中广说法时，自在无畏，故号师子。"《佛说长阿含经》卷第十七："今佛在高堂上，前有明灯。世尊处师子座，南面而坐。"洛阳北魏正光六年方形佛座三面刻线画①，其中一面中间为菩萨托举一熏炉，两侧各蹲坐一狮子，狮子的形象同南朝画像砖上的相似，相向蹲坐，一爪抬起，一头部鬣毛长密膨大，面目狰狞，为雄狮；一头部鬣毛软顺下垂，表情温顺，为雌狮（图 122）。南朝画像砖墓中，狮子一般位于甬道口两侧。丹阳金家村南朝画像砖墓中，甬道前面两侧为大幅拼镶的狮子画像②，画面各为 0.77×1.13 米，狮子张口吐舌，前爪抬起，尾部作 S 形上翘，头、尾空白处散布莲花（图 123）。邓县南朝画像砖墓甬道南第一柱东西各有一块双狮画像砖③，也是一雌一雄相向蹲坐、一爪抬起的形象（图 125）。襄阳贾家冲南朝画像砖墓中的狮子画像同邓县的基本相同（图 124）。江苏常州南郊田舍村南朝晚期画像砖墓甬道北壁第一层分别为狮子、莲花和飞仙画像④，其中狮子为四砖竖拼的高浮雕形象，其一爪抬举蹲踞的姿态和 S 形翘卷的长尾是南朝狮子的典型特征（图 126）。

图 122　洛阳北魏佛座线刻狮子画像

（采自《中国美术全集 20·绘画编·石刻线画》）

图 123　丹阳金家村南朝大墓甬道狮子画像

（采自《六朝艺术》）

---

①　中国美术全集编辑委员会编：《中国美术全集 20·绘画编·石刻线画》，上海人民美术出版社，2006 年。

②　南京博物院：《江苏丹阳县胡桥、建山两座南朝墓葬》，《文物》1980 年 2 期。

③　河南省文化局文物工作队：《邓县彩色画象砖墓》，文物出版社，1959 年。

④　常州市博物馆、武进县博物馆：《江苏常州南郊画像、花纹砖墓》，《考古》1994 年 12 期。

图 124　襄阳贾家冲南朝墓狮子画像

（采自《中国美术全集·画像石画像砖（三）》）

图 125　邓县学庄狮子画像

（采自《邓县彩色画像砖墓》第 31 页）

图 126　常州田舍村狮子画像

（采自《考古》1994 年 12 期）

四　凤鸟

具体位置不详，发现于 M1、M7 及 M109 中，均模印于一块梯形砖上。梯形砖有两种，一种为长梯形砖，凤鸟展翅单足站立于莲蓬上，头顶翎毛随风飘扬，口衔一朵莲花，长尾上翘；莲蓬下附有覆莲瓣，莲座下有一宝轮。仅见于 M7 和 M109 中。另一种为小梯形砖，画像主要为展翅的凤鸟，凤鸟下端的莲座仅存上部三分之一左右；另外还发现一种小梯形砖，画面中下部为一个宝轮，宝轮上端为三分之二莲座，这两块小梯形砖的画像可以拼成一幅同长梯形砖一样的凤鸟宝轮画像。可见，小梯形砖上的这两种画像当是把一块长梯形砖画像切割为二。类似的例证在 M18 中还可以看到，M18 南壁西墙砌有一块长方形画像砖，上模印有狮子和莲花化生画像各一；墓室西壁嵌有两块小画像砖，一块位于西壁前部，为狮子画像，一块位于西壁后部，为莲花化生画像，这两块小画像砖同南壁西墙的长方形画像砖上的狮子和莲花化生一模一样，甚至是范上的损痕的位置及形状都完全相同。浙江大学艺术与考古研究中心的谢振发研究员经过仔细比对，认为是同范制作，这对探讨当时画像砖同范复制的制作方法提供了证据。

凤鸟单足踏莲的形象发现较少，南京铁心桥王家洼南朝画像砖中的千秋和万岁即是单足踏立于莲座上的鸟身形象，同小横山凤鸟踏莲画像还是有相当的区别。洛阳发现的隋代画像石棺前挡为一单足踏莲座、展翅站立的朱雀①，其形象同小横山凤鸟踏莲画像有一定的相似之处。

五　对鸟

对鸟一般镶嵌于封门券门起券处的小长方砖上，如 M7、M119、M8 等，内容为两只长尾尖喙的鸟相向站立，鸟头丰圆。对鸟形象在汉代画像石上经常可以看到②，一般相向站立于屋顶斜面两侧，有的还衔有绶带。余杭庙山南朝画像砖墓墓壁发现有 3 砖竖拼的对鸟一组③（图127），双鸟细颈展翅作欲飞状，简报称之为朱雀，二者在形象和结构上还是有一定的差异。湖北武昌东湖三官殿南朝梁墓④及襄阳贾家冲南朝墓⑤也发现有同余杭庙山类似的对鸟画像。对鸟形象在佛教石窟和造像中也常有发现，克孜尔石窟第 60 窟相连的两个连珠圆圈纹内各有一衔绶站立的鸟，相向而立⑥（图128）；北魏正光六年的弥勒造像方形座一面刻有画像，正中一坐于莲座上的菩萨头顶托举一博山熏炉，熏炉两侧各有一长尾展翅的鸟相向而立⑦。

图127　余杭庙山对鸟画像　　　　　　图128　克孜尔石窟第 60 窟对鸟形象
（采自《东南文化》1992 年 3 期）　　　　（采用《克孜尔石窟线描集》）

六　仙鹤

M113 墓室北壁丁砖上模印有仙鹤图像，仙鹤站立，双翅展开，仰首鸣叫。仙鹤形象在南北朝墓葬画像及壁画中发现较少。福建闽侯闽屿南朝墓墓砖侧面模印有相向飞行的两只仙鹤⑧（图129）。鹤乃长寿高洁之禽，常被作为仙人的坐骑。《相鹤经》曰："鹤者，阳鸟也，而游于阴。因金气依火精以自养。金数九，火数七，故七年小变，十六年大变，百六十年变止，千六百年形定。体尚洁，故其色白；声闻天，故头赤；食于水，故其喙长。轩于前故后指短，栖于陆故足高而尾凋，翔于云故毛丰而肉疏。大喉以吐故，修颈以纳新，故生大寿不可量。所以体无青黄二色者，木土之气内养，故不表于外。是以行必依洲屿，止不集林木。盖羽族

①　中国美术全集编辑委员会编：《中国美术全集·画像石画像砖（三）》第 496 页，黄山书社，2010 年。
②　中国美术全集编辑委员会编：《中国美术全集·画像石画像砖（二）》第 388、389、395 页，黄山书社，2010 年。
③　杭州市文物考古所：《浙江省余杭南朝画像砖墓清理简报》，《东南文化》1992 年 3 期。
④　武汉市博物馆：《武昌东湖三官殿梁墓》，《江汉考古》1991 年 2 期。
⑤　襄樊市文物管理处：《襄阳贾家冲画像砖墓》，《江汉考古》1986 年 1 期。
⑥　张爱红、史晓明编绘：《克孜尔石窟线描集》第 81 页，安徽美术出版社，1994 年。
⑦　中国美术全集编辑委员会编：《中国美术全集 20·绘画编·石刻线画》，上海人民美术出版社，2006 年。
⑧　福建省博物馆：《福建闽侯闽屿南朝墓》，《考古》1980 年 1 期。

图 129　福建闽侯闽屿南朝墓飞鹤画像

（采自《考古》1980 年 1 期）

之宗长，仙人之骐骥也。"[1]

七　日轮

M1 发现一块日轮画像砖残块，圆形日轮内一三足乌展翅站立，长尾上翘，日轮外饰一周半圆形花边。类似的形象在丹阳南朝画像砖墓中有发现，江苏丹阳胡桥吴家村和建山金家村南朝大墓中均发现有日、月画像（图 130），装饰于甬道口与第一重石门间的顶部，日轮偏向东壁，月轮偏向西壁，题铭分别为"小日"和"小月"[2]。两者的日轮十分相似，均为一圆轮内站立一展翅的三足乌，不同的是小横山 M1 日轮模印于一块长方砖正面，圆轮边缘还有花边（图 131），而丹阳建山金家村"小日"为两砖竖拼的画像，圆轮边缘没有花边。

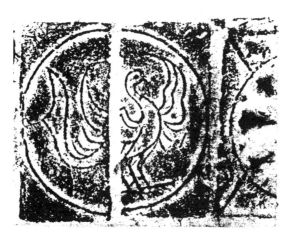 

图 130　建山金家村南朝墓"小日"画像　　　图 131　小横山 M1 日轮画像

（采自《文物》1980 年 2 期）

八　宝珠

宝珠一般模印于小梯形砖上，镶嵌于封门券顶上，同宝瓶莲、宝轮一起配置，发现于 M1、M93、M109 等墓中，形制基本相同。如 M93 封门券顶上的宝珠，两侧往上生出修长的枝条，中心为一圆形宝珠，宝珠上升腾心形火焰，宝珠下为覆莲座，莲座下伸出弯曲的枝叶。

---

① （唐）徐坚等著：《初学记》第 726 页，中华书局，2005 年。

② 南京博物院：《江苏丹阳县胡桥、建山两座南朝墓葬》，《文物》1980 年 2 期。

宝珠又称摩尼宝珠，如意珠，是佛教七宝之一①。法显《佛国记》记载师子国"多出珍宝珠玑，有出摩尼珠地，方可十里"。宝珠端严殊妙，自然流露清净光明，普遍照耀四方。以其暗中能令明，热时能令凉，寒时能令温；珠所在之处，其地不寒不热；若人有热、风、冷、病或癞、疮、恶肿等，以珠着其身上，病即除愈②。宝珠的核心一般作八棱形。宋天竺僧人求那跋陀罗译的《杂阿含经》卷二十七云："何等为转轮圣王出兴于世。摩尼珠宝现於世间。若转轮圣王所有宝珠，其形八棱，光泽明照，无诸类隙，於王宫内，常为灯明。"《不退转法轮经》卷第一曰："尔时文殊师利为欲供养诸如来故，与众菩萨庄严妙塔，持诸摩尼八棱宝珠，及众宝树缯盖幢幡，以杂宝网罗覆其上，亦以摩尼造作僧房。"北魏菩提留支所译《大萨遮尼乾子所说经》卷第一云："譬如离垢八棱摩尼如意宝珠置在高幢。放大光明随众生愿雨令满足。其光殊胜照曜显现遍照十方。"

　　南北朝时期的墓葬、佛教石窟等遗迹中经常可以看到摩尼宝珠的形象。大同沙岭北魏 M7 为一座带长斜坡墓道的单室砖券壁画墓，甬道顶部绘有头戴花冠、人身蛇躯的伏羲女娲像，伏羲女娲拱手相向，中间绘有摩尼宝珠，宝珠为六角形状，其周围绕以火焰纹③。北魏冯邕妻元氏墓志（图 132）、苟景墓志志盖斜杀刻有摩尼宝珠，宝珠下附莲座，两侧各有一鸟身鹿首的神兽相对④；有学者称其为升腾着火焰的方形祭坛⑤，此说不确，应为宝珠。太原北齐徐显秀墓石门门框上刻有宝相莲花、摩尼宝珠、忍冬纹等图案，门扇上部刻一口衔花草的鸟身兽头蹄足兽⑥。类似的宝珠形象在北方地区的石窟中常有发现，如克孜尔第 38 窟、炳灵寺 169 窟第 6 号龛上部、麦积山第 4 窟窟廊正壁龛上部、云冈石窟第 7 洞后室南壁门楣上部、云冈石窟第 9 洞门口天井中心部位⑦等（图 133）。其中云冈石窟摩尼宝珠位于门楣上或门口天井上，该位置象征着由世俗进入神圣佛教世界的入口，大同沙岭甬道上端的摩尼宝珠也出现于进入墓室的甬道天井中心部，即象征着神圣世界的入口⑧（图 136）。敦煌莫高窟 285 窟东披正中

图 132　北魏冯邕妻元氏墓志纹饰宝珠画像

（采自《故宫博物院院刊》1997 年 2 期）

---

① 《佛说长阿含经》卷第三云："何谓七宝？一，金轮宝。二，白象宝。三，绀马宝。四，神珠宝。五，玉女宝。六，居士宝。七，主兵宝。"

② 宽忍主编：《佛学辞典》第 892 页，中国国际广播出版社、香港华文国际出版公司，1993 年。

③ 大同市考古研究所：《山西大同沙岭北魏壁画墓发掘简报》，《文物》2006 年 10 期。

④ 施安昌：《北魏冯邕妻元氏墓志纹饰考》，《故宫博物院院刊》1997 年 2 期。

⑤ 施安昌：《北魏苟景墓志及纹饰考》，见氏著《火坛与祭司鸟身》，紫禁城出版社，2004 年。

⑥ 山西省考古研究所、太原市文物考古研究所：《太原北齐徐显秀墓发掘简报》，《文物》2003 年 10 期。

⑦ 张焯主编：《云冈》第 121 页，江苏美术出版社，2011 年。

⑧ 徐润庆：《从沙岭壁画墓看北魏平城时期的丧葬美术》，《古代墓葬美术研究》第一辑，文物出版社，2011 年。

上部绘有一安置于莲座上的宝珠，宝珠两侧为分执矩尺和剪刀的伏羲、女娲①（图134），第249窟的彩绘宝珠与之类似（图135）。敦煌249窟和285窟的时代均为西魏时期，相当于南朝梁代。不过，到了南北朝后期，墓葬内的宝珠形象发生了变化，由原来的"八楞形"变为圆珠形。洛阳北魏元谧墓石棺前挡上部正中刻有一宝珠图像，宝珠略呈椭圆形，下为覆莲座，两侧火焰升腾；洛阳北邙山上窑村北魏画像石棺前挡上部的宝珠②形象同元谧石棺上的相同。北齐娄叡墓门门额上彩绘的宝珠已变为白色的圆珠③（图137），外罩为一顶生莲花的桃形物，两侧已没有升腾的火焰纹了。

图133　云冈石窟第9窟窟门顶部宝珠形象

（采自张焯主编《云冈》第121页）

图134　敦煌285窟东披宝珠画像

（采自《中国美术全集》15）

图135　敦煌249窟宝珠画像

（采自《中国美术全集》15）

---

① 中国美术全集编辑委员会编：《中国美术全集15·绘画编·敦煌壁画（上）》，上海人民美术出版社，2006年。
② 中国美术全集编辑委员会编：《中国美术全集·画像石画像砖（二）》第455页，黄山书社，2010年。
③ 山西省考古研究所、太原市文物考古研究所：《北齐东安王娄叡墓》，文物出版社，2006年。

图 136　大同沙岭北魏墓宝珠画像　　　　　图 137　北齐娄叡墓宝珠画像
（采自《文物》2006 年 10 期）　　　　　　（采自《北齐东安王娄叡墓》）

九　宝瓶莲

宝瓶莲在 M1、M93、M119 等墓有发现，以 M93 最具代表。M93 券门拱券外面镶嵌有七八块宝瓶莲小画像砖，形制基本相同。主要有两种，一种宝瓶细颈、大口，体形瘦长，宝瓶中生出一株带叶莲花，下为覆莲座，两侧往上伸出长长的枝条。另一种宝瓶大口细颈，腹部滚圆，瓶内插有一株带叶莲花，瓶下的覆莲座花瓣肥大，两侧没有枝叶。还有一种模印于小方砖侧面的宝瓶莲，见于 M7、M119 等墓葬中。宝瓶莲画像在河南邓县南朝画像砖墓①、南京雨花台区南朝墓②、湖北襄阳贾家冲南朝画像砖墓③（图 138）、湖北谷城县南朝M40④、福建闽侯闽屿南朝墓⑤、陕西安康张家坎南朝墓⑥中均有发现，是南朝画像砖墓普遍使用的一种题材，形态各有差异，尤其是宝瓶的形状，变化较大。小横山南朝墓的宝瓶同当时流行的盘口壶相似，盘口深大，腹部凸出，瓶身上饰几周弦纹，整体比较矮胖。到了南朝晚期，宝瓶口部缩小，颈部细长，腹部凸出，同当时流行的细颈瓶相似。宝瓶莲又称为“瓶花”，即忍冬、莲花插到较低矮的盘口瓶、罐里面。公元前后瓶花就在地中海东岸和西亚流行了，随着佛教艺术传入中国。南朝墓葬往往把供奉佛的题材和装饰，借用到供奉墓主人⑦，所以瓶花连同宝珠、宝轮等题材在墓葬画像中十分流行，反映了进入南北朝后，佛教的影响迅速扩大。

①　河南省文化局文物工作队：《邓县彩色画象砖墓》，文物出版社，1959 年。
②　南京市博物馆、雨花台区文化广播电视局：《南京市雨花台区南朝画像砖墓》，《考古》2008 年 6 期。
③　襄樊市文物管理处：《襄阳贾家冲画像砖墓》，《江汉考古》1986 年 1 期。
④　襄樊市考古队、谷城县博物馆：《湖北谷城县肖家营墓地》，《考古》2006 年 11 期。
⑤　福建省博物馆：《福建闽侯闽屿南朝墓》，《考古》1980 年 1 期。
⑥　安康历史博物馆：《陕西安康市张家坎南朝墓葬发掘纪要》，《华夏考古》2008 年 3 期。
⑦　宿白：《考古发现与中西文化交流》，文物出版社，2012 年。

图 138　襄阳贾家冲南朝墓宝瓶莲和飞仙画像
（采自《江汉考古》1986 年 1 期）

十　宝轮

宝轮主要发现于 M1、M7、M18、M52、M93 等墓中。M93 的宝轮模印于一块小梯形砖上，是一独立单幅画面，镶嵌于封门券顶中层和外层下方，为一圆圈内有三根曲线相交于中心，形成三轮结构；M52 的宝轮同 M93。其他宝轮均为一圆圈内有两根相交的曲线，形成"卍"形四轮结构。M18 宝轮同捧盒飞仙共处于一块长方砖正面；M7 宝轮印于一小梯形砖上，宝轮下有莲瓣。宝轮画像在已发现的东晋南朝画像砖墓中很少见到，而在小横山画像砖墓中较为普遍。宝轮为佛教七宝之一，又可称法轮，为转轮法王所持法器，威力无比。《增一阿含经》卷第三十三云："轮宝千辐具足，从东方来而在殿前，光曜煌煌，非人所造，去地七刃，渐渐至王前住，转轮圣王见已，便作是说……吾今当试此轮宝。是时，转轮王以右手执轮宝，而作是说，汝今以法回转，莫以非法。是时，轮宝自然回转，又在空中住。转轮圣王复将四部兵，亦在虚空中。是时，轮宝回向东方，转轮圣王亦从宝轮而去。若轮宝住时，是时转轮圣王所将之众。"《方广大庄严经》卷第十一云："佛告诸比丘。尔时众中有一菩萨，名曰转法，持众宝轮备有千辐，庄严绮丽不可称比，放千光明。又以花鬘宝铃微妙缯彩无量宝具以为严饰。由是菩萨先愿力故感此轮生供养如来过去诸佛，皆有此轮然后转法。时彼菩萨持是轮宝。"东晋佛驮跋陀罗所译《大方广佛华严经》卷第十四记载有阿僧祇"一切宝轮、一切华轮、一切香轮、一切鬘庄严轮、一切宝衣轮、一切宝庄严轮、一切宝缯敷轮、一切宝多罗高显轮、一切宝栏楯轮、一切宝网轮"等。在早期佛教艺术中，法轮常作为佛法的象征出现，这同佛教兴起之初，禁止在艺术中表现佛的形象，而使用一些象征性符号来表示佛陀的存在有关。新疆楼兰地区发现一座公元 2～3 世纪的壁画墓，前室中心柱和后室满绘法轮，法轮呈车轮状，后端带一 J 形弯钩，象征着佛法①。小横山发现的宝轮形象与之仍有一定的差距。

---

① 陈晓露：《楼兰壁画墓所见贵霜文化因素》，《考古与文物》2012 年 2 期。

十一　化生

化生主要有四类，一是一朵莲花上生出两颗小孩光头，此类化生数量较多。二类是莲花上生出一头戴花冠的女性人物，有点类似汉代流行的西王母形象，如 M18 墓室西壁化生；M1 出土的化生虽仅余下部的莲座，但从形制来看，当与 M18 的化生相同。麦积山第 110 窟南壁门楣上方有一幅莲花化生图像，为北魏时期，一头戴小冠的人像上半身从一朵莲花中生出，人物形象清瘦，身后有飘扬的衣带①，形象同小横山 M18 化生较为相似。三类是莲花上生出一双手合拢的光头比丘上半身，如 M18 出土的长方形画像砖。类似的化生形象在南朝的造像中也有发现。成都西安路发现的南朝造像石刻 H1∶6 佛座下雕有两枝小莲花，莲花内各坐一佛，双手合十②。四类是莲花上只有一颗光头，如 M119 东墙券门上的化生图像。

关于化生，据佛经记载，极乐之往生人有胎生与化生两种，疑佛智而修种种善业之人，生于边地之宫殿，五百岁间不能闻见三宝，是名胎生。信佛智之人随九品之行业各化生于莲花中，身相光明顿具足，名曰化生。《无量寿经》下曰："若有众生，明信佛智乃至胜智，作诸功德，信心迴向，此诸众生于七宝华中，自然化生，跏趺而坐，须臾之顷，身相光明，智慧功德，如诸菩萨，具足成就。"③《佛说大阿弥陀经》卷上《莲花化生分第十八》云："十方无央数世界诸天人民，以至蜎飞蠕动之类，往生阿弥陀佛刹者，皆於七宝池莲花中化生，自然长大亦无乳养之者，皆食自然之食。其容貌、形色端正净好，固非世人可比，亦非天人可比；皆受自然清虚之身、无极之寿。"佛经云"莲花化生不造恶业"、"莲华化生远离婬欲，不处胞胎离诸臭秽，其身清净有妙香气"④。和田东北丹丹乌里克和阿克特勒克等寺院遗址多出莲花化生形象⑤。《佛本行集经》卷第二记载"然灯佛为菩萨时。在于船上。虽受五欲。于世间中深生厌离。作如是念。我可坐船渡河彼岸。亦发此心。即生一大清净莲花。然灯童子于其华上。结加趺坐。坐已莲华即自还合。犹如象莲。"小横山东晋南朝墓莲花化生画像中以童子化生最为常见，均模印于小梯形砖上，镶嵌于券门中。《观世音菩萨授记经》载，"威德王左右有二莲花。从地踊出。杂色庄严。其香芬馥如天栴檀。有二童子化生其中。加趺而坐。一名宝意。二名宝上。时威德王从禅定起。见二童子坐莲华藏。"《佛说如幻三摩地无量印法门经》也有类似的记载⑥。沮渠京声翻译的《治禅病秘要法》卷上载："大梵天王掌中有转轮印，转轮印中有白莲花，白莲华上有天童子。手擎乳湩。从如意珠王出。以灌诸脉。乳渐渐下。至於心端。于梵瓶中。生白莲花。九节九茎九重。有一童子。随梵王後。从初莲华出。其身白色。如白玉人。手执白瓶。瓶内醍醐。梵王髻上。如意珠中。出众色药。置醍醐中。童子灌之。从顶而入。"

十二　飞仙

飞仙有两类，一类是模印于小方砖上，均为线雕，纹饰较浅，一砖一幅，飞仙均女性，

---

①　丁明夷主编：《中国美术全集·石窟寺壁画一》第 230 页，黄山书社，2010 年。

②　成都市文物考古工作队、成都文物考古研究所：《成都市西安路南朝石刻造像清理简报》，《文物》1998 年 11 期。

③　丁福保编纂：《佛学大辞典》第 368 页，文物出版社，1984 年。

④　《大方便佛报恩经》卷第二。

⑤　宿白：《凉州石窟遗迹与"凉州模式"》，《考古学报》1986 年 4 期。

⑥　《佛说如幻三摩地无量印法门经》卷中载："复次胜华藏。彼胜威王。于佛法中修禅定行。后于一时安处禅定。其王忽然左右二胁。生二莲华殊妙可爱。清净犹如龙实栴檀香。于其华中生二童子。跏趺而坐。"

头戴花冠，双手捧一熏炉或一盒状物，个别的捧一瓶，衣带飘扬。这类飞仙主要砌于封门的券门直壁或者南壁两侧墙上，仅 M18 墓室东、西两壁镶嵌有此类小幅画像，东壁现存捧瓶飞仙画像砖两块，西壁残存捧盒飞仙画像砖一块。

熏炉又可称香炉，汉代以来就广泛使用于各种礼仪及生活中。卢谌《祭法》曰："香炉，四时祠，坐侧皆置。"徐爰《家仪》曰："婚迎，车前用铜香炉二。"《汉官典职》曰："汉尚书郎，给端正侍女二人，洁衣服，执香炉，烧燻，从入台中。"《晋东宫旧事》曰："太子初拜，有铜博山香炉一枚"。又云："泰元二十二年，皇太子纳妃王氏，有银涂博山连盘三升香炉二"。《邺中记》曰："石季龙冬月为复帐，四角安纯金银凿镂香炉。"王琰《冥祥记》曰："费崇先少信佛法，常以鹊尾香炉置膝前。"① 汉、晋墓葬中常发现有陶、铜或瓷质的熏炉或香薰。佛教中香炉和瓶均为供养之具，香炉内焚烧各种微妙之香，瓶内满盛香水，香水中还可插放香花。《佛本行集经》卷第八云："复有五百诸天玉女各持诸天杂宝香炉，焚烧种种微妙之香，在菩萨前，供养菩萨，引道而行。复有五百诸天玉女，持金宝瓶，盛满妙香，在菩萨前，引道而行。"同经卷五十一云："尔时输头檀王。闻此事时。欢喜踊跃。遍满其体。不能自胜。即敕庄严彼迦毗罗婆苏都城。令除荆棘沙砾土石秽恶粪等诸不净物。更以香汤。扫洒涂治。摩拭其地。在在处处。安置香炉。烧最妙香。其香炉间。杂错种种妙色宝瓶。其宝瓶内。盛满香水。于其水中。复安香花。于其香炉宝瓶中间。更复安置芭蕉行列。复悬种种纷葩缯彩。竖立种种杂色幢幡。真珠条贯。处处交横。金铃罗网。遍覆其上。复作日月星宿形像。张设空中。宝花流苏。处处垂下。"

小横山飞仙画像砖中还常见一种双手捧盒的形象，所捧之盒应为供养之具，盒内很可能盛放佛经，所捧之物当为经函②。洛阳白马寺中曾藏有佛教初传中国时所用经函。《北齐书·韩贤传》："昔汉明帝时，西域以白马负佛经送洛，因立白马寺，其经函传在此寺，形制淳朴，世以为古物，历代藏宝。"③

另一类为面积较大的拼镶砖画，主要是各种伎乐或舞者，可分两种，一种同捧物飞仙一样，属于较浅的线雕，人物形象大致相同，双手持笙、排箫、笛等乐器，分布于 M8、M9、M109 墓室东西两壁。另一种为高浮雕拼镶砖画，人物形象清秀，有吹笙、持幡（或旌）、舞蹈三种形象，分布于 M10、M27、M65 墓室东西两壁。飞仙所持乐器以笙、箫、笛为主，笙、箫较为常见，笛（或箎）即篪，是一种横吹的管状乐器，以竹为之，篪孔有六、七、八、十诸说，它的特殊装置是在吹口上装翘④。小横山画像砖墓发现"吹笛"刻字砖比较多，但墓壁吹笛画像保存很少，对照文献记载，推测 M109 东壁前面一幅画像为吹笛伎乐飞仙，同墓还发现有"吹笙飞仙下三第一"、"笙三"、"笛下中一"等刻字砖。篪是我国传统乐器，西周时就已出现。《诗·小雅·何人斯》："伯氏吹埙，仲氏吹篪"⑤。《洛阳伽蓝记》卷四记载，北魏河

---

① （唐）徐坚等著：《初学记》第 606 页，中华书局，2005 年。
② 浙江大学文化遗产研究院李志荣先生观点。
③ 《北齐书》卷一九《韩贤传》。
④ 孙机：《汉代物质文化资料图说》第 380～382 页，文物出版社，1991 年。又《尔雅·释乐》："大篪谓之沂。"注："篪以竹为之，长尺四寸，围三寸，一孔上出一寸三分，名翘，横吹之，少者尺二寸。《广雅》云八孔。"《周礼·春官》笙师注："篪，七孔。"蔡邕《月令章句》谓："篪，六孔，有距，横吹之。"《风俗通义》谓篪十孔。
⑤ 高亨：《诗经今注》第 301 页，上海古籍出版社，1980 年。

间王元琛有一婢女名朝云，"善吹篪，能为《团扇歌》、《陇上声》。琛为秦州刺史，诸羌外叛，屡讨之不降，琛令朝云假为贫妪吹篪而乞，诸羌闻之，悉皆流涕，迭相谓曰：'何为弃坟井，在山谷为寇也！'即相率归降。秦民语曰：'快马健儿，不如老妪吹篪。'"①

　　南朝时王侯贵族的宫殿及服饰上以飞仙或游仙作为装饰。齐东昏侯"又别为潘妃起神仙、永寿、玉寿三殿，皆币饰以金璧。其玉寿中作飞仙帐，四面绣绮，窗间尽画神仙。又作七贤，皆以美女侍侧"②。梁太清元年，梁武帝舍身光严、重云殿，"游仙化生皆震动，三日乃止。当时谓之祥瑞，识者以非动而动，在《鸿范》为妖"③。有鉴于当时流行的奢靡之风，梁、陈两朝分别对装饰飞仙和仙人类的锦衣下诏断绝。天监十六年三月丙子，"救太医不得以生类为药，公家织官纹锦饰，并断仙人鸟兽之形，以为亵衣，裁翦有乖仁恕"④。陈后主也曾下诏断绝"镂金银薄及庶物化生土木人彩花之属"⑤。小横山 M8、M9、M109 的伎乐飞仙同丹阳胡桥和建山的两座南朝大墓中所谓的"飞天"或"天人"画像⑥从构筑方式、雕刻技法到具体形象诸方面都非常相似（图 139），林树中考证其应为"飞仙"，并指出"飞仙"的概念和绘画在我国传统中早已有之，它来源于"羽人"或"仙人"；佛教画中的飞天原是印度的民间信仰，后来在佛教中变成香火神或乐神，北朝佛教中的飞天形象采用了我国传统中的"飞仙"画的形式⑦。小横山 M109 刻有"吹笙飞仙下三第一"文字的画像砖无疑证明了这一观点的正确。河南邓县和襄阳贾家冲南朝画像砖墓⑧中的飞仙画像同此类似，可见飞仙画是当时比较流

图 139　丹阳仙塘湾南朝墓飞仙画像
（采自《六朝艺术》）

①　杨勇：《洛阳伽蓝记校笺》第 179 页，中华书局，2006 年。
②　《南史》卷五《齐本纪下第五》第 153 页，中华书局，2008 年。
③　《南史》卷七《梁本纪中第七》第 225 页，中华书局，2008 年。
④　《南史》卷六《梁本纪上第六》第 196 页，中华书局，2008 年。
⑤　《陈书》卷六第 108 页，中华书局，1972 年。
⑥　南京博物院：《江苏丹阳县胡桥、建山两座南朝墓葬》，《文物》1980 年 2 期。
⑦　林树中：《江苏丹阳南齐陵墓砖印壁画探讨》，《文物》1977 年 1 期。
⑧　河南省文化局文物工作队：《邓县彩色画象砖墓》，文物出版社，1959 年。襄樊市文物管理处：《襄阳贾家冲画像砖墓》，《江汉考古》1986 年 1 期。

行的题材。常州南朝晚期画像砖墓①中的飞仙画像是这种风气和做法的延续（图140），不过，到了隋代以后，画像砖墓中的飞仙形象就很少出现了，其原因当与朝代的更替和风尚的转换有关。

图 140　常州南郊田舍村南朝画像砖墓飞仙画像

（采自《考古》1994 年 12 期）

　　"武人"刻字砖在小横山 M10、M9 和 M27 中均有发现，M10 出有"武人"等刻字砖 4 块，M9 和 M27 各出一块，砖的侧面大多模印有衣带纹。"武人"当指"舞人"。《谷梁传·庄公十年》："荆败蔡师于莘，以蔡侯献武归。"钟文烝补注："武，本亦作'舞'。《左氏》、《公羊》作'舞'。《周礼》：'射有兴武。'马融云：'与舞同。'"《礼记·乐记》："夫武之备戒之已久，何也？"郑玄注："武，谓周舞也。""武人"的具体形象当以 M27 墓室东壁前部的一起舞飞仙为准，江苏常州南郊画像砖墓也发现有舞人的形象②，高浮雕于并列的四块砖的侧面，舞人回首飘舞，身体下有云气及莲花图案。

十三　仙人乘龙虎或凤凰

　　M109 墓室东西两壁中部对称分布有两块仙人骑龙、虎画像砖，龙、虎前均有一玉女持仙草引导，玉女飘飞回首，手执仙草伸向后面的龙虎，龙虎昂首向着仙草飞行，龙虎背上各坐一女性人物，人物身后飘扬一幡；东壁一人头戴高大的山形发冠，座下为一虎；西壁人物绾髻于头顶，座下为一龙，可称之为仙人驭虎、仙人驭龙画像砖。

　　M18 墓壁中的一块画像砖为仙人乘凤凰画像砖。画像模印于一块长方形砖正面，左右各一组画像，左边一男子骑乘一凤，凤细颈弯曲，展翅飞翔，长尾作 S 形上翘，尾翼有三片斑点，凤下踏一朵流云。右边一组为一男子骑乘一凰，男子手持一束莲花，花枝随风向后飘扬。凰为鹤头，孔雀尾，张口鸣叫，双翼展开飞翔，尾部往斜上翘起，花纹斑斓，凰下踏一朵流云。凤、凰相背向外飞行。M18 仙人乘凤凰画像中的凤同邓县南朝画像砖墓中的凤凰画像③十分相似，尤其是凤颈部弯曲度、尾部形状、甚至尾部的几块斑点的形状都一样；在凤的前面

---

①　常州市博物馆：《常州南郊戚家村画像砖墓》，《文物》1979 年 3 期。常州市博物馆、武进县博物馆：《江苏常州南郊画像、花纹砖墓》，《考古》1994 年 12 期。

②　常州市博物馆、武进县博物馆：《江苏常州南郊画像、花纹砖墓》，《考古》1994 年 12 期。

③　河南省文化局文物工作队：《邓县彩色画象砖墓》，文物出版社，1959 年。

有一个较小的鸟展翅回首，其头、颈及尾部形状同小横山 M18 仙人乘凤凰画像中的凰的形状较为相似。邓县凤凰画像砖后部模印有 "凤皇" 二字，明确表明了其名称。常州戚家村南朝晚期画像砖墓中也发现有凤和凰的画像①，已经属于高浮雕了。另外，余杭庙山和襄阳贾家冲画像砖墓②中的对鸟同上述凤凰的形状还是有一定的相似性的，也可以归入凤凰一类。孔演图曰："凤，火精。"《毛诗·草虫经》曰："雄曰凤，雌曰凰，其雏为鸑鷟。"《毛诗疏》曰："凤非梧桐不栖，非竹实不食。" 许慎《说文》曰："凤，神鸟也。" 天老曰："凤像：麟前鹿后，蛇颈而鱼尾，龙文龟背，燕颔鸡喙，五色备举，出东方君子之国，翱翔四国之外。过昆仑，饮砥柱，濯羽弱水，暮宿丹宫，见则天下大安宁。字从鸟凡声也。凤翔则群鸟从以万数也。"③

十四　人物

人物主要有门吏、持刀仪卫、侍女及力士形象。

（一）门吏形象发现较多，M8、M9、M65、M100、M109 五座墓中均有发现，均为大幅线雕拼镶画像砖，一般分布于墓室南壁和甬道前面两侧，形象相同，均头戴冠，眉目清秀，脑后两边横伸长方圆头形护颈，护颈上垂一叶形饰，上身穿两当铠，肩有披膊，披膊上也垂一叶形装饰。袖口宽大，双手拄一环首刀，其中一人双手抱持衣物，下穿袴褶，上有铠甲护腿，足蹬翻头履，高 54～55、宽 30 厘米。M9 墓室南壁西侧门吏画像砖上分别刻有 "左将军下第一" 类文字，东侧门吏画像砖上刻有 "右将军下第一"、"右军下建上第一" 类文字；M10 发现的两块门吏头像砖侧面刻有 "左军下建第一"、"右军下建第一" 文字。从而可以得知当时他们是被称为 "左将军"、"右将军" 或 "左军"、"右军" 的。《通典》卷二十九《职官十一》记载 "前后左右将军" 皆周末官，"秦因之，位上卿，金印紫绶。汉不常置，或有前后，或有左右，皆掌兵及四夷。光武建武七年省。魏以来复置。晋武初又置前军、左军、右军，泰始八年，又置后军，是为四军。齐亦号左右前后四军。陈并有之。"④ 据上述记载，南朝齐时是将 "左将军" 和 "右将军" 简称为 "左军" 和 "右军" 的。相同的砌法和工艺、类似的将军形象在余杭庙山⑤、丹阳金家村南朝墓甬道两壁⑥也有发现。余杭庙山将军画像位于墓室两侧壁前端，相对而立，将军头戴小冠，身披两当，双手拄刀而立（图 141）。丹阳南朝墓砖画装饰自外而内，甬道两壁先为 "师子"，后为 "武士"，武士为面带须髯的老者形象，侧面相向，头戴小冠，身披鱼鳞甲，双手拄刀站立（图 142）；南京西善桥油坊村南朝大墓武士画像与之相似⑦。河南邓县南朝画像砖墓⑧、大同沙岭 M7 北魏壁画墓⑨也在甬道两壁发现有门吏

①　常州市博物馆：《常州南郊戚家村画像砖墓》，《文物》1979 年 3 期。
②　杭州市文物考古所：《浙江省余杭南朝画像砖墓清理简报》，《东南文化》1992 年 3 期。襄樊市文物管理处：《襄阳贾家冲画像砖墓》，《江汉考古》1986 年 1 期。
③　（唐）徐坚等著：《初学记》第 723～724 页，中华书局，2005 年。
④　（唐）杜佑：《通典》第 801～802 页，中华书局，2003 年。
⑤　杭州市文物考古所：《浙江省余杭南朝画像砖墓清理简报》，《东南文化》1992 年 3 期。
⑥　南京博物院：《江苏丹阳县胡桥、建山两座南朝墓葬》，《文物》1980 年 2 期。
⑦　罗宗真：《六朝考古》第 137 页，南京大学出版社，1996 年。
⑧　河南省文化局文物工作队：《邓县彩色画象砖墓》，文物出版社，1959 年。
⑨　大同市考古研究所：《山西大同沙岭北魏壁画墓发掘简报》，《文物》2006 年 10 期。

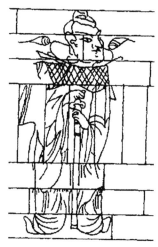

图 141　余杭庙山南朝墓武士画像
（采自《东南文化》1992 年 3 期）

图 142　丹阳胡桥吴家村甬道东西壁武士画像
（采自《六朝艺术》）

壁画。这些门吏形象同中原北方地区十六国时期的镇墓武士俑有异曲同工之妙。而北周李贤墓墓道和甬道两壁均绘持仪刀的门吏，特征与邓县的极为相似，应是受到南朝壁画影响的产物①。隋唐墓葬中流行绘制门吏图像，直接继承了北周和北齐的做法，其源头可追溯到南朝早期②。

持刀仪卫仅发现于 M12 墓室东壁，西壁被毁不详。M12 墓室东壁前部直棂窗两侧各镶嵌一持刀仪卫画像砖，形象相同，均高浮雕于一块长方形砖上，头戴山形冠，长方脸，大耳，身穿宽袖袍，双手拄一环首刀，脚穿翻头履，正面站立，宽 14.7～15.2、高 30～31.3 厘米，基本占据了整块砖面。类似的仪卫形象在南京江宁东善桥砖瓦一厂南朝画像砖墓③中也有发现，该墓耳室及甬道两壁砌有 8 块仪卫画像砖，砖长 43.5、宽 18.5、厚 4.5 厘米，仪卫像高 40 厘米，头戴高冠，身披两当，袖口宽大，脚蹬翻头靴；武汉东湖岳家嘴隋墓前室东西壁及甬道两壁均嵌有男、女侍画像砖④，画像砖多两两一组分布，男侍戴冠缚裤，身披两当，双手拄刀站立，袖口极为宽大，同小横山 M12 的仪卫形象基本相同，应属于仪卫类。

（二）侍女有两种形象，第一种是高浮雕于一块长方形砖上，仅发现于 M12 墓室东壁，同上述持刀仪卫并列站立，形制相同，发髻高大耸立，上面装饰有花朵，脸庞方圆，上穿紧身衣，下着长裙，裙前露宽缘翻头履，一手托举一带提手的瓶状物，一手横置腰间夹有一圆桶状物。类似的侍女形象在江苏六合南朝画像砖墓中有发现⑤（图 143，1、2），共 6 块，甬道两侧各两块，封门墙前两侧各一块，头梳高髻，肩饰方形帔子，身着交领宽袖衣，下穿裙；该墓还发现不少模印于楔形砖侧面的小幅侍女像，头梳双环髻，下着长裙。广西融安县南朝

①　杨泓：《南北朝墓的壁画和拼镶砖画》，见氏著《汉唐美术考古与佛教艺术》，科学出版社，2000 年。
②　刘卫鹏：《关中地区魏晋十六国北朝墓葬研究》，南京大学博士论文，2009 年。
③　南京市博物馆：《江宁东善桥砖瓦一厂南朝墓发掘简报》，《东南文化》1987 年 3 期。
④　武汉市文物管理处：《武汉市东湖岳家嘴隋墓发掘简报》，《考古》1983 年 9 期。
⑤　南京市博物馆、六合县文物保管所：《江苏六合南朝画像砖墓》，《文物》1998 年 5 期。

图 143　侍女画像砖

1、2 江苏六合南朝墓人物画像砖（采自《文物》1998 年 5 期）

3、4 常州南郊戚家村侍女仪卫画像砖（采自《中国美术全集·画像石画像砖三》690 页）

墓也发现有的侍女画像砖①，双手拱持一杖。武汉东湖岳家嘴隋墓侍女画像砖也分大、小两种②，形制相同；一种模印于长方砖正面，砌于前室及过道两壁；另一种为模印于砖侧面的小像，两两一组，分布于甬道、前室及过道。常州南郊戚家村南朝晚期至隋代画像砖墓中的仪卫和侍女③同小横山 M12 东壁的仪卫侍女有一定相似，均为一砖一画的高浮雕人物，尤其是两者人物足下的宽缘翻头履几乎相同，二者的年代应相距不远。

第二种为模印于长方砖一短侧面的小型肖像，线雕，主要发现于 M8、M113 中。头饰双环形髻，脸型长方，衣服宽大，下穿裙，似为侧面而坐。南京雨花台区姚家山东晋 M3 甬道和墓室的北侧壁画像砖多为男侍和青龙，南侧壁画像砖多为女侍和白虎④，男、女侍画像均模印于长方砖的侧面，两两一组，女侍头饰十字形双髻，两侧鬓发下垂，拱手而立，高浮雕。头饰双髻（或丫髻）的侍女形象在南朝墓中较为常见，南京雨花台区南朝 M84 画像砖中有头梳双髻（或丫髻）的侍女，均跟随于骑从或牛车的后面⑤；常州戚家村画像砖墓发现的四式女像均为头梳双髻的形象⑥（图 143，3、4）；南京花神庙南朝墓中还出土有头饰双髻的侍女俑⑦。从画像材料看，上述相当一部分头饰双髻或丫髻的侍女为未成年的少女。南朝时，男女都可使用双髻，或称之为"两髻"使用者的身份较为普通或低下。《世说新语·企羡》载："王丞相拜司空，桓廷尉作两髻、葛裙、策杖，路边窥之。"⑧ 桓廷尉之所以作两髻，为的是混入普

① 广西壮族自治区文物工作队：《广西壮族自治区融安县南朝墓》，《考古》1983 年 9 期。

② 武汉市文物管理处：《武汉市东湖岳家嘴隋墓发掘简报》，《考古》1983 年 9 期。

③ 常州市博物馆：《常州南郊戚家村画像砖墓》，《文物》1979 年 3 期。

④ 南京市博物馆、雨花台区文化广播电视局：《南京市雨花台区姚家山东晋墓》，《考古》2008 年 6 期。

⑤ 南京市博物馆、雨花台区文化广播电视局：《南京市雨花台区南朝画像砖墓》，《考古》2008 年 6 期。

⑥ 常州市博物馆：《常州南郊戚家村画像砖墓》，《文物》1979 年 3 期。

⑦ 南京市博物馆、雨花台区文管会：《江苏南京市花神庙南朝墓发掘简报》，《考古》1998 年 8 期。

⑧ 杨勇：《世说新语校笺》第 574 页，中华书局，2006 年。

通人群中不被发现。邓县南朝画像砖墓中就有头饰两髻、跟随于队列后面的男从女侍①。

（三）力士形象发现于 M10 和 M107 两座墓中。M10 的力士形象在解剖墓壁时发现，共 4 块，其中两块短侧面竖拼成一个力士局部图案，现残存力士眼部以下的脸面，中部为一内凹的椭圆形小龛，小龛下凸出一组花尖朝下的莲瓣，两侧为高低起伏的凸起，应是力士四肢肌肉的表现。力士脸庞方大，眼珠突出。M107 东壁中部第五层丁砖及上下平砌砖层拼镶一高浮雕力士，力士赤身大头，以巾束髻，两臂粗壮，肌肉丰凸，赤脚作八字形外撇，呈下蹲用力状。力士的胸腹内凹成桃形小龛，构思巧妙。小横山 M107 力士头部的束髻及头和脸的形状同山东临朐北朝画像石墓墓门西侧门吏的头部形象②相似。南朝陵墓石柱上也雕刻有力士图像③，如梁临川靖惠王萧宏墓、安成康王萧秀墓等陵前左右石柱的莲花盖下有两个托举的力士，力士身躯肥硕、赤膊光脚，头束发髻，面带微笑，同小横山 M107 发现的力士有相似之处，既体现了举重若轻的潇洒神态，又继承了以勇力护佑建筑长久稳固的传统习俗④。

第二节　画像砖的形式和配置

小横山南朝墓画像砖一般发现于规模较大的墓葬中，画像技法主要有高浮雕和线雕两种。高浮雕画像发现于 M10、M12、M27、M65 墓室东西两壁中部，一般每块壁面镶嵌两幅画像，分列前后，左右对称，题材主要为伎乐飞仙，仅 M12 为仪卫及侍女。其余画像均为线雕，各个种类均有，镶嵌位置遍布封门及墓室壁面。

一　画像的形式

小横山画像的形式有单块独幅、单块多幅及多块拼合三种。

单块独幅画像分四种形式。第一种模印于小方砖、小长方砖或小梯形砖正面的画像，主要镶嵌于券门丁砖层、墓室南壁的下端或上端，个别镶嵌于墓室北壁。内容有狮子、千秋万岁、捧物飞仙、莲花、宝珠、宝轮、化生、宝瓶莲及朱雀等。第二种模印于长方砖的一短侧面，主要有侍女、仙鹤、宝瓶莲等，发现于 M8、M113、M119 等，镶嵌于墓室直壁部位。第三种模印于长方砖的正面，有仙人骑龙、仙人骑虎以及人物头像等，仙人骑龙、仙人骑虎画像发现于 M23、M93、M109，其中以 M109 的保持较完整，分嵌于墓室西、东壁；人物头像主要为左右将军头像，整幅画像的一个组成部分，发现于 M8、M9、M10、M65、M100、M109 等墓葬中。第四种模印于长方砖正面，内容为仪卫或侍女，仅见于 M12 墓室东壁。其中第一种、第二种、第三种为线雕，第四种为高浮雕。另外，M7 的一块长梯形砖中部刻有一人侧面头像，人头瘦长，吻部突出，前额斜圆后倾，头顶留有一绺辫发，一只眼睛被刻于曲线外面，容貌奇特。

---

① 河南省文化局文物工作队：《邓县彩色画象砖墓》，文物出版社，1959 年。

② 宫德杰：《山东临朐北朝画像石墓》，《文物》2002 年 9 期。

③ 梁白泉、卢海鸣：《南京的六朝石刻》，南京出版社，1998 年。

④ 宋震昊：《略论南朝石柱上的露髻力士》，《东南文化》2011 年 6 期。

单块多幅画像一般在长方砖或长梯形砖上模印两幅独立画像，实际上是两块单块独幅画像的组合，个别为三幅组合，单块多幅长方砖主要镶嵌于墓室南壁中部，发现于 M1、M2、M18 等墓。M2 墓室南壁的两块画像砖，一块模印捧盒飞仙和千秋，一块模印捧熏炉飞仙和万岁；M18 南壁东墙第 3 组丁砖上模印一莲花图案和两个站立人物，西墙第 2 组丁砖为一捧盒飞仙和一圆轮，第 3 组丁砖装饰一狮子和一莲花化生。模印于梯形砖上的单块多幅画像由于没有发现保存完整的墓壁结构，其确切的镶嵌位置不详，推测其可能位于南壁券顶丁砖层，也即是墓室口正面拱券上，发现于 M7、M109 等。如 M7、M109 的凤鸟和宝轮，M109 的宝珠和宝瓶莲、双莲花等。三幅组合的主要为并列的三朵莲花，见于 M7、M109。

多砖拼合的画像砖一般在砖的侧面模印图案，然后三顺一丁砌筑于墓壁，主要为各种伎乐飞仙图案，镶嵌于墓室东西两壁，每壁两幅，左右对称，有线雕和高浮雕两种。M1 发现有大幅拼合的龙、虎、羽人及玄武画像，画像均模印于砖的侧面。小横山常见的左右将军门吏画像模印于长方砖的正面和侧面，三顺一丁砌筑，丁砖为正面朝外的长方砖，主要模印人物的头部及身体中部。多砖拼合的画像砖上一般刻有标记名称、方位及数字的文字，如"吹生下中一"、"吹生建四"、"吹箫建第五"（M8），有的还标明本砖同前后砖的位置，如"龙下第四后二帖空"、"虎上建第卅三前空十帖"（M1）等。

二　画像砖的配置

画像砖在墓葬内的配置规律为：封门中部的券门上一般镶嵌单幅小画像砖，内容主要有狮子、千秋、万岁、捧物飞仙、对鸟、宝轮、宝珠、宝瓶莲、莲花化生、朱雀等，以 M93 券门保存最为完整。M93 券门从外朝内呈三级递减结构，均为拱券顶，三顺一丁砌筑，丁砖为小方砖及小梯形砖，上面模印的图案为：外券门顶部正中一砖图案不清，往两侧分别为宝瓶莲、宝珠、大莲花、双莲花、宝瓶莲、宝轮、双莲花、千秋万岁、复莲花、大莲花，共 10 组；中券门顶部正中一块丁砖较为模糊，似为朱雀，往两侧分别为宝瓶莲、宝瓶莲（西）和化生（东）、宝轮、宝珠、双莲花、双莲花、狮子、捧熏炉飞仙（西）和万岁（东）、千秋（西）和万岁（东），共 9 组；内券门顶部正中一块素面，往两侧分别为宝瓶莲、宝瓶莲、宝瓶莲、小莲花、小莲花、捧熏炉飞仙（西）和捧盒飞仙（东）、千秋（西）和捧盒飞仙（东）、大莲花，共 8 组。

墓室南壁以甬道间隔，两侧墙面分别装饰大幅拼合的左右将军门吏像，门吏一般相向站立，面朝墓室口中央，门吏上、下一般镶嵌单幅小画像砖，主要有狮子、千秋万岁、捧物飞仙及莲花等。墓室东西两壁一般装饰多砖拼合的伎乐飞仙，飞仙的方向均朝向前面的墓室口。M109 墓室东西壁还分别镶嵌有仙人驭虎、仙人驭龙长方形画像砖，同样，其方向也是朝向墓口。墓室北壁（即后壁）一般开设直棂窗和小龛，个别的在直棂窗下镶嵌千秋、万岁各一块。另外，M18 和 M119 墓室东西二壁镶嵌数块单幅小画像砖，内容同封门小画像砖大致相同。M18 东壁为狮子、捧熏炉飞仙、持物双人；西壁为狮子、捧盒飞天、莲花化生、持物双人。M119 东壁镶嵌两块小画像砖，前面为手捧熏炉的飞仙，后面为万岁；西壁残存一块，为捧盒飞仙。

M12 墓壁画像砖的配置同南京市雨花台区姚家山东晋 M3 的男侍和女侍画像砖①有一定的相似性，姚家山 M3 甬道和墓室北壁画像砖多为男侍和青龙，南壁画像砖多为侍女和白虎。男侍、女侍两类画像砖一般每隔 10 砖分布一组，每组 2 块。两者在题材、形式和组合方面较为相似，但南京姚家山 M3 画像是模印在砖侧面，形体较小，而小横山 M12 模印于一块长方砖的正面，形体较大，人物形象也有较大差异。

总体而言，小横山南朝墓画像砖根据墓葬不同位置镶嵌不同种类的画像砖，以模印于小方砖上的单幅小画像发现最多，一般封门保存较为完整的画像砖墓均有发现，其大小、形制、题材基本相同，券门装饰精美繁复，券顶正中一砖可能为朱雀，应是指示墓门朝南的方位，也是四神之一南方守护神的代表；券顶两侧装饰以宝瓶莲、宝珠、宝轮、莲花等佛教类题材为主，直壁部分装饰千秋万岁、捧物飞仙、莲花及狮子，其中狮子一般位于最下层的最里侧，起着威严和守护墓门的作用；千秋万岁、捧物飞仙类题材同我国传统的道教神仙思想紧密相连。墓室南壁以甬道为界分为东西两壁，一般装饰以左右将军为代表的门吏形象，是我国传统镇墓习俗的体现。小横山 M1 墓室残存的四神形象，尤其是东西两壁大幅拼镶的龙、虎图像同丹阳建山金家村南朝大墓墓室东西两侧的"大龙"、"大虎"相似，龙、虎的前面各有一手执仙草的羽人②，它们分别代表东、西的方位，同时也是引导墓主人灵魂升天的神兽③。小横山墓室两壁的伎乐飞仙属于多砖拼合的中幅画像，每面墓壁镶嵌两组，但保存完整的较少。

第三节　画像的时代及特征

小横山南朝画像砖墓墓葬形制十分统一，均在开凿于岩石中的墓圹内砖砌墓室，有的墓前发现有墓道。墓葬由封门、甬道及墓室三部分组成，封门宽大，中间为拱券形顶的墓门，墓门中砖砌封墙，券门两侧翼墙平砌至券顶上相接，使得封门正面形成一个平整、紧密的墙体结构。甬道位于封门和墓室中央，平面呈方形或长方形，拱券顶；墓室平面略呈椭圆形，南壁平直，东西两壁微朝外凸，北壁弧凸较甚，墓室中后部留设棺床。墓壁多开设直棂窗和桃形小龛，墓砖普遍装饰莲花及"大泉五十"双钱纹；随葬器物以大口鼓腹、器形修长的青瓷盘口壶为主，这些特征都是以建康地区为代表的南朝墓的典型特征。根据墓葬形制、随葬器物及画像的风格和特征，我们可将小横山画像砖墓的时代定为南朝的齐梁时期（表37-1）。

小横山 M1 墓室砖画中的龙、虎图与丹阳仙塘湾、金家村和吴家村三座南齐帝陵中的羽人戏龙、戏虎图基本相同，应当是采用传自丹阳的粉本或范模，但其等级和规模远逊于丹阳齐帝陵，由于这一题材和做法在南朝齐属于帝王陵墓才能使用，故在南朝齐时不大可能为其他品级和类别的人所采用，所以，墓室镶嵌同丹阳齐帝陵一样的羽人戏龙、戏虎砖画的小横山 M1 的时代要晚于南朝齐，可能在南朝梁初，其墓主或许同萧齐皇族有关。

据曾布川宽先生的研究，丹阳三座南齐帝陵及南京西善桥发现的"竹林七贤图"和"羽人戏龙、戏虎图"可能作于南齐初期，原画应出自南齐的宫廷画家之手，其范或粉本被反复

---

①　南京市博物馆、雨花台区文化广播电视局：《南京市雨花台区姚家山东晋墓》，《考古》2008 年 6 期。

②　南京博物院：《江苏丹阳县胡桥、建山两座南朝墓葬》，《文物》1980 年 2 期。

③　杨泓：《东晋、南朝拼镶砖画的源流及演变》，《汉唐美术考古与佛教艺术》，科学出版社，2000 年。

使用传到了南齐后期。它所采用的四神图虽然题材古老，是汉代以来四神图的延续，"但是在构图上，不仅画四神，而且画羽人与青龙、白虎相戏的场面，这是前所未有的新形式，而且，最让人耳目一新的是表现羽人的线条"[1]，"笔迹劲利，如锥刀焉。秀骨清像，似觉生动，令人懔懔，若对神明"[2]。六朝的拼镶砖画，是用凸起的线条来表示一切，不论是勾勒轮廓还是描绘细部，莫不依靠劲健均匀而流畅的线条，在这一点上它正好较真实地表现出当时的绘画特色[3]。

余杭小横山南朝画像砖墓的发现，使得我们有理由认为杭州地区是除江苏地区、湖北地区以外南朝画像砖墓分布的又一个重要区域，同时，由于地域上的关系，余杭小横山南朝墓画像砖同当时的都城建康地区发现的画像砖具有较多的相似性。同其他地区发现的南朝画像砖相比，这批画像砖具有一些鲜明的特点。首先，小横山南朝画像砖的种类特别丰富，从模印于砖侧面的单幅小像到小方砖正面的独幅画面，从数砖拼合的中幅图像到遍布一面墓壁的大幅拼镶画面都有发现。从表现技法来看，既有纹饰较浅的线雕，也有高浮雕。画像题材上，以模印于小砖上的狮子、莲花、千秋万岁、捧物飞仙和墓门两侧的左右将军最为流行，数量最多，装饰于墓室内的伎乐飞仙也是常用的题材；墓壁普遍装饰莲花及"大泉五十"双钱或单钱纹。小横山南朝画像砖墓将这些题材有机地结合起来，从墓门延伸到墓室，将佛教、道教以及中国传统的信仰结合于一体，对死者进行全方位、多角度的佑护和超度，这一做法可能是受到了南朝皇族和官僚士族提倡的三教融合和佛、道双修观念的影响，而以佛教的影响最为深广，充分体现了南朝时期思想领域内的丰富多彩和激荡澎湃。

表 37 - 1　小横山墓地画像砖统计表

墓号	封门	墓室南壁	墓室东壁	墓室西壁	类别
M1			羽人、龙（仅余下部四肢）	虎、羽人（仅余下部四肢）	大幅线雕拼合图案
M2		东墙一砖印飞仙及千秋，西墙一砖印双手捧熏炉飞仙及万岁			单砖（长条砖）线雕
M7	东壁为大莲花、万岁、复莲花、对鸟、捧盒飞仙、莲花化生；西壁为狮子、复莲花、捧熏炉飞仙、双莲花、千秋、莲花化生	东墙最下一层为狮子及莲花，中间及上部为两个捧熏炉飞仙；西墙最下层为一狮子莲花，中部为捧盒飞仙，上部为万岁			单砖线雕（小方砖）
M8	东壁为两侍立人物、捧盒飞仙、狮子、大莲花；西壁为两侍立人物、捧瓶飞仙、万岁、大莲花	最下层为莲花，上面为门吏腿脚残痕	东壁后部有一捧排箫吹奏的伎乐；墓壁有侍女小像	西壁前部有一吹笙的伎乐；墓壁有单砖有一侍女	多砖拼合线雕和单砖侧面

---

① （日）曾布川宽著，傅江译：《六朝帝陵》，南京出版社，2004 年。
② （唐）张彦远：《历代名画记》卷六第 127 ~ 128 页，人民美术出版，2004 年。
③ 杨泓：《东晋、南朝拼镶砖画的源流及演变》，《汉唐美术考古与佛教艺术》，科学出版社，2000 年。

续表 37 - 1

墓号	封门	墓室南壁	墓室东壁	墓室西壁	类别
M9		西墙有一高大的门吏；门吏上部有一捧盒的飞仙和万岁；门吏下有狮子、莲花、千秋各一		西壁中前部有一吹笙的伎乐	多砖拼合线雕
M10			东壁后部有一吹笙的伎乐	西壁后部有一持幡的飞仙	多砖拼合浮雕
M12			东壁前部有一男侍；直棂窗后有一男侍、两侍女		单砖（长条砖）高浮雕
M18	东侧有莲花、狮子、千秋；西部不详	西墙上部为单砖狮子和人物莲花座；中部为单砖捧盒飞仙及圆轮纹（长条砖）	东壁有捧熏炉飞仙、持物双人、狮子	西壁有狮子、捧盒飞仙、莲花化生、持物双人	单砖线雕（长方砖、小方砖）
M23		南壁最下层分别有狮子、莲花各一		北壁直棂窗下有千秋、万岁各一	单砖线雕（小方砖）
M27			东壁中部有吹笙、飞舞飞仙各一	西壁中部有一执幡飞仙	多砖拼合浮雕
M52	券门东西壁有化生莲花、复瓣莲花、捧熏炉飞仙、捧盒飞仙、万岁、宝轮				单砖线雕（小方砖）
M54	西侧有飞仙2、狮子1；东侧残存捧盒飞仙1				单砖线雕（小方砖）
M65		南壁东墙有门吏下部残块；西墙存门吏中下部	东壁中后部有捧熏炉飞仙1、飞仙残块1	西壁中后部有捧熏炉飞仙1；余砖拼块1	南壁为多砖拼合线雕；东西壁为多砖拼合浮雕
M93	券门顶及两壁上有化生莲花、宝珠、莲花、圆轮、朱雀等	南壁中部残存飞仙、莲花各一组			单砖线雕（小方砖及长条砖）
M100	莲花、朱雀、飞仙小方砖	南壁两侧各有一门吏（仅余中下部）			多砖拼合线雕及单砖线雕
M103	莲花、捧熏炉飞仙（西）、捧盒飞仙（东）	东墙下狮子1、中捧熏炉飞仙1；西墙下狮子1、中捧盒飞仙1			单砖线雕（小方砖及长条砖）

续表 37 - 1

墓号	封门	墓室南壁	墓室东壁	墓室西壁	类别
M107			东壁中前部有一浮雕力士小龛		多砖拼合高浮雕
M109	东有莲花、万岁各一，西有莲花、千秋各一	东、西墙各有一拄仪刀门吏形象，较完整。多砖拼合线雕	中部一仙人驭虎（长方砖）；中上部一吹篪伎乐	中部一仙人驭龙（长方砖）；中上部一吹笙伎乐	单砖、多砖拼合的线雕、高浮雕均有
M113			侍女小像	侍女小像	单砖一短侧面
M119	西为大莲花、捧熏炉飞仙、万岁、狮子；东为大莲花、捧盒飞仙、千秋、狮子		东壁前面为一手捧熏炉的飞仙，后面为一"万岁"	西壁后面为一捧盒飞仙	单砖线雕（小方砖及小长方砖）

第六章　墓砖文字及装饰

　　小横山东晋南朝墓的墓砖上一般模印有文字，尤其是其中规模较大者，文字种类特别丰富。通过模印在墓砖上的这些文字，结合现存的墓葬砖室，基本能够掌握小横山南朝墓墓砖的种类及主要施用位置，由此可以窥测当时墓葬的营造过程及筑墓技术的发展水平，进而对当时的建筑技术有一定程度的了解。同时，小横山墓砖上常装饰有莲花、钱纹等图案，这些图案对了解当时的审美观念和装饰艺术提供了生动的标本。

第一节　墓砖分类

　　小横山南朝墓砖种类丰富，形式多样，最多的一座墓内有 40 多种规格。按砖的形制可分为长方砖、梯形砖、楔形砖、小型砖、特种砖五大类。

一　长方砖

　　长方砖施用最多，主要用于墓壁及墓底的砌筑，多数于砖一短侧面印一"方"字。一般而言，墓壁直壁以下平砌砖比丁砖要稍大一些，即丁砖比顺砖窄，这样就可以更多承受来自上面的压力。除过"方"字砖外，墓壁中还偶尔使用较薄的长方砖，如"薄方"砖，主要施用于主券顶平砌砖层，偶有施用于墓室两壁。"中方"砖，施用于墓壁平砌砖及券顶顺砖层，比较特殊的 M82 墓室东西两侧直壁丁砖层为"中方"砖。"长方"砖数量较少，砌于墓室主券顶顺砖层。

二　梯形砖

　　梯形砖两端宽度有大小变化，厚度基本相同，主要施用于墓室券顶及甬道券顶丁砖层，以及墓室北壁平砌砖层。墓室北壁平砌砖一般使用"足"字梯形砖，内面窄而略内凹，外面宽而稍外凸，相连砌成内凹外凸的弧形壁面。墓室主券顶及甬道券顶丁砖一般使用梯形砖，砖的外面多模印文字或数字编号，如 M9 墓室券顶丁砖从下往上分别为"大爰斧"、"中爰斧"、"顶斧四"、"四"、"五"等；M42 墓室主券顶丁砖从上往下为"四斧"、"后斧"、"三斧"、"二斧"等。M86 甬道券顶丁砖从下往上分别为"第一斧"、"第二斧"、"第三斧"、"第四斧"；M85 墓室主券顶丁砖有"人"、"天"、"八"；"四"、"五"、"六"、"七"等。M87 墓室券顶丁砖有的"栋斧"、"急斧"、"爰斧"等。

三　楔形砖

　　楔形砖一端厚、一端薄，主要施用于墓室或甬道券顶的顺砖层，少量施于丁砖层。按照形制分为纵楔砖和横楔砖两类。纵楔砖的厚端和薄端均位于长方砖的短边，主要有各类"急"字砖，如"大急"、"中急"、"小急"、"出大急"、"出大急长"、"出小急"、"出小急长"；"坅"字类中的"大坅"、"中坅"、"小坅"、"疾坅"等。纵楔砖又可分为两种，一种砖两端宽度基本相同，"大急"、"中急"、"小急"、"大坅"、"中坅"、"小坅"、"疾坅"均属于此类；一种砖两端宽度不同，厚端宽、窄端薄，"出大急"、"出大急长"、"出小急"、"出小急长"、"出副急"均属此类。横楔砖的厚端和薄端均位于长方砖的长边，主要为各种规格的"刀"字类砖，如"刀大急"、"刀中急"、"刀小急"、"刀大宽"、"刀大薄"、刀副急"、"刀副宽"等。

四　小型砖

小型砖可分为小方砖、小梯形砖、小长方砖三种，一般主要用于建造封门及甬道，个别的作为镶嵌于墓室壁面的小幅画像砖使用。

小梯形砖主要砌于墓室封门拱券顶丁砖层，大头一般印有"一"、"二"、"三"、"四"类数字，有的正面模印线雕画像，内容主要有宝瓶莲、单莲花、双复莲、莲花化生、宝珠、圆轮、朱雀等。

小方砖一般砌于封门券壁、墓室南壁位置，有的砌于墓室东西两壁及后壁，正面以线雕的单幅画像为主，内容主要有千秋、万岁、狮子、捧熏炉及捧盒飞仙、莲花等，有的侧面模印双钱纹、双圆轮或单株莲等。

小长方砖主要砌于封门券顶起券位置，画像内容主要有莲花化生、对鸟等。

五　特种砖

特种砖主要指砌筑直棂窗和桃形小龛的长方形砖。直棂窗和小龛一般位于墓室北壁及东、西两侧壁中部，二者常组合使用。

直棂窗砖厚度基本同长方砖，宽度比长方砖要大，其长边一端平直，一端呈三角状凸出，建筑学上称之为"破子棂"。破子棂有两种规格，一种长 32～35、宽 22～23、厚 4.2～5 厘米，小横山南朝墓大多数直棂窗均为此种规格，如 M10 破子棂长 32.5、宽 22、厚 4.2 厘米；M52 破子棂长 34.6、宽 23、厚 4.2 厘米。另一种仅见于 M12 直棂窗，长 30.2～30.5、宽 14.5～15.2、厚 4.3～4.6 厘米。

桃形小龛一般两砖拼合成一个完整的小龛，砖的短边内侧模印内凹的 1/2 桃形，砖的尺寸和该墓的丁砖相同。小龛一般位于直棂窗两侧，个别砌于直棂窗上面。

第二节　砖文分类

小横山南朝墓券顶砌砖上一般模印文字，有的北壁外面也满印文字。这些文字一般表示墓砖的种类，而不同种类的文字砖一般砌于券顶不同的位置。模印文字按名称分为以下几类。

一　"方"字类

"方"字类砖为墓室直壁以下的平砌砖，砖文印于短侧面，数量最多。《广雅·释诂》：

"方，大也。"余嘉锡《世说新语笺疏》："谓大州为方州，乃晋人常用之语"。《晋书·王敦传》云王敦上疏曰："往段匹磾尚未有势，便以方州与之"，是也①。"方"字砖在这里可能指大砖。小横山南朝墓墓壁平砌砖一般是墓葬中最大的砖，故称"方"。

除单个的"方"字外，还有"中方"、"薄方"、"长方"、"大方"、"侠方"等。"薄方"砖较薄，但它并不是最薄的砖，最薄的砖为"大薄"，厚不到 2 厘米。"长方"砖的尺寸比"薄方"稍厚一点，二者基本接近。"中方"砖较厚，接近"方"字砖，但宽度一般比"方"字砖稍窄。"侠方"之"侠"通"狭"，为狭窄之意，这里指较窄的长方砖。如 M42 的"方"字砖宽 15～15.9、厚 4.5～4.7 厘米，"侠方"宽 11.1～11.3、厚 4.5～4.6 厘米，"侠方"比"方"字砖窄 4 厘米多。

二 "刀"字类

"刀"字类一般为横楔砖，多施用于封门券顶上或墓室券顶两侧壁。如 M2 的"厚刀坼"、"刀丁宁"，M6 封门券壁的"刀角"、"刀大急"、"刀小急"；M103 封门券顶上的"刀大急"、"刀小急"、"刀大宽"、"刀大薄"；M93 封门券顶顺砖层的"刀大字"、"刀大急"及"刀门急"。M80 墓室东西两侧券壁上的"刀副急"、"刀副宽"。"刀角"砖一般发现于封门两侧的翼墙及券门上。

"刀"一般呈上厚下薄的横长方形，这里借指横楔形砖。"刀丁宁"中的"丁"是"钉"的古字。《晋书·陶侃传》："及桓温伐蜀，又以侃所贮竹头作丁装船。"②《世说新语·政事》作"钉"③。

三 "急"字类

"急"字类一般为纵楔砖。如"大急"、"中急"、"小急"、"出大急"、"出小急"等。M103 发现有"出大急"、"出大急长"、"出急"、"中急"等"急"字类砖。其中"大急"、"中急"、"小急"砖的厚端和薄端的宽度基本相同；而"出大急"、"出小急"、"出大急长"、"出副急"厚端和薄端除过薄厚的差别外，宽度也不一样，厚端的宽度要大于薄端的宽度。

"急"有紧、缩紧之意。《三国志·魏书·吕布传》："遂生缚布。布曰：'缚太急，小缓之。'太祖曰：'缚虎不得不急也。'"④ 这里指砖的下端收缩，呈纵楔形。

四 "足"字类

"足"字砖一般是墓室北壁直壁平砌砖。除单个"足"字外，还有"建足"、"足步"砖，如 M107 北壁顺砖为"足"字砖，丁砖为"建足"砖。M2、M3 墓壁丁砖为"足步"砖。

"足"本意指脚或底脚，这里指墓室后壁的平砌砖。

---

① 杨勇：《世说新语校笺》第 39 页，中华书局，2006 年。

② 《晋书》第 1774 页，中华书局，1974 年。

③ 《世说新语·政事》："后桓宣武伐蜀，装船，悉以作钉。"见杨勇：《世说新语校笺》第 159 页，中华书局，2006 年。

④ 《三国志》第 227 页，中华书局，1971 年。

五　"斧"字类

"斧"字类砖指各种规格的梯形砖，主要施用于墓室主券顶或甬道券顶丁砖层。如 M86 甬道券顶丁砖从上往下分别为"第三斧"、"第二斧"、"第一斧"。M87 墓室主券顶丁砖有"栋斧"、"爰斧"、"急斧"等种类。M42 墓室主券顶丁砖分别印"四斧"、"三斧"、"二斧"、"后斧"，墓室后顶丁砖层为"四出建斧一"、"四出建斧二"、"四出建斧三"等。M1 发现有"建斧"、"中斧"、"大后斧"砖。M64 发现有"顶斧四"、"足建斧"、"中后斧"、"□六斧"砖。

斧：指斧子，一般呈纵向的楔形，这里借指纵楔形砖。"栋斧"之"栋"指屋的正梁。《仪礼·乡射礼》："序则物当栋。"郑玄注："是制五架之屋也，正中曰栋，次曰楣，前曰庪。"[1]"栋斧"砖位于 M87 墓室券顶正中两侧，同栋所代表的正梁的含义相符。"爰斧"之"爰"有舒缓之意，《尔雅·释训》："绰绰，爰爰，缓也。"邢昺疏："皆宽缓也"[2]。这里应指坡度平缓。"爰斧"可能施用于墓室券顶坡度较缓的位置。不过，从字形来看，"爰"同"後"字的右半部较为相似，"爰斧"或许为"后斧"。

六　"宽"字类

"宽"字类砖指各种纵楔砖，施用于墓室主券顶顺砖层。如"宽"、"大宽"、"中宽"、"小宽"、"副宽"、"出宽"等。

七　"坾"字或"宁"字类

"坾"字或"宁"字类也指各类纵楔砖，施用于墓室主券顶或甬道券顶平砌砖层。如 M2 的"厚刀坾"、"大坾"、"中坾"、"副宁"；M86 甬道券顶的"人字坾"、"五字坾"、"四字坾"等；M87 墓室券顶顺砖层中的"一字坾"、"后坾"、"上刀坾"；M87 封墙砖模印有"刀宁"、"中爰坾"、"中急宁"、"急坾"、"下刀坾"等。M64 的"副宁"、"小后坾"、"疾坾"、"大坾"等。还有"大门坾"等。

"坾"有时作"宁"。"坾"，《汉语大字典》解释为积尘，读为 zhu。《玉篇·土部》："坾，《字林》曰：'尘也。'"《集韵·语韵》："坾，积尘。"这里意为砖，应读 ning。

八　"门"字类

门字类砖主要位于封门及甬道券顶上，常见的主要有"门急"、"大门坾"等，均为纵楔砖，厚端和薄端的比例很大。此外，M42 甬道券顶有"门斧一"、"门斧二"、"门斧三"及"门次坾"、"门坾一"砖；M86 甬道券顶正中有"环门坾"砖，顺砖层砌有"埏门"砖；M87 封门券顶正中的小梯形砖上印"延门斧字"4 字。"门"指"墓门"；"延"通"埏"，指墓道。潘岳《哀永逝文》："抚灵榇兮决幽房，棺冥冥兮埏窈窕。"李善注引杜预曰："埏，墓

---

① （清）阮元校刻：《十三经注疏》第 1010 页，中华书局，1982 年。
② （清）阮元校刻：《十三经注疏》第 2589 页，中华书局，1982 年。

隧也。"① 又称埏隧、埏道或埏闼。《后汉书·陈蕃传》："民有赵宣葬亲而不闭埏隧，因居其中，行服二十余年。"李贤注："今人墓道也。杜预注《左传》云：'掘地通路曰隧。'"② 陆机《大墓赋》："屯送客於山足，伏埏道而哭之。"曹植《仲雍哀辞》："临埏闼以欷歔，泪流射而沾巾。""埏"、"门"有时连用，《隋书·礼仪志》："梁天监元年，齐临川献王所生妾谢墓被发，不至埏门。"③

九　数字类砖

数字类砖主要指各种梯形砖，主要施用于甬道券顶丁砖层，墓室主券顶丁砖层偶有使用，一般按顺序砌筑，数字从"一"至"七"。另外，封门券顶中的小梯形砖也发现有数字，用法相同，如 M2、M6、M8 等。

十　特殊类

特殊类的砖文一般发现较少，没有固定的规律。如 M2 发现的"厚刀圬"；M3 和 M11 的"出王宽"；M40 发现的"出有"、"天一"；M52 封门的"头刀字角"；M53 券顶上的"斜刀圬"；M82 的"夏"字砖；M80 封门及甬道平砌层中的"头"字砖；M85 的"皿二"砖；M103 的"刀头急"；M118 的"五寸"、"二吉"等；M121 的"上八"、"二八"、"甲二"等。"头"指物体最前面的部分，"头"及"头刀字角"砖均发现于墓葬前端的封门上，同砖文涵义基本相符。另外还有一些符号砖，如 M85 的"＋"，M121 的"二令"、"兴"等。

第三节　墓砖的组合

小横山南朝墓墓砖文字组合每墓各有一定规律，但不同的墓葬砖文又不太相同，呈现出一种多样复杂的形式，现按墓葬各单元分类叙述如下。

一　封门

小横山南朝墓封门一般由中间的券门及两侧的翼墙组成，规模较大的券门均呈三级收缩递减结构，券门丁砖主要由小型砖砌筑，其中小方砖砌于直壁，小长方砖位于起券层，小梯形砖砌于券顶，不少砖上模印有画像。券门中间的封墙一般利用墓室剩余的砖块砌筑，所以砖的种类较为繁杂，长方砖、梯形砖、楔形砖均有，常见"大门圬"纵楔砖，有的还有"出副急"、"门急"砖。"刀角"、"头"、"头急"、"头刀字角"等长见于封门两侧的翼墙上。

二　甬道券顶

甬道券顶虽然规模小，但砖文种类较为复杂多样。总的来说，常见"门"字类砖，丁砖以"斧"字类为主，顺砖以"圬"字类和"方"字类为主。如 M42 甬道券顶由上往下，三顺

---

① 《文选》卷五十七，中华书局，1977 年。
② 《后汉书》第 2159～2160 页，中华书局，1965 年。
③ 《隋书》第 153 页，中华书局，1973 年。

一丁两组，四顺一丁两组。顶部正中一组丁砖印"门斧三"；第一组顺砖 3 层，分别为"面垳"、"后垳"、"门次垳"。第二组丁砖印"门斧三"；顺砖 3 层，分别为"后垳"、"面垳"、"门垳一"。第三组丁砖印"门斧三"；第三组顺砖 4 层，分别为"面垳"、"薄方"、"门次垳"和"门四垳"、"薄方"。第四组丁砖印"门斧二"；第四组顺砖 4 层，分别为素面、"门垳一"、"薄方"、"门次垳"。第五组丁砖印"门斧一"。M86 甬道券顶由下往上第一组平砌砖为"人字垳"3 层（位于第一组丁砖下面），丁砖印"第一斧"。第二组平砌砖印"人字垳"3 层，丁砖印"第二斧"。第三组平砌砖印"四字垳"、"四字垳"、"蜓门"，丁砖印"第二斧"。第四组平砌砖印"蜓门"3 层，丁砖印"第三斧"。第五组平砌砖分别为条砖、"蜓门"、"环门垳"，丁砖（即券顶正中一组丁砖）上印"第□斧"。

M85 比较特殊，甬道券顶正中一组丁砖上印一"下"字，两侧第一组顺砖 3 层，从上往下分别印"宽"、"反"、"宽"字；第二组丁砖上印一"下"字，第二组顺砖 3 层，均印"宽"字；第三组丁砖上印一"下"字，第三组顺砖 3 层，均印"宽"字；第四组丁砖上印一"丰"字，第四组属顺砖 4 层，从上往下分别为素面、"未"、"宽"、"宽"；第五组丁砖上印一"未"字。可见，其顺砖以"宽"字类为主，丁砖"下"、"丰"、"未"字形相近，笔画由顶往下呈现出增加的趋势。

三　墓室前、后顶

小横山南朝墓规模较大的墓室前后顶均砌成内收的扇形球面，北壁上端内收弧顶部分砌有"出平急"、"大四出"、"中四出"、"小平急"、"出王宽"等较窄的纵楔砖，内面比较薄，层层平砌使弧面急剧倾斜形成穹窿顶。其中以"四出"类砖常见。如 M42 前顶残存 6 层顺砖，由下往上分别为"四四出"、"六四出"、"六四出"、"五四出"、"五四出"、"三四出"。后顶最上端收缩平砌 6 层后丁一层，顺砖从上往下为"六四出"、"四四出"、"六四出"、"四四出"、"五四出"、"四四出"；第一组丁砖印"四出建斧二"。第二组顺砖印"一四出"、"五（？）四出"、"三四出"；第二组丁砖印"四出建三"。第三组顺砖印"后斧"；第三组丁砖印"四出建斧一"。第四组顺砖同第二组平砖；第四组丁砖印"侠方"。第五组顺砖印"门四垳"。

M85 前面顶部由下往上分别为三顺一丁、四顺一丁，再平砌 10 层收缩至顶。可分为五组。第一组为三层顺砖，下面两层印一"四"字，上面一层印一"田"字；第二组为丁砖一层，上印一"大"字；第三组为四层顺砖，由下往上分别印"工"、"四"、"四"、"十"字；第四组为丁砖一层，上印一"反"字；第五组为十层顺砖，底下五层均印一"十"字，第 6 层印"田"字，第 7 层印"十"字，第 8、9、10 层被毁不详。

四　墓室主券顶

墓室两侧壁幅面最长，规模最大，是墓室内最为主要的结构。其直壁部分一般用长方砖三顺一丁或并列两砖错缝平砌而成。券顶部分一般是三顺一丁砌筑，个别的四顺一丁、五顺一丁或六顺一丁。丁砖以"斧"字类为主，或"斧"字类结合数字类；顺砖以"垳"字类加"宽"字类或"垳"字类加"方"字类为主。举例如下。

M9 墓室主券顶由下往上：第一组丁砖为"大爱斧"，顺砖为长方砖、"薄方"、"大宽"；第二组丁砖为"中爱斧"，顺砖为"小后坍"、"中方"、"中副宁"；第三组丁砖为"大爱斧"和"中爱斧"，顺砖为"副宁"、"长方"、"小后坍"；第四组丁砖为"顶斧四"，顺砖为"大副宁"、长方砖、"大急"；第五组丁砖东壁为"五"、西壁为"大爱斧"，顺砖东壁为"大坍"、"大宽"、"大坍"，西壁为"大坍"、"大斧"、"中副宁"；第六组丁砖为"五"，顺砖为"中副宁"、"大宽"、"大副宁"；第七组丁砖为"六"，顺砖为"小坍"、"疾坍"、"大副宁"；第八组丁砖为"六"，顺砖为"中副宁"、"疾坍"、"□□□"；第九组丁砖（顶部正中一组丁砖）为"六"。

M42 墓顶文字从上往下分别为：正中一组丁砖印"四斧"，再往两侧下面对称分布，第二组丁砖印"后斧"，第三组为"三斧"，第四组为"后斧"，第五组为"二斧"，第六组为"侠方"。顺砖由顶往下：第一组3层，西侧为"面坍"、"面坍"、"后坍"，东侧为"面坍"、"面坍"、"门四坍"和"三坍"。第二组西侧为"四坍"、"四坍"、"后坍"，东侧为"次坍"、"四坍"、"后坍"；第三、四组各3层，均为"次坍"、"薄方"、"建方"；第五组4层，为"中方"、"次坍"、"薄方"、"后坍"；第六组6层，为"面坍"、素面长方砖、"后坍"、素面长方砖、"后坍"和"面坍"、"后坍"。

M87 顶部正中一组丁砖文字不清，从上往下第二组丁砖为"栋斧"，第三组丁砖为"急斧"，第四组、第五组丁砖上为"急斧"，第六、七组丁砖为"爱斧"；平砌砖层有"薄方"砖。

M119 券顶丁砖共7组，由上往下：第一组丁砖（即顶部正中一组）印"四"字；第一组顺砖分别印"中宽"、"中急"、"大宽（偶有"中宽"）。第二组丁砖为"门斧"；顺砖分别为"中宽"、"大字坍"、"大字坍"。第三组丁砖印"五"字；顺砖为"大急"、"大字坍"间"应大字副宽"、"大字坍"间"应大字副宽"。第四组丁砖印"二"字；顺砖分别为"小急"、"方"、"中急"。第五组丁砖印"一"字；顺砖分别为"大宽"、"方"、"方"。第六组丁砖印"四"字；顺砖分别为"方"、"方"、"小急"。第七组丁砖印"三"字，下面即为直壁。平砌砖层，多素面无字。

M85 例外，由顶部正中往两侧分别为：顶部正中丁砖（第一组）上印一"人"字；第一组顺砖四层，第1层为"宽"，后3层均印"皿一"（个别为"皿十"）。第二组丁砖印一"天"字；第二组顺砖四层，由上往下分别为"宽"、"宽"、"屮"、"皿二"。第三组丁砖上印一"八"字；第三组顺砖四层，从上往下分别为"宽"、"屮"一层，"皿二"、"屮"一层，"皿二"、"宽"一层，"宽"、"屮"一层。第四组丁砖上印一"八"字；第四组顺砖五层，从上往下分别为"未"、"宽"、"皿二"、"反"和"宽"、"宽"。第五组丁砖上印一"三"字；第五组顺砖四层，从上往下分别为"皿二"、"宽"、"未"、"宽"。第六组丁砖上印一"夹"字；第六组顺砖七层，从上往下分别为"皿二"、"宽"、"十"、素面、素面、"宽"、素面。第七组丁砖上印一"夹"字，这层丁砖下均为平砌砖层。

第四节　文字数量及风格

小横山南朝墓墓砖模印文字数量有一字、二字、三字、四字、五字等几种，以二字、三字常见。一字的如"方"、"足"、"天"、"人"、"大"、"小"、"八"、"工"、"田"、"士"、"车"、"申"、"甲"、"建"、"副"、"急"、"宽"、"下"、"丰"、"未"、"反"、"夹"及从"一"到"七"的数字等。

二字的如方字类的"中方"、"长方"、"薄方"、"建方"等，急字类的"大急"、"中急"、"小急"等，坾字类的"大坾"、"中坾"、"小坾"、"后坾"、"疾坾"、"刀宁"等，宽字类的"大宽"、"中宽"、"小宽"等，斧字类的"四斧"、"三斧"、"二斧"、"后斧"、"栋斧"等。

三字的如刀字类的"刀大急"、"刀小急"、"刀大宽"、"刀大薄"等，急字类的"出大急"、"出小急"、"出副急"等，坾字类的"人字坾"、"五字坾"、"四字坾"、"上刀坾"、"下刀坾"等，斧字类的"第三斧"、"第二斧"、"第一斧"、"顶斧四"、"足建斧"、"中后斧"等。

四字的如"出大急长"、"出小急长"、"出大宽长"、"延门斧字"、"头刀字角"等。

五字的较少，如 M42 墓室后壁施用的"四出建斧一"、"四出建斧二"、"四出建斧三"，M119 墓室券顶顺砖层中的"应大字副宽"等。

砖文有正书和反书两种，反书占的数量稍多一些，同一座墓内的砖文有时正、反书均有。字体以楷书为主，结体疏朗方整，笔画舒展，雄劲有力。也有个别行书，如 M2 和 M3 的"足步"砖，文字俊秀飘逸。M7、M103 的"大建"砖，文字笔画末端尖细，有悬针笔意，结构紧密。M87 的"栋斧"、"刀宁"、"下刀宁"，M86 的"第一斧"、"第二斧"等，笔画纤细，瘦劲挺拔。

东晋南朝大中型墓墓砖上模印文字的数量不是很多，主要见于一些等级较高和规模较大的墓中。丹阳胡桥吴家村和建山金家村两座南朝墓墓砖有三十多种（图144），砖文的形式同余杭小横山基本相似，甚至有的名称都一样，如"薄方"、"中方"、"大坾"、"中坾"、"小坾"、"急斧"等，有的文字比较接近，如"上字斧"、"中字斧"、"上字急斧"等[1]；而丹阳胡桥鹤仙坳南朝墓砖文字中多印有"砖"字[2]。南京梁桂阳王肖融夫妇墓墓砖文字有"正方"、"下字斧"、"中斧"等九种[3]（图145）；南京尧化门南朝梁墓墓砖文字有"大坾"、"中坾"、"急坾"、"中鸭"、"大鸭"等种类[4]。可见"方"字类、"坾"字类、"斧"字类是两地通用的种类，而"鸭"字类、"砖"字类不见于小横山，应是南京一带的特色。两相比较，小横山南朝墓砖文种类更为多样和复杂，数量更多，可以说是墓葬文字发现最多的一次。除过南京及杭州地区外，浙江嵊县及汉水流域的安康南朝墓砖上也有类似的文字，甚至这种做法也传到了相邻的韩国境内。韩国忠清南道公州郡宋山里的百济武宁王陵墓砖主要有长方形、楔形和刀形三种，不少砖侧面模印有文字，文字有"大方"、"中方"、"中"、"急"、"使大"等种类[5]，其中的"大方"、"中方"、"急"字类砖普遍施用于小横山东晋南朝墓群中。浙江

---

① 南京博物院：《江苏丹阳县胡桥、建山两座南朝墓葬》，《文物》1980 年 2 期。

② 南京博物院：《江苏丹阳胡桥南朝大墓及砖刻壁画》，《文物》1974 年 2 期。

③ 南京市博物馆：《南京梁桂阳王肖融夫妇墓发掘简报》，《文物》1981 年 12 期。

④ 南京博物院：《南京尧化门南朝梁墓发掘简报》，《文物》1981 年 12 期。

⑤ 王志高：《百济武宁王陵形制结构的考察》，《南京文物考古新发现》，江苏人民出版社，2006 年。

嵊县两晋南朝墓砖文字有"大疾"、"大宁"、"大宽"、"大宽中"、"宽中"、"方"、"平头方"、"第二斧"等种类①；陕西安康张家坎南朝墓墓砖文字有"大斧"、"中斧"、"利斧"、"大牛"、"中牛"、"利牛"等种类②，从砖文拓本来看，"大牛"、"中牛"、"利牛"为一种梯形砖，"大斧"、"中斧"、"利斧"为楔形砖，尺寸依次减小。到了隋代，浙江一带还发现有在墓砖上模印类别文字，如衢州隋墓砖文中就有"大方"、"大针"、"二针"、"三针"、"四针"等种类③（图146），其中"四针"之"四"直接写成平行的四横，这样的写法同小横山M12墓砖文字的写法是一样的，不过这已是南朝大中型墓模印文字发展的尾声了。

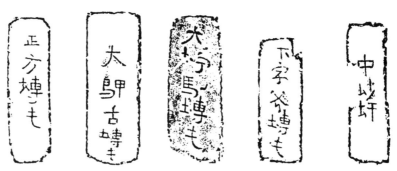

图144　江苏丹阳胡桥南朝大墓墓砖文字

（采自《文物》1974年2期）

图145　南京梁桂阳王肖融夫妇墓墓砖文字

（采自《文物》1981年12期）

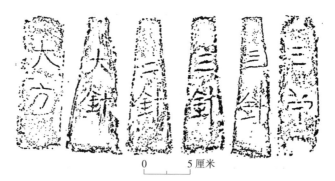

图146　衢州市隋墓墓砖文字

（采自《考古》1985年5期）

①　张恒、陈锡淋：《古剡汉六朝画像砖》，浙江人民出版社，2010年。
②　安康历史博物馆：《陕西安康市张家坎南朝墓发掘纪要》，《华夏考古》2008年3期。
③　衢州市文物馆：《浙江衢州市隋唐墓清理简报》，《考古》1985年5期。

第五节　其他文字

小横山东晋南朝墓墓砖文字除了模印在砖一侧的类别文字外，还有一部分刻写于正面或侧面的文字，这些文字按照种类及内容分为三类。

第一类　刻于砖的侧面表示制砖的数量或人名的文字。主要发现于 M1，文字内容有"七十"、"八十"、"二百"、"三百"、"五百足"、"二人十"、"走"等，"四十"刻成"卌"，为并联的两个"廿"。M120 墓壁一块砖的侧面刻有"方正德五百□一百五十"10 字，表示人名及数量。另外，M98 封门一砖侧面刻有一"急"字，表示砖的种类；M82 墓室东北一块铺地砖正面刻有"二百十五"4 字，南壁西墙第一组丁砖上刻有"十五"2 字；M90 墓室东壁中部一砖侧面刻有"一百五十"4 字，都是表示数量的。

第二类　刻于砖的正面，表示画像内容及位置的文字，主要发现于 M1、M8、M9、M10、M27、M65、M100、M107、M109 等墓葬。文字主要刻于长方砖的正面，也有刻于梯形砖及小方砖正面的，极个别刻于砖侧面，文字有一行、两行、三行几种。文字的种类概况为以下几种。

一　四神类

仅见于 M1，如"龙下三第七"、"虎建上第一"、"玄武下三第四云"、"化生中第一无"等。其中"玄武"类文字刻于梯形砖上，"龙"、"虎"类刻于长方砖及小方砖上，"化生"类刻于长方砖上。

二　左右将军类

发现于 M8、M9、M10、M65、M100 等墓中。分三种，第一种带"将军"名，如"左将军下中第一"、"右将军下第一"等，发现于 M9、M10 中。第二种只带"军"字，如"右军下建上第一"等，见于 M9 中。第三种不带"将军"名，如"左下建上第二"、"右下三第二"等，数量最多。

三　伎乐飞仙类

见于 M8、M9、M10、M27、M107、M109 等墓。分四式。

一式为乐器名称 + 排位 + 号位，数量比较多，最为常见，如"吹生下三第一"、"吹笳下三第一"、"吹箫下中一"等，上述墓葬中的刻文大多数属此式。

这一式还有一种"麈尾"类砖文，仅见于 M10 和 M104 中，有"杷麈尾建第四"、"杷麈尾建三"、"杷麈尾下中第一"三种。M10 中还发现有"杷敢"砖文，"杷"指枇杷，"敢"通"杆"，指用枇杷木做麈尾的柄。麈尾是古人清谈时所持的一种雅器，形似扇子，下有柄，上端插设兽毛，用以驱虫、掸尘等。《世说新语·容止》："王夷甫容貌整丽，妙于谈玄，恒捉白玉柄麈尾，与手都无分别。"《名苑》曰："鹿之大者曰麈。群鹿随之，皆看麈所往，随麈尾所转为准。今讲僧执麈尾拂子，盖象彼有所指挥故耳。"余嘉锡案：汉魏以前，不闻有麈尾，固当起于魏、晋谈玄之士。然未必为讲僧之所创有也①。《通鉴》八十九注曰："麈，麋属，尾能生风，辟蝇蚋。晋王公贵人多执麈尾，以玉为柄。"②晋王濛病重，"于灯下转麈尾视之，叹曰：'如此人曾不得四十也！'年三十九卒。临殡，刘惔以犀杷麈尾置棺中，因恸绝久之"。东晋王导曾以所持麈尾柄驱牛急行，为人所嗤笑③。南齐陈显达告诫其子曰："凡奢侈者，鲜有不败。麈尾蝇拂，是王、谢家许，汝不须捉此自遂。"④魏晋南北朝墓葬中发现有不少手持麈尾的人物形象，分布地点遍布东西南北，当是这种风尚流行的反映。

二式为乐器名称＋号位，如"笙三"、"笙四"、"笮一"、"笮二"、"箫二"、"萧下"等，实际上是一式的减缩版，数量也不少。M65 有"左火一"、"右火四"、"右火建上一"等种类，属于手持羽扇或熏炉的飞仙画像砖。

三式为乐器名称＋人物名称＋排位＋号位，数量较少，仅见于 M109，为"吹笙飞仙下三第一"。

四式仅为乐器或人物名称，一个或两个字。如 M9、M10、M27 中发现的"武人"砖文，"武人"指"舞人"，第五章已作论述。M27 出土有"信"、"萧"、"笙"等文字砖，"萧"、"笙"均为乐器，"信"字砖侧面模印有浅浮雕衣带纹，当为"飞仙"画像砖的组成部分。M107 发现大量单字砖，如"生"、"萧"、"琶"、"仙"、"张"、"言"、"火"、"花"等。"生"指笙，"萧"为箫，"琶"指琵琶，均为飞仙所持乐器。"张"字砖一短侧面模印一人双手捧一乐器吹奏，似为笙。"仙"指飞仙；"言"字砖侧面模印有飞仙图案，可能也是飞仙的一种。"花"字砖一长侧面模印有直径很大的莲花图案的一部分，当指莲花。"火"字砖侧面模印有力士的肌肉图案，当属力士画像的组成部分。

四　人名

人名刻字砖很少。M62 墓室西壁一块长方砖正面刻有"沈逍□"3 字，草书。M109 的"奴朝建□二百"记载的是一个名为朝的奴建造了两百块砖。

五　其他

还有一些刻字意义不明确，如 M10 的"直"、"受□"，M27 的"薄□"、"臈"、"范"，M65 的"三两"、"问"等。有的可能是工人的练笔，如 M65 的"毒停"二字，不但其中的"亻"为两者共用，而且两个字一纵一横分布。

小横山墓砖所刻文字大多为楷书或行楷，个别为草书，潇洒流畅。文字中有的是当时流行的俗体，有的是借代，如"笙"作"生"，"箫"作"萧"，"杆"作"敢"，"舞人"作"武人"等。

---

① 余嘉锡撰：《世说新语笺疏》第 506～507 页，中华书局，1981 年。
② （宋）司马光撰：《资治通鉴》第 2810 页，中华书局，1996 年。
③ 《晋书》卷六五《王导传》，1974 年。
④ 《南史》卷四五《陈显达传》，1975 年。

第六节　墓砖装饰

小横山墓砖除了装饰画像外，还有莲花、钱纹、胜纹、忍冬等装饰纹样，其中以莲花和钱纹最为普遍，胜纹次之，忍冬较少。

一　莲花

莲花是装饰最多的图案，小横山南朝墓共有 25 座墓墓壁装饰有莲花图案，一般分布于墓壁及券门上，种类繁多。莲花按画面可分为完整和拼合两种。完整者主要模印于小方砖、小梯形砖、长方砖和长梯形砖的正面，个别模印于梯形砖小头或长方砖侧面，数量有一朵、两朵和三朵几种。拼合莲花主要模印于长方砖或梯形砖的侧面，按照拼合的方式分为平拼和竖拼，平拼主要分布于墓壁顺砖层，一般为三砖平拼一朵莲花，莲花直径较大；竖拼主要分布于墓壁丁砖层，一般为两砖竖拼一朵莲花，个别为三砖或四砖竖拼一朵莲花。莲花图案按形状分为单莲花和复莲花两种。单莲花只有一层莲瓣，莲瓣较大；复莲花有两层莲瓣，莲瓣较小。

莲花分布的规律为：券门直壁丁砖层一般镶嵌模印单朵八瓣莲花或单朵复莲花的小方砖；券顶丁砖嵌模印单朵八瓣莲或双莲花的小梯形砖。墓室及甬道顺砖层一般为三砖平拼的大莲花，莲花模印于长方砖的长侧面；有的顺砖层砌三砖平拼的复莲花，如 M52、M54、M109 和 M119 等。丁砖层一般为两砖竖拼的中莲花或小莲花，也有一部分为复莲花，莲花模印于长方砖的短侧面。有的墓葬丁砖层砌有三砖竖拼的莲花，个别的甚至是四砖竖拼的莲花。如 M10 丁砖层为三砖竖拼的八瓣莲花，莲瓣饱满舒展；M65 丁砖层莲花为三砖竖拼，莲花外有两周圆圈。M107 墓壁第二组丁砖为三砖竖拼的八瓣莲花，花瓣凸起较高，每瓣分成两层。M12 墓室直壁丁砖砌四砖竖拼的八瓣莲花，花瓣尖端较浑圆。

有的墓仅在丁砖层装饰莲花，顺砖层没有莲花。如 M1、M2、M3、M107、M113、M114 等。按照莲瓣的数量来分，可分六瓣、八瓣、九瓣、十瓣、十二瓣、十六瓣、二十四瓣等几种，其中八瓣莲花最为常见，数量最多，小横山南朝墓大多数莲花图案即为八瓣莲花；内圈八瓣、外圈十六瓣的复瓣莲花也占有相当的数量。还有一种中间为网格纹，两端为小莲花的组合图案，一般模印于长方砖的一长侧面，M7、M23、M93、M103、M119 等墓中均有发现。

二　钱纹和胜纹

钱纹一般的形状为圆形方孔，方孔四角各伸出一条斜线，形成四出形状，文字基本为"大泉五十"，有的省为"五五十十"（M107），个别省去文字。根据钱纹数量可分为双钱纹和单钱纹两种，墓室直壁部分一般饰双钱纹，两个钱纹之间一般没有连线，个别有十字形连接线。墓室券壁一般饰单钱纹。

胜纹一般中间为单钱纹，两边伸出一弧边三角，模印于长方砖的一短侧面，镶嵌于墓室丁砖层。M12 的胜纹两端三角内还有两道平行竖线纹，纹饰细长。

三　忍冬纹

忍冬图案分四叶忍冬和卷草忍冬两种。四叶忍冬仅在 M27 发现，两砖竖拼，装饰于墓壁丁砖层。卷草忍冬发现于 M18、M52、M107 等墓有发现，形状略有差异。M18 忍冬模印于小方砖一短侧面，忍冬叶子较宽大。M52 忍冬叶子稍小，上有盛开的莲花。M107 卷草模印于长方砖的一长侧面，仅为几片突出的叶子。

其他的还有 S 纹，主要发现于 M12 墓壁丁砖层。S 纹两端各垂下一片小叶。M18、M104 发现有圆形轮辐纹，数量较少。

第七章　结语

　　小横山所在位置属素有"鱼米之乡"美称的杭嘉湖平原，地势平坦，交通便利，河网交错，平畴如茵，地理条件优越，历史传承悠久，是人们生活栖居的理想家园。小横山山体属粉砂岩质，这样的地质结构既便于人工开凿，又相对坚固，加之山体坡度平缓，高度适中，西望超山，西南邻管山，南侧和东侧河网蜿蜒，是一处位置极佳的埋葬场所。

　　小横山东晋南朝墓群均为砖室墓，南北向。从山顶至山脚共分五排，每一排墓葬大致平行排列，有的地段大、中、小型墓错杂，有的位置几座大型墓一字排开，高低错落，坟茔相望。总体来看，从山下到山上，墓葬分布呈现出由早到晚的趋势。东晋墓多分布于山体中下部，南朝墓多分布于山体中上部，尤其是画像砖墓及墓壁装饰莲花的墓葬以靠近山顶两层数量最多。墓葬分布密集，延续时间较长，规模差距较大，说明当时居住在周围的人群相对比较稳定，在盛行家族合葬的东晋南朝时期，小横山墓地不但是当地豪强大族的家族茔地，也是附近民众来世的理想归宿。

　　这批墓葬时代集中，形制高度统一。墓葬按规模可分为大、中、小型三类。大型墓均为南壁平直、东西壁微凸、北壁弧凸较甚的凸字形，墓葬规模同南京老虎山颜氏家族墓①及司家山谢琭、谢温家族墓②规模相当，形制也较为相似；但在甬道的规模、小龛的设置及随葬品等方面还是有一定差别的。小横山东晋南朝墓随葬品的种类极为简略，以青瓷盘口壶和小碗为主，少量伴出有钵、鸡首壶、唾壶等；青瓷占有绝对优势，个别为德清窑的黑褐釉瓷；几乎没有发现陶器，更没有陶俑。器物主要放置于棺床前的墓室南部东西两侧及甬道内，而以盘口壶数量最多、种类丰富，尤其是 A 型盘口壶，器形的发展和演变极具特点，涵盖了东晋南朝的全部，一直延续到隋代，清晰地展现了这一历史时期日用器皿的特征和变化过程。令人吃惊的是，小横山东晋南朝墓群墓葬长度在 6 米以上的凸字形大墓将近 40 座，占墓葬总数的三分之一。这些大墓排列整齐，形制统一，从东晋晚期延续到南朝。东晋时期的墓葬墓壁基本没有装饰，券顶外面模印有大量表示墓砖种类的文字，大约有 15 座。南朝时期的墓葬墓壁多装饰有莲花和画像，数量有 20 多座。画像从墓门延伸到墓壁，由单幅到多砖拼合，从线雕到高浮雕，组合形式多样，发展演变有序，风格题材统一，造型优美飘逸，显示出了高超的绘制技艺和艺术水平。从题材和技法来看，小横山南朝墓画像砖明显受到都城建康一带画像砖传统的影响，甚至有的完全一样，如 M1 墓室两壁大幅拼合的龙虎图、墓壁飞仙、墓砖刻字等，门吏的大致形象和砌法也基本相同，但小横山南朝墓画像砖从结构到题材方面又有诸多

① 南京市文物保管委员会：《南京老虎山晋墓》，《考古》1959 年 6 期。
② 南京市博物馆、雨花区文化局：《南京南郊六朝谢琭墓》，《文物》1998 年 5 期。

不同的地方特点，如仙人骑龙虎或凤凰、宝轮、宝珠、捧物飞仙、伎乐飞仙、化生、左右将军等形象极具特色，有的几乎是独有，如化生、宝轮、仙人骑凤凰形象及左右将军题铭等，体现了从引进、模仿到吸收、创造的飞跃。尤其是三层递减内收的券门，层层相套，画像装饰繁复有序，其题材的配置和形制同佛教石窟窟门类似，给人视觉上形成一种深邃、华美、目不暇接的感觉。画像的内容既有我国传统的四神及左右门吏形象，又有千秋万岁、仙人骑龙虎或凤凰、伎乐飞仙等道教类题材，更多的是同佛教有关的狮子、宝轮、宝珠、宝瓶莲、供养飞仙及莲花等内容，既体现了南朝时期三教融合在墓葬中的反映，又显示了当时佛教弥漫中夏、一教独大的历史现象。

　　画像砖无疑是这次发掘最重要的收获，也最容易吸引人的眼球。但大量墓砖模印文字的发现其意义也决不亚于画像砖。模印砖文实际上是代表着墓砖的种类，涵盖了所有大型墓、一部分中型墓及个别小型墓，从外在形制我们可以将墓砖分为长方、梯形、楔形及特种四类，但根据墓砖模印文字我们至少可以分为"方"字、"刀"字、"急"字、"足"字、"斧"字、"宽"字、"坾"字或"宁"字、"门"字、数字类和特殊类十大类四十余种，其实还可以再进一步细分，分类之细致和复杂远远超出我们的想像。根据这些文字可以得知当时的一些习用语和分类方法，如"方"字类代表墓壁长方砖，"足"字类为北壁弧凸平砌砖，"刀"字类为券顶横楔砖，"斧"字类为券顶梯形砖，"急"字类为券顶纵楔砖，"门"字类为券门封墙用砖等，其中"急"字、"宽"字、"坾"字或"宁"字类均有大、中、小三种规格，梯形砖常以数字区分大小规格。另外还有不少单字名称如"天"、"人"、"大"、"工"、"田"、"士"、"车"、"申"、"甲"、"下"、"丰"、"耒"、"反"等，笔画相对较少，易于书写和区分；有的以符号代替，似为同一部首内笔画的增减，如 M96 的"車"、"申"、"田"，M85 的"丰"、"耒"、"未"等即是。通过模印在墓砖上的这些文字，结合现存的砖室，我们基本掌握了小横山东晋南朝墓墓砖的种类及施用位置，由此可以窥测当时墓葬的营造工序复杂、分工细致。

　　三国两晋南北朝时期盛行家族合葬，上至帝王、下至世族，均流行聚族合葬。他们选择山冲形胜之地，根据所在地形，墓葬均"背倚山峰，面临平原"①，小横山墓地也是如此，山南面为开阔平坦的田地，东、南绕以河网，墓葬均位于坡度较缓的南坡，以"一"字形的平行排列为主，间有"品"字形布局，密集有序。由于没有文字的佐证，这批墓葬的主人无法得知。不过 M62 墓壁砖所刻的"沈□远"或许能够提供一点线索。东晋南朝时，吴兴郡武康沈氏为名望较高的大族，武康县前身为永安县，"吴分乌程、余杭立永安县，晋武帝太康元年更名"②，可见，两晋南朝时武康县的一部分原属余杭县，这就为武康沈氏在余杭栖居提供了可能。晋、宋之间，沈氏家族以武功扬名天下，家族声望达到了顶点③，代表人物有沈浒一支的沈田子、沈林子、沈璞等，沈景一支的沈庆之、沈攸之、沈演之等。齐梁之间，沈氏已由

---

① 罗宗真：《六朝陵墓埋葬制度综述》，《中国考古学会第一次年会论文集》，文物出版社，1979 年。

② 《宋书·州郡志一》第 1033 页，中华书局，1974 年。又《宋书》列传第六十《自序》云："（汉）灵帝初平五年，分乌程、余杭为永安县，吴孙皓宝鼎二年，分吴郡为吴兴郡，复为郡人"。两者记载永安县设置时间有出入，但建制相同，本书暂采用《州郡志》一说。

③ 跃进：《从武力强宗到文化士族——吴兴沈氏的衰微与沈约的振起》，《浙江学刊》1990 年 4 期。

武力强宗转化为文化士族，代表人物有专习儒经的沈骥士、致力于文史的沈约等。据毛汉光先生的统计，吴兴武康沈氏在东晋南朝仅次于琅琊临沂王氏、陈郡阳夏谢氏，居官人数共达45 人，可作为南方武力大姓的代表[1]。当然，出土"沈氏"墓砖的小横山 M62 只能算是一座中小型墓，而且是个孤例，不能作为小横山东晋南朝墓的代表，以上的分析也只能算是一种缺乏实证的猜测，但这至少也是一种可能性。

---

① 　毛汉光：《中国中古社会史论》第 89 页，上海书店出版社，2002 年。

附表

余杭小横山东晋南朝墓登记表

墓号	方向（度）	分期	封门	甬道	墓室	随葬品	备注
1	153	第三期	残宽 2.16、厚 0.4、外残高 0.95、内残高 0.3 米	宽 1.1、进深 0.91 米	南宽 1.51、中宽 1.72、北宽 1.51、长 4.63 米	盘口壶 1	碗 1，后期扰进
2	165	第三期	宽 2.5~2.66、厚 0.36、现高 1.05 米	宽 0.93、进深 0.98、现高 1.16、直壁 0.84 米	南宽 1.62、中最宽 1.94、北宽 1.63、长 4.76、残高 1.08~1.8 米	盘口壶 1、铁刀 1	
3	169	第三期	现长 1.22、厚 0.33、高 0.04~0.64 米	宽 0.85~0.89、进深 0.81、高 0.43~0.66 米	南宽 1.46、中宽 1.71、北宽 1.46、长 4.14~4.16、高 1.57~2.25 米	盘口壶 2、小碗 2	
4	148	第三期	宽 1.52、厚 0.18、高 0.9 米	宽 0.8、进深 0.65~0.68、现高 1.1~1.2 米	南宽 1.48、中宽 1.77、北宽 1.5、东长 3.45、西长 3.38、高 1.25 米	盘口壶 1、小碗 1	
5	164	第三期			长 3.36、宽 0.71~0.73、高 1.05 米	盘口壶 1、黑釉粉盒 1	
6	150	第三期	宽 2.5~2.86、厚 0.32、高 1.9 米	宽 0.9、进深 0.98~1、现高 0.29~0.78 米	南宽 1.55、中宽 1.83、北宽 1.54、长 3.28 米	盘口壶 1	
7	163	第二期	宽 2.32~2.62、厚 0.38、现高 0.9~1.1 米	宽 0.97、进深 1.17~1.2、现高 1.1 米，直壁高 0.9 米	南宽 1.8、中宽 2.16、北宽 1.81、长 5.38~5.39 米	盘口壶 2、小碗 1	
8	163	第三期	宽 2.4、厚 0.38、现高 0.8 米	宽 0.85~0.88、进深 1.15、现高 0.98 米	南宽 1.74、中宽 1.98、北宽 1.78、长 4.66、现高 1.98~0.24 米	盘口壶 2、小碗 2	
9	168	第三期	长 1.6、厚 0.32、现高 0.53 米	宽度不详，进深 1.14、现高 0.92 米	中宽 2.1、北宽 1.8、长 5.16、内高 2.45 米（至棺床面），通高 3 米	石质墓志 1、盘口壶 2、小碗 1	
10	160	第三期	长 8.4、通宽 3.2 米	被毁不详	北宽 1.9、中宽 2.42、残长 5.12~5.55、现高 2.23~1.9 米（至棺床）	盘口壶 2、钵 1	

* 随葬品凡未标明质地的，皆为瓷器，下同。

续表

墓号	方向（度）	分期	封门	甬道	墓室	随葬品	备注
11	170	第三期	残	宽0.96、进深0.7~0.83、残高0.18~0.25米	长3.54、中宽1.95、南宽1.65、残高0.78~1.37米	盘口壶1、小碗1	
12	165	第三~四期	残	残长0.5~0.75、现高0.24~1.04米	南宽1.67、中宽2.02、北宽1.62、长3.77、现高1.92米	盘口壶2、残小碗1	
13	165	第四期	残	残	残长3.22、中宽2.06、北宽1.23、南宽1.73、高1.93、直壁高0.8米	小碗2	
14	190	第四期	残	残	长2.5~3.3、北宽1.17、中宽1.92、南宽1.83、残高0.71~1.3米	钵1	
15	160	第三期	宽1.42、厚0.16~0.19米	残	残长1.45、外宽1.06、内宽0.67~0.72、残高0.2~0.54米	盘口壶1、小碗2	
16	165	第三期	宽1.54、残高0.36米		内长3.05、外长3.42米；内宽0.75、外宽1.14~1.16米，残高0.36米	盘口壶1、小碗2、钵1，有1件小碗内发现料钗一根	
17	83				长2.62、宽0.7、东端宽0.62、外宽0.88、直壁高0.38~0.39米		汉墓
18	158	第二期	宽2.52~2.66、残高0.74~0.86米	宽0.94、进深0.92、残高0.56~0.85米	南宽1.8、中宽2.1、北宽1.78、长5.02、残高0.45~2.13米	盘口壶2、小碗3	
19	157	第三期			残长约1.88、宽0.73~0.75、现高0.96米	盘口壶残片	
20	160	第三期			残长0.74~0.88、宽0.65、残高1.1米		
21	155	第三期			残长3.74、北宽1.21、中宽1.25、残高0.1~1.46米	小碗1	
22	160	第三期			残长3.02、通宽1.64米。内长2.8、北壁宽1.25、中宽1.3、残高0.04~0.6米		
23	160	第二期	宽1.95、厚0.38、现高0.43~0.56米	宽0.97、进深1.26、现高0.31米	南长1.87、北长1.89、中宽2.32、东西长5.48~5.49、直壁高1.84、内高2.5米（至棺床面）	盘口壶5、小碗9	

续表

墓号	方向（度）	分期	封门	甬道	墓室	随葬品	备注
24	155	第四期	残	残长0.95米	北宽1.28、中宽2.12、西长3.28、西残高0.12~0.4、东残高0.4~1.1米	钵2	
25	160	第四期	残	长1.01、高0.24~0.31米	长4.65、北宽1.24、中宽1.93、现南宽1.66、东壁长3.42、残高0.36~1.2米	盘口壶2	
26	160	第四期	残	宽0.77、残长0.93、残高0.59米	北宽1.24、南宽1.23、中宽2.01、西长3.27、东长3.24、残高0.59米		
27	161	第三期	残	残	南宽1.64、北垂直宽1.63、中部宽2.01、长4.54~4.57、内高2.33（至棺床面）、直壁高1.59米		
28	160	第一期	宽1.76、残高0.5~0.65、厚0.31米		北宽1.1、南宽1.12、中宽1.16、东西长2.97、残高0.18~1.03米	罐1	
29	160	第二期			残长2.36、宽0.68、东残高0.56、西残高0.19、残高0.8米	盘口壶1	
30	150	第三期	宽1.4、残高0.58米		内宽0.8、西壁残长2.84、残高0.25~0.44、东壁残长1.4、现高0.05~0.4米		
31	160	第三期	上宽0.82、下宽0.42、残高0.82米	宽0.86、进深0.76米	南宽1.56、中宽1.8、东长1.4、西长2.1、残高0.44米		
32	160	第三期			南宽0.65、中宽0.75米。东西内长3.08、残高0.38~0.66米	四系盘口壶1、盘口壶1	
33	160	第三期	宽2.06、厚0.38、残高0.2米	宽0.91、进深0.72、现高0.52~0.77米	南宽1.54、中宽1.88、北宽1.55、长4.14~4.15米，内长5.23、残高0.46~1.97米		
34	170				北壁底宽1.67~1.54、长3.6、残高0.4~1.16米		汉墓
35	116	第五期			残长3、内宽0.68、外宽0.93、残高0.4米	盘口壶1	
36	153				长2.6、宽1.84、东内宽0.7、西内宽0.72、残高0.82米	小碗1	明墓

续表

墓号	方向（度）	分期	封门	甬道	墓室	随葬品	备注
37	149	第二期		宽 0.95、进深1.45、残高0.64米	南宽1.9、中宽2.16、北宽1.9、长4.54、残高0.9~1.4米	小碗2、唾壶1、盘口壶1、鸡首壶1	
38	156				宽2.2、西残长3.8、东残长2.04、残高1.06米	铜镜2、玛瑙瑱1、料珠2、五铢钱100余枚、铁剑1、陶灶1、陶井1、陶桶1	汉墓
39	176				残长2、总宽1.9、残高0.5、西室内宽0.85、东室内宽0.82米		双室墓
40	160	第二期	未发掘	宽1.12、残进深1.44、高0.3~0.6米	长4.75、高2.46、残高0.6~1.4、南壁宽1.92、中宽2.25、北壁宽1.92米	盘口壶2、唾壶1	
41	154	第二期	未发掘	宽1.2、进深1.45米	长4.74、南宽1.78、中宽2.2、北宽1.84、残高1.15~1.45米	盘口壶2、唾壶1、小碗2、鸡首壶1	
42	150	第一期	宽2.3~2.43、高1.52~1.85米	宽1.06、进深1.1~1.25、高1.43~1.54米	西长4.9、南宽1.82、北宽1.81、中宽2.11、内高2.58、直壁高1.68米	盘口壶4、小碗3、钵1、圆盘2	
43	156	第三期			长4.3、内宽0.66、外宽0.96、高1.28米	盘口壶1、料钗1、小碗2	
44	174				长3.45、宽1.64、残高0.22~1.5、厚0.14~0.2米	灶1、罐3	汉墓
45	160	第二期			通长2.25~2.7、宽1.98、现高0.86~1.02、残长1.9、东室内宽0.64~0.65米		双室墓
46	165	第三期	宽2.66、残高1.76、直壁高0.81~0.82、券门内高1.82~1.49米	宽0.9、进深1.14、高1.5、外高1.8米	东西壁长4.52、南宽1.7、北宽1.69、中宽2.02、残高0.38~0.8米	盘口壶2、小碗2	

续表

墓号	方向（度）	分期	封门	甬道	墓室	随葬品	备注
47	171	第二期	残	残	长 3.6、宽 1、南宽 0.7、北宽 0.7、中宽 0.73、长 3.27、残高 0.47～1.05 米	盘口壶 1、钵 1	
48	160	第五期	宽 0.8、残高 0.58～0.86 米		长 3.4、通宽 0.85～1.1、南宽 0.65、北宽 0.64、中宽 0.67，东长 2.93、残高 0.9～1.21 米	黑釉瓷罐 1、小碗 1	
49	177	第四期		宽0.8、残长 0.64、残高0.28 米	长 4.8、通宽 2.65、南北二壁宽 1.6、中宽 2.32、长 3.5、残高 0.28～0.98 米	鸡首壶 1、盘口壶 3、小碗 4	
50	177	第四期			长 3.15、通宽 1.05、内长 2.86、宽 0.76、东、西残高 0.2～0.4、北残高 0.67 米	盘口壶 1、小碗 1	
51	132				东壁残长 1.63、残高 0.16～0.61、西壁残长 0.76、现高 0.25～0.71、北壁宽 0.65、残高 0.68 米		
52	170	第三期	宽 2.77、厚 0.32、残高 1.06～1.25 米	宽 0.96、进深 1.15、现高0.28～0.92 米	东西长 4.6、南壁宽 1.86、中宽 2.1、北壁宽 1.86、高 1.96 米	盘口壶 1	
53	159	第三期			长 3、内长 2.66、宽 0.64、内高 0.88、外高 1.04 米	盘口壶 1	
54	170	第二期	宽 2.07、厚 0.53、残高 0.1～0.71 米	宽 0.94、进深 0.9～0.92、残高 0.43～0.82 米	西长 4.36、南宽 1.59、中宽 1.91、北宽 1.58、残高 0.78 米	盘口壶 2、小碗 1、钵 1	
55	160	第三期	残	残	通长 3.4、通宽 1.86、北宽 1.43、中宽 1.53、南宽 1.43、南北现长 4.2 米	盘口壶 1、小碗 1	
56	165	第三期		残长 0.67、宽 0.91 米	长 4.36、南宽 1.59、中宽 1.89、北宽 1.6、长 4.1、残高 0.1～1.07 米	盘口壶 1	
57	175	第三期			长 3.9、中宽 1.79、北宽 1.48、南宽 1.6、东西残高 1.1～1.23、残高 0.57～0.92 米	盘口壶 1、小碗 4	

续表

墓号	方向（度）	分期	封门	甬道	墓室	随葬品	备注
58	165	第三期	宽 1.63、厚 0.37 米	宽 0.91、进深 0.56、残高 0.1~0.24 米	通长 5.55、南宽 1.5、中宽 1.72、外通宽 2.35、西残长 2.12~3.2、残高 0.8~0.84 米	盘口壶 1、铁钉 1	
59	171	第三期	宽 1.29~1.4、厚 0.31~0.34、残高 0.05 米		通长 3.45、南北宽 1.3、中宽 1.38、长 2.97~2.93、残高 0.14~0.51 米	小碗 1	
60	170				通长 3.4、通宽 1.58、长 3.09、宽 1.27~1.28、高 1.01 米	铜镜 1、五铢钱 10 枚、罐 4、壶 1、陶罍 1、铁釜 1	汉墓
61	170	第二期	宽 2.2、厚 0.38、残高 0.16~1.37 米	宽 0.9~0.92、进深 0.71~0.72、残高0.62~0.72 米	通长 5.45、通宽 2.26、南宽 1.42、北宽 1.43、残高 0.67~1.53、中宽 1.71、东长 3.88 米	盘口壶 1、小碗 3、钵 1	
62	165	第二期	宽 1.72、厚 0.18、残高 0.1~0.37 米	宽 0.82、进深 0.54、残高 0.33~0.37 米	南宽 1.42、北宽 1.41、中宽 1.63、长 2.94、残高 0.47~1.15 米		
63	140	第一期	厚 0.34~0.37、残高 0.32 米	宽 0.86、进深 1.1、残高0.48~0.62 米	南北宽 1.6、中宽 1.76、长 4.7、残高 0.46~1.33 米	铜钱 3、铜箸 1、小碗 2、盘口壶 1、石板 1	
64	160	第三期	宽 2.35、残高 0.57~1.06 米	宽 0.96、进深 0.93、残高0.14~0.53 米	南宽 1.6、北宽 1.59、中宽 1.84、东西壁均长 4.52、东残高 0.24~1.4、西残高 0.52~1.2、北残高 0.3~0.98 米	盘口壶 1	
65	165	第三期	宽 2.09、厚 0.35~0.38、残高 0.28~0.5 米	宽 0.97、进深 0.69、残高 0.3~0.44 米	通长 5.4、南宽 1.62、残高 0.3~0.45、北宽 1.61、残高 1.54、东长 4.07、高 0.84~1.7、西长 4.03、高 0.73~1.7 米		
66	159				通长 4、北宽 1.26、中宽 1.34、东长 3.66、西长 1.76、残高 0.28~1.1 米		
67	163	第五期	宽 1.32、残高 0.26 米	宽 0.78、进深 0.75、残高 0.25~0.5 米	北宽 1.13、南宽 1.26、中宽 1.98、长 3.26、残高 0.4~1.03、通长 4.24 米	盘口壶 1、黑釉瓷罐 1	

续表

墓号	方向（度）	分期	封门	甬道	墓室	随葬品	备注
68	178	第三期			通长3.34、北宽1.21、南宽1.19、中宽1.26、长3.14、残高0.26～1.02米	小碗1	
69	160	第一期			通长3、北宽1.62、中宽1.82、东长2.2、西长2.82、残高0.87～1.29、北残高1.39米		
70	140	第一期			通长2.86、北宽1.22、中宽1.26～1.27、残高0.29～0.59米	小碗1、蛙形尊1	
71	140	第二期			通长4.5、北壁宽1.36、中宽1.55、南口宽1.38、东西长3.92米	盘口壶1	
72	160	第二期	宽1.8、厚0.42、残高0.28～0.32米	宽0.81、进深0.73、残高0.15～0.32米	通长5.08、北宽1.55、南宽1.56、中宽1.8、长3.53、残高0.46～1.57米	豆1	
73	157	第二期			北宽1.1、中宽1.15、长2.14～2.64、残高0.31～0.94米	小碗1	
74	168	第二期	宽1.26、厚0.17、残高0.16米	宽0.83、进深0.54、残高0.05～0.13米	北宽1.31、南宽1.32、中宽1.4、长2.81、残高0.14～1.45米	小碗1	
75	160	第四期		宽0.65、残长0.35米	南、北宽1.01、中宽1.68、东长3.26、西长3.28、东残高0.27～0.88、西残高0.2～0.64米	盘口壶1、五铢钱14枚	
76	165	第二期			通长3.45、通宽0.85～0.98、北宽0.66、南宽0.67、中宽0.69、长3.15～3.12、残高0.69～0.85米		
77	169	第二期			北宽2.02、现长2.6、通长3.06米	罐1、盘口壶1	双室墓
78	165	第二期	宽1.8、厚0.36、残高0.36米	宽0.87、进深0.56、残高0.1～0.36米	通长4.8、南宽1.27、北宽1.29、中宽1.45、长3.64、直壁高0.82～0.86、残高0.31～0.99米	盘口壶残片2	
79	160	第四期	宽1.31、厚0.27米	宽0.75、进深0.8、残高0.04～0.12米	南宽1.46、北宽1.37、中宽2.28、长3.52、现高0.13～1.38米	盘口壶3、小碗1	

续表

墓号	方向（度）	分期	封门	甬道	墓室	随葬品	备注
80	170	第三期	宽2、厚0.4、残高0.14～1米	宽0.93、进深0.75、残高0.88～0.99米	南宽1.55、中宽1.78、北宽1.54、长4.25、现高1.36～1.84、直壁高1.09米	小碗1	
81	120	第一期	宽1.9、残高0.58～0.85米	宽1.04～1.1、进深1.16～1.19、高0.4～0.9米	南北均宽1.84、长4.45、中宽1.95、残高0.17～1.45米		
82	153	第一期	宽1.6、高1.61、直壁高1米	宽1.01、进深1.13～1.15、残高0.2～0.49米	南宽1.77、中宽2.2、北宽1.76、东长4.43、西长4.45、残高0.2～1.81米	盘口壶1、钵2、唾壶1、砚1	
83	145	第二期			北宽1.43、中宽1.53、南宽1.49、长2.48～2.57、残高0.32～1.16、直壁高1.1～1.11米		
84	158	第二期	宽1.76、现高0.68～1.27、厚0.34米		南宽0.98、北宽1.02、长3.7、残高0.68～1.27米		
85	155	第一期	宽2.44～2.5、高2.19米	宽1.08、进深1.25、内高1.56、外高1.85米	南宽1.9、北宽1.88、中宽2.2、长4.9、内高2.7、直壁高1.53米	盘口壶3、盘1、小碗2	
86	150	第一期	宽2.37～2.61、最高1.62米	宽1.06～1.07、进深1.47、现高0.8～1.5米	南宽1.93、中宽2.22、北宽1.91、东长4.79、西长4.77、现高0.4～1.7米	盘口壶4、小碗8、罐2、唾壶1、钵3	
87	160	第一期	宽2.9、现高0.92～1.7米	宽1.12、进深1.48、现高0.86～1.49米	南宽1.86、北宽1.85、中宽2.26、内高2.66、外高2.92米	碗1	
88	160	第二期	宽1.56、内宽1.1～1.17、厚0.28米	宽0.91、进深0.8～0.83、高1.33米	南北宽1.47、高2.09（至墓顶）、长4.15米	盘口壶2、钵1、唾壶1、小碗4、坠饰1	
89	160	第二期			北宽0.62、中宽0.62、南宽0.63、残长2.7、高1、通长3.18米		
90	150	第二期	宽3.12、现高1.42、厚0.34米	宽1.08、进深1.43、现高0.73～1.32米	南宽2.01、中宽2.25、北宽2.02、长4.72、残高0.82～1.13米	盘口壶3、钵1、小碗1	
91	150	第三期			长2.52、外宽1.5、高仅0.14、北壁内宽1.14、外宽1.58、现高0.83米		

续表

墓号	方向（度）	分期	封门	甬道	墓室	随葬品	备注
92	163	第三期	宽1.88、中间封墙宽1.22、厚0.38、现高0.4~0.63	宽0.93、进深0.71~0.73、现高0.38~0.62米	南宽1.52、北宽1.53、中宽1.79、东长4.02、西长4、顶内高1.94、直壁东高1.07、西高1.12米	盘口壶2	
93	165	第二期	宽2.84、下宽2.74~2.8、高2.25米	宽1、进深1.04、北残高0.43~0.48米	南宽1.87、中宽2.25、北宽1.87、东长4.69、西长4.67、棺床至顶内面高2.7、墓室内长6.12米	盘口壶2、小碗6	
94	160	第三期			内宽0.98、外宽1.3~1.34、现长2.6~2.9、残高0.15~0.56、现长2.36米	盘口壶残片、砚1	
95	160	第一期	宽2.45~2.84、厚0.51、现高1.75米	宽1.18~1.19、进深14.5、现高0.62~0.9米	南宽2.26、现高0.62~0.8、北宽2.28、中宽2.57、长4.87、现高0.28~0.75米	盘口壶2、鸡首壶1、陶盒1	
96	155	第一期	宽2.18~2.68、高2.16、厚0.27~0.31米	宽1.13、进深1.22~1.23、现高0.3~1.67米	南宽2.17、北宽2.18、中宽2.42、东长4.57、西长4.58、现高0.29~1.61米	盘口壶2、小碗2	
97	140	第一期	宽2.9、高1.92米	宽1.04~1.05、进深1.4~1.42、高1.52米	中宽2.13、南宽1.81、现高0.8~1.18、北宽1.8、长4.62、现存最高2.18~2.2米	盘口壶3、唾壶1	
98	160	第一期	宽2、高1.52、厚0.36米	宽1.04~1.06、进深1.02、现高0.7~1.27米	南宽2.32、北宽2.32、中宽2.56、长4.96、现高0.45~1.52米	盘口壶3、钵1、小碗4	
99	170	第三期			残长2.2、宽2.25、东内宽0.62、残长1.65、残高0.2~0.3、西内宽0.84~0.9、残高0.9、残长2.2米	盘口壶残块2	双室墓
100	170	第三期	宽1.66、厚0.36、高0.11~0.3米	进深0.89~0.92、宽0.95、现高0.44米	长5.44、南宽1.65、北宽1.67、中宽2.01、残高0.48~0.54米	盘口壶1、小碗1	
101	158	第三期			北宽1.32、中宽1.39、外宽1.7、西长1.4、东长2.3、现高0.15~0.73米	盘口壶残片	
102	169	第三期			北宽0.87、南宽0.86、中宽0.9、内高1.3、直壁高0.83、东壁长4.3米		

续表

墓号	方向（度）	分期	封门	甬道	墓室	随葬品	备注
103	165	第二期	宽 2.46、厚 0.38、残高 0.89 ~ 1.56 米	宽 1.01 ~ 1.03、进深 1.2、高 0.83 ~ 1.68、直壁高 0.88 米	长 5.27、南宽 1.93、中宽 2.32、北宽 1.93、残高 1.22 ~ 2.33 米		
104	162	第三期	宽 1.63、厚 0.31 ~ 0.34 米，残高 0.55 ~ 0.7 米		北宽 0.87、南宽 0.9、中宽 0.96、长 3.36、残高 1.39 米	盘口壶 1	
105	168				残长 3.57、北宽 0.98、南宽 1.08、高 0.48 ~ 0.89 米	陶罐 1	汉墓
106	166				内宽 0.86 ~ 0.87、外宽 1.15、东壁内长 3.55、残高 0.69 ~ 0.89 米	陶罐 3	汉墓
107	168	第三期	宽 1.68、厚 0.33、现高 0.16 ~ 0.77 米	宽 0.8、进深 0.94、现高度 0.27 ~ 0.56 米	北宽 1.58、南宽 1.58、中宽 1.86、长 3.73 ~ 3.78、残高 0.6 ~ 1.74 米	小碗 1	
108	160	第二期	宽 2.41、厚 0.37、现高 0.57 米	宽 0.92 ~ 0.94、进深 1.13 ~ 1.14、现高 0.17 ~ 0.68 米	北宽 1.65、南宽 1.66、中宽 1.98、东长 4.57、西长 4.55、残高 0.55 ~ 1.92、直壁高 1.62 米	盘口壶 2、小碗 4	
109	165	第三期	通宽 1.89、高 0.7、厚 0.34 ~ 0.4 米	宽 0.96 ~ 0.98、进深 1.01、高 0.66 ~ 0.84 米	南宽 1.54、北宽 1.55、中宽 1.84、长 4.2 ~ 4.22、现高 0.36 ~ 1.25 米	盘口壶 3、小碗 5	
110	150	第二期			南宽 1.68、中宽 1.84、北宽 1.6、长 3.92 ~ 4.2、残高 1.1 ~ 1.9 米	盘口壶 2、小碗 1	
111	65				长 2.24、残宽 0.72 ~ 0.82、高 0.94 ~ 1.08 米	陶罐 1、铁镰斗 1、陶灶 1	汉墓
112	150	第二期			南宽 2.24、北宽 1.52、中宽 2.36、长 3.4、残高 1.6 ~ 2.2 米	盘口壶 3、唾壶 1、小碗 2	
113	170	第三期	残	长 0.63、宽 0.89、高 0.2 ~ 0.31 米	南宽 1.59、中宽 1.85、北宽 1.59、残高 0.12 ~ 1.88、东长 4.4、西长 4.42 米	盘口壶、碗残片	
114	170	第三期	宽 2.35、高 0.34 ~ 0.62、厚 0.32 米	宽 0.87 ~ 0.88、进深 0.97、现高 0.3 ~ 0.65 米	南宽 1.6、中宽 1.83、高 0.45 ~ 0.64、长 4.6 米	钵 1	
115	155	第二期			长 3.64、宽 1.51 ~ 1.64、高 0.8 ~ 1.1、东西二室内宽各 0.5 ~ 0.54 米	盘口壶 2、小碗 1	双室墓

续表

墓号	方向（度）	分期	封门	甬道	墓室	随葬品	备注
116	155	第三期			长 3.6、宽 0.9 ~ 0.95、高 0.8 ~ 1.1 米	盘口壶 1、小碗 1	
117	160	第三期		宽 0.72 ~ 0.74、残长 0.6 米	南宽1.27、中宽1.37、北宽 1.3、长 3.52、残高 0.5 ~ 0.7 米		
118	150	第二期	宽 2.7、厚 0.3 ~ 0.31、残高 0.88 米	宽 1.04 ~ 1.05、进深 1.38、残高 0.82 米	南宽1.84、北宽1.84、中宽 2.09、东长 4.75、西长 4.74、残高 0.63 ~ 1.16 米	盘口壶 1、小碗 1、鸡首壶 2、盏托 1	
119	170	第二期	宽 2.7 ~ 2.8、高 0.93 ~ 1.19、厚 0.35 ~ 0.36 米	宽 1、进深 1.09 ~ 1.1、残高 0.32 ~ 1.02 米	南宽1.95、北宽1.96、中宽 2.32、长 5.25、内高 2.5、外高 3.03 米	盘口壶 2	
120	165	第三期	宽 1.76 ~ 1.82、厚 0.36、残高 0.38 ~ 0.95 米		南宽1.01、中宽1.14、北宽 0.99、内长 4.06、通长 5.32 米	石簪 1	
121	150	第一期	宽 2.06 ~ 2.17、厚 0.32、高 2.32 米	宽 1.06、进深 1.43、现存高 0.52 ~ 1 米	南宽1.83、北宽1.82、中宽 2.08、长 4.9、残高 0.88 ~ 1.67 米	铁刀 1、盘口壶 2、小碗 3	

附录

余杭小横山汉、明墓发掘报告

小横山墓地共发现汉墓8座、明墓1座。汉墓零星地分布于山体中部，上下均有，其方向南北向、东西向均有。墓室均砖砌。个别墓葬随葬品比较丰富。明代墓葬仅一座，位于山南坡西面靠下位置，为一并列双室砖砌墓。现将汉墓及明墓的发掘情况报告如下。

一 汉墓

(一) M17

M17位于小横山顶端第一排中部，其西部为M16，二者基本相连，M17墓顶位于M16墓底下。东部为M14。方向83°（图 I -1；彩版二七一，1）。

M17为长方形单室砖券墓，东西向，通长3.18米。墓室内长2.62、宽0.7米，东端宽0.62米，外宽0.88米。墓壁以单砖错缝平砌，直壁高0.38～0.39米，平砌9层砖。墓顶内高0.5～0.58米，并列拱券顶。墓底东西向顺长平铺7排砖，每排4砖。砖长32、宽15～16、厚4～4.2厘米，一长侧面饰3组长方三角几何纹。

未发现随葬品。

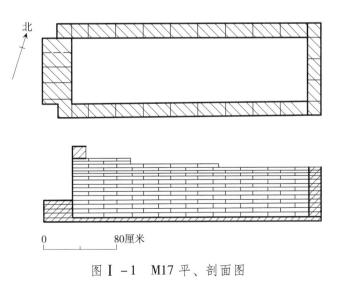

图 I -1 M17平、剖面图

（二）M34

M34 位于小横山中部从上往下第三排，北壁偏西为 M12，西部紧邻 M33。方向 170°。通长 3.85、内长 3.56 米（图Ⅱ-1；彩版二七一，2）。

M34 为单室砖椁墓，墓室平面长方形，四角略朝外撇，四壁中部略朝内凸，可能是长期受力变形的结果。北壁底宽 1.67、口宽 1.72、现高 0.77～0.86 米，平砌 23～26 层砖。南壁底宽 1.58、中部宽 1.52、口宽 1.54 米，现存 12～14 层砖，高 0.4 米；西壁底长 3.56、现高 1.16 米，存留 37 层砖；东壁底长 3.6、现高 1.08 米，存留 34 层砖。铺地砖作人字形。墓砖长 28.2～29、宽 13.3～14.5、厚 2.5～3.2 厘米。还有一种砖施用于东西两壁上端内收部分，长 25.5～26、宽 12.2～12.4、厚 2.5～2.6 厘米。

未发现随葬品。

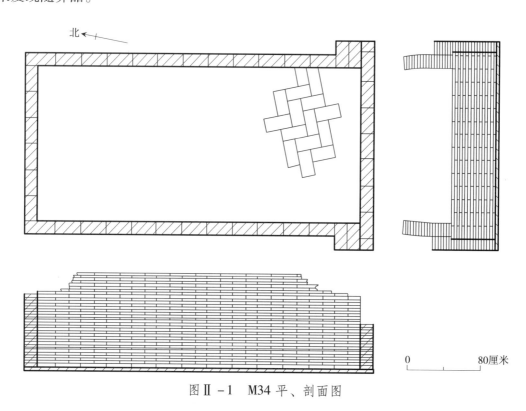

图Ⅱ-1　M34 平、剖面图

（三）M38

M38 位于小横山墓地西南侧，西侧为 M37，东邻 M39。方向 156°（图Ⅲ-1；彩版二七二，1）。

M38 整体呈长方形，破坏严重，墓葬前部破坏无存，仅余中西部。墓室宽 2.2、西壁残长 3.8、东壁残长 2.04、残高 1.06 米。墓壁为单砖错缝平砌，中部略朝内弧凸，四角外撇。铺地砖呈人字形，多破碎。墓砖质量较差，大多酥碎。砖长 30～30.5、宽 14.8～15.2、厚 3～3.8 厘米。

随葬品有陶器、石器、铜器以及铁器共计 10 件（组）。

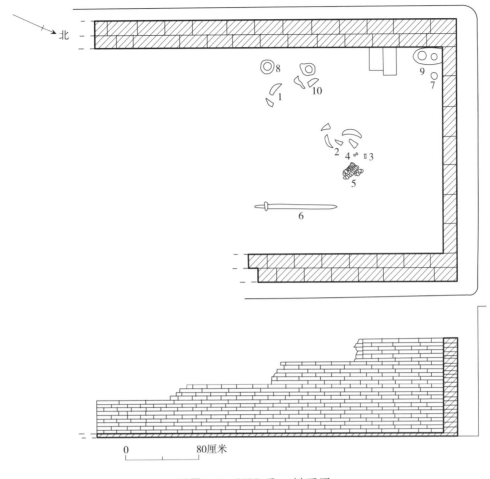

图Ⅲ-1 M38 平、剖面图

1、2. 铜镜 3. 玛瑙 4. 料珠 5. 五铢钱 6. 铁剑 7. 陶井 8. 陶壶 9. 陶灶 10. 陶罍残片

在西壁附近发现有散落陶片、陶器底部残块等，墓室西北角清理出土陶灶以及陶井各 1 件，灶上有铁器，井中有陶桶 1 件。

墓室中西部发现 2 件料珠、玛瑙瑱 1 枚及大量五铢钱，五铢钱下有漆木器痕迹（彩版二七二，2）。铜镜两件，均碎裂，镜体较薄，纹饰清晰。东壁附近上发现铁剑 1 件，通长 106 厘米，剑格部分有铜质材料，铁剑距离东壁约 60 厘米，剑尖距离北壁 80 厘米。陶灶保存太差无法复原，陶罍仅余残片。

铜镜 2 件。M38:1，仅余四分之一左右。圆纽，圆纽座，座外四出纹，有两重方框，框内每边有两组平行短线。主纹为规矩纹间相对的小鸟，每边有两枚。外围为一周弦纹、一周辐线纹和一周锯齿纹。边缘高耸，断面略呈三角形。边缘厚 0.6、复原直径 15.2 厘米。镜面最薄处厚不到 1 毫米（彩版二七六，1）。M38:2，圆纽，圆纽座，座外四出纹，外围两重方框。主纹为两组仙人和两组神兽，围绕纽座相对分布。主纹外为一周弦纹、一周辐线纹和一周锯齿纹，边缘高耸，断面略呈三角形。直径 17.5 厘米，连纽厚 1.6 厘米，镜面最薄处仅厚 0.5 毫米。

玛瑙瑱 1 件。M38:3，暗红色，表面有裂纹和缺痕，呈束腰形，中间有穿孔。两端直径分别为 1.2、1.5 厘米，高 2.6 厘米（图Ⅲ-2-1；彩版二七七，1~4）。

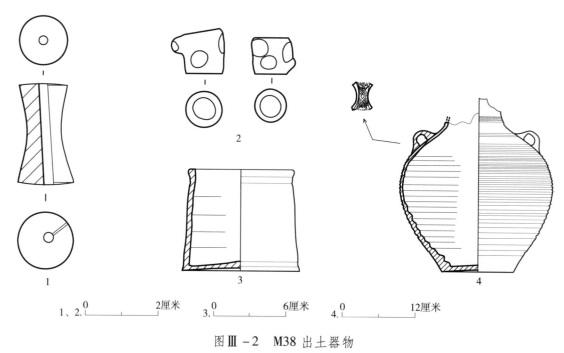

图Ⅲ-2　M38 出土器物

1. 玛瑙瑱（M38:3）　2. 料珠（M38:4）　3. 陶井（M38:7）　4. 陶壶（M38:8）

料珠　2 件。M38:4，红褐色，略呈中空的圆柱形，表面凸起四五个青色眼，眼多脱落。直径 0.6~0.9、高 0.9~1.1 厘米（图Ⅲ-2-2；彩版二七七，5、6）。

五铢钱　100 余枚。M38:5，钱体轻薄，易碎，多粘连在一起，锈蚀严重。直径 2.5~2.6、穿径 1 厘米。"五"字交股弯曲，"朱"字上部方折，下部圆折（彩版二七八）。

铁剑　1 件。M38:6，锈蚀较甚，已断裂。剑通长 107.3 厘米，柄长 11.4、最宽 3.5、厚 2.6 厘米。

陶井　一组 2 件。M38:7，井呈圆筒形，上细下粗，平底。井附一壶形小桶，桶口部残缺（图Ⅲ-2-3）。

陶壶　1 件。M38:8，口残缺，肩部残存黄绿釉。束颈，圆肩，鼓腹，平底微凹，肩部对称两个纵向系，系上印兽面几何纹，腹部饰密集弦纹。腹径 24.6、底径 11.5、残高 28 厘米（图Ⅲ-2-4）。

（四）M44

M44 位于墓地中部，其西北邻 M43，东北部为 M47。方向 174°（图Ⅳ-1；彩版二七三，1）。

M44 平面呈长方形，墓室长 3.45、宽 1.64 米。西壁残高 0.6~0.92、残长 1.6~1.9 米，东壁残高 0.22~0.92、长 3.45 米。北壁残高 0.98~1.5、厚 0.14~0.2 米。北壁由长条整砖和半砖组成。砖长 29~31、宽 14.5~15、厚 2.7~3.2 厘米，有的砖上有网格纹。东西两壁砖规格与后壁砖规格基本一样，长 30~32、宽 15、厚 2.8~3.6 厘米，一长侧面有网格纹，短侧面为一圆圈，圆圈中间有一个圆点。铺地砖为人字形，长 30~31、宽 14.4~15 厘米。此外，

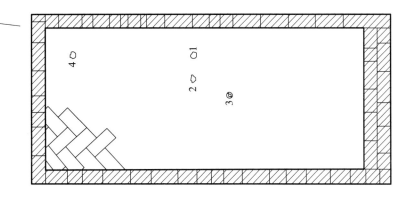

图 IV - 1　M44 平、剖面图
1. 陶灶　2 ~ 4. 陶罐

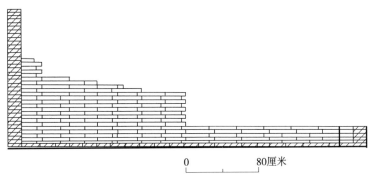

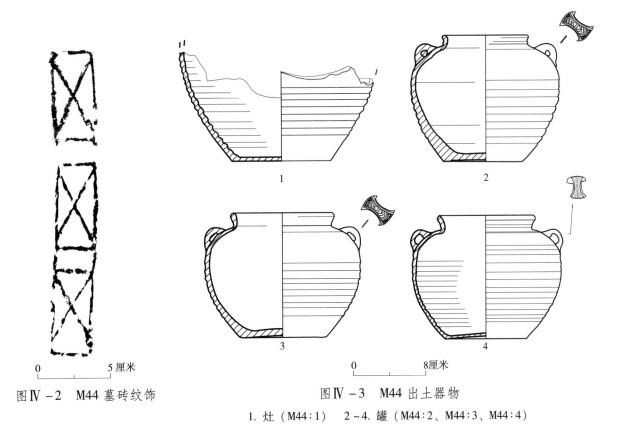

图 IV - 2　M44 墓砖纹饰

图 IV - 3　M44 出土器物
1. 灶（M44∶1）　2 ~ 4. 罐（M44∶2、M44∶3、M44∶4）

在墓葬填土中发现一较大的长条砖，长 38、宽 16.5、厚 6.7 厘米，其长侧面上也有网格纹（图Ⅳ-2）。

随葬品共 4 件，均为陶器。墓室中部靠近东壁处发现一陶灶，墓室中部偏东部、偏南部和东北部各发现一红陶罐。另在墓葬填土中发现一个新石器时代鱼鳍状鼎足。

灶　1 件。M44：1，泥质灰陶，已酥碎。大致呈船头形，高 6.7 厘米。灶面上附一小盆，盆口径 6.6、底径 4.4、高 2.4 厘米。

罐　3 件。M44：2，仅存下半部。土黄色，腹部满饰弦纹。残腹径 20、残高 11.5、底径 11.7 厘米（图Ⅳ-3-1）。M44：3，夹砂红陶，口微侈，溜肩，肩部附双系，腹部满饰弦纹。平底。口径 9.9、腹径 16.9、底 18.9、高 13.3 厘米（图Ⅳ-3-2）。M44：4，口微侈，圆肩，肩部附双系，鼓腹、平底。腹部满饰弦纹。口径 11.2、腹径 17.2、底径 19.5、高 13.4 厘米（图Ⅳ-3-3）。

（五）M60

M60 位于小横山东部，西邻 M59，北为 M61，东望 M62。M61 位于 M60 北部顶上 22～25 厘米，二者有部分叠压，即 M61 封门前的铺地砖叠压于 M60 北壁上，但未发现打破关系。M60 墓底比 M61 低 1.22～1.24 米。方向：170°。南北通长 3.4、通宽 1.58 米（图Ⅴ-1；彩版二七三，2）。

M60 为单室砖椁墓，墓室平面呈长方形，四壁平直，内长 3.09、宽 1.27～1.28、高 1.01 米。墓壁平砌，隔 5～7 层砖丁一层，丁砖伸出墓壁外。西壁、北壁上端朝外伸出，形成母口，西壁朝外伸出 6～7 厘米，北壁伸出 2～3.5 厘米。

墓壁以单砖顺长错缝平砌，厚 13～28 厘米，墓砖长 27～27.5、宽 12.5～13.5、厚 3～3.5

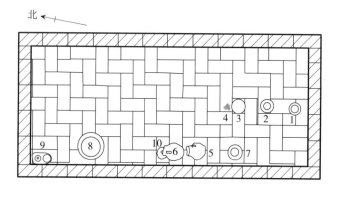
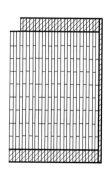
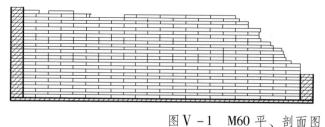

图Ⅴ-1　M60 平、剖面图

1、5、6、10. 陶罐　2、7. 陶壶　3. 铜镜　4. 五铢钱　8. 陶罍　9. 陶灶

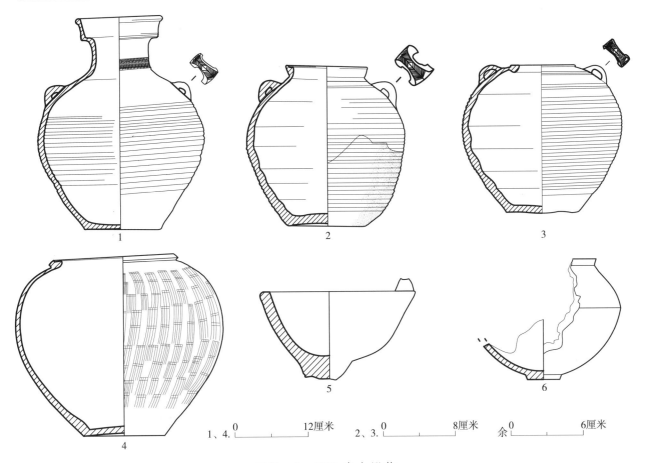

图 Ⅴ - 2　M60 出土器物

1. 陶壶（M60：2）　　2、3. 陶罐（M60：5、M60：6）　　4. 陶罍（M60：8）　　5、6. 铁釜（M60：9）

厘米，素面，砖内有黑点。铺地砖纵横平砌。

随葬品 8 件（组），主要分布于墓室南部中间及西壁下中北部，有陶罐 4 件、陶壶 1 件，陶罍、铁釜、铜镜各 1 件，还有铜五铢若干枚。

壶　1 件。M60：2，盘口外侈，束颈，圆肩，圆鼓腹，平底。肩部满饰弦纹。口径 13.8、腹径 28、底径 12.5、高 33.8 ~ 35 厘米（图 Ⅴ - 2 - 1；彩版二七九，1）。

铜镜　1 面。M60：3，圆纽，柿蒂形纽座，外置三层方框，里面两层方框之间饰米粒纹间短线纹，四角斜线。主纹为四神、鸟、羊、怪人等和规矩纹，四面各布两枚乳钉。主纹外为一圈铭文带，铭文为"尚方作竟真大巧，上有山人不知老，渴饮玉泉饥食"20 字。铭文外为一圈辐线纹。边缘宽平微斜，宽 1.9、厚 0.35 厘米，上饰两周锯齿纹夹一周双层波折线纹。直径 15.5 厘米（彩版二七六，2）。

五铢钱　10 枚。M60：4，锈蚀太甚，多已酥碎。"五"字交股弯曲，"朱"字上下均圆折。钱径 2.5、穿径 0.9 ~ 1 厘米。

罐　4 件。平沿，溜肩，鼓腹，腹部满饰凹弦纹，平底微凹。夹砂灰褐陶。标本 M60：5，肩部残存黄绿色釉，直口，尖唇，直领，溜肩，鼓腹，平底。肩部饰两个纵向系，周身密布横弦纹，颈、腹有数个鼓起的包。口径 13.4、腹径 26、底径 12.5、高 26 ~ 26.7 厘米（图 Ⅴ - 2 - 2；彩版二七九，2）。M60：6，口径 8.1、腹径 26.7、底径 12、高 23 厘米（图 Ⅴ - 2 - 3；彩版二七九，3）。

罍 1件。M60:8，夹砂红陶。敛口，尖唇，圆肩，鼓腹，平底，器身饰栉齿纹9周。口径17.5、腹径35、底径13.8、高30厘米（图Ⅴ-2-4；彩版二七九，4）。

铁釜 一组2件。M60:9，一件敞口，圜底，口径11.8、高6厘米。一件敛口，折腹，溜肩，圜底，高11.5厘米。均属于陶灶上的附件（图Ⅴ-2-5、6）。

（六）M105

M105位于小横山东部从上往下第二排，南部偏东为M107，东部为M106，西侧为M104。方向168°（图Ⅵ-1；彩版二七四，1）。

M105同M106间距不到2米，大小、形制相同，排列整齐，应为同一时期墓葬。

墓室平面呈长方形，西壁前部朝外卷曲严重，东壁朝内倾斜，北壁较直，南壁无存。东壁现长3.57、高0.61~0.9米，北壁内宽0.98、高0.9米，南壁（口）宽1.08米；西壁高0.48~0.89米。M105外宽1.26米。墓砖长方形，长31~31.5、宽15~15.7、厚3.3~3.8厘米，正面饰绳纹，一长侧面饰几何纹。

随葬品仅1件陶罐，位于墓室东北角。

北 ←

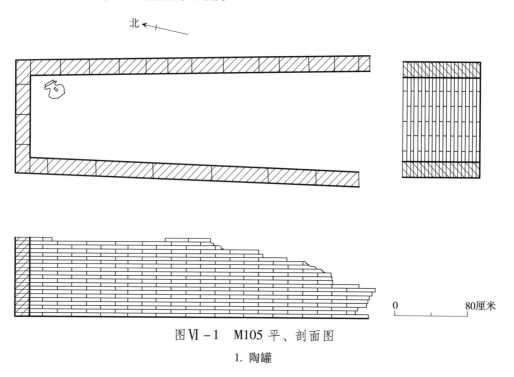

0　　　　　80厘米

图Ⅵ-1　M105平、剖面图
1. 陶罐

（七）M106

M106位于小横山东部从上往下第二排，西侧为M105。方向166°（彩版二七四，2）。

M106同M105间距2米，大小、形制相同，排列整齐，应为同一时期墓葬。平面呈长方形，东、西、北壁保存较多，现高0.69~0.89米；南端封门仅余下面3层砖。墓壁均朝内微凸，略有变形。墓室东、西壁内宽0.87、中部宽0.86米，外宽1.15米。东壁内长3.55米。墓底未铺砖。墓壁砌砖顺长平砌一道，北壁现存最多21层。墓砖长方形，长31~31.5、宽

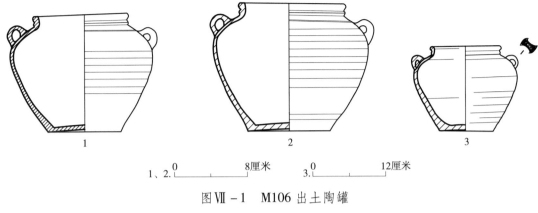

图Ⅶ-1　M106 出土陶罐

1~3. M106：1、M106：2、M106：3

14.8~15.8、厚 3.5~4 厘米，正面饰粗绳纹，一长侧面饰几何纹。

随葬品 3 件，均为陶罐，分布于墓室北部及东北角。

罐　3 件。形制相同。均泥质红陶。侈口，圆唇，束颈极短，颈部凸起一道弦纹，圆折肩，肩部对称附两个系，系上模印平行斜线纹，两系间有一道凹弦纹。腹斜直内收，腹下模印数道凹弦纹。平底微凹。M106：1，口径 11.6、腹径 17、底径 8.8~9、高 14 厘米（彩版二七九，5）。M106：2，口径 10.4、腹径 16.1、底径 8.4、高 13.3 厘米（图Ⅶ-1-1）。M106：3，口径 11.5、腹径 16.8、底径 9、高 13.8 厘米（图Ⅶ-1-2）。

（八）M111

M111 位于小横山最底下一排西部，西为 M110，东邻 M112，现地表为断面。方向 65°（图Ⅷ-1）。

墓室平面呈长方形，东西向，现存墓室北半部。东西长 2.24、残宽 0.72~0.82 米，北壁保存较完整，高 0.94~1.08 米；东、西壁残高 0.76~1.08 米。铺地砖作人字形，平铺一层，现存南北最宽 1.05 米。墓壁单砖平砌，厚 17 厘米，内壁砖面均饰长方三角几何纹。砖长 38.5~41、宽 17~17.5、厚 5.8~6 厘米。

随葬品主要放置于墓室西北角，有陶罐 1、陶灶 1、铁釜 1 件。

罐　1 件。M111：1，侈口，尖唇，圆肩，肩部对称附两个系，器身满饰凹凸弦纹，鼓腹，平底微凹。泥质红陶。口径 11、腹径 15.8、底径 6.8、高 13.2 厘米（图Ⅷ-2；彩版二七九，6）。

镶斗　1 件。M111：2，铁质，已酥碎成小块，无法复原。宽折沿，圆腹，腹底较平。柄残存长度 10.5、宽 3.2 厘米。

灶　1 件。M111：3，泥质灰陶，陶质极差，基本酥碎。头略呈椭圆形，高 10 厘米。灶上附有一小盆。

小横山发现的 8 座汉墓均为砖室墓，砖室分两种，一种以 M34、M38、M44、M60 为代表，属于长方形砖椁墓，南北向，墓室较宽，墓壁单砖顺长平砌，其中 M60 墓壁隔几层就砌纵

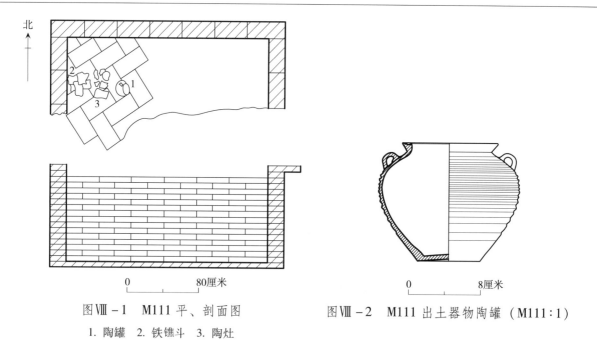

图Ⅷ-1　M111 平、剖面图　　　　　　　图Ⅷ-2　M111 出土器物陶罐（M111:1）

1. 陶罐　2. 铁镰斗　3. 陶灶

向平砌一层，砖壁外伸出半砖，形成所谓的"咬土砖"。其中 M105 同 M106 相邻，墓葬形制及大小相同，随葬的陶罐也相同，无疑属于同一时期墓葬。另一种以 M17 和 M111 为代表，属长方形券顶墓，东西向，墓室窄小，墓砖较大，砖一侧模印有长方三角几何纹。

M60 出土的瓿同杭州老和山 M163 出土的瓿[①]及浙江鄞县高钱 M37 随葬的Ⅰ式瓿[②]较为相似，属东汉时期；M60:8 陶罍同湖州杨家埠西汉晚期至王莽时期 M2 出土的陶罍[③]相似，所以，M60 当在西汉晚期至东汉初年。M34、M38、M44 时代与 M60 大致相同。M111 出土的侈口尖唇弦纹罐同奉化白杜南岙林场 M193 随葬的陶罐[④]相似，属东汉晚期，M17 同 M111 时代相同。M105 和 M106 时代相同，随葬的红陶罐同余杭义桥 M42 随葬的陶罐[⑤]相似，结合其墓葬形制，推测 M105 和 M106 的时代为西汉晚期。

二　明墓

M36 位于小横山墓地的西南侧，东侧为 M35。方向 153°（图Ⅸ-1；彩版二七五）。

该墓为砖砌双室，石板盖顶，白灰抹缝，基本呈南北向，以砖砌筑四壁及铺砌墓底。墓室分为东、西两个室，中间以砖墙相隔，砖墙中北部有壁龛，沟通两个墓室。墓顶石板修整成梯形，石板间契合较为严密，每个墓室均有 4 块石板盖顶。两个墓室墓底中部均有镂花雕

①　浙江省文物考古研究所：《浙江省杭州市老和山汉墓发掘报告》，《浙江省文物考古研究所学刊》第七辑，杭州出版社，2005 年。

②　浙江省文物考古研究所、南京大学历史系考古学专业：《浙江省鄞县古墓发掘报告》，《浙江省文物考古研究所学刊》第七辑，杭州出版社，2005 年。

③　浙江省文物考古研究所、湖州市博物馆：《浙江省湖州市杨家埠古墓发掘报告》，《浙江省文物考古研究所学刊》第七辑，杭州出版社，2005 年。

④　浙江省文物考古研究所、宁波市文物考古研究所、奉化市文物保护管理所：《奉化白杜南岙林场汉六朝墓葬》，《浙江汉六朝墓报告集》，科学出版社，2012 年。

⑤　杭州市文物考古所、余杭区博物馆：《余杭义桥汉六朝墓》，文物出版社，2010 年。

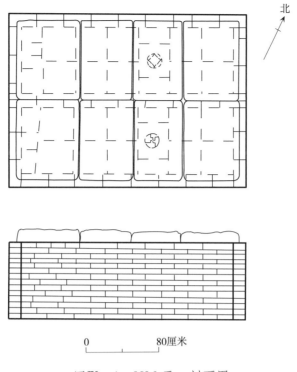

北

0　　　　　80厘米

图 IX - 1　M36 平、剖面图

刻空心砖 1 件，推测为排水构造。

两座墓室内均有大量白蚁巢穴，多淤土，西室内仅余少量铁钉，无随葬品，无人骨。东室内部有部分人头骨，但朽烂严重。东室底部东北角出土青花瓷碗 1 件，碗底刻款"大明成化年造"。从东墓室残余人骨推测，墓葬头向朝北。

M36 保存完整，未被盗，墓葬总长 2.6、宽 1.84 米，东墓室内宽 0.7 米，西侧墓室内宽 0.72 米，两个墓室的墓壁均为单层砖平砌，墓葬总高为 0.82 米，两个墓室的铺地砖均为方形单层砖。

碗　1 件。M36:1，青花瓷，薄胎。侈口，腹微鼓斜收，圈足。口沿外面饰一道连续的卷草纹饰带。外壁中部绘有四只飞舞的蝴蝶，蝴蝶或正或侧，形态各异。圈足上绘两道弦纹，圈足内有"大明成化年造"题款两行六字。口径 11.5、底径 4.2、高 6~6.2 厘米（彩版二八○）。

M36 墓底铺设的带有圆形弧边方孔的方砖同南京南郊尹西村明墓后壁壁龛中部镶嵌的方砖①相同；随葬的青花瓷碗圈足内有"大明成化年造"的题款。根据墓葬形制及出土器物判断，M36 为明代墓葬。

发掘：刘卫鹏　彭颂恩
绘图：彭颂恩　刘勋涛
照相：刘卫鹏　蒋巍
执笔：陈益女

①　南京市博物馆、雨花台区文化局：《南京南郊尹西村明墓》，《南京文物考古新发现》，江苏人民出版社，2006 年。

后　记

　　本报告是杭州市文物考古研究所对余杭小横山东晋南朝墓群发掘工作的总结。该墓群的发掘从 2011 年 6 月开始，至 2012 年 1 月结束。2012 年 3 月开始整理，报告编写也随之展开，至 2012 年 7 月基本结束。墓葬的发掘和整理、报告的编写和出版一直是在杭州市文物考古研究所所长唐俊杰先生的悉心指导和鼎力支持下完成的。发掘、整理和报告编写工作具体由刘卫鹏负责。

　　为了客观、实际的公布发掘材料，在第二章墓葬分述部分一般不将编写者个人的型式分类带进墓葬叙述中。墓葬及器物型式分类在随后的第三章和第四章有专门论述，读者根据情况可以自行取舍。

　　本报告由刘卫鹏执笔完成。墓葬绘图由刘勋涛和彭颂恩负责，吉林大学的曹军、李西东也绘制了部分墓葬平、剖面图，刘卫鹏绘制了 M119 平、剖面图。器物绘图由赵一杰和刘勋涛完成。拓片均由骆放放制作。墓葬照片均由刘卫鹏拍摄，器物摄影由萧山博物馆的蒋巍负责。刘卫鹏拍摄了墓砖、铜镜和铜钱等小件器物的照片。墓地测绘主要是由彭颂恩负责，何国伟和赵一杰参与。墓葬和器物线图的调整定样最后统一由刘勋涛完成。墓地航拍由浙江大学科技考古中心的刁常宇博士、欧阳盼、黄硕、任泉桦、汪斌等人负责。

　　报告在编写过程中，得到了南京大学历史系张学锋教授的指导，浙江大学文化遗产研究院的常务副院长曹锦炎研究员及艺术与考古研究中心的谢振发研究员、李志荣教授、吴小平教授，浙江省文物考古研究所的郑嘉励研究员、刘建安副研究员，浙江省博物馆的黎毓馨研究馆员、董淑燕馆员，江苏教育学院的邓玮光博士，苏州博物馆程义副研究员，余杭区文广新局冯玉宝局长，余杭博物馆陆文宝馆长，萧山博物馆施加农馆长等提供了诸多帮助。英文提要由中国社会科学院考古研究所李新伟研究员翻译。文物出版社编审谷艳雪、副编审杨冠华为本报告的编辑付出了诸多辛劳，在此一并致谢。

　　限于时间的紧迫和编写者水平的限制，报告中难免存在个别问题和错误，希望大家能够谅解并指正。

Xiaohengshan Cemetery of the Eastern Jin and Southern Dynasties in Yuhang

(Abstract)

From June 2011 to January 2012, The Hangzhou City Institute of Archaeology and Cultural Relics and the Yuhang Museum launched a salvage excavation at the Xiaohengshan 小横山 cemetery near the Chenjiamuqiao 陈家木桥 Village, Xiaolin 小林 Township, Yuhang 余杭 District, Hangzhou 杭州 City, and unearthed 112 burials of the Eastern Jin 晋 and Southern Dynasties, 9 burials of the Han and Ming Dynasties, together with 310 burial offerings.

Except for 3 on the flat field in front of the Xiaohengshan hill, all the other 109 burials were on the southern slope of the hill, orienting south to north and ranging into 5 lines with some small ones in between. The burials are so densely arranged that some chambers of the burials in lower lines were in fact under the chambers of the burials in upper lines. Generally speaking, the Eastern Jin burials are on the middle and lower slope while the Southern Dynasties burials are on the middle and upper slope, and the majority of the burials with brick relief and lotus designs on the wall were in the two lines near the hill top.

The first step of burial construction was to dig a shaft with relatively smooth walls into the rock, usually deeper for the upper part and shallower for the lower part and with the mouth smaller than the bottom. Then the brick doorway and chamber were built within the shaft with 20 to 30 cm between the brick walls and shaft walls.

The burials can be divided into big, middle and small according to their sizes. A big burial is usually more than 6 m in length, 2.5 to 3.25 m in width and about 3 m in chamber height, and consists of the door, the doorway and the chamber. Some have a passage, and some have brick drainage. Small niches and windows were usually made on the walls, and a brick coffin stand was built in the chamber. A middle burial usually 3 to 5 m in length, 1.5 to 2.5 m in width and 1.6 to 2 m in chamber height. The small burials, usually 2.1 to 3.4 m in length, 0.8 to 1.3 m in width and 0.8 to 1.3 m in chamber height, distribute among the big and middle burials. The chamber is in the shape of a south to north orienting rectangular, with the east and west walls slightly concave to the outside.

Burial offerings found in these burials include the celadon plate-shaped mouth *hu* 壶 pot, chicken-head *hu* pot, spittoon, small bowl, *bo* 钵 bowl and *guan* 罐 pot. There are also some black brown glazed *guan* pot, ink stone and spittoon. The offerings are mainly put in the doorway and the southern part of the east and west sides of the chamber. The plate-shaped mouth *hu* pot is large in number and shows a clear change through time. The chicken-head *hu* pot and spittoon were also typical vessels in that time.

Brick relief was found in 20 burials, mainly on the door which seals the doorway, the southern wall, eastern wall and western wall of the chamber, and occasionally on the northern wall of the chamber. The main motifs include the four gods, the phoenix, the *qianqiu* 千秋 design, the *wansui* 万岁 design, the lion, the flying spirit, the *lianhua huasheng* 莲花化生 lotus transformation design, the *baozhu* 宝珠 design and human figures, some on a single brick and some, mainly the flying spirit, the gate guard, the dragon god and the tiger god, are combined by several bricks. Some bricks have names and numbers on them. The brick relief shows a clear influence from the *Jiankang* 建康, capital of the Eastern Jin and the Southern Dynasties, some, such as the dragon god, the tiger god, the flying spirit, the gate guard, the brick inscription, and the construction method, are even the copies of the capital style. However, the Xiaohengshan Southern Dynasties brick relief has its own characteristics. The flying spirit riding on dragon, tiger or phoenix, the *baolun* 宝轮, *baozhu* 宝珠, flying spirit music instruments and other objects in hands, the *huasheng* 化生 and the left and right generals are quite unique, exhibiting a development from import, imitation to absorption and creation. The complex arch-ceiling gate is a good example of the elegant Xiaohengshan style. Besides, the lotus design, coin design, *shengwen* 胜纹 double-diamonds design and *rendong* 忍冬 honeysuckle design are also popular in these burials.

Bricks of the Eastern Jin and Southern Dynasties burials are different in shapes and sizes. One of the burials has more than 40 kinds of bricks. According to their shapes, the bricks can be grouped in the rectangular brick, the trapezoid brick, the wedge-shaped brick and the special shaped brick. Stamped characters, numbers and symbols were found on many bricks, especially the bigger ones. The characters include 方 (*fang*), 刀 (*dao*), 急 (*ji*), 足 (*zu*), 斧 (*fu*), 宽 (*kuan*), 拧 or 宁 (*ning*) and 门 (*men*), marking the different shapes and usages of the bricks. The 方 (*fang*) bricks are rectangular in shape, the 足 (*zu*) bricks are for the convex northern wall, the 刀 (*dao*) and 急 (*ji*) bricks are for the arch ceiling, the 斧 (*fu*) bricks are trapezoid bricks for arch ceiling, the 门 (*men*) bricks are for sealing the doorway. The 急 (*ji*), 宽 (*kuan*), 拧 or 宁 (*ning*) bricks all have three sizes: big, middle and small. Trapezoid bricks usually have stamped numbers to mark their size and used for the arch ceiling of the doorway, and sometimes the chamber.

The excavation of the Xiaohengshan cemetery is among the most important archaeological discoveries in recent years. Firstly, the more than 100 burials of the Eastern Jin, Southern Dynasties and Sui Dynasty make the cemetery the largest Southern Dynasties cemetery discovered in the last decades in Hangzhou area, and is also rare in China. Secondly, the arrangement of the burials shows that the cemetery had been carefully planned and constructed in a special historic period. The large, finely constructed burials, especially those with different kinds of bricks, brick inscriptions and brick relief, are important for the researches on art history of the Eastern Jin and Southern Dynasties.

余杭小横山
东晋南朝墓

下

杭州市文物考古研究所
余 杭 博 物 馆 编著

文物出版社

Xiaohengshan Cemetery of the Eastern Jin and Southern Dynasties in Yuhang

(With an English Abstract)

Vol. II

by

Hangzhou Municipal Institute of Cultural Relics and Archaeology

Yuhang District Museum

Cultural Relics Press

Beijing · 2013

彩版目录

彩版一　小横山墓地航拍

1. M1发掘前状况（北-南）

2. M1全景（北-南）

彩版二　M1发掘前状况及全景

1. M1东壁南段残存羽人

2. M1东壁北段

彩版三　M1东壁

1. M1西壁南端组合

2. M1西壁中后段

彩版四　M1西壁

1. 龙下三第七

2. 龙下中第四

3. 龙下中第六后空一怗

4. 龙下三第六

5. 虎下三第八无

6. 虎下中第五前来后一怗空

1. 虎下第六后脚无

2. 虎下第三前来后二怗空

3. 虎下三第四

4. 虎下中第七

5. 化生上第一

6. 化生下第二

彩版六　M1文字砖

1. 化生中第一无

2. 化生中第一无（侧面）

3. 玄武下三第四无

4. 虎下建第卅四

5. 人物

6. 莲花化生

彩版七　M1文字砖及画像砖

1. 玄武下第二无

2. 玄武建上中第二

3. 玄武建第一

4. 玄武建第五

5. 玄武建第七无

6. 玄武建第二

彩版八　M1文字砖

1. 龙下建第廿三

2. 龙下建第廿六

3. 龙下建第廿八

4. 龙上建第卅五

5. 龙上建第卅七

6. 龙上建第卅八

彩版九 M1文字砖

1. 虎上建第二后一怗空

2. 虎上建第卅三前空十怗

3. 虎下建第廿七

4. 虎下建第卅二

5. 虎上建第卅七

6. 虎上建第卅八

彩版一〇　M1文字砖

1. 龙上建第五

2. 龙上建第八

3. 虎下建第十三

4. 龙上建第廿一

5. 龙上建第廿二

6. 龙上建第廿六

彩版一一一　M1文字砖

1. 朱雀

2. 宝珠

3. 宝瓶莲

4. 宝轮人物

5. 莲花人物

6. 莲花

彩版一二　M1画像砖

1. 四十　　　2. 六十　　　3. 七十　　　4. 八十

5. 一百三十　　6. 一百四十　　7. 二百　　8. 二百七十

9. 三百　　10. 三百　　11. 五百足　　12. 二人十

彩版一三　　M1文字砖

1. M2墓室（东南-西北）

2. M2甬道（北-南）

彩版一四　M2墓室全景及甬道

1. M2北壁砖纹饰

2. M2西壁北段砖纹

彩版一五　M2北壁及西壁砖纹

1. M2南壁东墙画像砖（北-南）

2. M2南壁西墙画像砖（北-南）

彩版一六　M2南壁画像砖

1. M3全景（南–北）

2. M3东壁北部

彩版一七　M3全景及东壁

1. M3北壁内面（南-北）

2. M3北壁外面
（北-南）

彩版一八　　M3北壁

1. M6全景（南-北）

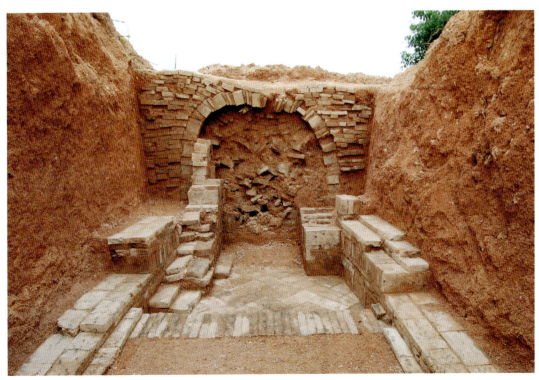

2. M6甬道及封门
（北-南）

彩版一九　M6全景、甬道及封门

1. M6封门外面北部

2. M6封门外面南部一角

彩版二〇　M6封门

1. M7全景（北-南）

2. M7甬道（北-南）

彩版二一　M7全景及甬道

1. M7封门（南-北）

2. M7券门直壁（南-北）

彩版二二　M7封门及券门

1. M7封门东侧

2. M7墓室东北角（东-西）

3. M7南壁东墙

4. M7南壁西墙

彩版二三　M7封门及墓壁纹饰

1. M7甬道东壁

2. M7墓室口随葬品（北–南）

彩版二四　M7甬道及随葬品

1. M7甬道东壁纹饰

2. M7甬道西壁纹饰

彩版二五　M7甬道纹饰

1. M7封门千秋（西外2）

2. M7封门万岁（东外2）

3. M7封门大莲花（东外1）

4. M7封门复莲花（东外3）

5. M7封门狮子（西内1）

6. M7封门狮子（东内1）

彩版二六　M7画像砖

1. M7封门莲花化生（东中4）

2. M7封门对鸟（东外4）

3. M7封门捧熏炉飞仙（西内3）

4. M7封门捧熏炉飞仙（西中2）

5. M7封门捧盒飞仙（西中1）

6. M7封门千秋（西中3）

彩版二七　M7画像砖

1. M7南壁东墙狮子

2. M7南壁西墙狮子

3. M7南壁东墙大莲花和狮子

4. M7人头像墓砖

5. M7凤鸟宝轮墓砖

6. M7宝轮墓砖

彩版二八　M7画像砖

1. M8全景（北–南）

2. M8券门直壁（南–北）

彩版二九　M8全景及券门

1. M8 券门南壁

2. M8 券门北壁

3. M8 甬道口外西侧将军像

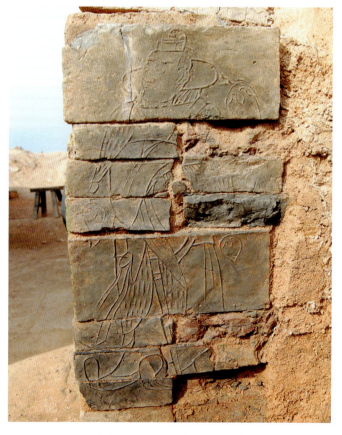

4. M8 甬道口外东侧将军像

彩版三〇　M8甬道及券门墓壁画像

1. 南壁东墙（北-南）

2. 南壁西墙（北-南）

彩版三一　M8墓室南壁画像

1. M8西壁伎乐飞仙

2. M8 东壁侍女小像

彩版三二　　M8墓室东西壁画像

1. 吹生建一

2. 吹生建二

3. 吹生建三

4. 吹生建四

5. 生吹生建五

6. 吹萧建第一

7. 吹萧建第三

8. 吹萧建第四

9. 吹萧建第五

彩版三三　M8文字砖

1. 吹生下三第一

2. 吹生下中一

3. 吹生下中二

4. 吹箫下三第一

5. 吹箫下中一

6. 吹箫下中第二

彩版三四　M8文字砖

1. M9全景（北-南）

2. M9甬道西墙及墓室
（东-西）

彩版三五　M9全景及墓室局部

1. M9南壁西墙上端捧盒飞仙与万岁画像

2. M9南壁西墙将军画像

3. 万岁

4. 捧熏炉飞仙

彩版三六　M9画像砖及墓壁画像

1. M9东壁北段直棂窗（西-东）

2. M9墓壁外面砖文

彩版三七　M9墓壁直棂窗及墓壁外面砖文

1. 大门柠　　　　　　　2. 左将军下三第一　　　　　　3. 吹生下中第二

4. 右军下建上第中第一无　　　　　　5. 左将军下中第一

1. 左将军下第一

2. 吹生建四

3. 吹生建三第□

4. 右军下建上第一

5. 武人

6. 左将军下三第一

彩版三九　M9 文字砖

1. 左下中第一

2. 左将军下中第一

3. 左将军下 第一

4. 吹箍下三第三

5. 吹生下三第一

6. 右将军下中第一

1. 左将军

2. 左将军第二

3. 右军下

4. 左下三第一

5. 吹生建第六

6. 吹生建第五

1. 左将军下三第一

2. 右将军下第一

3. 左将军下建上第一

4. 右将军下三第一

5. 杷麈尾建第四

1. M10全景（南-北）

2. M10东壁局部（西-东）

3. M10西壁（东-西）

彩版四三　M10全景及墓壁局部

1. M10西壁中部（东-西）

2. M10东壁吹笙画像

彩版四四　M10墓壁纹饰及画像

1. 将军画像砖局部　　　　　　　　2. 将军画像砖局部　　　　　3. 将军画像砖局部

4. 将军画像砖局部　　　　　　　　　　　　5. 将军画像砖局部

6. 将军画像砖局部　　　　　　　　　　　　7. 将军画像砖局部

8. 莲花化生画像砖　　　　　　　　　　　　9. 莲花化生画像砖

1. 飞仙画像砖局部

2. 代

3. 平长

4. 武人上一

5. 萧下

6. 萧一

7. 笙三

彩版四六　M10画像砖及文字砖

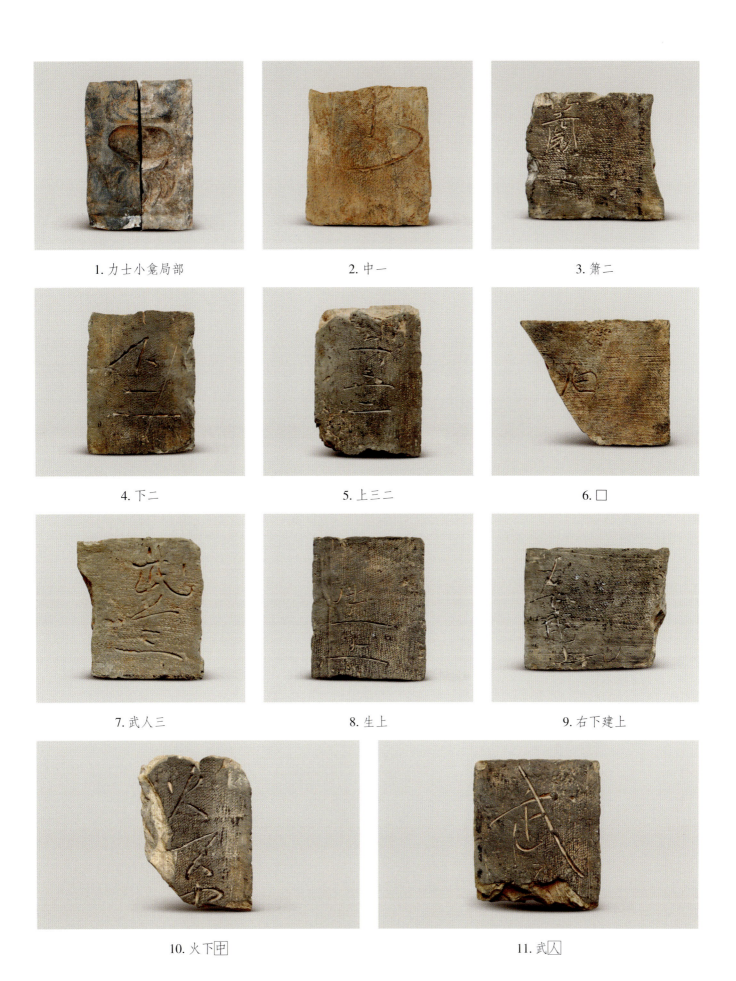

1. 力士小鬼局部

2. 中一

3. 萧二

4. 下二

5. 上三二

6. □

7. 武人三

8. 生上

9. 右下建上

10. 火下甲

11. 武人

彩版四七　M10画像砖及文字砖

1. 出大急长　　　　　　2. 武人　　　　　　3. 陵□

4. 直　　　　　　5. 信　　　　　　6. 杷敢

7. □笙四来　　　　　　8. 右下上建叁　　　　　　9. 笙四

彩版四八　M10文字砖

1. □□上中

2. 左军下建第一

3. 右军下建第一

4. 火下

5. 敢龙□□

6. 力士画像局部

7. 萧午

彩版四九　M10画像砖及文字砖

1. M12全景（南-北）

2. M12东壁（西南-东北）

彩版五〇　M12全景及东壁局部

1. M12北壁（南-北）

2. M12北壁中部小龛（南-北）

1. M12北壁中部（南-北）

2. M12东壁仪卫

3. M12东壁中部人物

4. M12西壁砖纹

彩版五二　M12墓壁纹饰

1. M18全景（南-北）

2. M18墓室南部
（北-南）

彩版五三　M18全景及墓室局部

1. M18东壁直棂窗

2. M18东壁南部（西-东）

彩版五四　M18东壁局部

1. M18西壁前部（东-西）

2. M18墓壁莲花双人画像砖

3. M18墓壁莲花化生及狮子画像砖

彩版五五　M18墓壁局部及画像砖

1. M18东壁捧瓶飞仙

4 M18西壁捧盒飞仙

2. M18东壁狮子

5. M18西壁狮子

3. M18东壁双人

6. M18西壁莲花化生

彩版五六　　M18墓壁画像砖

1. M23全景（南-北）

2. M23封门（南-北）

彩版五七　M23全景及封门

1. M23西壁后端上部（东–西）

2. M23西壁后端中部（东–西）

彩版五八　M23西壁局部

1. M23南壁东墙下端（北-南）

2. M23南壁西墙下端（北-南）

彩版五九　M23南壁局部

1. M23墓室后部（南−北）

2. M23北壁直棂窗和小龛

彩版六〇　M23墓室及北壁局部

1. M23北壁顶端内面

2. M23北壁中部装饰

彩版六一　M23北壁局部

1. 莲花　　　　　　　　2. 捧熏炉飞仙　　　　　　　3. 捧盒飞仙

4. 捧盒飞仙　　　　　　　5. 千秋　　　　　　　　　6. 万岁

7. 仙人骑龙　　　　　　　8. 狮子　　　　　　　　　9. 狮子

彩版六二　　M23画像砖

1. M27全景（西南-东北）

2. M27东壁（西-东）

彩版六三　M27全景及东壁局部

1. M27东壁舞人

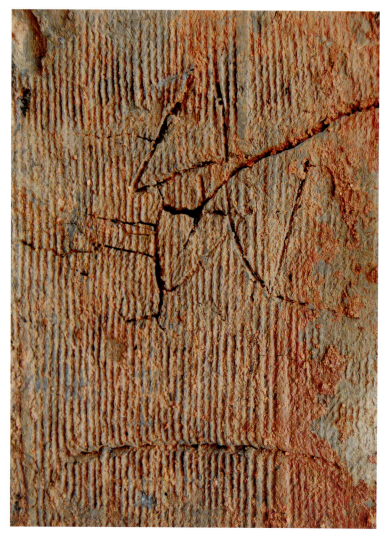

2. M27东壁舞伎刻字

彩版六四　M27东壁画像及刻字

1. M27西壁（东南-西北）

2. M27墓顶（下-上）

彩版六五　M27西壁局部及墓顶

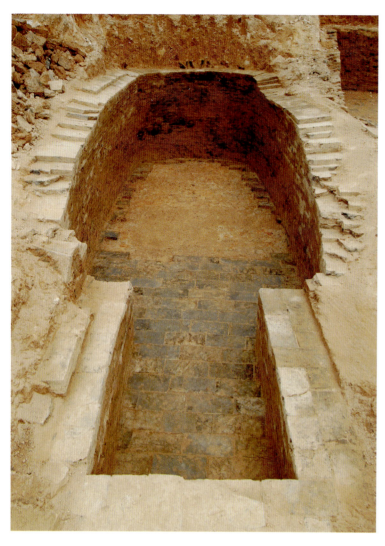

1. M37全景（南-北）

2. M37甬道（北-南）

彩版六六　M37全景及甬道

1. M40全景（南-北）

2. M41全景（东上-西下）

彩版六七　M40、M41全景

1. M42全景（东上–西下）

2. M42全景（西南–东北）

彩版六八　M42全景

1. M42甬道正视（北-南）

2. M42墓室内部北壁（南-北）

彩版六九　M42甬道及墓室局部

1. M42甬道西面（西–东）

2. M42甬道砖文

彩版七〇　M42甬道砖文

1. M42墓顶（俯视）

2. M42墓室西面（西-东）

彩版七一　M42墓顶砖文

1. M42墓室主券顶砖文

2. M42墓室小龛

彩版七二　M42墓顶砖文及墓壁小龛

1. M42墓室后顶外面（上-下）

2. M42墓室内部后顶（仰视）

彩版七三　M42墓顶内部及外部

1. M42墓室后顶砖文（北-南）

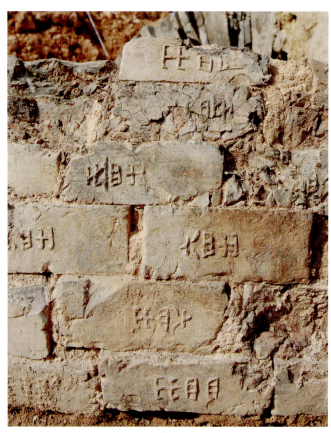

2. M42墓室前顶砖文

3. M42墓室主券顶砖文

彩版七四　M42墓顶砖文

1. M42甬道砖文

2. M42墓室主券顶砖文

3. M42墓室主券顶砖文

4. M42墓室主券顶砖文

1. M46全景（西–东）

2. M46甬道（北–南）

彩版七六　M46全景及甬道

1. M46封门（南-北）

2. M46封门砖文

彩版七七　M46封门及封门砖文

1. M52全景（北-南）

2. M52全景（南-北）

彩版七八　M52全景

1. M52封门（南-北）

2. M52北壁直棂窗及莲花

彩版七九　M52封门及北壁局部

1. 中券门西侧宝轮

4. 中券门东侧双人

2. 内券门西侧捧熏炉飞仙

5. 内券门东侧捧盒飞仙

3. 内券门西侧莲花

6. 中券门东侧万岁

彩版八〇　M52券门画像

1. M54全景（西-东）

2. M54墓室及甬道（北-南）

彩版八一　M54全景、墓室及甬道

1. M54封门东墙（南–北）

2. M54封门西墙（南–北）

彩版八二　M54封门

1. M54甬道东壁（西-东）

2. M54棺床（南-北）

彩版八三　M54甬道东壁及棺床

彩版八四　M64全景（南-北）

1. M64西壁（东-西）

2. M64文字砖

彩版八五　M64西壁及文字砖

1. M65全景（南–北）

2. M65北壁（南–北）

彩版八六　M65全景及北壁

1. M65南壁西墙（北-南）

2. M65西壁画像

彩版八七　M65墓壁画像

1. M65东壁飞仙后（西-东）

2. M65西壁飞仙（余砖）

彩版八八　M65墓壁画像

1. M81全景（南-北）

2. M81墓室北部
（南-北）

彩版八九　M81全景及墓室

1. M81墓砖文字

2. M81西壁（东北-西南）

彩版九〇　M81西壁及墓砖文字

1. M82全景（东-西）

2. M82封门（南-北）

彩版九一　M82全景及封门

1. M82封门上部（南-北）

2. M82封门中部（南-北）

彩版九二　M82封门

1. M82甬道（北–南）

2. M82墓室（南–北）

彩版九三　M82甬道及墓室

1. M82东壁（西南－东北）

2. M82西壁（东北－西南）

彩版九四　M82墓壁

1. M82西壁直棂窗（东-西）

2. M82墓壁文字

3. M82部分随葬器物（北-南）

彩版九五　M82墓壁直棂窗、墓砖文字及随葬器物

1. M85全景（南-北）

2. M85封门（南-北）

彩版九六　M85全景及封门

1. M85封门及甬道（东-西）

2. M85甬道券顶（北-南）

1. M85甬道（北–南）

2. M85墓室（西–东）

彩版九八　M85甬道及墓室外部

1. M85墓室内部（北–南）

2. M85墓室内部（南–北）

彩版九九　M85墓室内部

1. M85墓室顶部内面白灰

2. M85墓室东壁小龛（西-东）

彩版一〇〇　M85墓顶内部及东壁局部

1. M85墓室前顶（南-北）

2. M85墓室主券顶（北-南）

1. M85墓室前顶文字（南-北）

2. M85墓室主券顶文字（西-东）

彩版一〇二　M85墓室顶部文字

1. M85甬道券顶文字（西–东）

2. M85墓室主券顶文字

彩版一〇三　M85甬道券顶及墓室主券顶文字

1. M85墓室主券顶外面文字

2. M85墓室主券顶外面文字

彩版一〇四　M85墓室主券顶外面文字

1. M85墓室主券顶文字

2. M85墓室主券顶文字

彩版一〇五　　M85墓室主券顶文字

1. M86全景（南-北）

2. M86墓室南部及甬道
（北-南）

彩版一〇六　　M86全景及甬道

1. M86甬道券顶（东–西）

2. M86甬道券顶东面（东–西）

1. M86甬道券顶"第一斧"

2. M86甬道券顶"环门（竚）"

3. M86甬道券顶"人字竚"

4. M86甬道券顶"埏门、四字竚"

1. M86东壁后部及小盒（西-东）

2. M86部分随葬器物出土场景

彩版一〇九　M86墓室东壁局部及随葬器物出土场景

1. M87全景（南-北）

2. M87全景（西-东）

彩版一一〇　M87全景

1. M87封门（南-北）

2. M87墓室南部（北-南）

彩版一一一　　M87封门及墓室

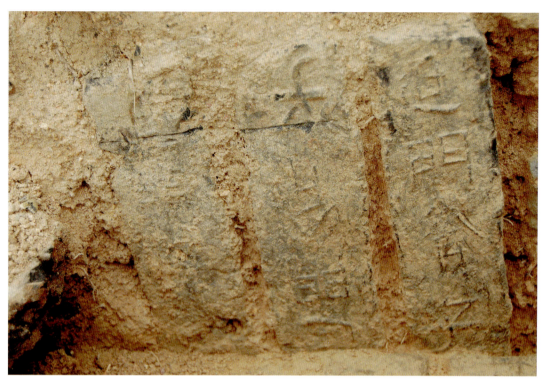

1. M87甬道券顶"延门斧字"

2. M87甬道券顶外面（东-西）

彩版一一二　M87甬道券顶外面及券顶砖文

1. M87墓室券顶

2. M87东壁北部（西—东）

1. M90全景（北-南）

2. M90封门（南-北）

1. M90墓室（南-北）

2. M90东壁（南-北）

彩版一一五　M90墓室及东壁

1. M90墓砖

2. M90西壁刻字

彩版一一六　M90文字砖及墓壁刻字

1. M93全景（南–北）

2. M93全景（西–东）

彩版一一七　　M93全景

1. M93封门（南-北）

2. M93甬道（北-南）

彩版一一八　M93封门及甬道

1. M93券门（南–北）

2. M93券门拱形顶

彩版一一九　M93券门

1. 内券门中部局部

4. 宝瓶莲（内东3）

2. 宝瓶莲（内东1）

5. 小莲花（内东4）

3. 宝瓶莲（内东2）

6. 小莲花（内东5）

1. 捧盒飞仙（内东6）

4. 中莲花（中东1）

2. 捧盒飞仙（内东7）

5. 莲花化生（中东2）

3. 大莲花（内东8）

6. 宝轮（中东3）

彩版一二一　M93画像砖

1. 宝珠（中东4）

4. 狮子（中东7）

2. 双莲花（中东5）

5. 万岁（中东8）

3. 双莲花（中东6）

6. 万岁（中东9）

彩版一二二　M93画像砖

1. 中莲花（中西1）

2. 宝瓶莲（中西2）

3. 宝轮（中西3）

4. 宝珠（中西4）

5. 双莲花（中西5）

6. 双莲花（中西6）

彩版一二三　　M93画像砖

1. 狮子（中西7）

4. 画像砖之间文字砖（中券门东5、6之间）

2. 捧熏炉飞仙（中西8）

5. 中券门中部朱雀

3. 千秋（中西9）

1. M93北壁直棂窗和小龛（南-北）

2. M93南壁东墙（北-南）

彩版一二五　M93墓壁纹饰

1. M95全景（南-北）

2. M95墓室及甬道（北-南）

彩版一二六　M95全景及甬道

1. M95墓室（东–西）

2. M95墓室东北角（西南–东北）

1. M96全景（南-北）

2. M96甬道（北-南）

彩版一二八　M96全景及甬道

1. M96甬道外面（东－西）

2. M96券门墓砖文字

彩版一二九　M96甬道及券门砖文

1. M97全景（南-北）

2. M97墓室及甬道
（北-南）

彩版一三〇　M97全景、甬道及墓室

1. M97券门（南-北）

2. M97墓室（南-北）

彩版一三一　M97券门及墓室

1. M97甬道券顶外面（东–西）

2. M97西壁砖文（北–南）

彩版一三二　M97甬道券顶外部及墓壁砖文

1. M98全景（南–北）

2. M98封门（南–北）

彩版一三三　　M98全景及封门

1. M98甬道（北-南）

2. M98墓室（南-北）

1. M100全景（南-北）

2. M100封门东侧（南-北）

彩版一三五　M100全景及封门

1. M100券门东侧万岁

2. M100券门西侧画像

3. M100南壁东墙左将军（北-南）

4. M100南壁西墙右将军（北-南）

彩版一三六　　M100券门及南壁画像

1. M100墓室（北-南）

2. M100西壁小龛直棂窗（东-西）

彩版一三七　M100墓室及西壁纹饰

1. M103全景（南-北）

2. M103券门（南-北）

彩版一三八　M103全景及券门

1. M103封门上部"出副急"砖

2. M103券门东壁

3. M103券门西壁

彩版一三九　M103封门砖文及券门纹饰

1. 捧熏炉飞仙（西中3）

4. 千秋（西内3）

2. 千秋（西中2）

5. 捧熏炉飞仙（西内2）

3. 狮子（西中1）

6. 千秋（西内1）

1. 狮子（东内3）

4. 捧盒飞仙（东中3）

2. 捧盒飞仙（东内2）

5. 万岁（东中2）

3. 万岁（东内1）

6. 狮子（东中1）

彩版一四一　　M103画像砖

1. M103甬道东壁（西－东）

2. M103甬道西壁（东－西）

彩版一四二　M103甬道

1. M103北壁直棂窗（南-北）

2. M103南壁东墙（北-南）

3. M103南壁西墙（北-南）

彩版一四三　M103北壁及南壁纹饰

1. M107全景（南–北）

2. M107封门（南–北）

彩版一四四　M107全景及封门

1. M107甬道东壁（西-东）

2. M107东壁（西北-东南）

彩版一四五　　M107甬道及墓室东壁

1. M107东壁前部（西–东）

2. M107东壁力士小龛（西–东）

彩版一四六　M107墓室东壁

1. M109全景（南-北）

2. M109甬道（南-北）

彩版一四七　M109全景及甬道

1. M109券门东壁（南-北）

2. M109券门西壁（南-北）

3. M109券门西壁千秋

4. M109券门东壁万岁

彩版一四八　M109券门画像砖

1. M109棺床（北-南）

2. M109随葬器物出土场景（北-南）

彩版一四九　M109棺床及随葬器物出土场景

1. M109南壁东墙将军拓本（北-南）

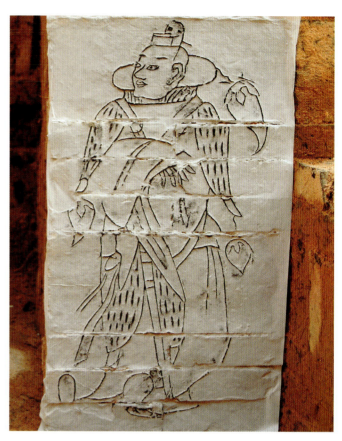

2. M109南壁西墙将军拓本（北-南）

3. M109墓室东壁画像

彩版一五〇　M109南壁及东壁画像

1. M109墓室东壁吹箎画像

2. M109墓室东壁仙人骑虎画像

彩版一五一　　M109东壁画像

1. M109墓室西壁吹笙画像

2. M109墓室西壁仙人骑龙画像

彩版一五二　　M109西壁画像

1. M113全景（西南–东北）

2. M113西壁（东–西）

彩版一五三　M113全景及西壁

1. M113东壁莲花（西–东）

2. M113东壁钱纹（西–东）

彩版一五四　　M113东壁纹饰

1. M113东壁侍女小像

2. M113东壁侍女小像

彩版一五五　M113东壁画像

1. M114全景（南-北）

2. M114封门砖墙
（南-北）

彩版一五六　M114全景及封门

1. M114北壁（南-北）

2. M114北壁局部（南-北）

彩版一五七　M114北壁

1. M114东壁（西北–东南）

2. M114东壁莲花（西–东）

彩版一五八　　M114东壁

1. M118全景（西–东）

2. M118随葬器物出土
　场景（北–南）

彩版一五九　　M118全景及随葬器物出土场景

1. M119全景（南–北）

2. M119全景（西–东）

彩版一六〇　　M119全景

1. M119封门（南-北）

2. M119甬道（北-南）

彩版一六一　M119封门及甬道

1. M119东外墙

2. M119封门东墙

3. M119封门西墙

彩版一六二　M119封门

1. 东墙单莲花

4. 东墙对鸟

2. 万岁（西内2）

5. 东墙化生

3. 狮子（西内1）

6. 西墙狮子

1. 双莲花（西外4）

4. 万岁（西中3）

2. 大莲花（西外3）

5. 捧熏炉飞仙（西中2）

3. 复莲花（西外2）

6. 大莲花（西中1）

彩版一六四　　M119画像砖

1. 复莲花（东外2）

4. 捧盒飞仙（东中3）

2. 千秋（东内2）

5. 捧盒飞仙（东中2）

3. 狮子（东内1）

6. 大莲花（东中1）

彩版一六五　M119画像砖

1. M119东壁（西-东）

2. M119西壁（东-西）

彩版一六六　M119墓壁

1. M119东壁画像（后）

2. M119东壁画像（前）

彩版一六七　M119东壁画像

1. M119东壁纹饰

2. M119西壁画像

彩版一六八　M119墓壁纹饰及画像

1. M119墓室券顶（南-北）

2. M119墓顶外砖文

彩版一六九　M119墓室券顶及墓顶外部砖文

1. M119墓顶外砖文

2. M119墓顶外砖文

彩版一七〇　　M119墓顶外部砖文

1. M121全景（北–南）

2. M121封门（南–北）

彩版一七一　M121全景及封门

1. M121券门（北-南）

2. M121墓室前部（北-南）

彩版一七二　M121券门及墓室

1. M121封门上面（南-北）

2. M121券门上部字符（北-南）

彩版一七三　M121封门及券门上字符

1. M121墓室北部（南-北）

2. M121墓室东壁砖文（西-东）

彩版一七四　M121墓室及墓壁砖文

1. M4全景（南-北）

2. M4北壁内面
（南-北）

彩版一七五　M4全景及北壁内面

1. M4北壁外面（北－南）

2. M4北壁外面文字（北－南）

彩版一七六　M4北壁外面及砖文

1. M11全景（南–北）

2. M11西壁东段
（东–西）

彩版一七七　M11全景及西壁局部

1. M31全景（南-北）

2. M31全景（西-东）

彩版一七八　M31全景

1. M33和M34全景（南-北）

2. M33全景（南-北）

彩版一七九　M33全景

1. M55全景（南-北）

2. M56全景（北-南）

彩版一八〇　M55、M56全景

1. M56墓室东北部（西南-东北）

2. M57全景（南-北）

彩版一八一　M56墓室局部及M57全景

1. M58全景（东-西）

2. M59全景（南-北）

彩版一八二　M58、M59全景

1. M61全景（南－北）

2. M61全景（南－北）

彩版一八三　M61全景

1. M62全景（南-北）

2. M63全景（北-南）

彩版一八四　M62、M63全景

1. M69全景（南-北）

2. M69东壁文字

彩版一八五　　M69全景及东壁砖文

1. M70全景（南-北）

2. M70随葬器物出土场景（南-北）

彩版一八六　M70全景及随葬器物出土场景

1. M71全景（南-北）

2. M72全景（北-南）

彩版一八七　　M71、M72全景

1. M80全景（北-南）

2. M80封门（南-北）

彩版一八八　M80全景及封门

1. M80封门东侧墓砖

2. M80墓壁纹饰

彩版一八九　M80墓壁文字及纹饰

1. M92全景（南-北）

2. M92北壁钱纹

彩版一九〇　M92全景及北壁纹饰

1. M110全景（南-北）

2. M110东壁（南-北）

彩版一九一　M110全景及东壁

彩版一九二　M117全景（北-南）

1. M120全景（南-北）

2. M120墓室内部（南-北）

彩版一九三　　M120全景及墓室内部

1. M120封门砖文（南-北）

2. M120墓壁刻纹

3. M120西壁刻字

彩版一九四　M120墓壁砖文及纹饰

1. M13全景（南-北）

2. M13墓室西北角（东-西）

1. M14全景（南-北）

2. M14北壁（南-北）

彩版一九六　M14全景及北壁

1. M24全景（西-东）

2. M24东壁砖塔（西-东）

彩版一九七　M24全景及东壁砖塔

1. M25全景（东–西）

2. M26全景（西南–东北）

彩版一九八　M25、M26全景

1. M49全景（南-北）

2. M67全景（北-南）

彩版一九九　M49、M67全景

1. M67墓室（南-北）

2. M67墓室出土器物场景（北-南）

彩版二〇〇　M67墓室及出土器物场景

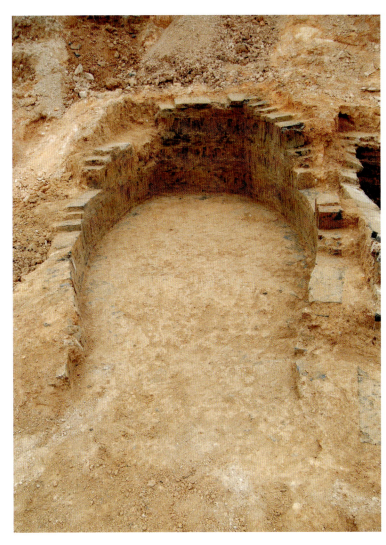

1. M75全景（南–北）

2. M75出土五铢钱

彩版二〇一　　M75全景及出土五铢钱

1. M79全景（南-北）

2. M79东壁砖塔
（西-东）

彩版二〇二　M79全景及东壁砖塔

1. M88全景（南-北）

2. M88全景（西-东）

彩版二○三　M88全景

1. M88封门（南-北）

2. M88墓室后部（南-北）

彩版二〇四　M88封门及墓室局部

1. M88墓室内面（东北-西南）

2. M88西壁内面（东-西）

彩版二○五　　M88墓室内面及西壁

1. M112全景（南-北）

2. M112东壁（西-东）

彩版二〇六　M112全景及东壁

1. M5发掘场景

2. M5全景（南-北）

彩版二〇七　M5发掘场景及全景

1. M15全景（南上-北下）

2. M15南壁随葬器物（北-南）

彩版二〇八　M15全景及南壁随葬器物

1. M16封门（南-北）

2. M16墓室前部（西-东）

彩版二〇九　M16封门及墓室局部

1. M19全景（南-北）

2. M20全景（南-北）

彩版二一〇　　M19、M20全景

1. M21全景（南–北）

2. M22全景（南–北）

彩版二一一 M21、M22全景

1. M28全景（南-北）

2. M29全景（北-南）

彩版二一二　M28、M29全景

1. M30、M32远景（东–西）

2. M30（右）、M32
（左）全景（南–北）

彩版二一三　M30、M32远景及全景

1. M35全景（南-北）

2. M47全景（南-北）

彩版二一四　M35、M47全景

1. M43全景（南-北）

2. M43随葬器物出土
场景（南-北）

彩版二一五　　M43全景及随葬器物出土场景

1. M48全景（南-北）

2. M48随葬器物出土
场景（北-南）

彩版二一六　M48全景及随葬器物出土场景

1. M50全景（南–北）

2. M51全景（南–北）

彩版二一七　　M50、M51全景

1. M51东壁（西南-东北）

2. M53全景（东-西）

彩版二一八　　M51东壁及M53全景

1. M66全景（南-北）

2. M66东壁北部（西-东）

彩版二一九　M66全景及东壁局部

1. M68全景（南-北）

2. M73全景（南-北）

彩版二二〇　M68、M73全景

1. M74全景（南—北）

2. M74西壁（东—西）

彩版二二一　　M74全景及西壁

1. M75和M76全景（北-南）

2. M83全景（南-北）

彩版二二二　　M75、M76及M83全景

1. M84全景（南-北）

2. M84封门（南-北）

彩版二二三　M84全景及封门

1. M89全景（北–南）

2. M89全景（南–北）

彩版二二四　M89全景

1. M91全景（南–北）

2. M91北壁（南–北）

彩版二二五　M91全景及北壁

1. M94全景（南-北）

1. M101全景（南-北）

彩版二二六　M94、M101全景

1. M102全景（南-北）

2. M102墓室（南-北）

3. M102墓砖纹饰

1. M104全景（南-北）

2. M104随葬器物出土场景（东南-西北）

彩版二二八　M104全景及随葬品出土场景

1. M104刻字砖（封门上）

2. M104刻字砖（西壁前部）

3. M104刻字砖（西壁中后部1）

4. M104刻字砖（西壁中后部2）

彩版二二九　M104文字砖

1. M115、M116全景（南-北）

2. M115、M116全景（西北-东南）

彩版二三〇　M115、M116全景

1. M116出土器物场景（北-南）

2. M115南室出土器物
   场景（北-南）

彩版二三一　M115、M116出土器物场景

1. M39全景（南－北）

2. M45全景（南－北）

彩版二三二　M39、M45全景

1. M77全景（南-北）

2. M99全景（南-北）

彩版二三三　　M77、M99全景

1. M1：1 2. M2：2 3. M3：1

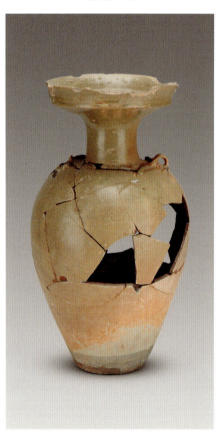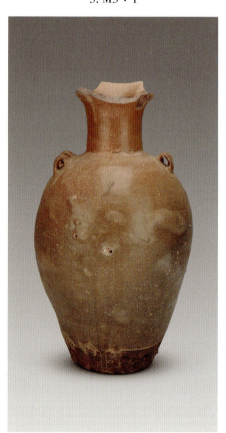

4. M6：1 5. M7：1 6. M7：2

彩版二三四　M1、M2、M3、M6、M7出土青瓷盘口壶

1. M3：4

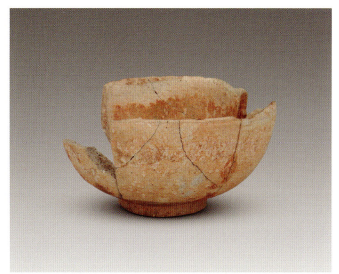

2. M7：3

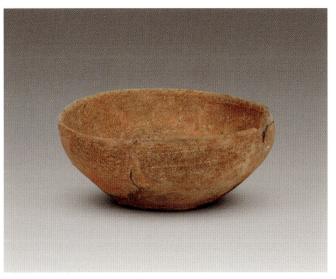

3. M8：3

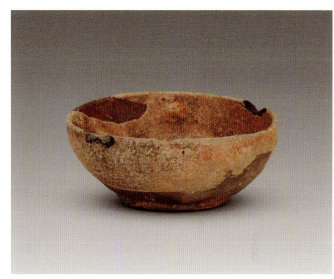

4. M8：4

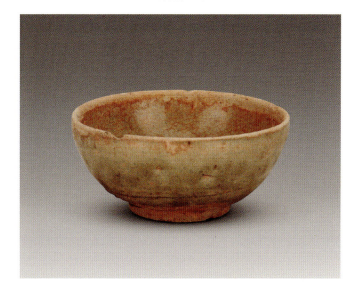

5. M9：3

彩版二三五　　M3、M7、M8、M9出土青瓷小碗

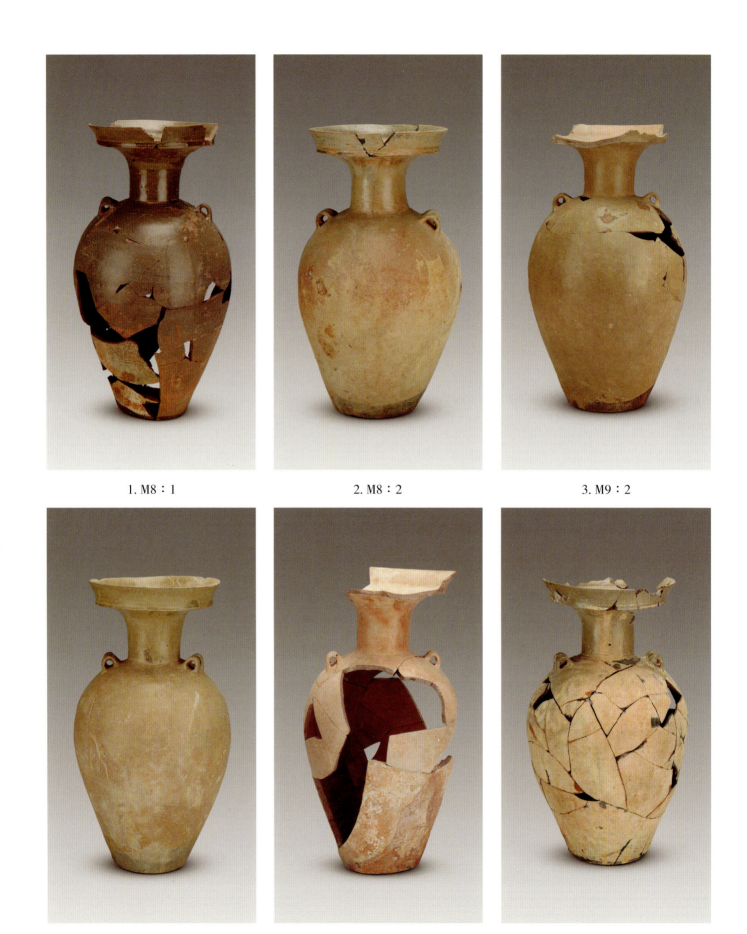

1. M8：1　　　　　　2. M8：2　　　　　　3. M9：2

4. M9：4　　　　　　5. M12：1　　　　　　6. M12：2

彩版二三六　M8、M9、M12出土青瓷盘口壶

1. M18：1

2. M18：2

3. M23：1

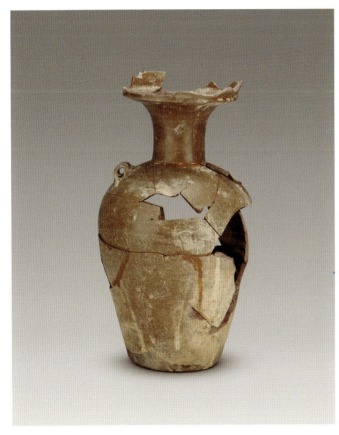

4. M23：2

5. M23：5

彩版二三七　　M18、M23出土青瓷盘口壶

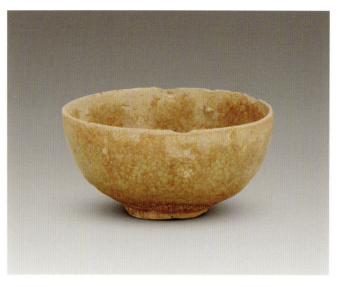

1. M18：3

2. M18：4

3. M23：6

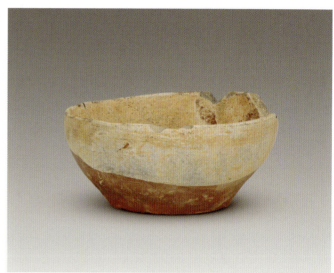

4. M23：7

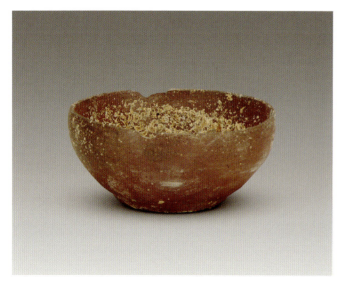

5. M23：8

6. M23：9

彩版二三八　M18、M23出土青瓷小碗

1. M23：10

2. M23：11

3. M23：12

4. M23：13

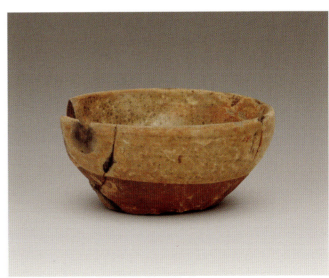

5. M23：14

彩版二三九　M23出土青瓷小碗

1. 小碗（M37：1）

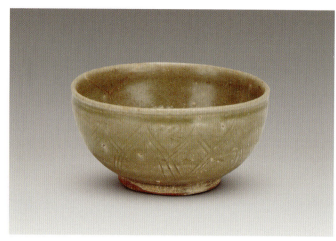

2. 小碗（M37：2）

3. 唾壶（M37：3）

4. 碗（M37：2）底面

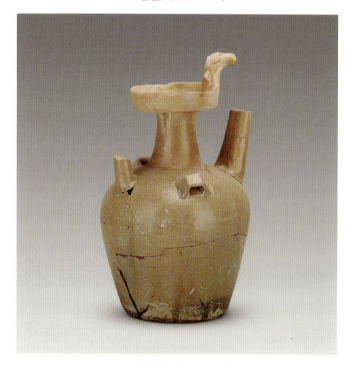

5. 鸡首壶（M37：4）

6. 盘口壶（M37：5）

彩版二四〇　M37出土青瓷器

1. 唾壶（M40：3）

2. 唾壶（M40：3）内面

3. 唾壶（M41：1）

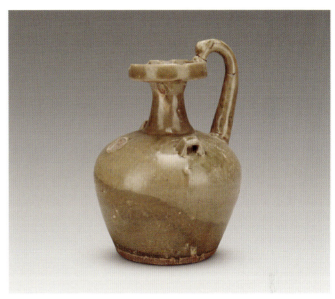

4. 鸡首壶（M41：2）

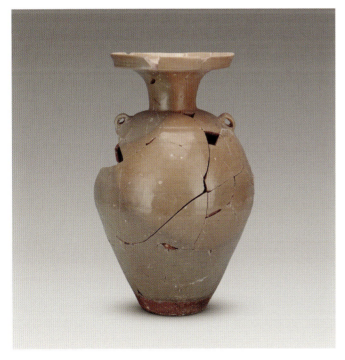

5. 盘口壶（M42：1）

6. 盘口壶（M42：3）

彩版二四一　M40、M41、M42出土青瓷器

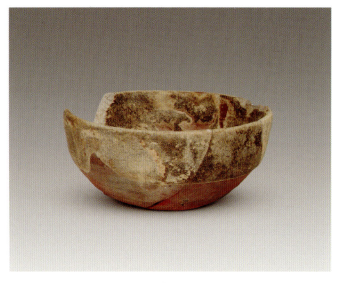

1. 小碗（M42：4）

2. 小碗（M42：6）

3. 盘（M42：8）

4. 盘（M42：9）

5. 盘（M42：8）内面

6. 盘（M42：9）内面

彩版二四二　M42出土青瓷器

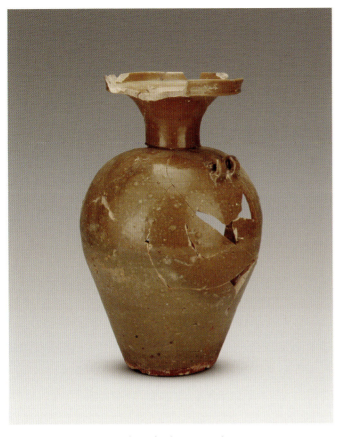

1. 盘口壶（M42：2）

2. 小碗（M42：5）

3. 钵（M42：7）

4. 小碗（M46：1）

5. 小碗（M46：2）

彩版二四三　M42、M46出土青瓷器

1. 盘口壶（M46：4）

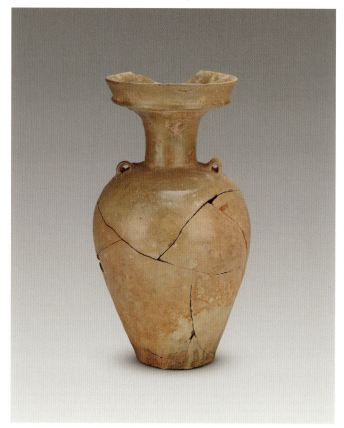

2. 盘口壶（M54：1）

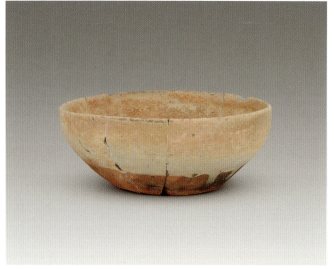

3. 钵（M54：3）

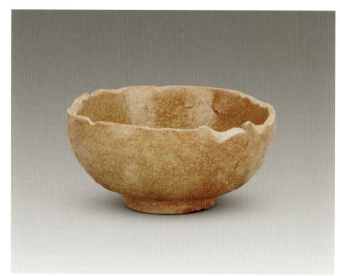

4. 小碗（M54：4）

1. 黑釉瓷唾壶（M82：1）

4. 青瓷钵（M82：3）

2. 黑釉瓷砚（M82：2）

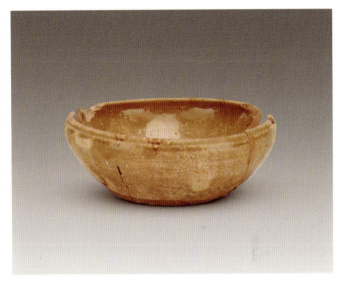

5. 青瓷钵（M82：4）

3. 黑釉瓷砚（M82：2）底面

6. 青瓷盘口壶（M82：5）

彩版二四五　M82出土瓷器

1. 盘口壶（M85：1）

4. 盘口壶（M85：3）

2. 盘口壶（M85：2）

5. 小碗（M85：5）

3. 盘（M85：4）

6. 小碗（M85：6）

彩版二四六　M85出土青瓷器

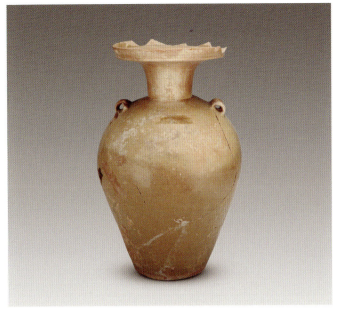

1. 盘口壶（M86：5）

2. 盘口壶（M86：16）

3. 罐（M86：1）

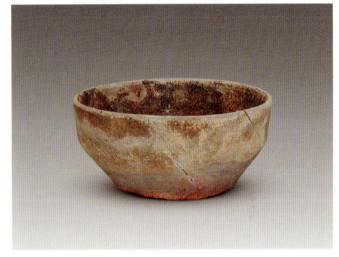

4. 碗（M86：2）

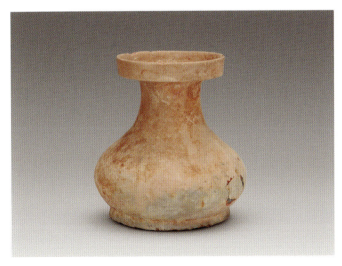

5. 唾壶（M86：6）

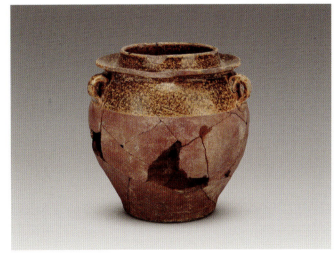

6. 双唇罐（M86：9）

彩版二四七　M86出土青瓷器

1. 钵（M86：11）

2. 钵（M86：11）内面

3. 钵（M86：12）

4. 钵（M86：12）内面

5. 钵（M86：15）

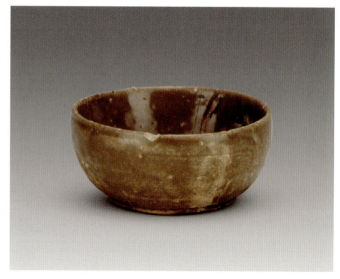

6. 小碗（M87：1）

彩版二四八　M86、M87出土青瓷器

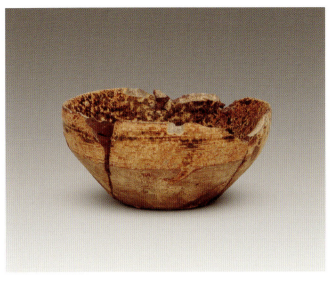

1. M86：4

2. M86：7

3. M86：8

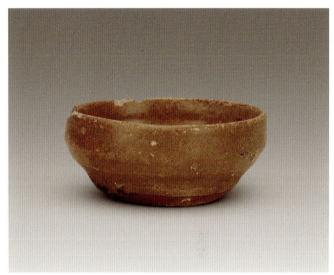

4. M86：10

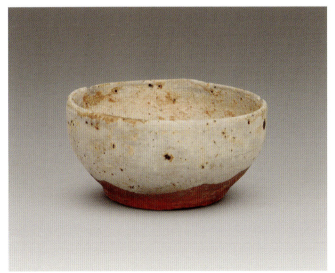

5. M86：13

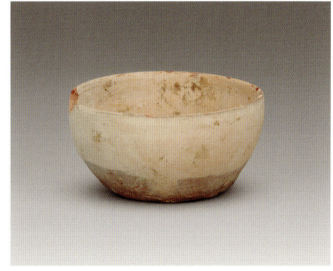

6. M86：14

彩版二四九　M86出土青瓷小碗

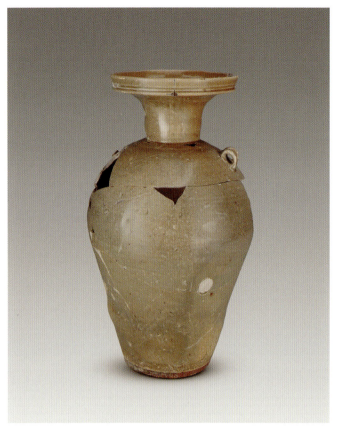

1. M90：1

2. M90：2

3. M93：1

4. M93：2

彩版二五〇　M90、M93出土青瓷盘口壶

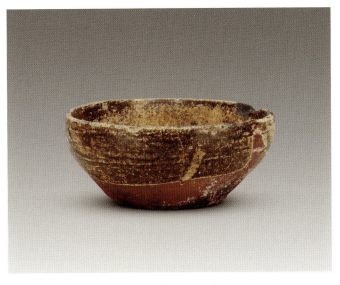

1. 小碗（M93：5）

2. 小碗（M93：7）

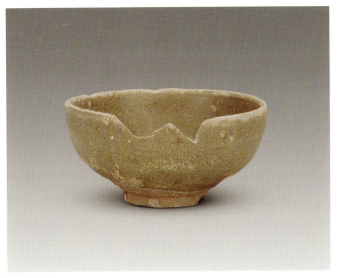

3. 小碗（M93：3）

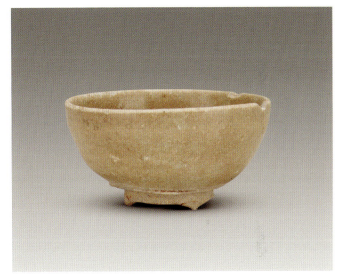

4. 小碗（M93：4）

5. 小碗（M93：8）

6. 盒（M95：1）

彩版二五一　　M93、M95出土青瓷器

1. 鸡首壶（M95：4）

2. 盘口壶（M95：2）

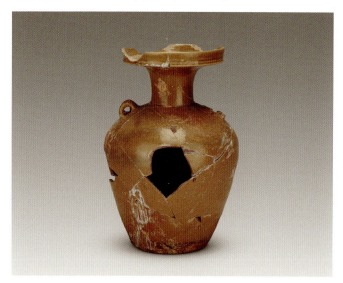

3. 盘口壶（M96：1）

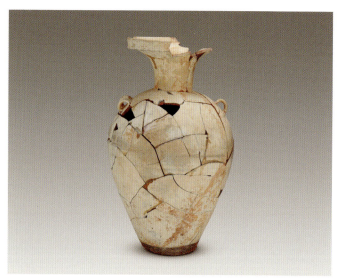

4. 盘口壶（M96：4）

5. 唾壶（M97：2）

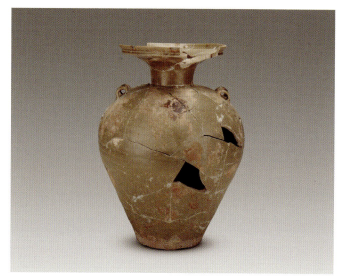

6. 盘口壶（M98：1）

彩版二五二　M95、M96、M97、M98出土青瓷器

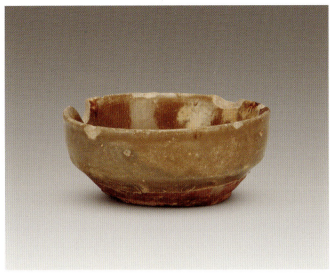

1. M96：2

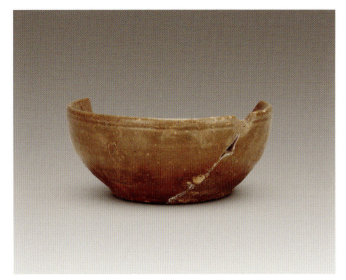

2. M96：3

3. M98：3

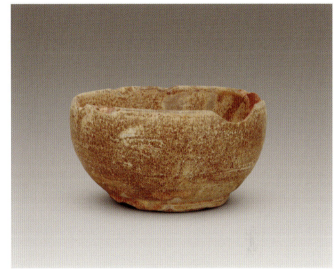

4. M98：4

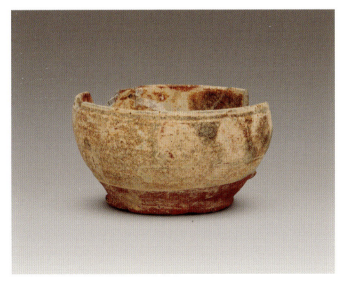

5. M98：5

6. M98：6

彩版二五三　　M96、M98出土青瓷小碗

1. M100:1

2. M108:1

3. M108:2

4. M109:4

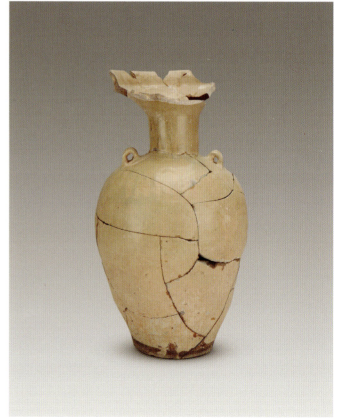

5. M109:5

彩版二五四　　M100、M108、M109出土青瓷盘口壶

1. M108：4

2. M109：1

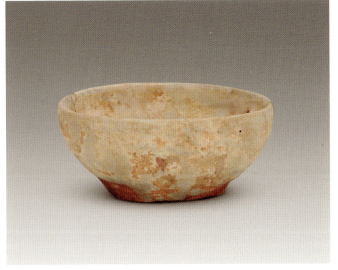

3. M109：6

4. M109：7

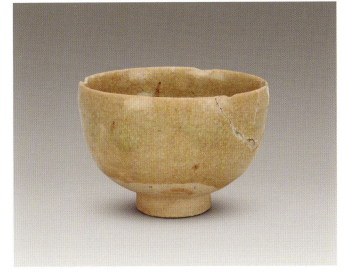

5. M109：2

6. M109：3

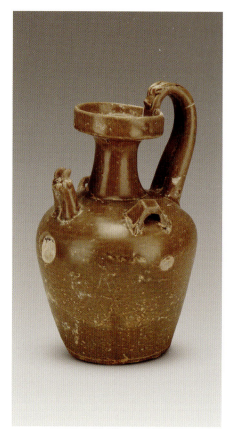

1. 盘口壶（M118：1）　　　　　2. 鸡首壶（M118：2-1）　　　　　3. 鸡首壶（M118：2-2）

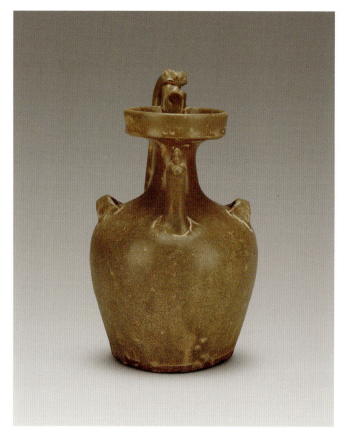

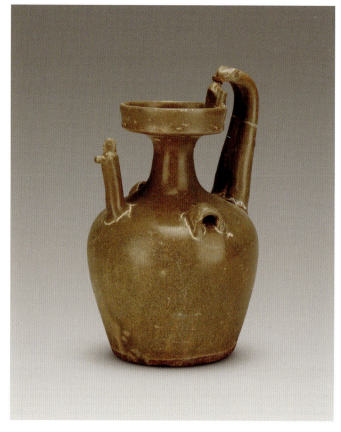

4. 鸡首壶（M118：3-1）　　　　　　　　　5. 鸡首壶（M118：3-2）

彩版二五六　M118出土青瓷壶

1. 碗、盏托（M118：4、5）组合

4. 小碗（M121：2）

2. 盏托（M118：4）底面

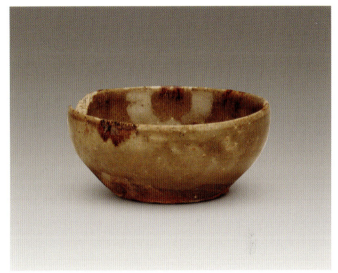

5. 小碗（M121：3）

3. 盏托（M118：4）内面

彩版二五七　　M118、M121出土青瓷器

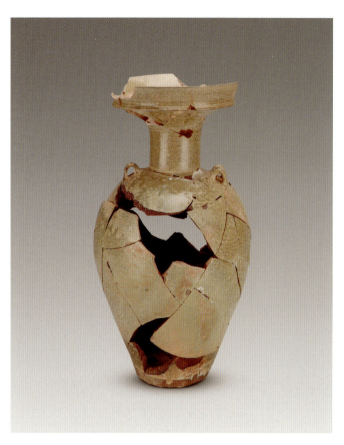

1. M119：1

2. M119：2

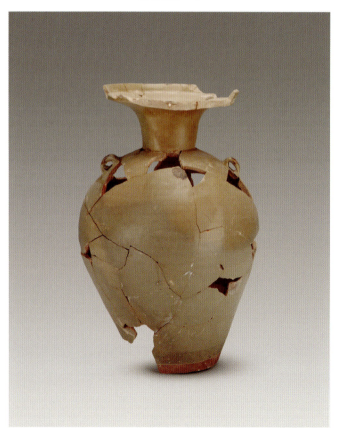

3. M121：1

4. M121：6

彩版二五八　M119、M121出土青瓷盘口壶

1. 小碗（M4：1）

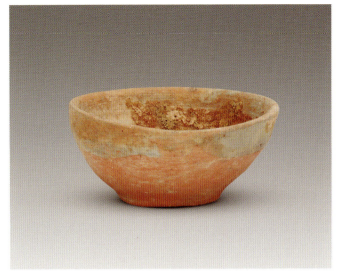

2. 盘口壶（M11：1）

3. 小碗（M55：1）

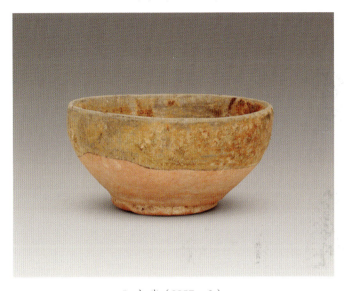

4. 小碗（M57：2）

5. 小碗（M57：3）

6. 小碗（M57：5）

彩版二五九　M4、M11、M55、M57出土青瓷器

1. 盘口壶（M61：1）

2. 小碗（M61：2）

3. 小碗（M61：3）

4. 小碗（M61：4）

5. 蛙形尊（M70：1-1）

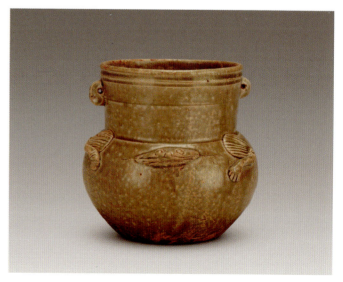

6. 蛙形尊（M70：1-2）

彩版二六〇　M61、M70出土青瓷器

1. 青瓷碗（M63：1）

4. 石板（M63：4）正面

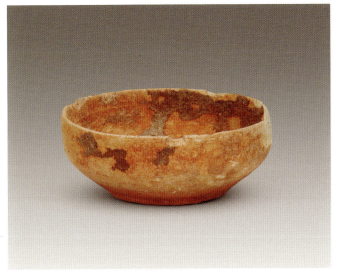

2. 青瓷碗（M63：2）

5. 石板（M63：4）背面

3. 青瓷盘口壶（M63：3）

6. 铜箸（M63：6）

彩版二六一　M63出土器物

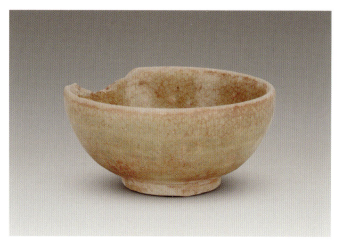

1. 小碗（M80∶1）

2. 小碗（M13∶1）

3. 盘口壶（M92∶1）

4. 盘口壶（M110∶1）

5. 小碗（M24∶1）

6. 小碗（M24∶2）

彩版二六二　M80、M92、M110、M13、M24出土青瓷器

1. 青瓷盘口壶（M25：2）

2. 青瓷鸡首壶（M49：1）

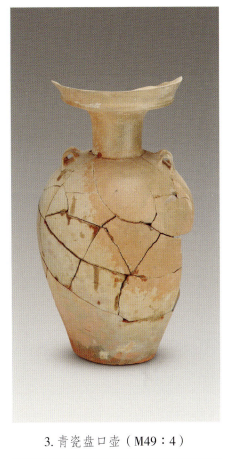

3. 青瓷盘口壶（M49：4）

4. 青瓷盘口壶（M67：1）

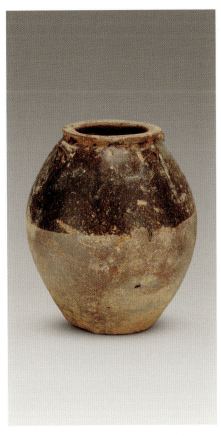

5. 黑釉瓷四系罐（M67：2）

6. 铜五铢钱（M75：2）

彩版二六三　M25、M49、M67、M75出土器物

1. 盘口壶（M79：1）

2. 盘口壶（M79：2）

3. 盘口壶（M79：3）

4. 盘口壶（M112：1）

5. 盘口壶（M112：2）

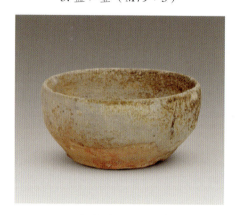

6. 小碗（M112：5）

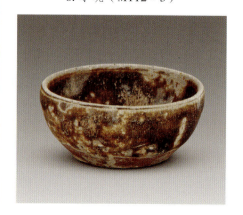

7. 小碗（M112：6）

彩版二六四　M79、M112出土青瓷器

1. 青瓷盘口壶（M88：1）　　　　　　　　2. 青瓷盘口壶（M88：2）

3. 青瓷唾壶（M88：4）　　　　　　　　　4. 青瓷碗（M88：5）

5. 青瓷碗（M88：6）　　　　　　　　　6. 石坠饰（M88：9）

彩版二六五　　M88出土器物

1. 粉盒（M5：2）

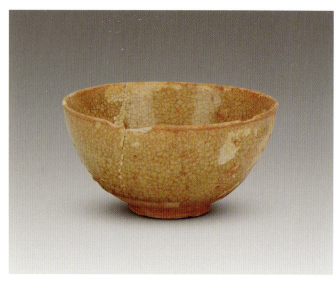

2. 小碗（M15：1）

3. 小碗（M15：2）

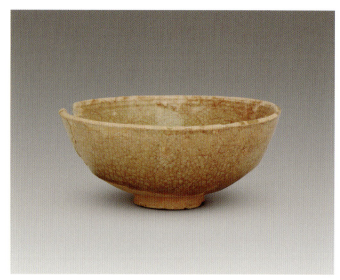

4. 小碗（M16：1）

5. 钵（M16：4）

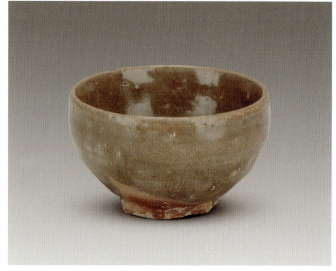

6. 小碗（M21：1）

彩版二六六　　M5、M15、M16、M21出土青瓷器

1. 盘口壶（M29：1）

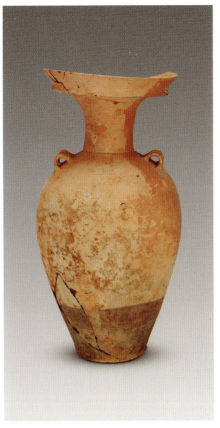

2. 盘口壶（M32：2）

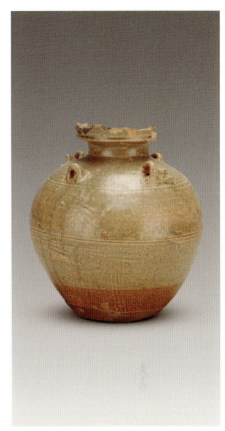

3. 四系盘口壶（M32：1）

4. 盘口壶（M35：1）

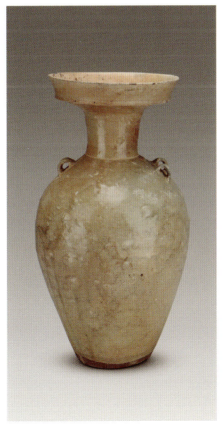

5. 盘口壶（M43：1）

6. 盘口壶（M47：1）

彩版二六七　M29、M32、M35、M43、M47出土青瓷器

1. 青瓷小碗（M43：2）

2. 青瓷小碗（M43：4）

3. 料钗（M43：3）

4. 青瓷盘口壶（M53：1）

5. 青瓷盘口壶（M50：1）

6. 青瓷小碗（M50：2）

7. 青瓷小碗（M68：1）

彩版二六八　M43、M50、M53、M68出土器物

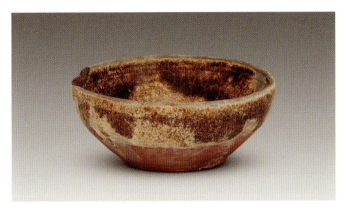

1. 小碗（M73：1）

2. 小碗（M74：1）

3. 砚（M94：1）

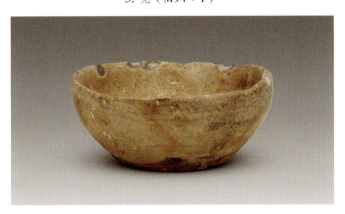

4. 小碗（M116：2）

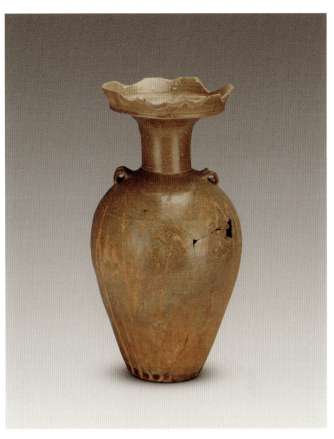

5. 盘口壶（M104：1）

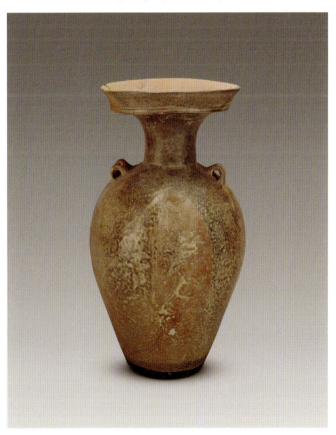

6. 盘口壶（M116：1）

彩版二六九　M73、M74、M94、M104、M116出土青瓷器

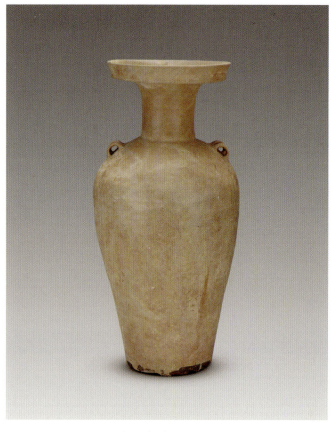

1. 盘口壶（M115：1）

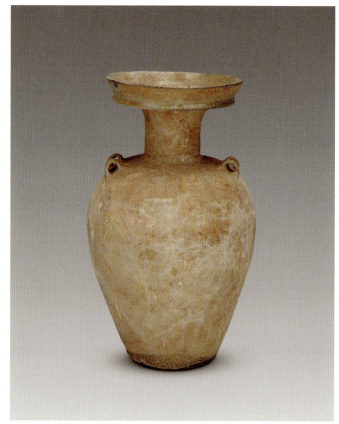

2. 盘口壶（M115：3）

3. 小碗（M115：2）

4. 小碗（M115：2）底面

1. M17（南-北）

2. M34全景（南-北）

1. M38全景（南-北）

2. M38铜钱币及料珠出土场景

彩版二七二　M38全景及随葬器物出土场景

1. M44全景（南–北）

2. M60全景（东–西）

彩版二七三　M44、M60全景

1. M105全景（南-北）

2. M106全景（南-北）

彩版二七四　M105、M106全景

1. M36上部（南-北）

2. M36全景（南-北）

彩版二七五　M36全景

1. M38：1

2. M60：3

彩版二七六　M38、M60出土铜镜

1. 玛瑙瑱（M38：3-1）

2. 玛瑙瑱（M38：3-2）

3. 玛瑙瑱（M38：3-3）

4. 玛瑙瑱（M38：3-4）

5. 料珠（M38：4-1）

6. 料珠（M38：4-2）

彩版二七七　M38出土器物

1. M38：5-1

2. M38：5-2

3. M38：5-3

彩版二七八　M38出土铜钱

1. 壶（M60：2）

2. 罐（M60：5）

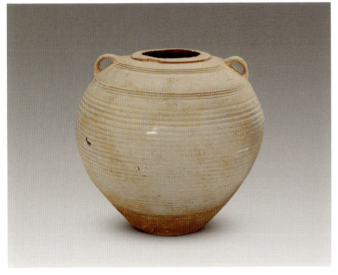

3. 罐（M60：6）

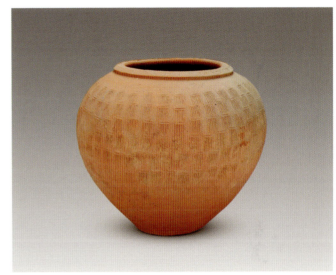

4. 罍（M60：8）

5. 罐（M106：1）

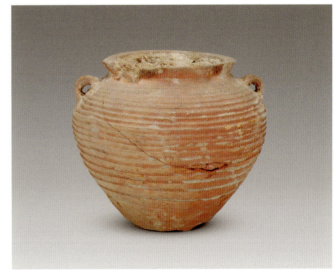

6. 罐（M111：1）

彩版二七九　M60、M106、M111出土陶器

1. M36：1正视一

2. M36：1底面

3. M36：1-2正视二

彩版二八〇　M36出土青花瓷碗